한미동맹과 한국의 군사적 자율성

한미동맹과
한국의
군사적 자율성

장용구 지음

▥▪▥ 머리말

이 책은 저자가 연구했던 박사학위 논문을 수정·보완한 것이다. 논문 발표 당시와 현재의 국내외 정세 사이에는 다소의 변화가 있지만, 한국의 안보 여건과 환경은 주변 4강과 깊은 이해관계를 갖는다는 측면에서 이 명제는 상수적인 의미를 갖는다. 30년이 넘는 기간을 군에서 보낸 저자에게 있어 늘 머릿속을 떠나지 않는 화두는 한국과 주변 4강, 즉 미국, 중국, 일본, 러시아와 한국이 만들어내는 양자 또는 다자 간의 지정학적·지경학적 관계와 이에 따르는 한국의 안보 상황이었다. 특히 미국과는 6·25전쟁을 전후로 한국의 안보에 있어 다른 3강과는 차원을 달리하는 매우 중요한 의미를 띠고 있기에 더 많은 관심을 가질 수밖에 없었다.

저자는 국토방위의 최전선에서 주요 지휘관과 참모를 하면서 미군들과 연합군의 일원으로서 같이 근무하였고, 유엔군사령부에서는 미국인 참모와 함께 다른 참전국가의 주요 인사들과 접촉하면서 나름대로 한미 동맹을 겪었고, 때로는 비판적인 입장에서 분석해 보기도 하였다.

올해 들어서도 한미동맹 문제는 전시 작전통제권의 환수문제로 세간의 주목을 받고 있다. 평소에 저자는 한미동맹 이슈가 작전권의 환수문제에만 너무 초점이 맞춰져 있지 않나 하는 안타까운 생각을 해왔다. 왜냐하면, 이 문제가 대단히 중요한 논제임은 분명하지만, 이를 위해서는 우리의 군사적인 능력이 전제되어야 하기 때문이다. 이 군사적 능력은 가시적으로 파악할 수 있는 군사력 건설 부문뿐 아니라 이를 실질적으로 운용할 수 있는 군사 운용 능력들을 포함한다. 군사 운용 능력은 지휘권을 포함하여 통합군사력을 운용할 수 있는 군사지휘능력, 안보 상황에 맞는 군사외교력뿐만 아니라 자국을 스스로 지켜내려는 국민들의 안보 의지를 포함하는 포괄적인 개념이다.

현실적으로 한미동맹은 군사동맹에 초점이 맞춰진 안보동맹이다. 그렇다면 한미동맹에 우리의 안보를 상당 부분 의지하였던 우리의 국가안보를 위한 군사적인 능력은 어디쯤 와 있는 걸까? 한미동맹 속에서 우리는 군사적 자율성을 어느 정도 발휘하고 있을까? 이러한 문제를 한미동맹의 출발부터 지금까지 시대의 흐름에 따라 분석해보아야 하지 않을까 하는 문제의식에서 저자의 이 책은 출발하였다.

이 책의 논리전개는 일반 독자들의 이해를 고려하여 동맹에 관한 이론 부분을 앞세우고, 시대의 흐름을 따라 한미동맹의 위상을 군사적 자율성이라는 시각으로 검토하는 형식을 취하였다. 따라서 한미동맹에 관심을 가진 독자라면 시대적으로 한미동맹을 재조명하면서 동맹에 대한 인식을 정리하는 데 도움이 될 것으로 기대한다.

본문을 간략히 요약하면 다음과 같다.

한 국가가 위기에 처했을 때 외국의 힘을 빌려 안전을 보장받으려고 하면 주권을 침해받기 쉽다. 임진왜란을 겪을 당시 조선의 경우가 그러했고, 6·25전쟁 당시 한국의 입장이 그러하였다.

한국은 6·25전쟁을 계기로 미국과 동맹관계를 맺었다. 당시의 한미동맹은 전형적인 비대칭 동맹이었다. 이렇게 출발한 한미동맹의 현주소는 어디쯤 와 있을까? 한국은 한미동맹이 출발할 때 전제하였던 북한의 위협에 맞서 방위할 수 있는 자위역량을 어느 정도 확보하였는가? 또한, 한국은 완전한 독립국의 필요조건인 군사적 자율성을 어느 정도 확보하고 있고, 또 그 의지를 갖고 있는 것일까? 그동안 한국은 경제적 성장에 따라 군사 분야에서도 많은 발전을 이루었다. 또한, 미군의 주둔에 대한 안보분담금도 부담하고 있다. 이에 따라 자율성의 확대는 당연한 것으로 볼 수도 있다. 그러나 한국은 아직도 군사 운용의 일정 부분을 미국에 의존하는 구조를 유지하고 있다.

이 책은 이와 같은 몇 가지 의문에서 출발하며, 논리 전개상 크게 네 시기로 나누어 한국의 군사적 자율성을 분석하였다.

첫 번째 시기는 해방 이후 미 군정 시기부터 1960년대 말까지이다. 이 기간에 6·25전쟁이 있었으며, 한국은 북한에 비하여 전쟁 수행 능력을 갖추지 못하여 미국을 중심으로 한 유엔군에 의지할 수밖에 없었다. 이 기간 한국은 국가의 안보를 보장받기 위해 미국과 「한미방위조약」, 「한·미 SOFA」 등 여러 협정을 체결하였는데, 이 시기는 비대칭동맹 상태에서 안보와 자율성을 교환할 수밖에 없었던 기간이었다.

두 번째 시기는 1960년대 말부터 1980년대 말까지로, 이 기간에 양국은 한미연합군사령부를 창설하여 지휘권을 공동 행사하는 조치를 취하는 한편, SCM 등 안보협력체제를 구축하여 활용하였다. 한국은 경제 성장에 따라 1986년에는 미국의 FMS 지원국에서 졸업하였으며, 이후 1991년부터는 미군 주둔에 소요되는 방위분담금을 정식으로 부담하기 시작하였다. 또한, 방위력 개선사업인 율곡계획을 성공적으로 수행하여 한국군의 자율적 역량을 향상시켰다.

세 번째 시기는 1990년대로서 한미동맹의 변혁이 수반되는 기간이나. 88올림픽 성공의 자신감은 한국의 북방외교로 구현되었다. 반면 북한은 체제유지를 위해 미국과는 핵 협상을, 한국과는 대화를 통한 실리를 취하는 양면 전략을 구사하였다. 이 시기 한국은 평시 작전통제권을 환수받았다. 그러나 이러한 자율성의 확대에도 불구하고 대내외 환경 속에서 한국의 대미의존은 지속되었고, 이른바 한미동맹의 영구화가 틀을 잡았다.

네 번째 시기는 2000년대 들어와서부터 현재까지의 시기이다. 미국은 전략개념을 변경하여 해외주둔 미군을 재편하여 왔으며, 그 과정에서 한국군의 전시 작전통제권 전환에 합의했다. 이 과정에서 미국은 이전과는 달리 한국을 협상 파트너로 인정하여 미래의 호혜적인 한미동맹을 함께 연구해나가는 중이며, 한국의 잇따른 전시 작전통제권 전환 연기 요구에도 불구하고 한미연합사의 전환을 준비하고 있는 것으로 보인다.

한미동맹은 변화의 시기에 처해 있다. 한국은 미국의 상대적 쇠퇴와 중국의 부상 그리고 동북아의 급변하는 다자관계를 염두에 두어야 한다. 한국의 과제는 미국의 핵 억지력을 보장받는 지속적인 동맹체제와 함께 연미화중(聯美和中) 전략 등 외교·안보의 유연성도 확보하는 한국 주도의 안보체제를 만들어가는 일이다. 한국

의 군사적 자율성은 바로 이러한 한미동맹의 지속성과 전략적 유
연성의 필수조건이다.

　　끝으로 이 책이 나오기까지 학위 논문지도를 해주셨고, 이 책의
출간과 관련하여 진심 어린 충고를 아끼지 않으신 경남대학교 대
학원 및 북한대학원대학교의 함택영 교수님께 감사드리며, 출판을
지원해주신 한국학술정보(주) 출판사업부 관계자 여러분께도 심심
한 사의를 표한다.

2014년 9월 30일

장용구

■■■ 목차

제4장 한국군 군사 운용 부분참여기
(1960년대 말~1980년대 말)

제6장 미래를 지향하는 한미동맹(2000년대~)

제7장 한국의 군사적 자율성과 미래 한미동맹

제8장 결론

▦ ▪ ▦ 표 목차

그림 목차

■■■ 제1장 서론

제1절 왜 한국의 군사적 자율성인가?

2013년 10월 1일로 한미동맹은 체결된 지 60년을 맞았다. 그러나 한반도 주변 각국의 이해가 상충하는 양상이 전개되고 있다. 지금 한국은 한미동맹 관계를 주축으로 안보체제를 유지하고 있는데, 이런 정책이 격랑 속의 한반도 안보환경 속에서 한국 국민의 국가 이익을 잘 지켜낼 수 있을까 하는 의구심이 든다.

물론 이와 같은 안보환경은 북한의 핵 개발 의지를 차단하려는 한국을 위시한 이해 당사국들의 최근의 노력이 무위로 그치고 있고, 더 나아가면 근본적으로 지역 패권과 관련한 중·일의 각축과 중국의 부상을 견제하려는 미국의 전략 등이 서로 상충하고 있는데에 기인한다. 어찌 되었든 한반도를 둘러싼 동북아의 안보환경은 현시점에서 한국의 운신을 더욱 어렵게 하고 있다고 하겠다.

그렇다면 이러한 동북아의 안보환경 변화라는 격랑 속에서 한국은 어떻게 키를 잡고 나아가야 하는가? 과연 현재의 새로운 동북아 질서 속에서 한국 국민이 선택할 수 있는 대안은 무엇일까? 물론 이렇게 소용돌이치는 동북아 정세 속에서도 지금까지는 한국이 한미동맹을 중심으로 한반도의 안보상황을 비교적 안정적으로 관리했고, 이를 바탕으로 전화(戰禍)의 잿더미 속에서도 괄목할만한 경제 성장을 이루었다. 앞으로도 한미동맹의 이러한 긍정적인 관계는 지속될 것인가? 아니면 한미동맹 의존에서 탈피하여 변화를 시도해야 할 시점인가? 동맹이론에 의하면 동맹국의 안보 여건이 달라지면 그에 관한 평가를 통하여 동맹관계를 계속 해야 할지, 상황을 반영하여 변화를 모색해야 할지, 아니면 폐기해야 할지를 정하게 된다고 본다.

한미동맹은 유례를 찾아보기 힘들 정도로 60년을 지속하고 있는데, 이는 NATO 동맹과 미·일 동맹을 제외하고는 찾아보기 힘든 일이다. 역사적으로 보아 군사동맹은 1년을 넘기지 못한 것이 태반이고, 오래가야 20년을 넘기지 못한다. 20년 넘게 지속된 군사동맹은 독일과 오스트리아-헝가리의 양자동맹, 독일과 오스트리아-헝가리와 이탈리아의 3자 동맹, 프랑스-러시아 동맹 정도이다. 한미동맹은 이런 의외의 예외성을 가진 독특한 동맹이다.[1]

한미동맹은 물론 처음과는 다르게 변모했다. 그러나 많은 우여곡절에도 불구하고 그 기본적인 틀을 유지하고 있다. 이제는 한미동맹을 너무 당연한 것으로 여기고 있어 한미동맹을 객관적으로 평가해보고 스스로 더 노력해야 할 부분은 없을까 하는 자성의 노력

---

1) 서재정은 그 예외성으로 장기간 지속한 것 외에 ① 외국군이 주둔국가에 주둔하는 것(군사적 점령과 식민지가 아닌), ② 합법적으로 기지를 제공받아 접수국 군대의 작전지휘통제권까지 보유함, ③ 주한미군철수를 한국 정부가 반대(북 위협 변수가 있음), ④ 이런 예외적 현실이 당연한 것으로 받아들여진다는 점 등을 들었다. 서재정, 이종삼 역, 『한미동맹은 영구화하는가』 (서울: 도서출판 한울, 2009), p. 5.

을 망각하지는 않았을까?

이 책에서는 한미동맹의 바람직한 발전을 위하여 한미동맹의 출발부터 오늘날까지의 한국군을 되돌아보고, 한국군이 주체적으로 전쟁을 수행할 수 있도록 발전해왔는지, 대내외로부터 그만한 인정을 받고 있는지를 살펴보고자 한다. 그리고 미래의 한미동맹을 위한 몇 가지 시사점을 찾아보고자 한다.

이 문제를 논함에서는, 한국은 한미동맹 속에서 한국의 군사문제를 스스로 책임지고자 하는 주인정신을 가지고 있으며, 한국군을 한국의 국가안보를 책임질 수 있을 만큼 자율적(自律的) 역량을 가진 군대로 성장시켜 왔는지 자성해보아야 할 것이다. 항간에서는 '한국의 군사적 자율성' 하면 우선 전시 작전통제권의 문제에 대하여 관심을 갖는다. 그런데 한국이 전시 작전통제권만 환수하면 군사적 자율성은 확립하게 되는 것일까?[2] 이러한 질문을 하면 선뜻 그렇다고 답변하지는 못할 것이다. 왜냐하면, 전시 작전통제권을 비롯한 군사적 리더십은 군사적 자율성을 갖추기 위한 지배적인 요소이기는 해도 그것이 전부는 아니기 때문이다.

한 국가가 자율성을 가지고 군사력을 건설하고 운용하기 위해서는 군사력을 구성하는 실체를 먼저 생각해보아야 할 것이다. 좁은 의미에서 군사력은 '일국의 현존 상비군의 잠재적 전투수행능력'으로 규정할 수 있다. 이것은 일국이 전쟁에 동원하는 '인적자원'(병

---

[2] 1978년 한미연합사 발족 시 한미 양국 대통령의 군통수권의 합의에 기초한 전략지시를 통해 한미 동수로 편성된 연합군사령부가 유사시에는 군을 작전통제 하게 되어 있으나 현재 연합군사령관을 미 4성 장군이 지휘하고 있고 연합사령관은 미 합참의 전략지시를 받는 위치에 있다는 점 때문에 우리나라에서는 미국 측에 의해 군의 작전을 통제받는다는 인식이 있었다. 법적으로는 엄연히 한미 간의 합의하에 군을 지휘하는 체제이므로 향후 한국 합참이 작전을 주도하는 관계로 바뀌면 작전통제권을 환수한다는 표현보다는 작전권 전환이 더 적합한 용어라고 생각되나 널리 통용되어온 표현이므로 이 책에서는 환수라고 사용하기로 한다.

력)·'물적 자원'(장비)·'조직적 자원'(효과성)이 결합된 총체적 산물이다.[3] 군사적 자율성을 가지려면 이러한 전투력을 자국의 국가이익에 입각하여 구축하고 운용하지 않으면 안 된다. 그런데 전투력을 구성하는 인적·물적 자원은 가시적으로 나타나는 부분이기 때문에 쉽게 확인되고, 또한 상대국과도 비교될 수 있는 부분이다. 이는 그 국가의 총체적인 군사역량으로 표현될 수 있는 부분이다.

그러나 조직적 자원은 위와 같은 군사력을 왜 건설해야 하는지에 대하여 국민을 설득하고 조세를 부담시켜야 하는 국민의 합의와 동의를 전제로 출발하는 문제이다. 이는 나아가 그렇게 하여 구축된 기반 군사력을 편제화하고, 교리를 확립하여 교육하고 훈련하며, 정신력으로 무장시키고, 이러한 역량들이 유기적으로 상호 운용성을 가질 수 있도록 하여 그 효과성을 발휘하도록 하는 일이기 때문에 비가시적인 군사력의 운용에 관한 문제라고 볼 수 있다. 군사지휘권 등 리더십에 관한 사항도 이러한 조직적 자원의 운용에 관한 문제라고 볼 수 있다.

결국, 군사력 건설이라는 것은 그 나라의 군사상(軍思想), 상무 의지를 반영하고, 국민들이 이에 소요되는 비용을 기꺼이 부담해야 하는 부분이기 때문에 재화의 한정성이 있고 방위 충분성의 전력을 어느 수준으로 해야 할까를 결정해야 하므로 군사 운용 문제와는 밀접한 관련을 갖는 문제라고 할 수 있다. 또한, 군사력 운용 역시 군사역량이 없이 국방 의지만으로는 구현할 수 없는 한계가 있기 때문에 이 군사역량과는 서로 밀접할 수밖에 없고, 또한 엄격히

---

3) 함택영, "남북한 군비경쟁 및 군사력 경쟁의 고찰", 함택영 외, 『남북한 군비경쟁과 군축』(서울: 경남대학교 극동문제연구소, 1992), pp. 6-7.

구분할 수도 없다. 즉, 그 나라의 군사적 자율성은 이러한 군사역량과 군사 운용상의 자율성이 서로 작용한 총화이기 때문에 복합적인 양상으로 나타날 수밖에 없는 속성을 가진다. 따라서 이에 대한 평가문제는 가시적으로 나타나는 군사역량과 여러 군사 현안을 다루면서 나타나는 현상 등을 종합해서 판단해볼 수밖에 없다. 이에 대한 분석 방법은 뒤에 군사적 자율성 평가라는 절을 통해 제시하게 될 것이다.

본론에서는 한국의 군사적 자율성과 관련하여 한국군이 과연 한미동맹을 지속해오면서 자율적인 군사역량을 구축해왔는지, 또한 한국은 한반도에서 전쟁을 대비하면서 스스로 군대를 운영하여 승리하는 군대로 성장해왔는지가 핵심문제가 될 것이다. 따라서 자율적 군사 운용의 문제로서 자주국방에 대한 국민과 지도자들의 인식 문제, 작전지휘권에 대한 문제, 국민의 권익과 관련한 미국 주둔군의 지위문제, 한국군의 군사제도의 정비와 전략의 구비문제 등을 다루게 될 것이다. 또한, 군사력 건설과 관련하여 자율적 군사역량의 발전 문제와 미래 한미동맹과 관련한 한·미 간의 노력 등 한미동맹의 제(諸) 군사적 문제들을 '한국의 군사적 자율성'이라는 시각에서 분석해보고자 한다.

제2절 기존 저술들의 한미동맹에 대한 시각(視覺) 분석

한미동맹과 작전통제권에 대한 기존 저술과 논문들은 상당한 양이 있다. 우선 한미동맹에 대하여 전반적인 혜안을 열어줄 수 있는 통사로서는 민간 연구기관에서 발행한 저술들을 참고할 수 있다.4) 국책기관이라고 볼 수 있는 국방부, 외교부 등의 문서들은 국가의 정책을 공개할 수 있는 범위라는 한계는 있지만 많은 통계자료를 제시하고 있어 흐름을 파악하는 데 도움을 주고 있다.5)

또한, 한미동맹을 연구한 학자들의 저술은 나름의 시각을 가지고 정리하였기 때문에 전문적인 영역에서 도움을 줄 수 있다. 이 중에서 주한미군의 제 현안을 연구한 각종 저술과 한미동맹의 비대칭성에 주목한 이상철의 연구 등 논문들은 전반적인 동맹관계를 조명해 볼 수 있는 것들로 통찰의 시각을 정리하는 데 도움이 된다.6)

작전지휘권과 관련해서는 시대 상황 속에서 학자적인 관심을 기술한 저술들이 주종을 이룬다.7) 특히 법적인 문제로 접근한 안광

---

4) 구영록·배영수,『한·미관계, 1882~1982』(서울대학교 미국학연구소, 1982); 서울신문사,『주한미군 30년』(서울: 행림출판사, 1979); 서주석, "한·미 안보협력 50년의 재조명", 한국국방연구원 연구보고서(1996); 심지연·김일영,『한미동맹 50년: 법적 쟁점과 미래의 전망』(서울: 한국정치외교사학회, 2004); 이수훈 편,『조정기의 한미동맹』(서울: 경남대학교 극동문제연구소, 2009); 백종천,『한·미동맹 50년』, 세종정책총서 2003-5(성남: 세종연구소 정책총서, 2003); 차상철,『한미동맹 50년』(서울: 생각의 나무, 2004).

5) 국방부, 각 년도『국방백서』; 국방부,『국방조약집』, 제1집(서울: 국방군사연구소, 1991); 국방부,『국방조약집』, 제2집(서울: 국방군사연구소, 1993); 국방부,『국방정책변찬사, 1945~1994』(서울: 국방군사연구소, 1995); 국방부,『한미동맹 60년』(서울: 국방부 군사편찬연구소, 2013); 국방부 정책실,『한미동맹과 주한미군』(서울: 국방부, 2002); 남정옥,『한미군사관계사, 1871~2002』(서울: 국방부 군사편찬연구소, 2003); 외교통상부, 각 년도『외교백서』; 외교통상부,『한국외교 60년: 1948~2008』(서울: 외교통상부, 2008).

6) 김일영·조성렬,『주한미군: 역사, 쟁점, 전망』(서울: 한울, 2003); 김일영·서주석·조성렬, "주한미군의 향후 위상에 관한 연구: 통일과정과 통일 이후를 중심으로", 국회국방위원회 정책연구용역과제보고서(2002); 박건영, "탈냉전기 동북아 역학관계와 한·미동맹의 바람직한 미래",『한·미동맹 50년: 분석과 정책』(서울: 세종연구소, 2003); 백종천, "한미 연합지휘체제의 발전 방향", 백종천 지음,『한미군사협력: 현재와 미래』(성남: 세종연구소, 1998); 류재갑, "한미연합사와 한미연합 억제전략체제",『군사논단』, 10(1997); 유호열, "전작권과 한미연합사, 어떻게 해야 하나",『NEXT』, 통권 36호(2006); 이상철,『안보와 자주성의 딜레마: 비대칭 동맹이론과 한미동맹』(서울: 연경문화사, 2004).

7) 국정홍보처 편, "2012년 4월 17일 전작권 이양 및 연합사 해체"(서울: 국정홍보처, 2007); 류병현,『한미동맹과 작전통제권』(서울: 대한민국재향군인회 안보복지대학, 2007); 백종천, "한미

찬의 논문과 작전지휘권 환수는 시기상조라는 안보적 시각을 견지한 류제갑·송대성, 또 이와는 반대 입장을 주장한 장영달·문정인 등의 논문 등이 역시 세간의 관심과 마찬가지로 다양한 시각을 보여주고 있다.[8] 그런데 이러한 다양한 저술과 논문에도 불구하고 한미동맹이나 작전권 환수 문제의 근저를 이루고 있는 한국의 군사적 자율성에 초점을 맞춘 연구물을 찾아보기 힘든 것은 아쉬운 점이 아닐 수 없다.

다음으로 주둔군 지위와 관련한 문제는 국제규범 자체가 마련된 것이 제2차 대전 이후의 일이며, 동맹이나 연합작전을 함에 있어서 접수국보다는 주둔군의 입장에서 그 특혜를 어디까지 줄 것인가 하는 문제이기 때문에 접수국의 입장에서 자국민의 권익이 제한받기 마련이었다. 한국에서도 「한·미 SOFA」가 체결되기 전까지는 이의 조속한 체결을 통해 거의 무한정 보장받고 있던 미군의 지위에 제약을 가하고자 하는 목적으로 SOFA의 필요성에 대한 저술들이 있었고, 최근에는 주한미군의 범죄나 국민의 재산권 행사와 관련하여 많은 연구가 있는 분야다. 우리나라에서 주둔군의 위상에

연합지휘체제의 발전 방향", 백종천 지음, 『한미군사협력: 현재와 미래』(성남: 세종연구소, 1998); 유호열, "전작권과 한미연합사, 어떻게 해야 하나", 『NEXT』, 통권 36호(2006); 한용섭, "전시 작전통제권 환수문제", 『한미동맹 50년: 법적 쟁점과 미래의 전망』(서울: 백산서당, 2004); 최종철, "주한미군의 전략적 유연성과 한국의 전략적 대응구상", 『조정기의 한미동맹: 2003~2008』(서울: 경남대학교 극동문제연구소, 2009); 한용섭, "전시 작전통제권 환수문제", 『한미동맹 50년: 법적 쟁점과 미래의 전망』(서울: 백산서당, 2004).

8) 안광찬, "헌법상 군사제도에 관한 연구: 한반도 작전지휘권을 중심으로", 동국대학교 대학원 법학과 박사학위논문(2002); 류제갑, "'전시 작전통제권 단독행사' 서두를 이유 없다", 국방안보포럼 편, 『전시 작전통제권 오해와 진실』(서울: 국방안보포럼, 2006); 송대성, "주한미군 재배치와 한미군사관계 현안과제", 국방안보포럼 편, 『전시 작전통제권 오해와 진실』(서울: 국방안보포럼, 2006); 장수근, "한미연합사 해체되는 '작통권' 단독행사는 시기상조, 국익에 도움 안 된다", 『자유공론』, 통권 474호(2006); 장영달·문정인·이부영·노회찬·고진화 외, "전시 작통권 환수와 한미동맹", 국방안보포럼 편, 『전시 작전통제권 오해와 진실』(서울: 국방안보포럼, 2006).

관한 연구들은 대체로 다음의 두 가지 범주로 나누어 진행되었다
고 생각된다.

첫째, 초창기의 저술과 논문들은 해방 후 미 군정 시절의 열악한
국내외 환경에서 한·미 SOFA의 필요성이 제기되고, 또한 6·25
전쟁을 겪으면서 상호방위조약을 체결하는 과정과 여기에 수반된
한·미 SOFA의 체결문제에 주목한 것들이다. 한·미 SOFA 예비
협상 과정을 이승만, 장면, 박정희 정권을 비교하여 연구한 서헌주
의 연구와 비대칭 동맹인 한미동맹을 약소국의 자주성 문제와 결
부하여 연구한 이현우의 연구 등이 그것이다.9) 외교통상부나 국사
편찬위원회의 각종 SOFA 관련 문서들은 공식적인 입장에서 SOFA
협정에 대하여 객관적인 자료를 제공하고 있다.10)

둘째, 최근의 주요 저술과 논문들의 일치된 경향으로서 한·미
SOFA가 안고 있는 법적 불평등 조항에 대하여 성장한 국력과 국
민의식을 반영하여 한·미 간에 제대로 균형을 잡아야 한다는 시
각을 반영하고 있다. 실제 이 분야에 대한 논문들과 공청회 등은
그간 두 차례에 걸친 한·미 SOFA의 개정에도 어느 정도 이론의
틀을 제공해온 기여가 있었다고 생각된다. 이러한 분야의 저술과
논문들로서는 한·미 SOFA의 법률적인 문제에 주목한 것으로 아
시아사회과학연구원의 이장희 등이 중심이 되어 펴낸 한·미 주둔
군지위협정 연구 등 저술과 대한변호사협회의 논문들이 있다.11)

---

9) 서헌주, "한미SOFA 예비협상에 관한 연구: 이승만, 장면 및 박정희 정부의 대미 SOFA 예비협
상 비교 연구", 고려대학교 대학원 박사학위논문(2004); 이현우, "안보동맹에서 약소국의 자주
성에 관한 연구: 비대칭 한·미 동맹을 중심으로", 명지대학교 대학원 박사학위 논문(2007).

10) 외교통상부, 『주한미군지위협정(SOFA)』(서울: 외교통상부, 2001).

11) 이장희·장주영·최승환, 『한·미 주둔군지위협정연구』(아시아사회과학연구원, 2000); 이장희·
권정호·이정희·여영학·박태균 외, 민주주의사회연구소 발간, 『한반도 안보 관련 조약의

또한, 국방대학교에서는 군사학적인 연구기관으로서 비대칭 동맹인 한미동맹에서 SOFA의 불평등성을 극복하고자 하는 다수의 발전 방향을 제안하는 논문을 발표하였다.12)

SOFA에 대한 저서나 논문 등은 SOFA의 태생이 그렇듯이 주로 주둔군과 그들이 누리는 특혜를 다루다 보니 한국에서의 연구는 당시까지의 협정에서의 문제점을 집중적으로 다루고 있다. 그러한 연구 경향 때문에 시대적으로 어떤 부분이 시정되어 발전되었는지에 대해서는 구별해내기가 쉽지 않았다. 따라서 미국 군인과 군속의 권익이 변화함에 따라 상대적으로 변화하였던 한국 국민의 권익 향상에 대해서도 SOFA가 개정된 시점을 중심으로 나누어서 조명해볼 필요도 있다고 생각되었다.

앞에서 살펴본 바와 같이 이제까지의 저술과 논문들은 한미동맹의 문제를 너무 작전권 환수나 SOFA 문제에만 초점을 맞추고 있어 아쉬운 감이 있다. 정작 우리 한국군이 이제 독자적인 지휘를 할 수 있는 자율성을 어떻게 확대해왔으며 그 여건은 얼마나 갖추고 있는지에 대해 관심을 두지 않는 것이 의아하다. 전시 작전통제권이 주어져도 이를 운영할 국력과 군사 능력을 갖추지 않는다면 그것은 의미가 없기 때문이다. 또한, 격변하는 국제정세 속에서 한미동맹이 어떤 모습으로 정립되어야 하는지에 대한 논의가 더 활

법적 재조명: 주한미군지위협정, 한미상호방위조약 및 정전협정의 위헌성』(서울: 백산서당, 2004); 대한변호사협회, 『SOFA(한미주둔군지위협정) 개정 어떻게 할 것인가』(서울: 대한변호 사협회, 2000).

12) 김병렬, "SOFA 발전 방향에 관한 연구: 시설과 구역을 중심으로", 국방대학교 안보문제연구소(2000); 김창곤, "한미 주둔군지위협정에 관한 연구: 형사재판권 및 환경문제를 중심으로" (서울: 국방대학교, 2001); 이필재, "주한미군 반환기지 환경오염 치유 협상의 문제점과 발전 방향"(서울: 국방대학교, 2007).

발해져야 한다고 믿는다. 이런 관점에서 한미동맹은 한국의 국력 상승과 함께 어떻게 변화했으며, 특히 한국의 군사적 자율성은 그 속에서 어떠한 변화를 보여왔는지, 주둔군인 미군뿐만 아니라 접수 국 입장에 있는 한국군이 한미연합군 속에서 어떠한 지위를 점하 고 있는지 냉정히 평가해보아야 한다.

이러한 분야에 대하여 논리를 구성하는 데 도움을 줄 수 있는 저 술과 논문들로서는 우선, 변화된 국제관계 속에서 한국적인 역사와 현실을 반영한 국제관계이론을 정립해야 할 필요성과 재편되고 있 는 세계 정치질서 속에서 한미동맹이 나아갈 방향을 제시한 박건 영의 논문은 새로운 시각에서 한미동맹의 미래를 살펴볼 수 있게 도움을 주었다.[13] 또한 '비대칭 동맹하에서는 안보와 자율성이 교 환하게 된다'는 이론을 제시한 모로우(James D. Morrow)의 연구는 한미동맹 초기 한국의 현실을 설명하는 데 의미를 부여할 수 있는 이론이었다.[14] 그런데 이와는 다르게 한미동맹이 자국의 군사력으 로 최근 안보수준을 향상시킬 수 있는 여건을 마련했음에도 불구 하고 모로우의 모델과는 달리 '한미동맹은 안보와 자율성의 상호교 환성이 역비례하지 않음'을 설명하고 있는 장노순의 논문은 군사

---

13) 박건영, 『한반도의 국제정치: 평화와 통일을 위한 새로운 접근』(서울: 도서출판 오름, 1999); 전재성·박건영, "국제관계이론의 한국적 수용과 대안적 접근", 우철구·박건영 편, 『현대 국 제관계이론과 한국』(서울: 사회평론, 2009).

14) 모로우는 1815년부터 1965년까지의 동맹을 통계적으로 분석하여 결론을 도출하였는데, 능력 집단모델의 대안으로써 비대칭모델을 제시하면서, 동맹의 한 당사국이 안보상의 이점을 얻게 되면 반대급부로 상대국은 자율성의 이점을 얻게 되며, 이 안보와 자율성은 서로 교환작용을 한다는 것이다. 이 논문에서 그는 ① 비대칭동맹은 대칭동맹에 비해 형성이 쉬울 뿐 아니라 오래 지속되며, ② 동맹의 형태와 관계없이 한 당사국의 능력이 신장되어 변화가 커지면 동 맹은 보다 깨지기 쉽게 되고, ③ 차상위 패권 국가들이 그들의 능력이 신장됨에 따라 비대칭 동맹을 형성하기가 더 쉽다는 것이다. James D. Morrow, "Alliances and Asymmetry: An Alternative to the Capability Aggression Model of Alliances", *American journal of Political Science*, Vol. 35, No. 4 (Nov. 1991), pp. 904-933.

분야에서 한미동맹과 자율성의 관계를 풀어보려고 하는 저자에게 도움이 되었다.15)

오히려 이에서 한 걸음 더 나아가 '한미동맹의 영구화'를 분석한 서재정의 연구는 이론적인 면에서 동맹을 현실주의 시각으로만 볼 경우 생길 수 있는 논리 구성의 빈 공간을 채워주었다.16) 외교 분야에서의 한미동맹을 연구한 신욱희의 연구는 한미동맹을 후견국과 피후견국의 관점에서 바라보고 그 역학관계에서 많은 시사점을 주었다.17) 그리고 동아시아 시대 도래에 따른 한국의 동맹전략을 제시한 구갑우의 글은 향후 한미동맹의 새로운 자리매김을 준비하는 현재의 시점에서 많은 시사점을 주는 논문이었다.18)

이제 한국군은 불모지 같은 창군 과정으로부터 1960년대 대간첩 작전권 확보, 1990년대 평시 작전통제권 환수 등 꾸준히 작전 권한을 확대해왔으며, 여기에 더해 한국형 교리의 개발, 국산 장비개발을 포함한 장비의 현대화, C4ISR 분야에서 독자적인 통제체계 개발 경험 보유, 군수체계의 발전, 해외파병 경험 등 나름대로 자율성 있는 군대를 만들기 위한 능력을 계속해서 신장시켰다. 이제는 이러한 군의 자율성 확보를 바탕으로 하여 군 작전지휘권을 행사하기 위한 BCTP 훈련 등 훈련체계를 정립하였고 한·미 간 대부대 연합연습을 통하여 작전기획 분야와 지휘에도 상당한 자신감을 갖게 되었다.

---

15) 장노순, "교환동맹모델의 비교환성: 비대칭적 한미안보동맹", 『국제정치논총』, 제36집 1호(1996).

16) 서재정, 이종삼 역, 『한미동맹은 영구화하는가』(서울: 도서출판 한울, 2009).

17) 신욱희, 『순응과 저항을 넘어서: 이승만과 박정희의 대미정책』(서울: 서울대학교출판문화원, 2011).

18) 구갑우, "동아시아 시대와 한국의 동맹전략", 『미·중 사이에서 고뇌하는 한국의 외교·안보 연미화중으로 푼다』(서울: NEAR재단, 2011).

이에 따라 한국군도 현재는 이러한 바탕 위에서 전시 작전통제권을 행사할 수 있는 상당한 수준까지 자율적 역량을 갖추고 있다고 판단한다. 물론 핵무기 개발과 장거리 미사일 보유 등 새롭게 부상한 북한의 비재래식 전력의 위협이란 새로운 국면이 조성되어 전시 작전통제권의 환수문제를 재검토해야 한다는 현안은 군사적인 문제일 뿐 아니라 정치·외교적인 시안으로 확대해서 다루어야 한다고 생각되므로 뒤에서 논의하기로 하고 여기에서의 논의는 일단 유보한다. 어쨌든 현시점에서 우리는 한국군의 자율성이 꾸준히 확대되어왔음을 주목해서 한국군의 위상변화를 한 번쯤은 정리해 보아야 하지 않을까 한다. 따라서 주한미군의 지위문제도 법적인 문제뿐 아니라 이제는 시각을 넓혀 상대적인 맥락 속에서 평가해 볼 시점이 되었다고 본다.

이러한 시각에서 본다면 군의 자율성 문제를 평가함에 있어 군의 작전통제권에만 초점을 맞출 경우 한국군의 자율성은 크게 변한 것이 없다는 의견을 피력하는 일부의 의견도 있지만, 그럼에도 불구하고 그들도 한국의 군사적 역량이 과거보다 급격히 향상되었고, 그에 따라 한미연합사를 중심으로 한 연합방위체제에서 한국군이 상당한 역할을 하고 있음을 부정하지는 않으리라고 생각된다.

제3절 저술 범위와 방향

이 책은 한미동맹의 출발이 과거 한반도에서 외국의 침범이란 상황 속에서 스스로 이를 물리칠 힘이 없어 어쩔 수 없이 이 땅에 외국군의 주둔을 허용함으로써 그들과 연합으로 전쟁을 수행하면서 각종 수모를 당해야만 했던 임진왜란과 같은 역사를 되풀이할 수밖에 없었던 현실을 주목한다. 물론 한미동맹의 경우는 과거의 역사와는 많이 다르다. 그러나 현실적으로 제2차 세계대전의 종식과 함께 받아들여야 했던 한반도의 분단과 이후 겪어야 했던 6·25전쟁 전후의 사정은 한국이 국가의 주권을 당당히 주장할 만큼 국가기반이 정비되지 못한 불가피한 상황이었지만, 주한미군을 받아들인 이래 국가안보를 타국에 의존함으로써 침해받은 자율성은 정도는 달랐어도 분명히 인정해야 할 부분이었고, 이후 국력이 신장되고 동맹관계가 새롭게 발전하는 과정에서 한국은 자율성을 확보해나가고 있는지, 그리고 그 과정에서 어쩔 수 없이 침해받았던 주권침해의 부분들은 개선되었는지에 대해 관심을 가지고 생각을 정리해볼 필요가 있다고 본다.

저자는 이 책을 통해 6·25 전후 미국군이 한국에 주둔하게 된 배경으로부터 이제 전시 작전통제권 환수를 합의한 현시점에서 한국의 군사적 자율성 확보를 위한 노력 과정과 함께 이에 따른 한국군과 미(美) 주둔군의 상대적인 지위 변화 과정을 중점적으로 다루어보고자 한다.

따라서 이 책에서 다루고자 하는 범위는, 첫째, 이론적인 면에서 이 책의 본문에서 다루고자 하는 국가이익이나 국가안보란 개념, 그리고 국가안보를 달성하기 위한 일반적인 이론 특히 동맹에 관하여 여러 이론을 먼저 정리해볼 것이다. 그리고 이를 구현하는 수단으로서의 동맹관계 속에서 군사적 자율성과 군사지위 등에 대해서 살펴볼 것이다.

둘째, 6·25전쟁을 전후하여 성립하게 된 한미동맹이 최초 비대칭, 이종이익 동맹에서 출발하였지만 변화하는 국제정세 속에서 한·미 간에도 그에 필적하는 속도는 아니더라도 꾸준히 변화를 추구하여 국가이익을 반영해왔으며, 국력의 신장과 함께 자율성이 확대되어 온 점을 부각해볼 것이다.

셋째, 상기 한국의 군사적 자율성의 확대가 초기 한미동맹이 가졌던 일방적인 비대칭성을 개선하면서 한국군의 위상과 미 주둔군의 지위문제를 어떻게 조정해나갔는지, 그리고 기존에 체결하였던 SOFA의 법적 문제의 개선에도 비례적으로 작용하여 한국의 지위가 대내외적으로 인정을 받았는지 시기별로 재정리해보고자 한다.

넷째, 미국의 국내·외 정세판단이 변화하고 있고 또한 한국의 경제 성장과 국제적 지위의 향상으로 미국이 한국을 안보파트너로서 협력과 공조를 해나가고 있는 현재 상황까지의 변화를 살펴보고, 최근 해외안보협력자로서 활약하고 있는 현실에서 한미동맹을 평가해본다.

마지막으로, 결론에서는 미국의 방위예산 감축과 전략적 유연성의 확보를 위한 해외주둔군의 조정이란 상황, 그리고 여전히 위협적인 북한과 한반도에서 영향력을 잃지 않으려는 중국이라는 안보 변수들 속에서 한국이 지향해야 할 안보체제와 한미동맹은 어떠한 것인지에 대해 기술해볼 것이다.

■■ 제2장 이론적 배경

제1절 이론적 논의

본론에 들어가기에 앞서 이 책과 관련한 국제정치 이론에 대하여 간단히 살펴보기로 하자.

동서고금을 통해 국가가 출현한 배경은 다를 수 있지만 궁극적으로 그 국가가 가지는 기능과 역할은 자국민의 삶을 향상시키고 생명을 존중하며 그들의 생활 터전인 국토와 재산을 지키는 것을 목표로 한다는 데 있다는 것은 자명한 일이다.[1]

냉전 시대 이데올로기가 지배하는 근대국가에서는 국가의 정체성에 따라서 국가가 지향하는 국가목표가 조금씩 달랐다고 본다. 자본주의가 국민의 사적 소유를 인정하는 가운데 개인의 복리후생 증진과 이를 위해 인접국가와 평화와 조화를 추구하는 데에 우선

---

1) A.D. 990~1990년에 있어 유럽의 국민국가 출현을 분석한 Tilly는 도시국가를 중심으로 자본이 축적되고, 강압의 축적과 집중이 국가를 성장하게 했다고 보았다. 근본적으로 국가는 폭력을 관리하고 전쟁으로부터 자본과 개인들을 보호하기 위하여 군대를 만들었고, 통치자와 직업적인 행정관료의 출현은 이를 효과적으로 관리하기 위해서 발생하였다는 것이다. 결국, 국가의 기능 형성을 설명하고 있지만, 근본적인 국가의 역할은 같다고 볼 수 있겠다. 찰스 틸리(Charles Tilly), 이향순 옮김, 『국민국가의 형성과 계보』(서울: 학문과 사상사, 1994), pp. 9-108.

적인 국가목표를 두고 있다면, 극단의 반대편에는 전체주의 정치체제가 있어서 국가의 전반적인 발전과 위상 강화를 위해 국민 개인의 영달보다는 국가 전반의 향상이 우선이므로 개인의 권익이 다소 침해받더라도 전체가 우선해야 한다는 논리를 앞세우고 있다. 따라서 이러한 목표를 구현하기 위하여 민주주의 국가로부터 극단적인 독재국가까지 다양한 정치형태가 존재하였다. 그러나 그 국가가 어느 체제를 고수하든 국가목표 자체는 국가의 존립과 주권 보호, 자국민의 복리증진에 둔다는 데에는 이론이 있을 수 없다고 할 수 있다.

이 장에서는 이러한 국가목표를 구현함에 필요한 가치체계 즉 국가이익이라는 개념과 국가이익을 지키는 데 있어 하위개념으로서 국가안보에 대한 일반적인 이론에 대하여 정리해보고자 한다.

이어서 이 책의 핵심주제인 동맹관계에서 군사적 자율성은 어떻게 정의되어야 하며 자율성 행사의 확대와 관련하여 주둔군의 지위와의 관계는 어떤 관련이 있을 것인가에 대해 가설을 설정해보고자 한다.

1. 국가안보와 군사동맹이란?

지구 상의 어떤 국가도 필연적으로 국제사회에 포함될 수밖에 없고, 자국의 존립과 체제의 안전을 도모하고 국민의 삶의 향상을 목표로 할 수밖에 없으므로, 이해관계에 따라 서로 다른 실리를 주장하는 국가 군(群)과 협력하거나 대립하는 환경에 놓이게 된다.

이러한 국제환경에서 각 국가는 외교를 수행하고 국가의 안전을 보장받기 위하여 자국의 이해를 최대한 반영하고자 하는데, 이때 내세우는 개념이 국가이익이며, 국가이익은 필연적으로 그 국가가 가지는 최고의 가치와 국가목표를 준거로 삼게 된다.

현실주의 정치이론의 선구자인 한스 모겐소는, 국가이익은 '정책(political action)을 판단하고 지시하는 항구적인 기준으로서 국가권력으로 정의된다'고 하였다. 또한, 국가이익은 불특정 다수의 '주관적인 선호들'(subjective preference)로서 국가 성원들의 기호와 요구가 변화함에 따라서 변화한다는 것이다. 즉 국가이익은 권력의 이름으로 존재할 수 있지만, 그것은 객관적인 실체가 아니라 정책결정자가 결정하는 내용이라는 것이다. 결국, 특정한 역사적 환경에서 국가가 처한 특별한 상황, 즉 주관적 상황을 반영하게 된다는 것이다. 국가이익은 개인 차원에서가 아니라 국가 차원에서 적용되는 이익 개념으로서 국가의 선진화가 진행될수록 주로 대외정책에 적용된다고 보았다.[2]

국가이익은 구영록의 분류방식에 따라서 살펴보면, ① 존망의 이익(survival interest), ② 핵심적 이익(vital interest), ③ 중요한 이익(major interest), ④ 지엽적 이익(peripheral interest)으로 나눌 수 있는데,[3] 국가를 이끌게 되는 각국 정부는 자신의 정부가 고려하는 국가안보, 경제이익, 정치적 이익, 도덕적 가치 등에서 국가이익을 정의하게 되고 그 우선순위를 부여하게 될 것이다.

국가안보는 국가이익의 하위개념으로서 외부의 위협으로부터 국

---

2) 육군사관학교, 『국가안보론』(서울: 박영사, 2009), pp. 5-18.

3) 구영록, 『한국의 국가이익』(서울: 법문사, 1995), pp. 31-32.

가의 생존과 번영 및 주권 그리고 국민의 생명과 재산을 보호하는 것으로 국가이익을 극대화하기 위한 안보상 정책과 전략을 총칭하는 것으로 이해되어왔다. 즉 사전적인 의미에서의 국가안보는 영토, 국민, 주권, 핵심가치 등을 외부로부터 보호 유지하는 것을 말한다.[4] 따라서 국가안보는 위의 국가이익 분류 중에서 존망의 이익이나 핵심적 이익을 최우선으로 확보하는 데 그 가치를 둔다고 할 수 있겠다.

현대사회에서의 국가안보는 전통적인 군사적 영역에서의 군사적 안보를 넘어 경제적 안보, 환경적 안보, 정치·외교적 안보 등 포괄적으로 규정하는 경향이 일반화되어 있으므로 국가안보의 개념도 군사적 위협으로부터 국가안전을 보장하는 것뿐만 아니라 비군사적인 요소까지 포함하여 국가의 경쟁력 강화와 발전까지를 보장하는 것으로 개념을 확장하여 정의되어야 한다고 본다.

그런데 국가안보를 인식하는 방법과 내용은 현실주의자와 이상주의자들 간에 두드러지는 차이를 갖는다. 똑같은 현상을 인식하는 데에도 이렇게 차이를 보이는 것은 보는 시각과 관점에서 차이가 나기 때문이다. 이러한 관점은 국제관계에서 중요한 변수가 될 수밖에 없다.[5]

---

4) 길병옥, "전통적 국가안보 개념의 형성과 전개: 연구경향 및 과제", 『안전보장의 국제정치학』 (서울: 사회평론, 2010), pp. 17-20.

5) 인간은 지적능력의 한계로 인간사회에 대한 직접적이고 완전한 지식을 가질 수 없다. 따라서 수많은 변수가 다양한 방식으로 연관되어 혼란스러운 현실을 단순화하고 중요한 부분만을 부각시킴으로써 행위자들의 기본 속성과 지배적 행동양식, 그리고 그들 간 관계의 반복성 등을 쉽게 발견할 수 있다. 현실을 단순화함으로써 국가 간 관계를 인간의 지각능력 범위 내로 진입시켜주는 전제, 이 전제들의 유기적인 집합을 관점(perspective)이라고 부른다. 박건영, "국제관계이론의 역사와 계보", 우철구·박건영 편, 『현대 국제관계이론과 한국』(서울: 사회평론, 2009), p. 19.

현실주의자들은 국제사회를 근본적으로 무정부 상태로 인식하여 국가이익을 지키기 위하여 국제질서에서 세력균형을 중시하게 되고 절대 권력을 강조한다. 반면에 이상주의자(자유주의자)들은 현실주의자들과는 달리 국제질서를 국제법이나 규범을 통하여 협력적으로 만들어갈 수 있다고 보아 국제협력과 평화적인 노력을 안전보장의 중요한 수단으로 보고 있다.

현실주의자들은 국가의 가장 소중한 가치는 국가안보이며 이를 지키기 위한 핵심적 수단이 국력(power)이라는 데 동의한다. 현실주의는 국가 중심의 안보관을 가지고 있으며 국가의 생존을 안보문제의 핵심으로 여긴다. 따라서 안보불안을 해소하기 위해서는 국력을 키워야 하고 그 국력의 핵심으로서 군사력과 경제력 등 유·무형의 국가자원이 중요하다고 본다.

또한, 자조(self-help)의 원칙을 중요시하기 때문에 자국의 군사력을 키우게 되면 상대 적국의 군사력 경쟁을 유발하여 상당한 군사력을 건설하더라도 오히려 국가안보를 달성하지 못하는 이른바 안보딜레마를 야기하는 모순이 발생할 수도 있다.

현실주의는 자국의 힘으로 국가안보를 달성하고자 하는 자력방위능력의 구축을 전제로 하지만 세력균형을 달성하는 가장 보편적인 방법으로 동맹을 주요 수단으로 제시한다. 자력방위만으로 국가안보를 책임지는 경우는 중립국이나 비동맹국가 또는 이스라엘처럼 동맹할 수 없는 경우를 제외하면 현실적이지 못하다는 것이다.

이상주의(자유주의)는 상대국을 바라보는 시각과 인식이 현실주의와는 아주 다르다. 상대국에 대한 정보와 불확실성에 대하여 현실주의에서는 기본적으로 극복이 어렵고 국가들 사이의 경쟁은 불가피하다고 인식하는 데 반하여, 이상주의(자유주의)는 국가들이 협력하여 정보의 불확실성을 감소시킬 수 있으며 상호 의존을 심화하여 안보딜레마도 해소할 수 있다고 보고 있다.[6]

따라서 이상주의는 국제관계에서 국제연맹이나 국제연합 같은 집단안전보장체제를 탄생시키는 이론적 근거를 제공하였으며, 국제적 제도나 규범을 국제적 갈등을 해결할 수 있는 긍정적인 동기로 간주한다. 다시 말하면, 국가 간의 상호 의존성 있는 이해관계를 조정하여 계약을 통해서 이를 제도화하였다고 볼 수 있다. 국가안보도 이러한 국제제도에 참여함으로써 증진시킬 수 있다고 보는 것이다.

또 하나 국제관계에서의 새로운 시각은 구성주의이다. 구성주의가 보는 제도주의는 이상주의의 제도주의보다는 한 걸음 더 나아가서 국제제도는 무정부 상태라는 냉엄한 현실 세계에서 거래와 계약을 통해서 만들어지는 것이 아니라 대화와 담론이 가능한 국제사회 속에서 사회적 상호작용을 통해서 만들어진다고 본다. 이 과정에서 역사, 문화, 규범, 정체성 등 모두가 중요한 역할을 한다. 요컨대 제도는 의도적인 산물일 수도 있고, 자연적으로 생성, 진화되기도 한다. 국가와 국제제도는 행위자와 구조(agent-structure)의 관계로서 상호 불가분적이며, 존재론적으로 볼 때 어느 것도 우선적이지 않다. 국가는 제도 속에서 상호작용을 함으로써 구성되는 것이고, 역(逆)으로 제도는 자신에게 속하는 국가들에 의해 구성된다.

예를 들면, NATO는 처음에 회원국의 개별적 국익을 반영하는

---

6) 이근욱, "자유주의 이론과 안보: 모순된 조합인가 새로운 가능성인가?", 『안전보장의 국제정치학』(서울: 사회평론, 2010), pp. 118-125.

것이었지만, 세월이 흐름에 따라 회원국들은 점차 NATO라는 기구와 자신을 일체화시키게 되었고, 종국에는 공통의 정체성을 생성했다. 그 결과 NATO는 냉전 종식 후 사라지기는커녕 오히려 확대·강화되는 경향을 보였다.[7]

다음에 언급할 공동안보나 협력적 안보 역시 국가안보를 위하여 선택할 수 있는 하나의 틀로서 기능하며, 안보라는 대상물에 대하여 국가라는 행위자와 그들이 만들어내는 기구나 협정들이 서로 작용하여 독특한 구조를 생산해내고 다시 이 구조가 정체성을 만들어내며 이렇게 만든 구조가 각각의 국가에 대하여 상호 영향을 끼친다고 보면 구성주의의 범주에 포함된다고 볼 수 있겠다.

공동안보는 적대국과도 상존할 수 있다는 전제하에 적대국과의 군비를 확인, 제한, 축소, 통제할 수 있다는 현실적 인식에서 출발하였다. 이러한 공동안보의 대표적인 형태로 군비통제를 들 수 있다. 군비통제의 성공적인 사례로 유럽지역에서 발현한 유럽안보협력기구(Organization for Security and Cooperation in Europe: OSCE)는 NATO와 WTO에 속한 각국이 참여한 다자간 군비통제 기구로서, 최초 유럽 35개국과 미국, 캐나다가 참여하여 실제로 헬싱키 최종의정서, 빈 문서, 유럽재래식무기감축협정(Conventional Forces in Europe: CFE)과 같은 합의를 이루어낸 바가 있었으며, 미국과 소련, 미국과 러시아 간에 있었던 전략무기제한협정(Strategic Arms Limitation Talks: SALT), 전략무기감축협정(The Strategic Arms Reduction Talks: START) 등도 그 한 예로 들 수 있겠다.

---

7) 최영종, "국제제도론", 우철구·박건영 편, 『현대 국제관계이론과 한국』(서울: 사회평론, 2009), pp. 339-341.

협력적 안보는 현재 지구 상에 가장 다양한 형태로 이루어지고 있는 국가안보의 틀로써 국제 레짐을 형성하는 것으로부터 다수의 국가가 참여하는 전(全) 지구적 또는 지역적·전략적 대화채널 등을 들 수 있겠다.

국가안보에 대하여 개념적으로 살펴보았으니 이제는 국가안보를 실현하기 위해 많은 국가가 선호하는 수단의 하나인 동맹에 대하여 살펴보자.

동맹의 정의는 오스굿(R. E. Osgood), 프리드먼(J. R. Friedman), 월트(Walt) 등 학자들의 견해를 종합하여 제시한 윤정원의 정의에 잘 함축되어 있다. 윤정원은, "동맹이란 둘 이상의 국가들이 자신들의 국가안보 이익을 보호, 유지 또는 증진시키려고 하나 이상의 실제적이거나 잠재적인 적대국을 설정하고, 방어적 또는 공세적 차원에서 대응하기 위해 전쟁수행 등 군사력 사용을 비롯한 다양한 군사협력에 대해 주로 공식적으로 합의한 집합체"라고 정의하였다.[8]

동맹은 군사동맹을 의미하는 것으로 군사력의 사용을 전제로 하고 있다는 점에서 힘이 약한 국가가 강력하거나 위협적인 국가에 대하여 공동으로 대처하기로 약속함으로써 실질적인 힘의 균형(balance of power)을 이루거나, 힘이 약한 국가가 강력한 힘을 가진 나라와 후견-피후견 관계를 이루어 국가안보를 상대국의 힘에 기대는 편승(band-wagon) 효과를 기대하는 경우에 성립한다.[9] 또

---

8) 윤정원, "동맹과 세력균형", 함택영·박영준 편, 『안전보장의 국제정치학』(서울: 사회평론, 2010), p. 227.

9) 신현실주의자인 케네스 월츠는 이를 균형동맹(balancing)과 편승동맹(bandwagoning)으로 나누어 설명하고 있다. 한용섭, "한국의 자주국방과 한미동맹: 역사적 고찰과 양립 가능성에 관한

한, 강대국 입장에서도 자국을 중심으로 하는 세력권을 형성하기 위하여 동맹을 맺기도 하는데, 이는 주로 패권안정(hegemonic stability) 기능을 한다고 볼 수 있다. 약소국 입장에서는 군비증강 소요를 감소시켜주는 이점이 있고 강대국의 입장에서는 이데올로기적인 이유나 패권안정 측면에서 기여를 기대하는 동기가 동맹 형성의 목적이라고 할 수 있겠다.

동맹의 유형은 분류하는 시각에 따라 여러 가지를 들 수 있겠으나, 본 책자와 관련해서는 동맹국 간의 국력의 균등 여부와 동맹을 맺었을 때 기대하는 국가이익의 측면에서 살펴볼 필요가 있다. 이렇게 보았을 때 세계 제2차 대전 시 유럽 전역에서 미국과 영국이 맺었던 동맹은 전형적인 균등행위자(대칭) 동맹이고 동종의 이익 동맹으로 분류할 수 있다.[10] 그리고 한미상호방위조약을 체결했을 당시의 한미동맹은 불균등행위자(비대칭)동맹이라고 할 수 있겠다. 또한, 한미동맹은 북한의 대남 전쟁억지 차원에서는 동종이익동맹이라고 할 수 있지만, 한국은 여기에 가장 큰 목적이 있고, 미국 측에서는 한 걸음 더 나아가 한미동맹을 통하여 동아시아에서의 세계적 전략 이익을 달성하는 데 더 큰 의미를 두고 있으므로 이종이익동맹 관계라고도 볼 수 있겠다.

앞에서 살펴보았듯이 동맹은 주로 현실주의적인 시각에서 한 나

연구", 국방부 군사편찬위원회, 『군사사 연구총서』, 제4집(2004), p. 8, Kenneth M. Waltz, *Theory of International Politics* (Reading, MA; Addison-Wesley, 1979)에서 재인용; 많은 역사 학자가 '균형'보다는 '편승'이 더 많이 나타나는 동맹전략이라고 밝힌다. Randal Schweller나 Paul Schroeder가 대표적인 주창자임.

10) 세계 제2차 대전 시 미국과 영국의 동맹관계에 대해서는 당시 영국의 육군참모총장이었던 앨런 브룩이 기록한 전시(戰時) 일기에 대하여 사료(史料)적 가치를 인정하여 출판한 아서 브라이언트의 글을 참고. 아서 브라이언트(Arthur Bryant), 황규만 역, 『워 다이어리』(서울: 도서출판 플래닛미디어, 2010).

라가 국가안보를 보장받기 위하여 많은 국가가 채택하고 있는 보편적인 안보수단이라고 할 수 있다.

2. 한미동맹의 특수성

한미동맹의 경우 시작은 북한의 공격과 위협을 저지하려는 목적에서 출발하였지만, 북한의 위협 성격이 그동안 변화했고 한미동맹의 전투력이 상대적으로 균형 이상으로 평가되고 있는 현 상황 속에서도 지속되고 나아가 영구화하는 경향을 보이고 있는 점은 또다른 설명을 필요로 한다고 본다.

여기에서 한미동맹의 특수성에 주목하여 동맹의 지속이나 변화의 문제, 동맹 관리의 다양한 시각을 가지고 검토할 필요성이 제기되는 것이다.

먼저, 동맹의 지속성과 변화에 대하여 살펴보자. 이 문제에 관해서는 먼저 서재정의 한미동맹 분석을 참조할 필요가 있다. 서재정은 『한미동맹은 영구화하는가』라는 책자에서 한미동맹이 오랫동안 지속된 점에 주목하여 이 동맹이 영구화 단계에 있음을 지적하고 있다. "한미동맹의 영구화라는 현상은 … 미국의 3대 국제관계이론 각각의 설명방식이 안고 있는 한계를 노출하고 있기 때문에 이에 대한 설명은 권력, 이해관계, 정체성 중 하나의 원인에만 집착하는 현실주의나 자유주의, 구성주의 이론을 뛰어넘어 이들을 체계적으로 재구성하는 방식이 되어야 한다. 이 책은 이러한 방식의 하나로서 현실주의, 신자유주의, 구성주의 이론을 이용하되, 이들 사이의 이견을 중재해 통합할 수 있는 틀을 제시하는 방식으로 동맹의 지속 및 폐기에 대한 역사적 제도주의 이론을 전개할 것"이라 하였다.[11]

서재정은 한미동맹이 영구화하고 있는 것을 자산특수성, 정체성, 제도화라는 데에서 찾고 있다. 먼저 자산특수성에 대하여 살펴보자. 동맹관계의 유지와 운영은 '동맹 자산특수성'을 만들어내어 국가와 사회를 변모시킨다. '동맹 자산특수성'은 동맹의무를 이행하기 위해 떠맡는 영구적인 투자를 의미하며, 동맹의 유지는 전쟁이 국가형성 과정에 영향을 주는 것만큼이나 국가와 사회구조에도 영향을 미친다. '동맹 자산특수성'은 기존 동맹이 종결될 경우 가장 유리한 대안(代案)일지라도 대체하는 것이 더 높은 기회비용을 발생시킨다. 동맹이 노후화되는데도 동맹을 대체하는 것보다 비용이 적게 드는 동맹유지에 이 '동맹 자산특수성'이 기능하게 되는 이유다. 그는 동맹 자산특수성을 네 가지 유형, 즉 장비, 진행과정, 인적 자산, 장소 특수성으로 설명하고 있다.

다음으로는 정체성 문제를 들고 있다. 그는 지금과 같이 미국은 '우호적으로', 북한은 '타자(他者)'로 고정화된 정체성을 문제로 본다. 미국이 동맹군으로서 우호적으로 인식하게 된 것은, ① 전쟁과 북한의 도발 과정에서 지원, 전후 원조로 형성된 신뢰관계, ② 사회화과정에서 제공되는 표상, 즉 뉴스, 정부의 공식문서 등을 통한

---

11) 서재정, 앞의 책, pp. 26-27; 제도주의의 연구자로서 커헤인은 합리적 동기와 효율성을 강조하는 합리적 제도주의를 주장했고, 러기는 이념과 규범을 강조하여 구성주의 제도주의를 열었으며, 크래스너는 경로의존성을 강조하여 역사적 제도주의 연구의 길을 열었는데, 서재정의 연구 역시 이들과 견해를 같이하고 있는 것으로 보인다. 최영종, "국제제도론", 우철구·박건영 편, 『현대국제관계이론과 한국』(서울: 사회평론, 2009), pp. 332-367 참조.

학습효과, ③ 정체성의 제도화로서, 한미 상호방위조약, 남·북한의 헌법, 당 규약, 국가보안법 등에 규정된 정체성 등 제도는 동맹과 관련한 담론 형성에 긴요하다고 하였다.

제도화의 문제는 앞서 언급하였듯이 역사적 제도주의의 시각에서 인식하는 것이 필요하다는 것이다. 위와 같이 한미 동맹은 지속하는 동안 자산특수성을 만들어내었고, 여기에 관련된 한국과 미국 그리고 북한이 적대적인 정체성을 지속하여 동맹관계가 제도화되었으며, 이제는 한미동맹이라는 제도 자체가 가진 관성으로 당분간 지속될 것으로 보이며, 얼마나 존속할 것인가는 정체성 균형이 군사력 균형보다 중요할 것으로 보았다. 이 이론은 한미동맹의 지속이라는 측면에서 특별한 시사점을 주고 있다. 한미동맹이 다른 동맹들과는 달리 국제관계이론의 일반적인 경우가 아닌 다른 새로운 관계를 형성하고 있음을 깨우쳐주고 있다 하겠다. 이제 한미동맹의 앞날은 자산의 특수성에도 불구하고 정체성의 변화가 변수가 될 것이며, 정체성을 두고 여러 변수를 주목해보아야 할 것이다. 즉 '북한의 위협이 변화하였는가, 그렇다면 한미 간에는 북한의 정체성 인식도 변화하였다고 보는가', '한국의 정체성은 변화하였는가, 그렇다면 미국은 한국을 어떻게 평가하는가', '미국이 변화하였는가, 한국은 이를 어떻게 받아들이고 평가하는가'에 따라 영향을 받게 될 것이다.

이제까지 한반도에서 미군의 철수는 미국의 세계전략 변화에 따라 미국의 주도로 이루어졌다고 볼 수 있는데, 북한의 정체성에 대해서는 여전히 '위협을 주는 대상'이라는 정체성을 부여하고 있다. 북한의 정치체계가 급격한 변혁을 겪고 유연해지지 않는 한 당분간 정체성이 변할 것 같지 않다. 한국은 미국과 공동의 시선으로 북한을 보기도 하지만, 북한을 한민족으로 품어야 하는 이상적인 시각도 함께 가지고 있다. 이러한 시각은 복합적이어서 때로는 한미동맹관계에서 정체성의 혼란을 겪기도 한다. 이 문제는 앞으로도 지속될 수밖에 없는 운명이다.

미국은 전 세계적인 전략이 우선이다. 따라서 미국의 세계전략은 계속 변화할 수밖에 없어 한미동맹이 변한다면 미국 발(發) 변화가 가장 가능성 있는 부분이다. 따라서 한국은 미국과의 동맹은 변화될 수밖에 없다는 현실적인 시각을 항시 가질 필요가 있다. 그리고 한미동맹이 변화하더라도 한국이 주권을 유지하려면 한국군이 미군에 일방적으로 의존하지 않고 스스로 작전을 수행할 수 있는 군사 운용의 자율성 확보는 필수 요소이다. 이미 한국은 미국의 전략 변화에 따라 한미동맹을 조정할 수도 있었던 것이다.[12]

다음으로는, 동맹의 관리와 관련한 문제이다. 동맹은 동맹국 간 자율성과 의존성의 정치문제를 초래하게 되며, 경제적인 관점에서는 비용과 책임의 문제를 낳는다. 비대칭동맹에서의 '안보와 자율성 교환 모델'은 모로우(James D. Morrow)에 의해 제시된 바 있는데, 모로우는 "국력의 비대칭적 조건에서 약소국가들은 강대국들이 보장하는 안보와 그들이 보유한 자율권을 교환한다"고 설명한 바

---

12) 구갑우는 "탈냉전·민주화 시대에 접어들어 한미동맹의 재조정 계기가 몇 번 있었으며, 제Ⅰ계기는 냉전적 세력균형의 추가 미국 쪽으로 기울던 시점인 1980년대 후반, 1989년 '넌-워너 수정결의안'에 따른 동아시아 전략구상 때였다고 보았다." 그리고 "제Ⅱ계기는 김대중 정부 시 미국은 미국의 안보를 위협하는 국가, 국가연합, 비국가적 행위자 등에 대처하기 위하여 과거의 주한미군과 같은 붙박이 군을 '기동군'으로 전환하기 위한 결정을 냈다." 구갑우의 지적은 이러한 계획이 당시 남북관계 등 한미 간의 정책적 조율과정에서 실현되지 못하였지만 그러한 변화의 가능성은 항상 염두에 두어야 한다는 것을 일깨우고 있다고 보겠다. 구갑우, "동아시아 시대와 한국의 동맹전략", 『미·중 사이에서 고뇌하는 한국의 외교·안보』(서울: NEAR 재단, 2011), pp. 275-285 참조.

있다.

정치적인 관점에서는 강대국의 영향력과 안보제공을 받아들이면서 약소국은 강대국이 원하는 외교와 국방정책을 추구하게 되며, 자율적 권한도 제한되는 경우라는 것이다. 경제적인 관점에서 보면 약소국들은 강대국의 안보제공에 무임승차하려는 경향을 낳았고, 강대국은 약소국들에게 시간이 흐르면서 정당한 비용 분담을 요구하게 되었다.[13)]

즉, 동맹국 간에 군사전략과 군사정책을 공유하는 과정에 강대국의 발언권이 커지게 되며, 연합작전을 전제로 한 교리적용과 장비의 상호운용성 측면에서도 약소국은 자율성이 제한받을 수밖에 없다. 그리고 군사작전을 위하여 합의할 지휘관계 설정이나 연습과 훈련을 실시함에 있어서도 약소국은 주도권을 강대국에 양보하게 될 것이다.

또한, 연합작전 시 상대국에 군대를 주둔할 경우에 주둔군에게 부여할 주둔군의 지위문제(status of forces)는 동맹군을 자국의 영토에 주둔시키는 접수국의 입장에서 당연히 자국의 주권이 침해받지 않도록 유의해야 하겠지만, 주둔국 입장에서는 자국군의 이익을 우선 고려하려 할 것이기 때문에 강대국에 유리하게 체결될 가능성이 높다.

그리고 양국 군에서 연합작전을 수행하면서 또는 평상시 동맹군

---

13) 한용섭, "한국의 자주국방과 한미동맹: 역사적 고찰과 양립 가능성에 관한 연구", 국방부군사편찬위원회, 『군사사 연구총서』, 제4집(2004), p. 10; 김일석, "한·미동맹의 미래발전", 차영구·황병무 공편, 『국방정책의 이론과 실제』(서울: 도서출판 오름, 2002), p. 358; 이현우, "안보동맹에서의 약소국의 자주성에 관한 연구: 비대칭 한·미 동맹을 중심으로", 명지대학교 대학원 박사학위논문(2007) 등을 참조.

의 주둔을 허용하였을 경우에 발생하는 주둔군 비용의 부담(cost sharing)과 동맹군 간의 방위역할 분담에서 발생하는 방위분담금(defense burden sharing)에 대해서도 상호 간 조정해야 할 부분이다.

그런데 한미동맹의 경우는 모로우의 '안보와 자율성의 교환 모델'과는 달리 한국의 경제 성장과 군사역량의 증대에도 불구하고 그의 이론처럼 미국에 대한 안보 의존성을 크게 해소하지 못하였다는 연구가 있었음은 서론에서 이미 언급한 바 있었다. 장노순에 의하면, "제로섬의 특징을 많이 내포하고 있는 민족 내 갈등에서 억지력을 강조하는 비대칭 안보동맹은 강대국의 안보제공이란 절대적인 영향력이 쉽게 약화되지 않을 수 있음을 보여준다"고 하였다.[14] 한미동맹은 여타의 다른 동맹과는 성격이 다름을 보여주는 또 다른 연구다.

동맹 관리 문제의 또 하나는 동맹을 맺게 될 때 동맹의 유지 과정에서 나타난다. '연루'와 '포기'라는 상황에 대한 두려움의 문제이다. 즉 자국의 의지와 상관없이 상대국이 벌인 전쟁이나 갈등 상황에 개입이 요구될 때 연루의 두려움이 발생할 수 있다. 한국의 경우에도 이러한 사례가 많이 있으며, 미국의 요구로 참전하였던 월남전, 걸프전, 이라크전, 아프가니스탄 전쟁 등 한국 국민의 희생이 요구되는 상황에서 참전해야 할 것인가 하는 문제로 이해가 다른 국민들 간에 많은 갈등을 겪었던 경험을 가지고 있다.

또한, 강대국 안보이익의 변화로 동맹을 상대국이 포기하게 되지나 않을까 하는 두려움도 발생한다. 1994년 북한의 이른바 1차 핵

---

14) 장노순, "교환동맹모델의 비교환성: 비대칭적 한미안보동맹", 『국제정치논총』, 제36집 1호 (1996), p. 99.

위기 시 미국의 클린턴 행정부가 한국을 배제한 채 북·미 제네바 합의를 이끌어냈을 때 한국 국민들은 심한 좌절감과 분노를 느꼈고, 결국 한국은 자국민의 의도를 관철시켜 한반도에너지개발기구(KEDO)를 운용하였던 사례가 있었다. 이러한 동맹 관리상의 어려움은 한국이 대내외적으로 군사문제에서 주도권을 가지지 못하는 데서도 초래될 수 있는 문제이다.

기실 불균등행위자(비대칭)동맹의 경우에는 이러한 제반 군사적인 문제를 협상하고 실행하는 과정에서 국력의 차이와 군사력 운용의 능력부족 그리고 약소국이 갖는 동맹체결의 절실함 때문에 실제로 군사문제에서 자율성을 침해받기 쉽고 또 현실적으로 상당한 불이익을 감수할 수밖에 없다. 이 문제에 대한 군사상 주도권의 상실과 자율성의 제약 등이 본문의 주요 관심 분야가 될 것이다.

3. 군사 운용의 자율성과 군사지위

본격적으로 글의 본론에 들어가기에 앞서 관련된 몇 가지 용어를 정의해보기로 하자. 먼저 '자율'과 어의(語義)가 비슷한 용어로 '자주'는 사전적 의미로 '남의 도움이나 간섭을 받지 않고 스스로 자기 일을 처리하는 것'을 일컫는 말이다. 박정희 대통령이 '미국의 도움 없이도 국방을 해 나갈 수 있어야 한다'고 제창'하였을 때 내세웠던 '자주국방' 표방이 그 한 예(例)가 될 것이다. 국방을 스스로 책임지고 해나가야 한다는 내부적인 의지적 표현으로는 쓸 수 있으나 동맹관계에서 일반적으로 사용하기에는 다소 적합하지 않은 말이다. '자립'이라는 용어는 '남에게 의지하거나 종속되지 않고 스스로의 힘으로 일어섬'을 지칭하는 말로써 '경제적 자립' 등과 같이 구호적 성격의 말로 쓰일 수 있는 용어이다. '자율'은 '남의 지배나 구속을 받지 않고 자기가 세운 원칙에 따라서 스스로 규제하는 일'이니 동맹관계에서 자신의 역할을 주장할 수 있는 용어로 사용할 수 있다고 생각된다.[15] 이 책에서는 '자율'이란 용어를 중심 단어로 하여 사용하고자 한다. 따라서 '자율성'은 '자율을 지향하는 성향'으로 자신의 의지를 표현하는 말로, '자율적 역량'은 '자기 스스로 행동하며 자기 행동을 조절해나갈 수 있는 능력'으로 표현되며, 자율적인 성향과 능력을 함께 표현할 때에는 비슷한 범주 내(內)에서 혼용하여 사용하게 될 것이다.

이제 동맹관계에서 연합군을 구성하여 연합작전을 수행하게 되는 경우를 가정해보자. 이때 각 나라는 각국 나름의 국가이익을 달성하기 위하여 동맹관계를 맺었거나, 또는 일시적으로 그에 준하는 약정을 한 상태이기 때문에 자국의 이익을 최대한 반영하려 할 것이다.

이에 따라 각국은 군사 면에서 자국의 이해에 합당한 이익을 군사작전에 투사하려 할 것이므로 여기에서 보이지 않는 힘의 조정 관계가 있게 될 수밖에 없다. 왜냐하면, 그들 사이에는 각국의 군사능력 차이 때문에 명시적이지는 않더라도 실제에 있어서는 작전을 자국의 의지를 반영하여 작전을 주도하는 측과 자율성을 제한받아 수동적인 입장에 처하는 경우가 발생한다.

---

15) 사전적 의미에 대해서는 국어사전을 참조. 민중서관, 『새로 나온 국어사전』(서울: 민중서관, 2002).

물론 연합작전을 수행하는 상황이란 각국이 문화적으로나 군사적으로 이해가 일치하여 작전목적을 쉽게 합치시킬 수 있는 경우가 최상으로서, 이러한 경우에는 자율성의 침해는 별로 심각하지 않을 수도 있겠지만, 대부분의 동맹에서 특히 이종이익동맹의 경우에는 그 이해가 반드시 합치한다고 볼 수는 없고, 각국의 이익이 공유되는 정도에 따라 공통집합 부분의 비율이 크면 클수록 연합작전에서의 공고성은 그만큼 확고해질 것이다.

이때 불가피하게 군사에 관하여 발생하는 힘의 역학관계를 주목할 때 주도하는 측이 갖는 군사 운용에서의 융통성(능력)을 자율성(자율적 능력)으로 설명할 수 있겠다. 또는 연합작전을 함에 있어 주도국이 아니더라도 자국의 이익에 입각하여 군을 자국군의 의지대로 운용할 수 있다면 자율성(자율적 능력)을 가진 군대라고 할 수 있겠다.

그렇다면 동맹국 사이에서 나타나는 군사 운용에서의 자율성의 행사는 어떤 형태로 나타나게 될까? 한 국가가 군사력을 건설하고 군을 그들의 교리대로 훈련하여 자국군의 군사사상에 입각하여 지휘하는 경우는 100%의 군의 자율성(자율적 능력)을 가진 경우라고 할 수 있을 것이다. 그러나 동맹국이 연합군을 형성하여 연합작전을 수행하는 경우에는 100% 자국군의 의지대로 군을 운용하기는 힘들다. 현실적으로 군사 교리가 앞서 있고 군사장비가 자국군의 것으로 장비되었을 경우 여기에 최고 지휘관과 주요 참모들이 자국군 중심으로 되어 있다면 연합군의 지휘에서 더욱 자국군 중심으로의 운용이 가능할 것이다.

따라서 동맹관계에서 연합군을 편성할 때 더욱 자국의 국가이익을 지켜낼 수 있는 가장 확실한 방법은 자국군의 자율성을 확보하는 일이고, 그 방편으로 작전지휘관계에서 우위의 지위를 갖는 것이다. 일반적으로 외국에 주둔군으로 파견할 경우는 지휘관계에서 우위를 가지려 하고, 이를 통해 주둔군으로서의 권익도 함께 보장받으려고 노력하는 것은 당연하다.

동맹관계에서 연합군 형성 시 군사지휘권의 확보는 군 운용의 자율성 문제에서 상당한 비중을 가질 수밖에 없는 문제이다. 동맹관계에서 연합작전을 수행할 때 군사지휘관이 행사할 수 있는 권한은 어디까지인가? 이 문제는 개념적인 이해가 필요한 부분인데 뒤에서는 언급하지 않을 것이므로 여기에서 분명히 해두기 위해 간단히 논의하기로 하자.

이를 논의하기 위해서는 군통수, 지휘, 작전지휘, 작전통제의 개념부터 정의해둘 필요가 있다.

먼저, 일국의 대통령이나 수반이 국민을 대표하여 그 나라 군 전체를 책임지고 끌어나가는 형태로서 군통수의 개념을 들 수 있다. 이는 주권국가의 국가원수가 헌법과 법령이 정하는 바에 따라 국토방위를 위하여 가지는 자위적 기능이다. 따라서 군통수권은 주권의 본질적 요소이며 주권의 최후보장수단이라 할 수 있으므로 주권과 불가분의 일체를 이룬다.16) 한국의 경우 대통령의 군통수권은 헌법에 따라 국방부 장관을 통하여 행사하게 되며, 이때의 군정기능은 육·해·공군의 참모총장이, 군령기능은 합동참모의장이 분담하는 체제를 가지고 있다. 여기에서 분명히 짚고 넘어갈 일은

---

16) 안광찬, "헌법상 군사제도에 관한 연구: 한반도 작전지휘권을 중심으로", 동국대학교 대학원 박사학위 논문(2002), p. 22.

동맹관계에서 또는 일시적 필요에 의해서 불가피하게 연합군을 이루는 경우에도 독립주권국가에서 군통수권 일체를 상대국에 일방적으로 이양하는 경우는 없다고 할 수 있다.[17]

지휘, 작전지휘나 작전통제는 주로 군을 통제하는 범위로 구분된다.[18] 지휘는 가장 큰 개념으로 군 지휘관이 부여된 임무를 완수하기 위하여 가용한 자원을 조직하고 훈련시키고 운용하는 것으로서 병력에 대한 사기, 복지 등을 포괄하는 개념이다. 따라서 뒤에 언급할 작전지휘, 작전통제 등을 포함한다. 이는 우리나라의 경우 주로 야전군사령부급 이상이 가지는 기능이다.

작전지휘(operational command)는 지휘관이 부여된 임무를 수행하기 위하여 작전수행에 필요한 자원을 획득하는 작전소요 기능 충족, 전투수행을 위한 목표부여, 전투편성 등을 하는 기능으로서 행정적인 기능을 포함하지는 않는다. 6・25전쟁 당시 이승만 대통령으로부터 유엔군사령관에게 부여한 한국군에 대한 일체의 지휘권(all command authority)은 이후 맥아더 유엔군사령관이 받아들인 내용을 무초 주한미국대사가 이 대통령에게 보낸 서한에서 작전지휘권(operational command authority)이라고 고쳐 부르고 있는 데서 보듯이 실제로 한국군이 유엔군사령관에게 모든 작전상 지휘권을 주었다고 보는 것에는 동의하기 어렵다.

당시 한국군의 능력이 전쟁수행을 주도해서 할 수 있는 입장은 아니었지만, 나름대로 이승만 대통령과 한국군은 한국군의 인력 동

---

17) 한용섭, "전시 작전통제권 환수문제", 『한미동맹 50년: 법적 쟁점과 미래의 전망』(서울: 백산서당, 2004), p. 66.

18) 한용섭, 앞의 책, pp. 65-69; 안광찬, 앞의 논문, pp. 34-43.

원 등 일정한 부분에서 연합군사령관의 지휘에 기여했던 것이 사실이었고, 연합군사령관으로부터 지상군 지휘를 위임받은 8군사령관도 한국군 지휘는 육군참모총장을 통하여 행사했기 때문에 이대통령이 미군에게 부여한 지휘권의 개념은 현대적으로 해석한다면 다음에 언급할 작전통제에 가까운 개념이고, 한국군은 이를 제외한 나머지 한국군의 작전지휘권을 제한적으로 행사하였다고 평가할 수 있겠다.

작전통제(operational control)란 더 한정된 기능으로서, 지휘권이 미치는 범위 내의 작전에 관련된 목표부여, 부대편성, 과업지시에만 국한하는 개념이다. 따라서 군수나 행정업무는 배제된 개념으로 상급지휘관이 부여한 일정한 기간 내에 국한하여 통제하게 된다. 현재 한미연합군사령부의 사령관이 한국군에 대하여 가지는 권한이 이에 속하며, 미군이 다른 나라 군을 통제하거나 우리 군에서 여러 병종으로 구성된 예하부대를 지휘할 때 적용하는 일반적인 지휘 개념이다.

동맹국 간에 연합 및 합동작전을 수행할 경우 이들 용어의 구별은 더 명확해진다. 연합작전 시 연합군총사령관 예하의 각 군 구성군사령관은 자국군에 대해서는 작전지휘권을, 타국 군에 대해서는 작전통제권을 행사하게 된다.[19]

현재 한미연합군사령부의 지휘체계에서 한국군의 지휘는 평시에는 한국군의 지휘계통에서 전반적인 작전지휘권을 행사하지만, 전시에는 한미연합군사령관이 한국군을 작전통제하고 합동참모의장

---

19) 한용섭, 앞의 책, p. 68.

은 작전통제를 결(缺)한 작전지휘를 하는 구조로 되어 있다. 이를
도식화하면 다음과 같이 될 것이다.

구분	인사		정보	작전				군수	기타
	인사 관리	인사 근무	정보	전투 작전	전투 편성	부대 훈련	소요 통제	자원획 득보급	예산/ 기타
지휘 ⟸⟹									
작전지휘 ⟸⟹									
작전통제 ⟸⟹									

출처: 국방부 출입기자단 대상 작통권 설명회(2013. 6. 5)[20]

<그림 2-1> 지휘, 작전지휘권, 작전통제권의 개념 비교

이러한 군사작전지휘에 관련된 용어를 살펴보았으니 이제는 연
합작전을 수행하는 데 있어서 작전지휘 문제와 자율성의 문제에
대해서 그 관계를 살펴보자.

전쟁을 수행함에 있어서 고려할 사항 중 가장 기본적인 사항들
을 모아 놓은 것이 전쟁원칙이라는 것인데, 전쟁사상에 따라 약간
씩 그 요소가 다르기는 하지만 '지휘통일의 원칙'은 전쟁원칙 중에
서도 매우 중요한 요소라고 할 수 있다.[21] 이 원칙에 입각하여 한
전역이나 전구에서 전쟁을 지도하는 리더, 즉 최고위 사령관을 정
하게 되는데, 이 사령관을 중심으로 예하 지휘관과 참모들로서 연
합군을 구성하게 되는 것이다.

---

20) ≪국방일보≫, 2013년 9월 23일 자 "연합사 창설로 작통권(작전통제권) 행사에 한국 참여 보
장" 제하 기사 참조.

21) 육군의 야전교범은 육군의 전쟁원칙으로 기동, 집중, 기습, 경계, 절약, 창의, 사기, 통일, 간
명, 공세를 제시하고 있는데, 이중 통일의 원칙은 지휘관이 목표달성을 위하여 한 명의 책임
있는 지휘관하에 지휘통일의 노력을 경주해야 함에 대하여 기술하고 있다. 육군교육사, 육군
야전교범 100-1, 『지상작전』(대전: 육군교육사, 1999), pp. 1-12.

어느 한 나라가 단독 작전을 수행하는 경우에는 지휘통일의 원칙을 적용하여 최고 지휘관을 임명하여 그를 중심으로 군을 조직해야 함은 이의의 여지가 없을 것이다. 또한, 동일 문화권의 국가, 예를 들면 미・영 동맹이나 NATO와 같이 동종이익 동맹관계에서 같은 군사교리나 군사사상을 공유하고 있고 공동의 무기체계로 무장해 있다면, 각국 간의 합의하에 단일 지휘계통을 확립할 경우 자국군의 자율성 상실에 대해서는 어느 정도 양해가 불가피하다는 점을 인정한 상황이다. 분명히 전쟁원칙에도 맞고 그것이 효율적일 것이다.[22]

그러나 인종이 다르고 문화가 다른 나라들이 연합군을 형성함에 있어서도 지휘통일의 원칙을 지키기 위하여 반드시 단일 지휘계통을 확립해야 하는지에 대해서는 이의가 있을 수 있다. 왜냐하면, 문화가 다른 각국의 이익을 각각 반영해야 하고 작전을 진행함에서도 이질적 요소가 작전을 저해하는 상황이 올 수도 있다. 즉 자국의 자율성 침해 문제가 제기될 수 있다. 예를 들어, 걸프전 당시 사우디아라비아는 미국의 요구에도 불구하고 미국 중심의 서방국가들과 단일 지휘체제를 형성하지 않았으며, 미국의 중부군사령관과 별도로 아랍권을 대표하여 사우디아라비아 사령관이 중심이 되어 작전을 수행하는 가운데 중부군사령부와는 C3IC라는 연락협조체제를 함께 유지함으로써 작전을 성공적으로 수행한 바가 있었다. 물론 작전 시 어려운 점이 많이 있었겠지만, 서로의 문화를 존중하

---

22) 제2차 세계대전 시 미・영 각국은 동맹관계에서 단일 지휘체계를 유지하여 많은 성과를 거두었지만, 동맹을 운영하는 동안 자국군의 자율성을 잃지 않으려고 끊임없이 갈등하였던 것이 사실이다. 아서 브라이언트, 황규만 역, 앞의 책 참조.

면서 이를 극복하였다.[23]

이처럼 연합작전을 수행할 때의 지휘구조는 한나라가 단독으로 수행하는 작전과는 달리 지휘통일이라는 전쟁원칙을 앞세워 작전지휘나 작전통제라는 개념만 가지고 일방적인 지휘관계를 규정하기 어려운 측면이 있다. 각국은 군사력을 건설함에 있어 그 나라 고유의 군사사상에 입각하여 교리, 군 구조, 편성 및 장비, 훈련체계 등을 갖추게 되며, 그 나라의 문화에 따라 방위역량을 달리할 수밖에 없다.

따라서 전쟁을 수행할 때도 주권을 가진 국가로서 당연히 자국민의 생명과 재산과 영토를 지킬 책임과 의무가 있으며, 이때에 적국에 대해서 뿐만이 아니라 동맹국으로부터도 국민의 권익이 훼손되어서는 안 되는 것이다. 그러나 과거에는 불행하게도 그러한 세부적인 국가이익까지 고려할 수 없는 급박한 경우에서, 또한 국력의 현격한 차이에서 전쟁을 수행하다 보니 어쩔 수 없이 자국의 국가안보를 위하여 철저하게 대중의 권익을 침해받을 수밖에 없는 경우가 있었다. 임진왜란을 겪을 당시 조선의 경우가 그러했다.[24] 그리고 뒤에서 다루게 될 6·25전쟁 당시 한국의 입장이 또한 그러하였다.

---

23) 미국방부의회최종보고서, 국방군사연구소 편, 『걸프전쟁』(서울: 국방군사연구소, 1992), p. 480.

24) 임진왜란 당시 조선의 상황이 이를 잘 말해준다. 조선은 외교·안보 정책으로 사대교린(事大交隣)을 택하였다. 도요토미 히데요시가 일본을 통일하고 임진왜란을 일으켰을 때 대규모 적에 대해 방비를 하지 않은 조선이 나라를 지키기 위해서 택할 수 있었던 것은 오로지 명(明)나라에 청병(請兵)하는 것이었다. 명나라의 개입은 조선의 구원보다는 자국에 대한 위협 여부였고, 전쟁을 한반도에 국한시킬 필요성에서 이듬해 초(初)가 되어서야 평양성 탈환작전에 그들의 군대를 투입하였다. 그 이후 전쟁에서의 승리보다는 일본군과의 강화에 더 매달렸고, 조선의 전쟁수행 의지는 무시되곤 했다. 백성들은 일본군의 약탈 외에도 명의 전쟁수행을 위한 부역과 명나라 군대의 수탈까지 당하는 등 또 한 번 국토가 유린되었다.

동맹관계나 연합군 형성 시 군 운용에서 지휘권의 확보는 군사 운용의 자율성 확보라는 차원에서 중요하고, 국민의 권익침해를 훼손하지 않기 위해서도 중요한 문제라고 할 때 군사 운용에서 국력이 약한 군대는 일방적으로 자율성 발휘문제에 대해서 불리를 감수해야만 하는가? 다른 연합국에 비해 상대적으로 강한 군사력을 가지지 않은 군대도 자율성을 확보하여 자신의 전투력을 발휘할 수는 없는 것일까?

그런데 다음의 예를 보면 자율성의 확보는 상대적으로 약한 군사력을 가진 군대에서도 발휘가 가능한 것으로 생각된다. 즉 월남전 수행 시 채명신 사령관을 비롯한 한국군 수뇌부는 미국 측과 같은 생각을 했던 대통령을 설득하여 한국군이 자국군을 자율적으로 지휘할 수 있도록 관련국들과 합의하여 국익을 지켰던 경우가 있었다.25) 이 사실에 대해서는 뒷장에서 다시 한 번 논하기로 한다.

위에서 논의한 바와 같이 동맹관계나 연합군 형성 시 군의 자율성을 확보하기 위해서는 작전지휘나 작전통제라는 지휘권의 문제는 아주 중요하다. 그러나 자국의 군사적 자율성의 문제는 동맹국과의 상대적인 문제일 뿐 주권을 가진 군대는 반드시 고려해야 하는 문제이다. 그러므로 군사 지휘권을 가지지 못하는 경우에도 자국의 국가이익을 지키기 위해서는 자국군의 자율성 확보를 위해서 노력을 소홀히 해서는 안 된다.

다시 말해 동맹관계나 연합군 작전에서 작전지휘나 작전통제의 개념은 군사 운용의 자율성 확보와 그로 인해 확보할 군사 면에서

---

25) 채명신, 「채명신 회고록 베트남전쟁과 나」(서울: 팔복원, 2006), pp. 141-163.

의 자국의 이익 확보 차원에서 중요한 문제이며, 그러지 못한 경우에도 자율성은 자국이 가진 국력, 국가목표, 군사상(軍思想), 군사전략, 군사력, 군사 지도력, 언어 풍습 등 고유의 문화적인 배경을 근저로 하여 상대국으로부터 이를 인정받아 얼마든지 확보할 수 있다.

위에서는 군사적 자율성의 주요 요소인 작전지휘권에 대하여 주로 다루었는데, 군사적 자율성을 나타내는 요소들은 이외에도 여러 가지를 포함하고 있음은 앞에서 이미 언급한 바 있다. 즉 자율적 의지를 포함하는 군사 운용 면에서의 자율성과 가시적으로 나타나는 군사력 건설을 중심으로 한 군사역량 면에 관한 사항을 종합적으로 파악해야 한다고 본다. 이 문제에 대해서는 다음 절의 군사적 자율성의 평가에서 구체적으로 살펴보기로 한다.

제2절 군사적 자율성의 평가

그렇다면 위에서 논의한 바와 같이 동맹관계에서 중요시해야 할 '군사 운용에서 자율성(자율적 역량)의 확보 정도는 어떻게 확인할 수 있을까?' 하는 문제가 제기된다.

이 문제에 관한 한 정확한 계량방법은 제시하기 어렵다. 그러나 앞의 동맹문제를 논하는 과정에서 약간의 단서는 찾아볼 수 있다. 우선, '자율성'을 스스로 군사를 책임지고 운용할 수 있는 성향, 그리고 '자율적 능력'을 이를 위한 능력이라고 한다면, 이 용어를 사용하기 위해서는 '군사력'의 실체가 먼저 전제되어야 할 것이다.

먼저 군사력의 운용적인 측면에 대해서 살펴보자. 앞에서 군사력은 좁은 의미에서 '일국의 현존 상비군의 잠재적 전투수행능력'으로 규정할 수 있다고 하였으며, 이것은 일국이 전쟁에 동원하는 '인적자원'(병력)·'물적 자원'(장비)·'조직적 자원'(효과성)이 결합된 총체적 산물이라고 정의한 바 있다. 그런데 인적·물적 자원은 가시적이기 때문에 '양적' 요소로 불리기 쉽고 파악이 용이하다. 반면, 조직적 자원은 전략·전술·보급·규율·지도력·사기 및 소위 C4I라고 부르는 정보전력 등으로 구성되는 '부대응집력'(unit cohesion)을 포함하기 때문에 측정하기가 어렵다.26)

이 책에서는 군사적 자율성을 가름해볼 수 있는 요소로서 함택영의 군사력 정의에서 사용한 '가시적 부분'과 '비가시적인 부분' 등 두 가지로 대별하여 적용해보고자 한다. 첫째는, 하드웨어(hardware)적인 것으로서 가시적으로 구현되는 군사 역량으로 직접적으로 나타나는 형태는 '군사력 건설' 부분이고, 두 번째로는 소프트웨어(software)적인 것으로 건설된 기반 '군사력을 조직화하고 운용'하는 능력이다. 전자가 그 국가의 경제력에 힘입는 바 큰 것으로 '자율적 방위역량의 확충'을 의미하는 기본적인 역량이라면, 후자 즉 '자율적인 군사 운용 능력'은 앞의 기반 군사력을 바탕으로 이를 자율적으로 조직화하고 사용하여 실질적인 방위역량을 발휘하는 것이니 더 고차원적이다. 즉, 편제된 군에 대하여 자주적인 지휘권을

---

26) Allan R. Millett, Williamson Murray, and Kenneth H. Watman, "The Effectiveness of Military Organization", in Allan R. Millett and Williamson Murray, eds., *Military Effectiveness, Volume I: The First World War* (Boston: Allan & Unwin, 1988), pp. 1-30. 함택영, 앞의 책, p. 39에서 재인용.

확립하고, 국가의 생존이 걸린 전쟁에서 상무정신을 고양하며, 전쟁에 대비하여 병력과 물자의 조직적인 동원능력을 갖추고, 군사 정책과 전략을 발전시켜서 궁극적으로는 유사시 전쟁에서 자율적인 승리를 달성하도록 하는 것이 '자율적인 군사 운용 능력'인 것이다.

그런데 군사력 건설은 그 운용을 전제로 하는 것이므로 전쟁수행 의지가 없이는 불가능한 것이고, 군사력 운용 역시 기반 군사력을 갖추지 못한 상태에서 의지만 가지고는 달성할 수 없는 것이므로 이 둘은 상호 보완하는 밀접한 관계에 있다고 볼 수 있다. 그렇다고 해서 군사역량과 군사적 운용 능력이 반드시 정비례한다고는 볼 수 없다. 군사역량이 부족하더라도 옥쇄를 각오하고 대군과 의지로 싸운 전례도 많이 있고, 또한 중동국가들처럼 우수한 장비를 도입하여 편제함으로써 상대국보다 월등한 군사역량을 가진 군대지만 장비운용 능력이 부족하고 군사 운용에 대한 전반적인 노하우(know how)가 없어 외국에 의존하는 경우도 있기 때문이다. 그러나 전시가 되면 이 두 가지 큰 요소는 하나의 총화로 나타나 그 나라의 전반적인 전투력을 발휘하게 한다. 함택영이 접근한 전투력을 군비(軍費)로 나타내려는 시도는 이 두 요소가 하나로 표현된다는 전투력의 속성을 염두에 둔 것으로 볼 수 있다. 그러나 여기서는 분석 목적상 군사력을 크게 두 가지 요소로 대별해보고자 한다.

그러면 이제는 '군사적 자율성'을 갖추었는지를 어떻게 가늠해볼 수 있을 것인가의 문제로 다시 돌아가보자. 우선 '군사력 건설', 다시 말해 '방위 역량의 확충문제'는 무엇을 기준으로 삼아야 하는가의 문제에 봉착하게 될 것이다. 대비(對比)전력의 구축이라는 측면에서 어디에 기준을 둘 것인가의 문제이다. 즉 합리적인 방위충분성의 전력을 어디까지를 목표로 할 것인가 하는 점인데, 6·25전쟁 시부터 한국은 북한의 직접침략이나 도발에 대처하는 것이 방위의 핵심이었으므로 북한의 공격에 대하여 전쟁을 억지하는 수준의 전력구축이 우선적으로 고려되어야 할 것이다. 이러한 분석은 우리의 방위 전력구축의 우선 목표였기에 그러하다. 한미동맹의 성격이 북한의 전쟁억지에서 출발하였다는 점에서 이 문제가 핵심적인 논의의 중점이 될 것이다. 또 하나 북한과의 전력 비교에서 주로 재래식 전력에 대하여 비중을 둘 수밖에 없는 현실을 고려하더라도 북한의 새로운 위협으로 부상하고 있는 핵, 미사일, 화학전 등 비대칭 전력에 대해서는 현재의 한미동맹관계에서도 중요한 부분이기 때문에 이 문제 역시 간과할 수 없는 문제라고 할 수 있다. 한국 역시 북한이 가지지 못하는 C4ISR + PGM으로 표현되는 지휘체계의 확충이나 정밀유도 무기의 확충 등 대북 우위 전력 등의 강점에 대해서도 함께 살펴보아야 할 것이다.[27] 최근에는 한국의 국력이 성장하면서 잠재적 위협국인 중국이나 일본 등을 염두에 둔 전력을 구축해야 한다는 인식이 확산되고 있다. 그런데 주지하는 바와 같이 중국은 전통적인 핵 강국이고, 일본 역시 잠재 핵보유국으로서 손색이 없는 국력을 보유하고 있다. 그렇다면 이들 국가에 필적하는 정도의 전력을 구축한다는 것은 강소국을 지향하는 한국이 선택할 대안은 못 된다. 결국, 이어도나 독도 등에서 작전하는 데 필요한 전력 구축은 우선해야 할 전력구축 목표이고, 그리고 이

---

[27] 흔히 영문표기로 통용되는 C4ISR + PGM(Command, Control, Communication, computer, precision, Guided Missile)은 지휘·통제·통신·컴퓨터·감시·정찰과 정밀·유도무기를 지칭한다.

들 국가에 의하여 공격을 받을 시 최소한 그들의 전략목표를 타격할 수 있는 능력을 갖추는 것을 목표로 하는 것이 더 현명할 것이다. 이러한 소위 '고슴도치 전력'으로는 전략 잠수함의 도입과 1,000㎞ 이상의 사거리를 갖는 크루즈 등 전략 미사일, 전투기의 작전 반경을 확대시킬 수 있는 공중급유기의 확보, 기동함대의 주축이 될 수 있는 이지스함의 추가 확충 등을 거론할 수 있다. 본문에서는 일단은 대북한 우위의 전력에 대하여 우선을 두고 분석하되, 소위 '고슴도치 전략'에 입각한 대잠재적국의 공격에 대비한 거부전력 문제에 관해서도 판단의 범주에 포함해보고자 한다.

이제 '군사역량', 즉 '군사력 구축'에 대한 평가에 대해서 먼저 살펴보자. 군사력 구축을 평가하는 방법에는 전통적으로 단순개수비교(bean counting)나 개량적 방법으로 '전력지수'(CCC)나 란체스터의 수학적 모델을 이용한 전쟁연습(war game) 기법 등을 사용할 수 있다.[28] IISS의 군사력 균형(Military Balance) 자료는 전자의 방법에 가까운 자료로써 활용할 수 있겠으나 후자에 관련한 전쟁연습에 관한 자료들은 국방부의 산하기관에서 다루고 있는 영역이어서 이 책에서 다루기는 어렵다. 함택영이 제시한 '군사력'을 '투자비 및 운용유지비 누계'로 살펴본 분석은 군사력 전반을 포괄적으로 평가하고 있으므로 이 책에서 다루려고 하는 군사적 자율성의 흐름에 대한 분석에 더 유용하게 사용할 수 있을 것으로 생각된다.[29] 이는 엄격히 본다면 군사력 운용 부분까지를 포괄하고 있는

---

28) 이에 대한 자세한 내용은 함택영, 앞의 책, pp. 42-87을 참조.

29) 편의상 군의 자율성(자율적 역량)은 군사력의 건설과 군사 운용 능력으로 대별하였는데, 두 개념은 물리적으로 확연히 분리되지는 않는 것이다. 포괄적으로 볼 때 군사력의 실체는 군비(軍費)와 밀접한 상관관계가 있다. 함택영은 군비를 군비(M)=총자원(R)×자원추출률(E)×배

개념이다. 예를 들면, 북한의 장비는 지속적인 투자가 되지 못하여 노후화 정도가 심각하고, 탄약 등은 지하의 불비한 시설에 저장하는 관계로 성능 발휘를 보장하기 어려우며, 유류 부족 등으로 기계화 부대나 전투기 조종사들의 능력이 매우 저하되어 있다. 국방부 등의 단순 장비 비교 등은 이러한 운영유지비의 문제나 신형장비의 교체 정비문제 등은 포함하고 있지 못하기 때문에 사실은 이러한 감가상각 문제나 군사 운용상의 투자비를 종합하여 산정한 군비의 투자에 의한 전투력 산출비교가 더 신뢰할 수 있는 지표라고 할 수 있다. 따라서 여기서는 이러한 자료가 제시된 1880~1990년대 함택영의 연구와 국제적으로 통용되는 IISS자료 등을 병행하여 사용해볼 것이다.

'자율적 군사 운용 능력'에 대해서는 이 책에서 좀 더 관심 있게 다루고 있는 요소로서 대략 다음 4개 부분으로 표현해볼 수 있을 것이다.

우선, 자국의 방위에 대하여 자주의식을 가지고 스스로 책임질 의지를 가지고 있는가? 이 문제는 자율성을 가름하는 출발점으로서 자국방위 의지의 결집문제로서 지도자나 국민들이 자국의 국방에 대하여 책임의식을 가져야 한다는 것이다. 이러한 의지의 결집은 자력으로 자국의 국가이익을 구현할 수 있도록 장기적인 국가전략을 세우고 이를 구현하기 위한 군사정책과 군사전략을 마련하

분율(A)로 정의하였다. ① 여기에서 자원(경제력)의 총량, ② 국가의 자원가동률 즉 자원추출·동원능력, 그리고 ③ 자원배분으로 변수들을 설명하고 있는데 자원(경제력)이 크다고 해도 이를 군사력으로 변환시킬 수 있는 능력이 있어야 할 것이고, 군비증강과 군비를 사용하는 주체들의 배분에 대한 합리적인 합의가 군비를 결정한다는 것이다. 함택영, 『국가안보의 정치경제학』(서울: 법문사, 1998), pp. 111-123 참조.

는 형태로 구현될 수 있을 것이다(자주국방 의지의 결집과 자국 군사정책의 실현).

둘째, 자국의 군사 사상에 입각한 교리를 개발하고 편성하며 훈련하여 유사시 스스로 대처할 수 있는 국가 차원의 군사적 리더십을 구비하고 있는가? 자국군에 대한 군사 지휘권의 확보는 국가이익을 구현하는 가장 중요한 요소로서 군사 운용의 자율권 확립에 중요한 요소라 할 수 있다. 예를 들어, 한국이 평시 작전통제권을 행사한다고 해도 연합사령관이 평시에 행사하게 되어있는 연합권한위임사항(CODA: Combined Delegated Authority)과 같은 부분은 자율적 군사 운용의 핵심적인 평가 부분이 되어야 한다[30](자율적인 군사지휘권 확립).

셋째, 민간부문을 포함하여 국가적으로 민·관·군을 통합하여 조직화하고 동원할 수 있는가? NSC 등 국가의 위기관리 시스템이 정비되고 잘 작동하는지 또는 충무계획 등 법체계를 갖추어 유사시 운용될 수 있도록 훈련하고 있는가? 건설된 군사력을 자국군의 교리에 입각하여 전시에 기능 발휘가 가능하도록 조직화하고 제도화하며 훈련시키고 있는가?(국가 동원 및 군사 능력 발휘 보장).

넷째, 동맹 내(內) 또는 국제 안보환경 속에서 자국민의 권익을 지켜내며 동맹국과의 각종 협상에서 자국의 이익을 제대로 반영할 수 있는가? 예를 들면, SOFA 협상, 방위분담금 협상, 다자 안보레짐 등에 능동적으로 참여하여 자국의 이해를 관철시키고 있는가?

---

30) CODA는 6가지로서, ① 위기관리 능력, ② 전시 작전 기획·계획(작계 5027 등), ③합동 연습 및 훈련의 준비·실시, ④ 교리의 발전, ⑤ 정보 관리(자산보유, 획득·생산·사용·환류 기능), ⑥ C4I 및 상호 운용성 유지임.

(군사 외교분야, 자국민의 권익보호)

이제 편의상 각 요소를 정리하여 이를 도식화하면 다음의 표와
같이 될 것이다.

<표 2-1> 동맹 시 군사적 자율성 평가

O: 충족(우세) △: 보통(대등) ×: 미흡(열세) -: 미평가

구분	요소	평가
자율적 군사 운용 의지/능력 구비	자주국방에 대한 비전과 군사전략의 수립 (자주국방 의지의 결집과 자율적인 군사정책의 실현)	
	국가 차원의 군사적 리더십 구비 (자율적인 군사지휘권 확립)	
	국가적 위기관리시스템의 작동, 전시기능발휘 (전시 동원 및 군사능력 발휘 보장)	
	자국민의 권익보호 및 이해 반영 (군사외교 주도권 발휘, 자국민 권익 보호)	
군사역량 구비	대북한 방위 전력 확보 여부?(재래식 전력)	
	대북한 방위 전력 확보 여부? (재래식/비재래식 비대칭 전력)	
	대잠재적국 방위충분전력 확보 여부? (대(對)잠재적국 공격거부전력)	

이 책에서는 한국의 군사적 자율성이 한미동맹 속에서 어떠한
흐름의 변화를 보였는가에 주목하고 있다. 관련 자료의 제약도 있
을 수 있고 군사문제에 관해서는 군 특성상 공개되지 않는 부분이
많으므로 위의 요소를 그 시기별 상황에 대입하여 보면 개략적인
추세는 파악 가능하리라 생각한다.

그리고 본문 각 장에서는 한국의 군사적 자율성이라는 측면 중
에서도 '군사력 운용문제'를 주로 다루고 있다. 따라서 객관적으로

군을 건설하고 북한군과 대비했을 때 군사력의 비교 등 '군사역량'에 관해서는 장마다 별도의 절을 두어 기술하고자 한다. 따라서 각 장의 소결론은 그 시대마다 한국의 군사적 자율성을 종합하여 기술해볼 것이다. 여기에 이론 부분에서 다루었던 모로우의 '비대칭 동맹하에서 안보와 자율성의 교환' 이론이나 서재정의 '한미동맹의 영구화'에 대한 견해, 그리고 신욱희의 '비대칭 동맹관계에서 강대국에 대한 약소국의 행동양식'에 따른 한미동맹의 적용문제도 함께 다루어보고자 한다.

■■■ 제3장 유엔사 군사 운용 주도기
(1945~1960년대 말)

앞의 이론적 논의에서는 국가안보를 위하여 불가피하게 연합군
을 형성하는 경우에도 자국의 국가이익을 지켜내기 위해서는 군사
적 자율성을 지켜낼 수 있는 국력과 군사적 능력을 함께 갖추어야
함을 살펴보았다.

즉 한국의 군사적 자율성의 확보는 군사지휘권의 회복 못지않게
한국군의 군사력 운용 능력의 신장과도 많은 관련을 맺고 있으며,
또한 그것은 미군의 주둔을 허용하고 있는 접수국 입장에서 우리
국민의 권익문제와도 직접 관련이 되고, 따라서 주한미군의 주둔군
지위의 변화와도 밀접히 연관되고 있음을 염두에 두어야 한다.

이제부터는 주로 해방 이후(엄격히 본다면 우리나라는 일본군
패망 시점에서 1948년 8월 15일 대한민국 정부가 수립되는 시점까
지 미군에 의한 군정이 실시되었으므로 우리나라의 국권을 회복하
였던 것은 아니다) 미국군과 소련군이 일본군의 해체를 이유로 한
반도에 주둔한 이후 한국이 미군의 도움을 받아 건군(建軍)하고 미
국과의 군사관계를 형성하는 시점부터 한·미 간에 군사관계를 살
펴 한국군이 자율성을 확대해나가는 과정과 관련, 안보를 대가로

우리가 지불해야 했던 자율성의 침해와 이를 시정해나가는 상황 등을 정리해보고자 한다.

제1절 8·15광복과 한국군 창군

일본군 패망에 따라 8·15광복이 되었지만, 한국 민족이 바로 국권을 회복할 수는 없었다. 일제 강점기에 중국 땅에서 수립된 임시정부는 장제스의 국민당 정부 외(外)에는 해외 열강들로부터 승인을 받지 못하였고, 장제스 정부와 필요에 의해서 연합하는 세력 정도로만 인식하는 형편이었다. 이러한 형편에서 임시정부가 8·15 정국에서 정치적인 주도권을 갖기에는 한계가 있었다. 그나마 임시정부가 군대의 필요성을 인식하여 광복군을 편성하여 그 외연(外延)을 넓히려 했던 점은 한국 국민의 체면을 다소 세워준 측면이 있다. 다만 광복군의 일부가 중국에서 활동하던 미국군과 협조하여 한반도에서의 군사 활동을 준비하였지만, 그마저 일본이 1945년 8월 15일에 항복 선언을 하는 바람에 그 활동계획이 무산된 점은 퍽 아쉬운 점이다.[1] 이는 제2차 대전 시 북부 아프리카 작전에서 독일군 지휘하의 프랑스군이 연합군의 상륙작전에 대비하

---

[1] 광복군은 김구 주석과 주중미군사령관의 협의하에 광복군을 태평양전쟁 시 대일정보 수집 및 적 후방교란 등 첩보활동을 위해 미 OSS와 합작하여 한반도에 활용할 계획으로 3개월에 걸친 훈련을 실시하여 운용단계에 있었으며, 실제로 미국군 18명과 함께 이범석, 장준하, 김준엽, 노능서 등 4명이 정진대(한반도의 연합군 전쟁포로의 구호와 안전철수 지원 목적)에 편성되어 미 군용기를 타고 8월 18일 여의도로 입국하였지만, 동경으로부터 연락이 없었다고 위협하는 일본군의 위협에 철수한 사건도 있었다. 국방부 군사편찬연구소, 『한미 군사 관계사, 1871~2002』 (서울: 국방군사연구소, 2003), pp. 136-151.

여 자체 함정을 침몰시켜 연합군의 작전이 성공하도록 도왔고, 연합군 휘하에 망명정부를 구성하였으며, 프랑스군이 연합작전에 직접·간접으로 협조한 일 등을 통하여 전후 프랑스의 입지를 넓혀주었다는 점과 크게 대비된다.[2]

1. 미 군정하 한국군의 창설

일본은 1907년 8월 1일부로 대한제국의 군대를 해산시킨 이래 강점기 통치기간에는 한반도에 일본군대를 주둔시켰고, 1910년 경술국치 이후에는 일본군의 원수나 대장 출신으로 총독을 임명하여 강압통치를 하였다.

일본군의 패망이 확실시되던 1945년 8월 11일 미국의 '3부정책조정위원회'(SWNCC: State-War-Navy Coordinating Committee)가 작성한 일반명령 제1호를 수립하는 과정에서 미국은 미군의 진주 능력을 고려하여 소련과 함께 일본군 항복접수를 위해 경계선인 38도선을 결정하였다. 이 일반명령 제1호는 일본이 항복을 선언한 8월 15일 트루먼 대통령의 재가를 받아 소련, 영국, 중국의 동의를 얻었다.[3] 이에 따라 맥아더 사령관은 한국과 지근거리인 오키나와

---

2) 1942년 11월 프랑스에서 아들 문병차 알제리에 와 있던 프랑스의 해군성 장관 다를랑은 연합군의 세력이 강한 것을 알고 독일에 적대하는 편에 서서 프랑스 현지 지휘관인 쥐앵에게 국지적 휴전을 명할 권한을 부여하여 11일 연합군의 상륙작전에 간접적인 지원을 하였다. 이후 다를랑이 북아프리카의 사실상의 프랑스 국가원수로 추대되어 연합군 측과 군사협정을 체결하였으며 다를랑이 암살당한 이후에도 총사령관이었던 지로나 그와 대립관계에 있던 드골 등이 연합국 지도자들과 작전을 협의하는 등 프랑스는 연합군 작전에 직·간접으로 기여하였다. 아서 브라이언트, 황규만 역, 앞의 책, pp. 580-642.

3) 명령의 1항 (e)는 카이로 선언 및 얄타 협정에서 연합국 간에 합의된 전후 일본처리와 한반도 신탁통치에 관한 협정을 구현하기 위하여 작성되었으며, '일본 군대 본영 및 대본영의 선임지휘관, 일본 본토와 인접 제(諸) 도서, 북위 38도선 이남의 한국, 류구, 필리핀 내의 모든 지상

에 주둔하고 있던 하지(John Reed Hodge) 장군의 24군단을 한반도 상륙부대로 지정하였다.

하지 장군의 24군단은 9월 8일 인천에 상륙하여 9월 9일 조선총독부에서 항복조인식을 했으며, 예하부대들을 서울과 지방의 주요 도시에 주둔시켰다. 미국은 태평양 전쟁 이후 군정을 실시할 목적으로 민정 요원을 양성하고 있었으나 일본에 대해서는 일본의 기존 행정조직을 맥아더 사령부가 장악하여 간접 통치하기로 하였다. 24군단은 최초에는 미국에서 양성된 일부 민정 요원을 중심으로 군단 요원들을 이용하여 자체적으로 군정을 실시하다가 차후에는 본래 일본에서 활동하기 위해 양성했던 민정 요원을 전환 배속받아 이들을 중심으로 군정청을 설치하여 군정을 실시하였다.

미 군정 당국자들은 이 과정에서 점령정책의 미비, 미국 군정 요원의 준비부족과 행정의 편의성 등을 고려하여 초기 행정고문에 조선총독부 관리를 계속 활용하였고 9월 12일에서야 군정청 국장을 미국인으로 임명하였다. 그 해 10월 15일에는 한국인 11명을 군정장관 고문으로 받아들였고, 12월에는 각 국장을 비롯한 부서장에 미국인과 한국인을 겸임시키면서 한국인의 비중을 넓혀나갔다. 1947년 2월부터는 각 부·처장을 전원 한국인으로 임명하여 앞에 내세우고 미국인은 고문관으로 부결권 행사를 통해 간접적으로 참여하는 형태로 군정을 실시하였다.

그런데 일본은 1907년 한반도에서 한국군을 해체하고 일본군을 직접 주둔시켰기 때문에 미 군정 당국은 한국의 치안조직과 군대

군, 해군, 공군 및 보조부대는 미국 태평양 육군 사령관에게 항복한다'고 규정하고 있다. 국방부 군사편찬연구소, 앞의 책, p. 178.

의 조직만큼은 별도로 계획하여야만 하였다. 이 과정에서 근대식 군대를 창설해보지 못한 한국으로서는 창군업무를 전적으로 미군에 의존할 수밖에 없었다.

군정청 내(內)의 국방담당 군사기구의 설치는 1945년 11월 13일의 미 군정 법령 28호에서 규정되었으며, 그 내용은 국방사령부의 설치, 군무국의 창설 및 육·해군부의 설치, 경찰 군사기관의 임의 설치 금지 등이었다. 그러나 시행과정에서 육·해군부의 설치는 보류되었고 대신 긴급 시 지방경찰을 지원할 조선경비대가 1946년 4월 초 약 2,000명으로 창설되었다. 이후 국방사령부는 경무국을 분리하여 국방부(통위부)로 개칭하고 조선경비대와 조선해양경비대를 관장하였다.[4]

초기 장교의 충원은 군사영어학교를 개교함으로써 과거 경력자를 우대하여 임관시켰으나 1946년 5월 1일부터는 국방(조선)경비사관학교를 설립하였다. 그리고 각 도에 경찰기능과 유사한 조직으로 1개 연대 규모의 군대를 조직하였다.

초대 통위부장과 조선경비대 사령관은 유동렬과 이형근 중령, 송호성 중령 등이었고 각 연대의 지휘권도 한국군이 갖도록 하였다. 그러나 미군은 고문관으로서 모병·행정·조직 및 훈련 전반을 지도하였다.

이러한 계획의 이면에는 미군의 철수를 고려한 것이었고 한국군의 모든 무기와 탄약은 전적으로 미군에 의존해야 했다.

---

4) 국방부라는 명칭은 미소공동위원회 시 소련의 지적으로 1946년 6월 15일부터 대한민국이 수립된 이후인 1945년 11월까지 통위부로 지칭되기도 하였다.

2. 미군철수와 한국군 군사능력의 보완

주한미군의 철수는 군 건설이 미약한 한국으로서는 난감한 문제였다. 북한지역에서는 소련의 계획적인 국제 공산주의 확산 계획이 진행되어 소련군의 전폭적인 지원으로 군 건설이 이루어져 남북간에 격차가 커지고 있었기에 장비의 확충과 탄약의 확보는 발등의 불이었다. 이승만 대통령은 무초(Muccio) 대사와 로버츠(Roberts) 고문단장을 통해 전투기를 포함한 무기 지원을 요청하였고, 장면 주미대사와 조병옥 특사 파견을 통해 전투기, 폭격기 등 항공기와 3,000명을 편제할 수 있는 장비 원조를 요청하였으나 성사되지 못하였다.[5]

당시 국내에서는 총포의 수리나 수류탄, 소화기 부품, 전투복, 군화 정도의 생산이 고작이었다. 미 군원은 1950년 회계연도에 약 1,097만 달러로 책정되었으나, 이는 미군으로부터 인도받은 구형장비의 정비물자와 수리부속품의 구매용이었고, 북한의 남침 시까지 도착한 것은 1,000만 달러 상당의 통신장비뿐이었다.[6] 이러한 장비 부족은 애초부터 자율성 있는 군대 건설의 꿈을 가질 수 없는 수준이었다.

당시 미국이 한국의 지원에 소극적이었던 것은 한국의 전략적 가치를 낮게 보고 있었던 데에 기인한다. 미국의 국무부와 국방부

---

5) 장비의 보강을 위하여 정부수립 이후에 국민 성금 운동을 전개하여 공군은 AF-6형 연습기(건국기)를 도입하였고, 해군은 1950년 4월에 미국에서 구잠함 4척을 구매하기도 하였다.

6) James F. Schnabel, *Policy and Direction*, p. 36; Sawyer, *KMAG*, pp. 96-104. 국방부 군사편찬연구소, 『한미 군사 관계사, 1871~2002』(서울: 국방부 군사편찬연구소, 2003), p. 263에서 재인용.

는 한국의 전략적 가치에 있어 다소 상반된 견해를 가지고 있었는데 미 국무부는 한국에서의 개입 지속 입장을 주장한 데 반해 미국 합참은 당시의 병력부족을 이유로 한국에서의 조기 철수를 주장하는 입장이었다. 이들의 절충안으로 작성된 문서가 국가안보회의문서 NSC-8(1948.4.8.),[7] NSC-8/1(1949.3.16.), NSC-8/2(1949.3.22.)이다.[8] 문서의 주요 내용은, ① 북한군 또는 외국군의 침략행위로부터 남한의 안전을 수호할 남한군대를 만들기 위해서 미국은 철군에 앞서 남한 군대의 훈련 및 장비에 관한 조치를 취해야 하며, ② 미국은 남한 경제의 붕괴를 방지하기 위하여 남한에 대해 경제원조를 제공한다는 것이었다. 이에 따라 1949년 6월 30일까지 미군은 군사고문관 495명을 남기고 모두 철수하였다.

한편 이승만 정부는 이러한 미군의 철수가 당시의 정세로 보아 위험을 초래할 것으로 보고 미군철수 반대 또는 연기의 입장을 취하였다. 당시 북한은 사단급의 부대를 보유한 반면에 한국군은 연대급 부대밖에 편성하지 못한 상황이었던 것이다. 미국의 국내 사정과 소련 등의 주장대로 1948년도 유엔총회에서 한반도 외국군 철수를 결의하게 되자 이승만은 주한미군사령관인 하지 장군과 합의하여 1948년 8월 24일 한·미 간에 「과도기에 시행될 잠정적 군사안

---

7) NSC-8에 대한 자세한 내용은 국방연구소, 『NSC-8(1948.4.2.): A Report to the President by the National Security Council on the Position of the United States with respect to Korea』, 『Document of the National Security Council』, 제1권, pp. 2-14: *FRUS, 1948, VI: The Far East and Australia* (Washington D.C., 1974) 참조.

8) NSC-8/1과 NSC-8/2는 NSC-8에서 제시한 내용에서 국무부의 철수연기론을 반영하여 1949년 6월 30일을 철수시한으로 하였고, 육군 15,000명의 무장과 훈련, 경찰 35,000명과 해안경비대 4,000명의 유지를 위한 군사원조, 그리고 철군 전에 대체용 장비를 제공하도록 구체화하였다. 도널드 맥도날드(Donald S. McDonald), 한국역사연구회 역, 『한미관계 20년사, 1945~1965』 (서울: 한울아카데미, 2001). p. 30; *FRUS, 1949, VII: The Far East and Austrlia, pt. 2* (Washington D.C., 1976) 등 참조.

전에 관한 행정협정」(소위 「잠정협정」)의 체결을 이끌어내었다.[9]

이 행정협정은 미군철수가 완료될 때까지 미국군은 한국의 안전을 유지하며 현존하는 대한민국 국방군의 조직, 훈련, 장비를 계속 지원하도록 하였다. 주요 내용은 다음과 같다.

① 주한미군사령관은 대한민국 국방군의 조직, 훈련, 장비를 용이케 하기 위하여 필요하다고 인정하는 대한민국 국방군에 대한 전면적인 작전상의 통제를 행사하는 권한을 보유할 것으로 합의한다(제2조).

② 한국으로부터의 미국점령군의 철수를 위하여 필요하다고 인정하는 중요지역과 시설(항구, 진지, 철도, 병참선, 비행장 기타)에 대하여 통제권을 보유할 것을 동의한다(제3조).

③ 주한미군사령관은 그의 지휘하에 있는 부양자를 포함한 군대 및 민간인원에 대하여 배타적 관할권을 보유한다. 주한미군사령관의 관할하에 있는 상기 개인으로서 대한민국 정부의 법 시행기관에 의하여 체포된 자는 주한미군사령관의 보호와 지배에 즉시 회부한다(제3조).

이 협정에서 대한민국은 정부가 수립되었음에도 불구하고 군사적 자율성을 가지지 못한 상황에서 군의 신속한 군사 능력을 확충할 목적으로 미군철수 시까지 미군에게 한국군의 작전통제를 요청해서 합의했다는 점에 유의해야 한다. 즉 한국의 군사적 자율성을 스스로 훼손할 수밖에 없었던 당시의 절박한 사정을 주목해야 한

---

9) 국방부 전사편찬위원회, 『국방조약집』, 제1집(서울: 국방군사연구소, 1991), pp. 34-39; http://www.mofa.gokr/trade/treatylaw/treatyinformation/bilateral/index.jsp?mofat=001&menu=m_30_50_40(검색일: 2013.9.20.)

다는 것이다. 안보를 위하여 군사적 자율성을 교환한 것이다. 또한, 미국 주둔군의 지위에 관하여 언급하고 있는바, 미국 사령관의 배타적 관할권을 인정하고 있다는 점에서 후에 있을 여러 행정협정 등에도 영향을 미치게 되었을 것으로 생각된다.

당시 미국에서 한국 문제를 이끌었던 기관은 미 의회나 미 행정부에서 국무부(합참)나 국방성 등이 관여하였지만, 트루먼 대통령의 의지가 중요했을 것으로 본다. 여기서 생각해보면 한국 문제에 대해서 당시는 군정이양기여서 대한민국 대통령이 미국 대통령과 공식적인 대화채널을 구축할 수 없었고, 또 그들이 자체적으로 결정하는 NSC 등에 영향을 줄 어떤 수단도 갖고 있지 못하였기 때문에 군대 건설을 포함하여 한국 문제에 대하여 영향력을 발휘할 통로가 없었다. 자국의 이해가 걸려있는 문제조차도 미국의 결정에 거의 일방적으로 따를 수밖에 없었다.

미군의 철수 과정에서 비록 트루먼 정부가 한국의 전략적 가치에 대해서 낮게 보고 그들의 국내 사정에 따라 철수를 결정하였지만, 미국이 한국을 완전하게 포기하지는 않았다고 생각된다.

이 과정에서 주목해야 할 것은 미국이 철수 이후에도 군사고문단을 남겨놓아 한국군의 자위능력을 향상시키려 한 점과 한국에 경제지원을 통하여 한국의 군사능력을 향상시키려 한 점이다. 미국이 그들의 필요에 의해서 한국군의 군사역량을 제고시켜 한국군의 자율성을 키워주려 하였다는 것이다.

우선 1948년 8월 24일 한·미 간 「잠정 군사안전 행정협정」을 체결함에 따라 장교 92명, 사병 148명으로 주한미임시고문단(PMAG: Provisional Military Advisory Group)을 설치하여 한국군 부대창설

과정에서 필요한 미군의 장비 이양과 여순반란 진압 작전에서 작전지원 업무를 지원하였다. 이후 미군철수가 완료된 1949년 7월 1일부로 주한미군사고문단(KMAG: U.S. Military Advisory Group to the ROK)을 발족하여 한국군의 태동에 큰 기여를 하였다. 이들의 활동에 대한 법적인 절차는 1950년 1월 26일에 서울에서 대한민국의 신성모와 김도현이, 미국 측에서는 무초 대사가 서명한「대한민국 정부와 미합중국 정부 간의 주한미국군사고문단 설치에 관한 협정」으로서 1949년 7월 1일부로 소급 적용되었다.[10]

협정의 주요 내용은 다음과 같다.

① 해단의 국방부 인원수는 장교급·병사 도합 500명을 초과하지 않음(제1조).

② 해단원과 동가족은 주한미국대사관 및 해당 계급의 동관원에게 부여한 제 특권과 면책권을 향유하는 목적을 위하여 동대사관원의 일부로 인정됨(제4조).

③ 해단원에게는 미국 정부로부터 일정한 봉급과 수당을 수취하는 외에 부가하여 한국 정부가 원화로 특별수당을 지급함(제6조).

④ 대한민국 정부는 해단원이 한국 국내에서 공무 시행함으로 소용하는 비용을 원화로 지급함(제8조).

여기에서 주목할 점은 군사고문단에게 외교관에 준하는 배타적인 법적 지위를 인정한 점이다. 우리 정부가 원활한 창군활동을 위하여 군사고문관들에게 전향적으로 절대적인 주둔군 지위를 부여한 것이다.

---

10) 국방부 전사편찬위원회, 앞의 책, pp. 58-63.

또한, 미군의 철수를 앞두고 대한민국 정부는 1949년 3월 초 조병옥을 전권대사로 미국에 파견하여 애치슨 미 국무장관, 러스크 국무차관보 등을 방문하여 군사원조를 호소하였으나 성과 없이 미군 철수가 시행되었다. 한국에서 주한미군 철수에 대한 비판적인 범국민운동이 일어나자 미국은 1949년 12월 14일 조사반을 파견하여 이미 제정되었던 상호방위원조법에 의거 1950년 1월 26일 대한민국과 최초로 「한미상호방위원조협정」을 체결하였다.[11]

이 협정의 기본 취지는 침략에 대해서 방위력을 증진하기 위해서는 경제발전이 필요하다는 점을 역설하고, 경제적 부흥을 통하여 신장된 경제능력에 맞는 군사력을 건설할 수 있도록 지원하겠다는 것이었다. 6·25전쟁 이후에 체결된 군사동맹조약인 「한미상호방위조약」과는 성격이 다른 협정이었다.

제2절 6·25전쟁: 미국 주도의 전쟁 운영

1. 미국의 세계전략과 전쟁 수행

앞에서 기술한 바와 같이 1945년 일본군의 무장해제를 위해 미국이 한반도에 군대를 진주시킨 이래 대한민국 정부 수립 후 미군이 철수하는 과정에서 확인시켜준 대한민국의 전략적 가치는 미국에 사활적 국가이익을 주지 못하는 것으로 판명되었다. 그러한 평

---

11) 국방부 전사편찬위원회, 앞의 책, pp. 64-69.

가에도 불구하고 미국은 제한적인 지원을 통해 간접적으로 대한민국의 자립과 군대의 성장을 도우려 하였다.

　그러나 북한의 계획적인 침략이라는 상황을 맞게 되자 미국의 상황평가는 달라졌다. 미국은 '대소(對蘇) 봉쇄전략과 '제3차 세계대전의 방지'라는 세계 전략 차원에서 참전을 결정하였고, 개입 명분을 마침 창설된 유엔을 통한 해결에 초점을 맞추었다. 트루먼 대통령은 유엔안전보장이사회의 신속한 결의를 유도하여 공산주의자들의 무력 남침에 맞서 자유세계 국가들의 유엔을 통한 무력개입 명분을 확보하였고 자국 의회를 설득하였다. 이 과정에서 당시 자유중국이 중국의 유엔대표권을 가지고 있다는 점에 반발한 소련 대표가 안전보장이사회에 불참함으로써 거부권을 행사하지 않음에 따라 유엔군을 평화강제 수단으로 사용하게 되는 전무후무(前無後無)한 기록을 남기게 되었다. 이러한 전쟁 초기의 조치들은 이 대통령의 절실한 지원요청이 있었고, 무초 미 대사의 신속한 상황보고, 미국 극동군사령관이던 맥아더 장군의 한국전선 시찰과 지상군 투입의 필요성에 대한 건의 등이 받아들여져 그 위기 상황에서 미국 국가안전보장회의의 결의 등을 통해 비교적 신속히 이루어진 결과였다. 미국은 유엔안전보장이사회의 소집을 건의하여 결의를 이끌어내었으며, 6월 29일까지는 주한 외국인들의 일본 철수가 이루어졌다. 그리고 6월 30일에는 미국 지상군의 파견이 결정되었다(최초의 참전부대는 제8군사령부 예하 한반도 지근거리에 위치한 규슈의 24사단의 일부인 스미스부대가 7월 1일 부산에 입항).

　당시 미국은 1947년에 마련된 국가안전보장법(National Security Act)에 기초하여 국방장관의 권한이 강화되어 있었고, 제2차 대전시 영국군과 함께 전쟁을 지도하던 3군 총장회의를 발전시켜 대통령의 자문기관으로 합동참모회의를 두고 있었으며, 국무부와 함께 국가안전보장회의의 주요 축을 형성하고 있었다. 이러한 체제를 활용하여 위기를 평가하고 전쟁에 관련한 주요 정책을 결정하였다. 특히 6 · 25 전쟁 시 미국의 합참의장은 전시하의 최초 합참의장으로서 브래들리 원수를 비롯한 미국의 현역 최선임 장교를 임명하여 전쟁지도를 수행하였다. 그리고 합참의 전략적 지도하에 전쟁을 현지에서 수행하는 사령관의 역할 역시 중요하였다. 트루먼 대통령은 맥아더 극동군사령관을 유엔군사령관으로 임명함으로써 제2차 대전의 영웅을 새로운 전쟁에 투입하였다.

여기에서 주목해야 할 사실 하나는 유엔군사령부의 창설에 관한 것이다. 미국은 대부분의 병력과 물자를 지원하게 될 미국의 전쟁지도 전략과 유엔군의 법적 지위를 미국의 관할하에 두고자 하였다. 따라서 유엔 산하에 한국지원협조위원회를 만들어 작전지휘를 시행하자고 제안한 유엔사무총장의 안에 반대하고 미국 측 안을 관철시켰다. 미국 측 안은 미국이 유엔을 대신하여 한국의 작전을 통제하고, 유엔과 현지 사령관의 직접적인 접촉을 배제하며, 정책적인 결정사항은 작전사령관이 아니라 미국 정부가 결정하도록 해야 한다는 결의안이었다. 이에 따라 영국, 프랑스 등의 협조로 작성한 유엔군사령부 설치에 대한 결의안 제84호(유엔문서 S/1588)가 통과되었다.[12]

결의안의 주요 내용은, "유엔 안전보장위원회는 북한군이 무력

---

12) 국방부 군사편찬연구소, 『한미 군사 관계사, 1871~2002』 (2003), pp. 464-465.

으로 대한민국을 공격한 것을 평화의 파괴행위로 확정하고, 군사력과 기타 지원을 제공하는 모든 회원국이 미국 책임하의 통합군사령부가 그러한 군사력과 기타 지원을 제공하도록 할 것을 권고하며, 미국이 그러한 군사력을 지휘할 사령관을 지명하도록 요청하며, 통합군사령부(Unified Command)가 그의 재량으로 인민군에 대한 작전 중 유엔기를 여러 참전국의 국기와 함께 사용하도록 인가하며, 미국이 통합군사령부의 책임하에 취해진 작전경과에 관한 적절한 보고서를 유엔안전보장이사회로 제출하도록 요청한다"[13]는 것이다.

위의 결의에 따라 미국의 맥아더 원수는 유엔군사령관으로서 작전지휘권을 행사하게 되었다. 7월 13일 미 제8군이 대구에 지휘소를 개설하자 한국군도 작전협조를 위하여 다음 날 대구에 육군본부를 이동하여 설치하였다.

이승만 대통령은 당시 한국군이 전쟁을 자율적으로 수행할 수 없는 현실을 고려하여 7월 14일부로 한국군의 지휘권을 유엔군사령관에게 서한으로 이양하였다. 그 내용은 다음과 같다.

"대한민국을 위한 유엔의 공동 군사노력에 있어 한국 내(內) 또는 한국 근해에서 작전 중인 유엔의 육·해·공군 모든 부대는 귀하의 통솔하에 있으며, 또한 귀하는 그 최고 사령관으로 임명되어 있음에 비추어 **본인은 현 적대행위의 상태가 계속되는 동안 대한민국 육·해·공군의 모든 지휘권을 이양하게 된 것을 기쁘게 여**

---

13) 국방부 전사편찬위원회 역, 『미국합동참모본부사 한국전쟁(상)』, (서울: 국방부 전사편찬위원회, 1990), p. 110.

기는 바이다."[14]

위의 서신을 오늘날 평가해본다면, 당시 한국군이 경황이 없는 상황이었지만, 주권과 군통수권의 중요한 요소인 작전지휘권을 적법한 절차를 지키면서 이양되었거나 이양내용이 단순한 '이양'보다는 '상황과 필요에 따라 한국군과의 협조절차를 거쳐 지휘관계를 수립'할 수 있었더라면 주권상의 (제약)문제도 발생하지 않았으리라는 아쉬움이 남는다.[15] 그리고 '현 적대행위가 지속되는 한'이라는 단서 조항을 달아놓았지만, 전쟁이 장기화되고 지금까지 전쟁이 종식되지 못하고 정전상태가 지속됨으로써 현재까지 한국군의 자율성을 제한하는 결과를 가져왔다.

이에 따라 맥아더 사령관은 미 제8군사령관 워커 장군에게 한국군 지상군 지휘권을, 미 극동해·공군사령관에게 한국군의 해·공군 지휘권을 각각 위임하였다. 이로써 한반도에서의 전쟁 수행은 유엔군사령관의 책임하에 지휘권이 일원화되었고 미국은 한국군에 관한 한 육군참모총장을 통하여 작전통제권을 행사하였다.

그러나 당시의 한국군은 수뇌부의 능력과 전쟁수행 물자 보유 등에서 절대 부족하여 자율성을 가질 수 없었고 미 군사고문단의

---

14) 국방부 전사편찬위원회, 『한국전쟁사』, 제2권(1979), p. 991; 국군지휘권의 이양은 이번이 두 번째로써 이승만 대통령과 하지 사령관의 합의하에 이루어졌던 1948년 8월 24일의 『잠정적 군사안전에 관한 행정협정』 체결을 통하여 미군철수 시까지 이승만 대통령이 하지 장군에게 위임했던 바가 있었음. 군사편찬연구소, 『한미 군사 관계사, 1871~2002』(2003), p. 470에서 재인용. 볼릭체의 영문표현은 'I am happy to assign to you have been authority over all land, sea, and air force of the Republic of Korea during the period of the continuation of the present state of hostilities'임.

15) 안광찬은 법적 문제를 검토하면서 당시 한국군의 군사협상력 부재상황에서 헌법상 기구의 조언과 견제도 없이 이승만 대통령 독단으로 국군의 통수권 일체를 이양한 것에 대한 시시비비에 대하여 논하고 있으며, 국제적 관례에 따라 국제법상에서는 효력을 갖는 것으로 차후 군통수권에 속하는 작전지휘권의 이양과 환수문제는 국내법적인 효력문제도 염두에 두어야 함을 주장하였음. 안광찬, 앞의 논문, pp. 72-79.

조언과 미군의 지원을 받으면서 어려운 국면을 타개할 수밖에 없었다. 물론 전쟁이 장기화하면서 전투경험이 축적되고 한국군 부대가 창설되면서 전쟁수행 능력이나 자체적으로 작전에서 성과를 내는 사례가 없지는 않았지만, 전반적으로는 한국군의 어떠한 자율성도 내세울 입장이 아니었다.

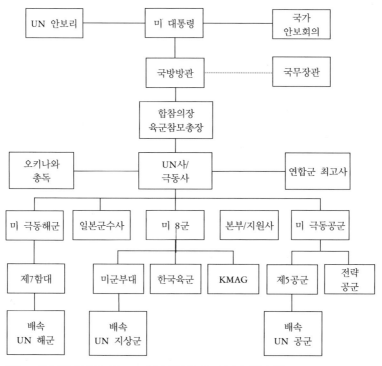

참조: 1. 한국 해군과 공군은 배속 UN 해군과 공군에 각각 포함되어 운용되었음.
　　　2. 점선은 상호 협조 관계임
출처: James P. Finley, *The U.S. Military Experience in Korea, 1871~1962 in The Vanguard of ROK-US Relations*, Seoul: Command Historian's Office, Secretary Joint Staff, Hqs, USFK/EUSA, p. 83. 김일영, "한미 동맹의 삼위일체 구조의 형성과정", 『주한미군 역사 쟁점 전망』, 앞의 책, p. 55에서 재인용.

<그림 3-1> 한국전쟁 당시 군 지휘계통도(1951년 7월)

2. 한·미 국가이익의 상충과 조정

이런 전쟁의 와중에서 미국은 그들 나름의 필요로 미국군의 주둔군 법적 지위에 관한 사항과 경제지원에 대한 재정청산 문제에 대하여 명확히 할 것을 우리 정부에 요구하였다.

즉 1950년 7월 12일 한·미 간에 「주한미군의 범법행위의 관할권에 관한 협정」(소위 「대전협정」)이 체결되었다.[16] 이 협정은 한국 내에서 미 군사조직의 소속원이 저지른 범법행위에 대해서는 미 군법회의가 배타적인 사법권을 행사하며, 미국 또는 그 구성원에 대한 범법행위 때문에 미군이 한국인을 체포할 경우 이 한국인들은 가급적 빨리 한국의 관계 당국에 이첩될 것이라고 규정했다. 이는 앞서 미군 철수 시까지 잠정적으로 미군의 배타적 치외법권의 지위를 부여한 「과도기의 잠정적 군사안전에 관한 행정협정」에 이어서 전쟁 상황 속에서 한국 정부가 미국군의 절대적 지위를 다시 한 번 인정한 것이다.[17]

또 한 가지는 1952년 5월 24일에 맺은 「마이어협정」이라고 불리는 「대한민국과 통합사령부 간의 경제조정에 관한 협정」으로서, 전쟁 중 대한민국과 유엔군사령부 간 경제문제의 조정을 통하여 유엔군 군사병력의 유효한 지원을 보장하고 한국 국민의 건전한 경제를 수립 유지하는 데에 공동 목적을 두었다. 그러나 본문에는 통합군사령부 인원(주한미군)의 특혜 조항이 많이 눈에 띈다. 즉 통합

---

16) 인터넷 http://www.mofa.go.kr/trade/treatylaw/treatyinformation/bilateral/index.jsp?mofat=001&menu=m_30_50_40(검색일: 2013.9.20.)

17) 김일영·조성렬, 『주한미군 역사 쟁점 전망』(서울: 도서출판 한울, 2003), p. 54.

사령부는 회원국과 유엔 가맹국에서 획득된 식량, 의료 주택 등 기본적인 필수자재를 제공하며, 대한민국은 필요한 행정지원을 하고 통합사령부의 당사자 또는 기관이 그들의 임무를 수행함에 있어 필요한 자금, 설비, 물자 및 용역은 공식 또는 비공식으로 합의하는 특권 면제 및 편익을 부여하며(제3조 13항), 합동경제위원회가 건의하지 않는 한 여하한 개인사업체, 기관, 법인, 조직체, 정부에 의하여 차압, 압수, 몰수 또는 기타 법적 수단의 대상이 되지 않을 것을 보장하기로 하였다(제3조 14항).[18]

사실상 양 협정은 주권 침해 논란이 될 정도의 일방적인 주한미군의 법적 지위를 부여하고 있었기 때문에 전후 미국으로서는 굳이 불편이 없는 협정을 개정하는 것이나 새롭게 SOFA 체결의 필요성 등을 느끼지 못했을 것이다. 전후 한국 정부의 거듭된 요구에 소극적이었으며, 1966년이 되어서야 비로소 「한·미 SOFA」를 정식으로 체결하게 되었던 것은 이제까지의 이러한 특권적 이해관계 때문이었을 것이다.

다음은 한·미 간의 연합작전 수행과 정전(停戰)협상 간 갈등에 관한 사항이다. 전반적으로 한·미 간에 작전 수행을 놓고 갈등을 빚은 것은 없다. 한국군이 전쟁물자를 지원받고 전쟁수행 능력에 있어서도 미약했으므로 유엔군사령관의 작전지휘에 충실히 응하였다고 볼 수 있기 때문이다. 그러나 유엔군이 9·15 인천상륙작전을 성공하고 공산세력을 북으로 격퇴하면서 일부 부대가 38도선에

18) 국방부 전사편찬위원회, 『국방조약집』, 제1집(1991), pp. 90-101; 인터넷http://www.mofa. go.kr/trade/treatylaw/treatyinformation/bilateral/index.jsp?menu=m_30_50_40&tabmenu=t_1 (검색일: 2013.9.20.)

이르자 38도선 돌파문제를 놓고 양측은 서로 다른 입장에 처하게 되었다. 유엔으로부터 합법적인 절차를 승인받아 수립된 대한민국으로서는 한반도 통일 문제를 완전히 해결할 수 있는 기회로 생각할 수밖에 없었고, 유엔의 결의에 의해 전쟁을 수행하고 있는 미국으로서는 38도선까지 북한군을 물리치는 1차적인 목표를 달성하였기 때문에 소극적일 수밖에 없었다. 따라서 미국은 그 이상의 북진에 대해서는 서방 제국과의 입장을 조율할 필요성을 느끼고 있었고, 북한군 격멸이라는 군사작전을 수행하는 과정에서 통일이라는 과실은 얻어질 수도 있다는 입장이었다. 한국의 통일을 위한 38선 돌파의 행동 방침은 NSC-81/1을 확정하여 맥아더 사령관에게는 9월 29일에야 하달하였다.[19] 다행히 한국군의 북진 군사행동(10월 1일 동해안)에 앞서 명령이 하달되어 커다란 마찰을 초래하지는 않았다. 한국군이 자율성을 가진 군대로서 스스로의 힘만으로 인민군의 침략을 격퇴하고 북진 상황을 맞았다면 불필요했을 갈등 상황이었다.

다음은 정전(停戰)에 관한 한·미 간의 갈등 국면이다. 한국에서는 중공군의 참전으로 새 국면을 맞게 된 상황에서 제3차 세계대전으로의 확전을 경계하는 미국의 입장이 강화되었다. 1950년 12월 31일 미 합참의 제의로 작성된 NSC-95의 제목은 '미국의 한국전 정전에 관한 입장'으로서 합참은 군사적인 견지에서 자기들이 열거

---

19) 이 문서에서는 소련군이나 중공군이 북한지역에 들어올 가능성은 없는 것으로 평가하여, 유엔군의 북한지역으로의 군사작전을 확대하는 내용을 담고 있었다. 국방군사연구소, 「NSC-81/1950.9.9.): A Report to the National Security Council by the Executive Secretary on United States of Action with respect to Korea」, 『Documents of the National Security Concil』, 제1권, pp. 810-820.

한 조건에 맞지 않는 어떠한 정전에도 동의할 수 없다는 것으로 북한과 중공의 제안은 통일한국 건설이라는 유엔의 목적을 달성할 수 없을 것이므로 이들 관련국이 정전에 합의하기 전에 동의를 촉구하고 있었다.[20] 미국은 이러한 입장을 유엔 중재하에 공산 측과 접촉하여 관철하고자 하였으나, 중공의 무성의로 1951년 6월까지 정전협정은 시작될 수 없었다. 미국은 이미 전쟁 전부터 대아시아의 목표·정책·방책을 몇 가지 문서로 정리해놓고 있었는데, 이 문서들이 NSC-48(1949.6.10.), NSC-48/2(1949.12.30.) 등이다. NSC-48은 미국의 대아시아 정책을 위한 보고서 자료로서 기능하였고, NSC-48/1과 NSC-48/2는 미국의 한반도에서의 공산주의 위협에 대한 적극적인 봉쇄정책을 설정하여 한국에 대한 정치적·경제적·기술적·군사적 원조를 제공할 것을 규정하였다. 두 문서가 차이를 보이는 것은 후에 나온 문서에는 대한(對韓) 봉쇄정책, 롤백(Roll Back)정책 등에 대해서는 언급하지 않고 있다는 점이다. 1951년에 작성된 NSC-48/3(1951.4.26.)~NSC-48/5(1951.5.17.) 문서들은 미국이 한국전쟁을 수행함에 있어서의 종전(終戰)까지의 입장이 되어 맥아더 장군 해임 이후 유엔군사령관을 승계한 리지웨이 장군에게 지시되었다.

NSC-48/5는 '한국 문제에 대한 미국의 입장이 궁극적으로 통일된 자주·민주국가에 있으나, 현실적인 목적으로 한국의 영토를 38도선 이북으로 조금이라도 확대된 상태에서 적절한 휴전으로 전투행위를 종결짓고, 그 후 적당한 시기에 비(非)한국군은 철수함과

---

20) 국방부 군사편찬연구소, 『한미 군사 관계사, 1871~2002』(2003), p. 371.

아울러 북한의 재침에 대비하여 한국군의 전력을 강화시킨다'는 것을 내용으로 정전(停戰)정책을 다루고 있다.[21]

미국이 당시에 확정한 전쟁수행 방식은 전 세계적인 차원에서 소련의 개입으로 확전되는 것을 방지하고 원폭 사용도 소극적으로 대처하는 것이었으며 인적손실을 최소화하는 이른바 군사력을 전략적 방어로 사용하는 것이었다. 이제 대한민국의 국가이익인 자주·통일은 요원한 상황이 되었던 것이다.

이러한 정책이 대한민국의 지지를 받기는 어려운 것이었다. 국가의 능력이 미흡하여 군의 자율성을 가지지 못한 상황에서 통일로 전쟁종결을 주장하는 한국의 입장이 공허할 수밖에 없었으니, 미국이 주도하는 대(對)한반도 정책은 대한민국의 입장을 고려하기보다는 미국의 국가이익에 따라 결정되었을 것임은 너무나 당연한 귀결이었다.[22]

한국이 할 수 있는 일은 이러한 상황에 자국의 입장을 반영하고자 수시로 고위급 인사들과 접촉하여 설득하는 것이었으나 일방적으로 수혜를 받는 입장에서 미국에 영향을 끼칠 수 있는 수단이 별

---

21) 이 정책은 후에 NSC-170/1(1953.11.20.)으로 대체되어 미국의 장기적인 대한정책으로 정리되었다. 이 문서는 국제협정을 통해 평화적인 수단으로 한국을 방어하고 통일도 달성한다고 규정하고, 이를 위한 미국의 정책은 ① 침략에 반대하는 유엔의 개입을 지원하고, ② 공산세력의 전복이나 침략을 통해 한반도를 지배하는 것을 막으며, ③ 한반도에 자유정부의 존속을 보장하기 위하여 미국이 한국에서 강력한 지위를 유지한다는 내용으로 되어 있음. NSC-48/5, *Foreign Relations of United States*, 1951 Ⅶ, pp. 439-442. 국방부 군사편찬연구소, 앞의 책, pp. 363-366에서 재인용.

22) 이승만 대통령이 초대 한국군 휴전회담 대표인 백선엽 소장에게 최초로 준 지침은 "통일이 목표이지, 지금 국토를 분단하는 휴전회담은 반대"라는 것이었다. 그러나 대통령은 '미국의 의지를 꺾을 수도 없으니 협조하는 뜻으로 참석을 지시'하였다. 정부에서 변영태 외무장관을 통해 발표한 5개 조건도 공산 측뿐만이 아니라 유엔 측도 수용하기 어려운 것이었다. 5개 조건은, ① 중공군 철수, ② 북한군 무장해제, ③ 유엔이 제3국들의 북한 공산당 지원 방지에 동의, ④ 대한민국 정식 대표는 한국 문제를 토의하는 국제회의 또는 회합에도 참여, ⑤ 한국의 주권이나 영토를 침범하는 안이나 행동은 효력 불인정 등이었다. 백선엽, 『군과 나: 6·25 한국전쟁 회고록』(서울: 도서출판 시대정신, 2009), pp. 242-260.

로 없었다. 이러한 미국 측의 의도를 간파하고 있던 이승만 대통령이 정전회담에의 소극적 참여 지시나 1953년 6월 18일에「대전협정」등에서 한국군의 작전지휘권을 유엔군에 이양키로 한 약속을 깨뜨리면서까지 단행한 반공포로석방 결단 등은 후진 한국으로서 군사상황을 외교적으로나마 반전시켜보려는 하나의 고육지책이었던 셈이다. 그나마도 자신들의 정책을 관철시키려는 미국으로서는 한국 측을 달래기 위해 군사원조나 상호방위조약 카드를 꺼내 들 수밖에 없게 한 결단이었다.[23)]

제3절 정전체제와 한미동맹의 형성

1. 미국의 일방적인 휴전회담 진행

맥아더 장군의 후임으로 유엔군사령관에 임명된 리지웨이 장군은 위에서 언급되었던 미국 정부의 정전 정책이 반영된 NSC-48/5를 전쟁 상황에서 관철시켜야 했다. 이에 따라 유엔군은 적극적으

---

23) 이승만 대통령은 미국 측에 통보 없이 국방부 직할로 헌병 총사령부를 창설하고, 원용덕 사령관을 통하여 은밀히 지시하여 1953년 6월 18일 새벽 2시를 기하여 부산, 마산, 광주, 논산 등 전국 포로수용소에서 북한으로의 송환을 거부하는 반공포로들을 일제히 탈출시켰다. 이 사건은 공산 측과의 마지막 휴전회담을 조율 중이던 미국 정부와 군을 당황하게 하는 것이었으며, 아이젠하워 대통령은 1953년 6월 25일 국무부 극동담당 차관보 로버트슨(Walter Robertson) 특사와 콜린즈 육군참모총장을 서울로 파견하여 이 대통령과 회담을 벌였다. '소 휴전회담'이라고도 불린 18일간의 회담에서 이 대통령은 향후 한국의 방위를 위한 5개 항의 약속을 얻어냈다. 5개 항은, ① 상호 안전보장 조약의 체결, ② 최초 2억 달러의 원조자금 공여를 비롯한 장기 경제원조에 대한 보증, ③ 한미 양국 정부는 휴전 후 정치회담에서 90일 이내에 실질적 성과가 없을 경우 정치적 회담 중단, ④ 계획 중인 한국군 확장에 대해 육군 20개 사단과 상응하는 해군 및 공군 설치 승인, ⑤ 정치회담에 앞서 공동 목적에 대해 한·미 간 정상회담 개최 등이었다. 백선엽, 앞의 책, pp. 330-336.

로 38선 이북으로 진격하려는 의지를 표명하지 않았다.

이런 상황에서 1951년 6월 16일 트리그브 리(Trygve Halvdan Lie) 유엔사무총장이 한국에서의 휴전을 담보하는 성명을 발표하였고, 6월 24일 유엔 소련대사인 '말리크'가 휴전을 정식 제의하였으며, 6월 27일에는 그로미코 소련 부외상이 휴전 관련 성명을 발표하였다. 이에 대하여 미국 정부는 소련의 제의에 대해 검토한 후 휴전 가능성에 대한 성명을 발표하고, 6월 29일 유엔군사령관인 리지웨이 장군으로 하여금 휴전을 제의토록 지시를 하달하였다. 미국 정부로부터 지시를 받은 리지웨이 사령관이 6월 30일 방송을 통해 공산 측에 휴전을 위한 연락관 접촉을 원산항에 있는 덴마크 병원선에서 가질 것을 제의하자, 공산 측은 7월 1일 방송을 통하여 개성에서 접촉할 것을 제의하였다.

이렇게 시작한 휴전회담이 지리멸렬하게 시간을 끌게 되자 전쟁을 수행하는 양측은 고착된 전선을 형성하게 되었고, 전선을 밀고 당기는 고착전 상황 속에서 많은 희생이 불가피하였다.

회담은 북한 측 진영인 개성 '래봉장(來鳳莊)'에서 1951년 7월 10일에 시작한 이후 7월 20일부터 판문점에서 가진 회담으로 이어져, 159회의 본회담을 포함 765회의 회담을 하면서 2년여를 끌다 1953년 7월 27일에 타결하였다.[24]

이 정전협정은 서언에서 '이 조건과 규정들의 의도는 순전히 군

---

24) 미국의 NSC-154/1(1953.7.7.)에 나타난 미국의 휴전에 임하는 미국의 대한(對韓) 정책은 ① 한국군이 한국방위에 상당한 임무를 담당하기 위해 한국군의 강화, ② 한국에 호주 등과 맺고 있는 조약체결을 보장, ③ 유엔을 통한 한국의 민주적 제도의 발전, 경제원조 지속, ④ 통일·민주·독립적인 한국 정부 수립을 위한 유엔대표단 설립, ⑤ 정치회담에서 한국 문제 논의, ⑥ 정치회담에서 미국의 지위 강화 등이었다. *FRUS, 1952~1954*, Vol. 15: *Korea* (Washington D.C., 1984); 한국역사연구회 역, 『한미관계 20년사, 1945~1965』(서울: 한울아카데미, 2001), p. 40.

사적 성질에 관한 것이며 이는 오직 한국에서의 교전 쌍방에만 적용한다'고 하여 군사적 정전이라는 점을 명시하고 있고, 60조에 '… 쌍방 군사령관은 쌍방의 관계 각국 정부에 정전협정이 조인되고 효력을 발생한 후 삼 개월 내에 각기 대표를 파견하여 쌍방의 한 급 높은 정치회의를 소집하고…'라고 규정하였으며, 양측에서 군사령관의 자격으로 북한의 김일성, 중공의 펑더후이, 유엔군사령관 클라크 대장이 서명하였다.[25]

주지하는 바와 같이 대한민국 정부의 군 관계자가 서명자 명단에 빠진 것을 두고 북한 측이 두고두고 '한국은 휴전 당사자가 아니다'는 선전 구실로 이용하는 계기가 되었다. 북한 역시 중공과 연합군을 형성하여 우리와 대처하였던 점과 비교해본다면 아쉬운 부분이다.[26] 당시 휴전회담을 반대하는 입장에서 소극적으로 임할 수밖에 없었던 대한민국의 한계였을 것이다.

「군사정전 협정」은 본문 63조와 부록 26조로 구성되었으며, 이를 지키는 수단으로 양측에 상시 기구로 군사정전위원회, 중립국감독위원회, 그리고 한시적으로 중립국송환위원회를 두었다.

이때부터 유엔군사령관은 군사정전위원회를 중심으로 중립국감독위원회의 지원을 받아서 유엔사 측의 정전관리 업무를 시작하였으며, 미국은 미국군 장성을 유엔군사령관으로 임명하고 유엔군사령부도 초기부터 미국 측 요원 위주로 편성하여 1978년 한미연합

---

25) 합동참모본부, 『군사정전위원회편람』, 제8집(2010), pp. 13-29.

26) 북한은 1950년 말 유엔군에 밀려 북한지역이 석권당하고 중공군의 참전으로 새로운 전쟁국면을 조성하고자 조·중 연합군을 편성하였다. 이때 연합군 사령원에는 중공의 펑더후이가 맡았고, 부사령원에는 박일우가 당 중심으로 권력을 유지하는 김일성을 대신하여 군사 지도의 전면에 나섰다.

군사령부를 편성할 때까지 상당 기간을 미 합참의 군사 주도로 운영하였다.[27]

2. 한미상호방위조약 체결

전쟁이 정전상태로 종식되자 이승만 대통령이 유엔군사령관에게 부여한 한국군 작전지휘에 관한 위임사항을 재정립할 필요가 제기되었다. 이 대통령이 부여한 조건은 '현 적대관계가 지속되는 한'이었기에 정전사태가 어떤 상황이었는지를 재평가해야 했던 것이다. 이 대통령의 입장에서 군사령관들의 서명으로 종결한 상황을 두고 적대관계가 해소된 것으로 볼 수 없었으리라는 것은 자명하다.

따라서 유엔의 대리자인 미국 정부가 권한을 부여한 유엔군사령관은 당시 북진통일을 주장하는 한국군을 계속 통제하려는 의도를 가지고 있었고, 불완전한 정전사태를 받아들일 수 없었던 한국의 이승만 정부로서는 1953년 8월 3일에 "유엔군사령부가 한국의 방위를 책임지는 동안 한국군을 유엔군사령부의 작전통제하에 둔다"는 「이승만·덜레스 공동성명」을 합의 발표할 수밖에 없었을 것이다.

그리고 8월 8일에 이승만 대통령과 덜레스 미 국무장관이 가(假)서명한 「한미상호방위조약」에 앞선 공동성명에서는, ① 공동방위조약이 발표될 때까지 양국 군대는 유엔군사령부에 소속되며, ②

---

27) 정전협정 19조 이하 35조까지는 군사정전위원회에 관한 내용으로서, '군정위는 양측에서 5명씩 10명으로 구성하도록 하고, 양측은 그중 3명은 장급으로, 2명은 소장, 준장, 대령 혹은 그와 동급인 자로 할 수 있다'고 정하였다. 따라서 유엔군사령관은 최초 미국 측에서 수석대표를 맡고, 한국과 영국 장관급 장교와 참전국에서 연락단 대표를 임명하여 운영하다가, 1991년에 이르러서는 한국군 장성을 수석대표로 임명하였다. 또한, 유엔사 참모부는 미국 측 요원을 중심으로 운영하였다.

동 사령부는 휴전조약에 의거하여 행동하고, ③ 공산군이 휴전협정을 위반하고 한국에 불법적인 무력침공을 가할 경우 유엔군사령부와 예하부대는 자동적으로 반격을 가할 것이며, ④ 양국 정부는 공산 측이 제네바 정치회담과 관련하여 "공산 측 대표들이 회담을 침체에 빠뜨리기 위하여 악용하고 있음을 양국 정부가 명백히 인정할 경우 언제나 동시적으로 이 회담에서 퇴장할 것임"을 약속하였다.[28]

그리고 1953년 10월 1일 「한미상호방위조약」의 정식 조인(유효 1954년 11월 17일 발효)과 더불어 나온 「변영태・덜레스 공동성명」(한・미 외무장관 성명)에서는 "조약 발효 후에는 작전지휘권을 한국에 귀속한다"는 내용을 삽입함으로써 조약이 정식 발효되면 한국군의 작전지휘권도 본래대로 한국에 반환하기로 합의하였다.[29]

정식 명칭이 「대한민국과 미합중국 간의 상호방위조약」(Mutual Defense Treaty between the Republic of Korea and the United States of America)인 「한미상호방위조약」은 초강대국 미국이 6・25전쟁 이후 아시아 태평양 지역의 각 나라와 맺은 조약의 하나로 대한민국에 대한 안보 공약이었으며, 다소 포괄적으로 기술되었지만, 전후 한・미 안보관계의 기초를 정립한 것이었다.[30]

이 문서에서 작전통제권에 대한 조항은 구체화되지 않았다. 조약

---

28) 국방부, 『국방사 제1집』(서울: 국방부, 1987), p.68; 안광찬, 박사학위논문, 앞의 논문, p. 92에서 재인용.

29) 안광찬, 앞의 논문. p. 92.

30) 아・태 지역의 미국과 우방국들이 체결한 방위조약은 미・필리핀(1951.8.30.), ANZUS(미, 호주, 뉴질랜드, 1951.9.1.), 미・일(1951.9.8.), 한・미(1953.10.1.), 미・대만(1954.12.2.), SEATO(미, 영, 프, 파키스탄, 필리핀, 호주, 뉴질랜드, 태국, 대만, 1954.9.8.)이 있으며 한국만이 유일한 것이 아니었음.

의 내용은 다음과 같다.

제1조: … 국제연합의 목적이나 국제연합에 대한 위협에 대해 평화적 수단에 의해서 대처하며…

제2조: 당사국 중 어느 일국이 외부로부터의 무력공격에 의하여 위협을 받고 있다고 어느 당사국이든지 인정할 때에는 언제든지 당사국은 협의한다. … 본 조약을 실행하고 그 목적을 추진할 적절한 조치를 합의하에 취할 것이다.

제3조: … 금후의 영토에 있어서 타 당사국에 대한 태평양 지역에서의 무력공격을 자국의 평화와 안전을 위태롭게 하는 것이라고 인정하고 공통한 위협에 대처하기 위하여 각자의 헌법상의 수단에 따라 행동할 것을 선언한다.

제4조: 상호적 합의에 의하여 미합중국의 육군, 해군, 공군을 대한민국의 영토 내(內)와 그 부근에 배치하는 권리를 대한민국은 이를 허여(許與: grant)하고 미합중국은 이를 수락(accept)한다.

제5조: 본 조약은 대한민국과 미합중국에 의하여 헌법상의 수단에 따라 비준되어야 하며 그 비준서가 양국에 의하여 워싱턴에서 교환되었을 때에 효력을 발생한다.

제6조: 본 조약은 무기한으로 유효하다. 어느 당사국이든지 타 당사국에 통고한 후 1년 후에 본 조약을 종지(終止)시킬 수 있다.

그리고 양해사항으로 무력공격의 경우를 제외하고는 미합중국의 원조의무를 지우지 않는다고 규정하였다.[31]

---

31) 국방부 전사편찬위원회, 『국방조약집』, 제1집(1991), pp. 164-169; 인터넷 http://www.mofa.go.kr/trade/treatylaw/treatyinformation/bilateral/index.jsp?menu=m_30_50_40&tabmenu=t_1(검색일: 2013.9.20.)

이 문서는 한·미 간 군사동맹 관계의 성립을 선언한 것으로서 이후 한미관계의 중요한 기원이 되었다. 그러나 이 문서는 미국이 이승만 대통령의 휴전반대를 설득하는 측면과 약소국에 대한 배려에서 작성되었기 때문에 미국의 입장에서 자신들이 차후 한국 문제에서 제약받는 것을 방지하려는 조항을 포함하고 있다는 점을 유의해야 할 것이다.

우선, 유사시 미국의 개입은 외부의 위협에 대하여 '자동개입'이 아니라 제2조에서 '어느 당사국이든 인정할 때에는 언제든지 협의한다'고 하였고 제3조에서는 '각자의 헌법상의 수단에 따라 행동'하도록 하였으므로 미국의 개입은 미 의회나 행정부의 협의하에 가능하므로 일종의 유보조항을 삽입하였다고 생각할 수 있다.

따라서 한반도에서 북한의 위협이 있을 경우, 미국의 국가이익이 없다고 판단할 경우에는 미국이 개입하지 않을 수도 있는 것이므로 유사시 대한민국의 입장에서는 미국의 국가이익까지를 고려하지 않을 수 없다는 것이다. 이는 유사시 '자동개입' 조항을 두고 있는 NATO와는 차이를 보이는 것이다. 문제는 위기상황을 평가함에 있어 미국의 국가이익이 없다고 볼 때에는 미국이 개입하지 않을 수 있는 여지를 두었으므로 한반도에서의 위협평가가 전적으로 미국에 의해 주도될 수밖에 없다는 한계가 있다 하겠다.[32]

또 하나는 제4조 미국 군대의 한반도 주둔에 대한 조항이 무제

---

32) '자동개입조항'이 한미상호방위조약에만 빠진 것은 아니다. NATO를 제외한 미·일, 미·필리핀, ANZUS 어느 조약도 자동개입 조항을 포함하고 있지 않다. 그러나 우리와 대치하고 있는 북한이 중국과 맺고 있는 조약인 '조·중 우호협력 조약이 한반도 유사시 중국 인민해방군의 자동개입 조항을 명시하고 있다는 점이다. 심지연·김일영, 『한미동맹 50년』, 앞의 책, pp. 40-42 참조.

한적이라는 점이다. 한국이 요청하여 미국이 소극적으로 임한 조약이라고는 하나 주둔 목적이나 철수 등에 대한 조건 없는 허여(許與)는 이후 주둔군 지위협정이나 방위비분담 협상에서도 미국군에게 일방적인 호혜조항으로 작용하게 하는 결과를 가져왔다.

그리고 상황변화 시 어느 당사국이든 통고만 하면 1년 후 자동 폐기를 약정한 조항은 미국으로 하여금 그들의 국가이익이 없다고 판단할 때에는 언제든지 폐기를 가능하게 하였으므로 대한민국으로서는 한반도의 가치를 미국의 국가이익 안(內)에 포함되도록 늘 주의를 기울이게 하였다.

어쨌든 한미상호방위조약은 이승만 대통령이 세계 전략상 휴전협정을 국가정책으로 밀고 나간 미국으로 하여금 휴전협상 반대 등을 통해 우리의 입장을 끊임없이 설득한 결과물로써 그 성과를 인정해야 하겠지만, 분명한 점은 미국은 최대한 자의적 판단하에 자율성을 제한받지 않으려 한 반면, 안보를 공약 받으려는 한국의 의도에 대해서는 여러 가지 제약점을 동시에 내포하고 있는 것이었다.

앞의 상호방위조약을 유효화하는 시점에 한국군이 되돌려받기로 한 한국군 작전통제에 관한 「변영태・덜레스 공동성명」에 대한 내용은 변영태 외무부 장관과 브릭스 주한미국대사 간에 체결된 합의의사록-정식 명칭은 「한국에 대한 군사 및 경제원조에 관한 대한민국과 미합중국의 합의의사록」(Agreed Minutes and Amendment Thereto between the Government of the Republic of Korea and the United States of America relating to continued Cooperation in Economic and Military Matters and Amendment to the Agreed

Minute of November 17, 1954)임 - 에서 다시 한 번 번복되었다.

합의의사록 제2항에는 "국제연합군사령부가 대한민국의 방위를 위한 책임을 부담하는 동안 대한민국 국군을 국제연합군사령부의 작전지휘하에 둔다.[33] 그러나 양국의 상호적 및 개별적 이익이 변경에 의하여 가장 잘 성취될 것이라고 협의 후 합의되는 경우에는 이를 변경할 수 있다"고 규정하였고, 경제원조에 관한 사항을 합의하였다.

이 합의의사록에 의하여 한국군의 작전지휘권은 계속해서 유엔군사령관이 갖도록 하였다. 앞의 여러 전후 선언과 조약을 평가해보면 이승만 대통령과 대한민국 정부가 작전지휘권을 돌려받아야 할 필요성을 인식하고는 있었으나, 그 당시 한국군이 작전지휘권을 행사하는 것은 공산 측의 위협이 여전하였고, 한국군이 작전지휘권을 행사하기에는 한국의 군사역량과 군사적 자율성이 극히 제한을 받는 상황이었으므로 부득이 작전지휘권을 유엔군사령관 관할하에 두었던 것이다. 물론 여기에 양국의 합의하에 군사협의 기구를 둔다든가 유엔군사령부의 기구 속에 한국군 요원을 일정 수(數) 포함한다든가 하는 등 한국군이 자율성을 살릴 수 있는 여지가 없었던 점은 여전히 아쉬운 부분이다.

그리고 작전지휘권은 양국이 평가하여 합의하는 경우에는 변경할 수 있도록 규정하였기 때문에 이 문제에 관한 한 이후에 우리가 미국과 상호 협의하여 변경할 수 있는 여지를 남겨두었다고 볼 수

---

33) 정확한 영문 표현은 "Retain Republic of Korea forces under the operational control of the United Nations Command while the Command has responsibilities for the defense of the Republic of Korea"임. 인터넷 http://www.mofa.go.kr/trade/treatylaw/treatyinformation/bilateral/index.jsp?menu=m_30_50_40(검색일: 2013.9.20.)

있다.

이렇게 체결된 한미상호방위조약을 근거하거나 준용하여 「영연방국과 대한민국 정부와 한화대여금((韓貨貸與金) 청산에 관한 협정」(1954년 9월 8일), 「병기창(廠) 설치에 대하여 미국이 500만 달러를 공여하고 이에 소요되는 토지, 도로의 사용권, 전력에 대한 노역 등을 대한민국이 제공하는 것을 합의하는 공한 교환」(1955년 5월 29일), 「잉여 원조 장비 및 물자의 처분에 관하여 미국 측의 통제를 규정한 협정」(1956년 7월 2일 발효), 「유엔군을 지원한 각 관계 국가를 대신하여 미합중국 정부가 대한민국 정부와 공익물(公益物)에 관한 청산 협정」(1957년 7월 1일) 등을 체결하였다.

이 협정들은 미국과 체결한 상위방호조약의 지원과 특혜사항을 언급하는 것이었고 일방적으로 안보를 수혜받는 한국 정부로서는 일방적인 사항이 다소 포함되어 있더라도 양해할 수밖에 없는 형편이었다.

제4절 전후 한국군 자율성의 확대

1. 유엔군사령부의 변화와 한국군의 전방 책임방어

6·25전쟁을 수행하는 동안 한국군의 지휘는 도쿄에 있는 유엔군사령부의 권한을 위임받아 서울에 위치한 미 8군사령부가 그 기능을 하였던 것은 전술한 바와 같다. 미 8군사령부는 휴전 후인

1954년 11월 20일 서울에서 도쿄로 이동하여 미 극동육군사령부와 통합하였으며, 서울에는 전방사령부가 잔류하여 그 기능을 계속 수행하였다. 이후 미군의 주요부대가 철수하고, 주일 미군도 감축하게 되자 업무의 효율성을 고려하여 미 8군사령부는 다음 해인 1955년 7월 26일에 극동육군사령부와 함께 서울로 재(再)전개하였다. 이때에는 미 8군사령관이 유엔 육군지상군사령관으로서 한국의 육군과 유엔 지상군부대에 대한 작전지휘권을 행사하였다.

다시 1957년이 되면 미국은 도쿄의 극동사령부를 해체하여 주력부대가 이동하는 하와이에 태평양통합군사령부를 설치하였으며, 7월 1일부로 도쿄의 유엔군사령부는 서울로 이동시키고 서울의 미 극동육군사령부는 해체하여 주한미군사령부를 창설하였다. 이에 따라 유엔군사령관은 미 8군사령관, 유엔 육군구성군사령관 및 주한미군사령관을 겸하게 되었다.

이러한 유엔군사령부의 일련의 지휘관계의 변경은 미국의 세계전략의 일환으로 이루어졌으며, 한국과는 사전 협의 없이 이루어졌다. 이러한 일방적인 조치는 한국으로서는 한국군의 지휘문제가 결부되어 중요한 문제였으나 미국 측으로서는 미국이 대한민국의 방위를 유엔군사령관을 통하여 책임지고 있기 때문에 한국의 주권이나 한국의 군사적 자율성 문제를 크게 고려하지 않았을 것으로 생각된다.

이는 작전통제권 행사에서 이전과 다른 법적인 문제점을 발생시킨다. 안광찬의 연구에 의하면,

"우선, 한국군을 작전통제하는 유엔군사령관은 미군 장성인데 그는 주한미군에 대해서는 작전통제권이 없고, 단지 주한미군사령

관을 겸직한다는 이중 보직에 의해 작전통제할 수 있다. 유엔군이라는 구성체에 의해 한국군과 동등한 위치에서 협력하던 것이, 주한미군의 지휘계통 변경으로 인하여 지휘와 피지휘 관계로 바뀌게 되었다. 즉, 주한미군사령부 요원은 유엔군사령부 요원으로 이중 보직되어 한국군에 대해 작전통제권을 행사할 수 있는 것이다. 또한, 유엔군사령부는 휴전선 이남의 한반도가 작전책임인데 주한미군을 작전통제하는 미 태평양사령부는 아시아·태평양 지역 전체를 책임 지역으로 할 수 있기 때문에 미국은 그들의 전략개념에 따라 언제든지 주한미군을 다른 지역으로 전용할 수 있다는 것이다. 유엔군사령관이 주한미군을 사용하고자 할 때에는 주한미군사령관으로서 미 태평양사령관의 허가를 득하여야 한다. 미국의 이 같은 조치는 유엔군사령부의 존재 의미를 바뀌게 하였다. 즉, 한반도 방위의 실질적 책임은 주한미군사령부에 있고, 유엔군사령부는 휴전협정 서명자로서 휴전관리와 한국군에 대한 작전통제권을 행사하기 위한 명목상의 기구가 되어버린 것이다."[34]

정전협정과 한미상호방위조약 이후 한국 방위를 맡았던 주한미군은 1954년 3월부터 1955년 3월까지 대대적인 감축을 하게 되며, 철수 시점에 한국군은 14개 사단이 155마일 휴전선의 60% 경비를 책임지고 있었다.

당시 철수한 미군 주력부대는 제45사단, 제40사단, 제25사단, 제2사단, 제3사단, 제24사단, 제1해병사단, 제5공군들로서 대부분 해체되었다(미 5공군은 나고야로 이동).

---

34) 안광찬, 앞의 논문, pp. 99-101, 백종봉, "미국에 대한 군사정책 변화에 관한 연구"를 참고한 논문.

1950~1960년대에 한국에 남았던 미 지상군부대는 6·25전쟁 때부터 계속 주둔하였던 미 제7사단이 있었고, 전쟁 초기 1950년 7월 18일부터 참전한 미 제1기병사단이 1951년 12월 27일에 철수했다가 1957년 10월 15일에 재(再)주둔하였으며, 미 제1기병사단에 이어 1965년 7월 1일부터 현재까지 주둔하고 있는 미 제2사단 등 2개 사단규모였다. 미군철수와 병행하여 한국군은 20개 사단규모로 증·창설되었으며, 한국군의 야전군사령부가 1953년 12월 15일에 창설되어 한국군 제1, 2, 3군단을 인수하였고, 1954년 12월에 제5군단까지 인수하였다. 1954년 10월 20일에는 제6군단이 창설됨으로써 155마일의 휴전선 일대 작전은 한국군이 거의 전담하게 되었다.

이때가 되면 한국군은 작전지휘권은 비록 유엔군사령관에게 있었지만 한국군의 중간제대 지휘와 전방방위를 전담하게 됨으로써 한국의 전방방위에 관한 한 어느 정도의 자율성을 가지고 스스로 군사적 운용문제를 책임지는 자세를 갖출 수 있게 되었다.

2. 5·16혁명과 일부 부대지휘권의 인수

5·16혁명 당시 미국의 관심은 혁명군의 실체 문제였다. 미국 정부로서는 쿠데타를 일으킨 세력이 어떤 성격을 가지고 있으며, 어떤 목적을 가졌는지가 가장 궁금한 사항이었다.

연합군사령관에게 있어 5·16혁명은 곤혹스러운 것이었다. 혁명군의 움직임을 연합군사령관이 최초로 인지한 것은 주한미해군사령관 조지 W. 프래시 소장이 한강 변에서 쿠데타 군(軍)과 한강 어귀에 있던 경계병 사이에 있었던 총성을 듣고 카터 B. 매그루더(Carter B. Magruder) 연합군사령관에게 전화보고를 한 시점이었다. 그로부터 30분 후 장도영 육군참모총장으로부터 전화를 받고 쿠데타 발생을 확인하였다.

매그루더 사령관은 자신의 통제부대의 일부가 어떤 승인절차도 없이 서울에 진입한 사실을 수용할 수가 없었다. 최초 미국 정부의 의향은 매그루더 연합군사령관, 그린 대리대사 등의 보고와 CIA 등 정보기관의 보고에 따라 쿠데타를 제압하는 것이었다. 그러나 사태를 수습할 당사자로 지목했던 장면 총리가 수녀원에 은신해서 3일 만에 나타나고, 윤보선 대통령의 유혈 가능성 있는 진압에 대한 반대에 직면하였으며 이한림 야전군사령관으로부터의 병력 동원이 여의치 않자 사태추이를 관망하였다. 그러나 미국의 정책은 혁명세력이 반공을 공약하고 미국에 대하여 타협적인 태도를 표명하자 현실을 인정하는 방향으로 선회하였다.

이 과정에서 유엔군사령관은 혁명세력들과 손상된 군 작전통제에 대해 타협을 하지 않을 수 없게 되었다.[35]

대한민국의 입장은 유엔군사령관의 작전통제권은 어디까지나 합의의사록에 명시된 북한의 침략에 대응한 군대의 운용에만 국한된다는 것이었다.

이렇게 합의된 것이 1961년 5월 26일 「국가재건최고회의와 유엔군사령관과의 작전지휘권의 유엔군사령관 복귀에 관한 공동성명」

---

35) 이상우, 『박정희 시대: 5·16과 한미관계』(서울: 도서출판 중원문화, 2012), pp. 14-61.

이다.

그 내용은 다음과 같다.

① 국가재건최고회의는 모든 한국군에 대한 작전통제권(operational control)을 유엔군사령관에게 귀속시키며, 유엔군사령관은 그 작전 통제권을 공산침략으로부터 한국을 방위하는 데만 행사한다고 발표했다.

② 유엔군사령관은 전방 방어를 위한 이전의 군사력으로 환원시키기 위하여 현재 서울에서 활동 중인 제1해병여단과 제6군단 포병부대에 대한 원래의 위치로 복귀할 것을 지시한다.

③ 유엔군사령관은 제30·33예비사단, 제1공수 특전팀 및 5개의 추가 헌병중대를 그의 작전통제로부터 해제하여 국가재건최고회의에 이양했다.[36]

한국군이 ③항을 주장한 것은 이후에 대간첩작전, 국내 치안유지, 수도권 경비에 즉응성과 융통성을 확보하려는 데 있었다. 아무튼, 미국으로서도 내정간섭이라는 오해를 불식시킬 필요가 있었을 것이고, 새로운 정부에 대해서도 계속적인 영향력을 행사할 필요성에 입각한 것이라고 본다. 이렇게 해서 대한민국은 전방방어에 대한 '한국군 책임화(化)'에 이어 연합사령관이 한국 군사 제반에 걸친 지휘권을 가지던 것을 북한 침략에 대응하는 군사 운용 문제로 국한시킴으로써 주권국가의 군사적 자율성 확립이라는 측면에서 다소의 진전을 이루었다.

---

36) 국방부 군사편찬연구소, 『한미 군사 관계사, 1871~2002』, 앞의 책, p. 632.

3. 북한의 도발과 한국군 대간첩작전권의 행사

1960년대 한·미 동맹에서 중요한 사건은 북한군의 국지도발에 의한 한·미 동맹의 시련과 월남전 수행과 관련한 협력 문제였다. 월남전 수행과 관련해서는 다음 절에서 논의하기로 하고 북한의 도발과 관련한 사건부터 다루어 보자.

1968년도에 북한이 저지른 도발로는 1월 21일 소위 김신조 일당의 특수부대 청와대 기습 미수 사건이 있었고, 이틀 후인 1월 23일 원산 앞바다의 공해 상에서 활동 중이던 미 정보함 푸에블로호의 나포사건이 있었다.[37] 이 두 사건은 한·미 양국에 치명적인 국가이익이 걸려 있었으나 이를 두고 양 국가가 느끼고 대응하는 데서는 인식의 차가 드러나, 특히 한국에게 있어서는 그 여파가 컸다. 미국 측은 1·21 청와대 기습사건에 대해서는 냉담했지만, 푸에블로호 승무원의 귀환에 대해서는 북한과의 굴욕적인 협상도 서슴지 않았다. 특히 청와대 기습 미수 사건의 경우 북한의 특수부대가 미군 책임경계지역의 허점을 뚫고 침입한 사건임에도 한국 측에서 제기한 응징계획에 소극적으로 대한 데 대한 한국의 섭섭함은 큰 것이었다. 한국으로서는 수도의 중심을 침투당한 것으로서 대간첩작전에 있어 소홀히 생각할 수 없었고, 이후의 대응에서도 이러한

---

37) 북한은 당시 김일성이 주체사상에서 제시한 사상·정치·경제·국방에서의 성과가 사상 면을 제외하고는 미흡한 상황에 처해 있었다. 이러한 분위기 속에서 내부 단결을 고취할 수 있는 유일한 통로가 외부로부터의 위협론이었다. 1·21사태는 남한 내의 불순 청년들이 일으킨 사건이라 우겼으며, 푸에블로호의 납치는 북한에 대한 주권침해라고 선전하면서 미군에 의한 여러 공격설을 조작하고 외부에서의 개입을 거부하는 한편, 주민들에게는 내부결속용으로 대대적인 선전을 일삼았다. 국방부 군사편찬연구소, 『국방 사건사』(서울: 국방부, 2012), pp. 186-193 참조.

미국의 대응을 믿고 속수무책으로 손을 놓을 수는 없는 상황이었다.

이러한 인식하에 한국 측에서 제기된 작전통제권의 환수문제에 대하여 미국은 한국에 대한 군 장비 등의 특별군원과 연례 한미 국방장관회담 실시로 무마하고, 작전통제권의 환수요구는 거절하였다.[38)]

한미 연례 국방장관회담은 1968년 2월 12일 밴스(Cyrus R. Vance) 미 국무장관이 존슨(Lyndon B. Johnson) 미 대통령의 특사로 1·21사태와 푸에블로호 사건에 따른 한반도의 긴장 고조와 한국군의 월남전 파병문제를 협의하고자 방한한 자리에서 협의되었고, 그 해 4월 17일 박정희 대통령과 존슨 대통령 간의 하와이 정상회담에서 합의되었다.[39)] 이 회담은 이후 제4차 회의 시부터 외무부 장관을 참여시켜 한·미 연례 안보협의회의로서 현재까지 한반도의 안보협의체로서 큰 역할을 하고 있다.

또한, 이 한·미 정상회담에서는 미국이 한국군의 대간첩작전 강화방안을 지원할 것을 합의하여, 향후 대(對)간첩작전 시에는 그 해 4월 1일부로 탄생한 향토예비군을 포함한 한국군 전체에 대한 작전통제권을 한국군이 행사할 수 있도록 하였다. 이미 한국에서는 1·21 사태 이전부터 대간첩본부의 필요성이 제기되어 1968년 2월 1일부로 발족하기로 되어 있었다. 사태가 발생하자 정부는 1월 22

---

38) 미국의 입장에서는 한국의 위기 관련 능력이 충분치 않고 정전체제를 유지 및 관리하기 위해서는 유엔군사령부의 작전통제가 필요하며, 한국에서의 국지적 분쟁 시 사태를 그들 입장에서 충분히 검토하여 선택적으로 개입할 여지를 남겨놓아야 한다는 이유였을 것이다. 안광찬, 앞의 논문, p. 107 참조.

39) 이때 협의된 내용은 ① 북한 도발에 대한 '한·미 상호방위조약'에 의한 양국의 신속한 대응, ② 매년 양국 국방장관회담의 개최, ③ 한국군 현대화를 위한 1억 달러 규모의 특별군원 제공, 예비군 증강을 위한 소화기(M-16) 지급 등이었다. 국방부 군사편찬연구소, 『국방사건사 제1집』 (서울: 국방부 군사편찬연구소, 2012), p. 215 참조.

일부로 대통령 직속으로 중앙대간첩협의회를 설치하고 정책을 실천하는 기구로 합동참모본부에 대간첩대책본부를 우선 발족시켰으며, 미국 측과도 이 문제를 정식으로 제기하여 합의하였다. 이로써 미국은 남·북한 관계에서 발생할 수 있는 국지도발의 민감한 문제에서 한발 물러설 수 있는 여유를 가질 수 있게 되었고, 한국은 평시 대간첩작전에 대한 통제권을 한국군에서 수행할 수 있는 권한을 확보함으로써 작전지휘의 자율권을 확대하였다.

한·미 연례 안보협의회의를 실시하게 됨으로써 이제까지 한반도의 안보문제를 미국 측이 일방적으로 주도하면서 대응하던 데에서 한·미 간에 협의하여 결정하고 사전에 대응하는 수준으로 진전된 것이다.

이전에 미국이 한반도 문제를 일방적으로 결정하는 구조에서는 한국 문제가 미국의 국가이익의 우선순위에서 밀려나기 쉬웠지만, 양국 간의 협의가 전제되면 필요한 분야에서는 사전 연구가 가능해지고, 미국이 한반도 문제에 낮은 전략평가를 할 때에도 한국의 국가이익에 따라 시정을 요구할 수 있는 여지가 생겼으므로 한국의 군사적 자율성도 그만큼 확대된 것이었다.

제5절 한·미 SOFA의 체결

흔히 「한미 주둔군 지위협정」이라 불리는 「한·미 SOFA」는 1966년 7월에 체결되었으며, 정식 명칭은 「대한민국과 미합중국 간의 상호방위조약 제4조에 의한 시설과 구역 및 대한민국에서의 합중국군대의 지위에 관한 협정」(Agreement under Article Ⅵ of the Mutual Defense Treaty between the Republic of Korea and the United States of America, Regarding Facilities and Areas and the Status of United States Armed Forces in the Republic of Korea)이다.

또한, 이 협정은 세 가지의 부속 문서를 함께 지칭하고 있는데, 그 하나는 「합의의사록」으로 불리는 「대한민국과 아메리카합중국 간의 상호방위조약 제4조에 의한 시설과 구역 및 대한민국에서의 군대의 지위에 관한 협정의 합의의사록」(Agreed Minutes to the Agreement under Article Ⅵ of the Mutual Defense Treaty between the Republic of Korea and the United States of America, Regarding Facilities and Areas and the Status of United States Armed Forces in the Republic of Korea)이고, 또 하나는 「합의의사록에 관한 양해사항」으로 정식명칭은 「대한민국과 아메리카합중국 간의 상호방위조약 제4조에 의한 시설과 구역 및 대한민국에서의 합중국 군대의 지위에 관한 협정과 관련 합의의사록에 관한 양해사항」(Understandings to the Agreement under Article Ⅵ of the Mutual Defense Treaty between the Republic of Korea and the United States of America, regarding Facilities and Areas and the Status of United States Armed Forces in the Republic of Korea and related Agreed Minutes)이며, 마지막으로는 이동원 외무부 장관과 브라운 주한미국대사 간의 「교환 서한」(Exchange of Letters)이다.

이 조약은 양국의 법적 체계가 달라 우리나라에서는 조약의 요
건을 갖추고 있지만, 미국에서는 정부에 의해서 체결하는 행정협정
의 하나로 분류되어 있는 차이가 있다. 그러나 그렇다고 해서 국제
법적으로 조약의 요건을 결(缺)하는 것은 아니다.[40]

1. 한 · 미 SOFA의 체결 과정

1953년 8월 7일 한미상호방위조약의 체결을 앞두고 이승만 대통
령과 덜레스 미 국무장관은 공동성명을 발표하는 가운데 "양국 정
부는 한미상호방위조약이 발효하게 된 이후 미국이 한국에 주둔하
게 될 군대의 지위 및 우리들의 공동사업을 수행하는 데 필요한 한
국 측 시설과 인원의 사용에 관한 협약을 즉시 상의하고자 한다"고
발표했다.

이에 따라 한국에서는 한미상호방위조약이 발효된 시점인 1954
년 12월 2일 조정환 외무부 장관 서리가 브릭스(Ellis O. Briggs)
주한미국대사에게 서한을 보내 지위협정을 체결하기까지 잠정적
조치로 「세관 업무에 관한 한미협정」을 체결하자고 제안했다. 미국
측은 검토해보겠다는 서신은 보냈지만 행동화하지는 않았다. 이에
한국 측에서는 1955년 4월 28일 주한 유엔군의 법적 지위를 규정

---

40) 미국 헌법은 미국이 체결하는 조약은 대통령이 상원의 조언과 동의에 의해서 체결하지만, 일
정한 범주의 국제적 합의에 대해서는 행정부의 책임하에 상원의 동의 없이 체결할 수 있도록
하고 있는데, 이러한 행정부 간의 합의를 미국에서는 행정협정(Executive Agreement)이라고
부른다. 한미주둔군지위협정을 포함한 미국과 각국과의 주둔군 지위협정들은 이러한 예를 따
르고 있다. 이상철, "행정협정에 관한 연구", 『육사논문집』, 제60집 3권(2004), pp. 210-223
참조. 또한, 이 협정은 한국 측 입장에서 볼 때 1966년 10월 14일 국내법에 의하여 국회의 비
준과 동의를 얻어 체결되었으므로 헌법에 의해 국내법과 같은 효력을 갖는 조약인 점은 분명
하다.

하는 '군대지위협정'을 체결할 것을 요구하며 협정 초안을 미국 대사관에 제시했다.

이에 대해 1955년 7월 26일 렘니처(Lyman L. Lemnitzer) 주한미군사령관은 서한을 통해 '한미통상항해조약'과 '한미투자보장협정' 체결을 우선하여야 하며, 그 뒤에 지위협정 체결을 개시할 수 있다고 대답했다. 그리고 유엔 당사국과의 협상은 시간문제로 대상을 미국으로 한정할 것을 제안했다.

그러나 미국 측은 1956년 4월 28일 변영태 외무부 장관이 레이시(William S. Lacy) 주한미국대사에게 재차 교섭개시를 촉구할 때까지도 반응을 보이지 않았다. 이후에도 한국 측에서는 1957년 1월과 6월에 조기 협정체결을 요구하였으나 계속 '검토 중'이라는 전달만 받자, 9월 10일에는 조정환 외무부 장관이 방한 중인 허터(Chritian A. Herter) 국무부 차관에게 렘니치 사령관의 2개 사전체결 문서의 체결이 끝났거나 체결 직전임을 환기시키는 한편, 한국 정부도 미국과의 단독 협정체결에 동의한다는 의사를 전달하고 교섭개시를 요구하였다. 그러나 미국 측은 "한국에서의 전쟁상태가 계속 중"임과 「대전협정」의 '배타적 형사재판권' 조항을 바꾸기를 꺼리는 미국 내의 분위기 때문에 협상개시를 할 수 없음을 통보하였다.[41]

이렇게 미국 측이 소극적으로 나온 데에는 미국 측이 이전의 협정들이 자신들이 유리한 상황인데도 굳이 협상을 통하여 그들의 권익이 제한받는 것을 원하지 않았겠지만, 한국에서도 이들을 협상

---

41) 남기정, "한미지위협정 체결의 정치과정", 심지연·김일영 편, 『한미동맹 50년』(서울: 백산서당, 2004), pp. 117-120 참조.

테이블로 끌어들이는 데 한계를 노출하고 있었다.

즉 한국 정부 역시 당시의 정전사태가 '전쟁상태의 지속'이라는 인식을 가지고 있었다. 실제로 유엔군에 공여된 시설이나 토지 등에 대한 징발재산 문제도 전쟁 이후 계속된 '징발에 관한 특별조치령'에 의해 수행되었고 1959년까지 유엔군은 이 법령에 의해 편의를 제공받는 실정이었다. 이러한 '전장국가'라는 인식은 미국 측에 행정협정 체결을 미루는 구실을 제공하고 있었다.[42] 한편으로는 미국의 대한 원조 삭감과 개입 약속 후퇴에 저항하려는 의도하에서도 전쟁상태가 지속 중이라는 주장을 공공연하게 밝히고 있는 형편이었다. 이러한 상황 속에서 이승만 정부가 '북진 통일'의 의지를 보이는 점도 미국 측의 인식을 바꾸지 못하는 또 다른 이유이기도 했다.

우리가 처한 이러한 현실을 배경으로 미국 측이 협정체결에 소극적으로 반응을 보이자 한국 정부가 궁여지책으로 내세운 논리는 오히려 '휴전사태의 장기화야말로 협정체결을 필요로 한다'는 점이었다.

한국 정부가 여러 협정을 연구한 가운데 최종적으로 정리한 1959년 6월 10일의 '주한 미국군이 사용하는 토지, 건물 및 시설에 관한 한미 간 협정의 검토'는 「미·일 행정협정」을 기준으로 삼고, 미국과 필리핀 사이의 군사기지협정을 참조한 것이었다. 미국 측을 설득하기 위하여 이 행정협정 체결이 법적 규제를 명확히 하기 위

---

42) 한국의 법무부는 1957년 7월 21일 국방부가 질의한 '군 징발조치에 대한 법령조회의 건'에서 "현재 한국은 전시태세로부터 이탈하지 못했으므로 아직 비상사태가 법적으로 계속되고 있어 전기 조치령은 지금도 효력이 있다"는 판단을 제시하였다(1958년 1월 23일). 남기정, 앞의 책, pp. 121-124 참조.

함이고, 따라서 기존 사용 시설에 대해서는 계속 사용을 보장하며, 협정체결 이후 새롭게 발생하는 시설 제공 의무에 대해서만 사용 허가와 그 조건을 규제한다고 하였다.[43]

결국, 전후 이승만 대통령 시절에는 미국 측과 한 번도 주둔군 지위와 관련한 협상을 성사시키지 못하였다. 이러한 미국 측의 소극적인 태도는 비대칭동맹하에서 자율성을 갖지 못한 한국 정부의 국력의 한계가 당연히 크게 작용하였다고 생각되지만, 미국 내에서 세계전략을 주도하는 국무성과 합참을 필두로 주둔군의 입장을 두둔하는 국방성이 이 문제에 관하여 합의점을 갖지 못한 데에 더 큰 원인이 있었다고 생각된다.

그나마 장면 정부가 한미 주둔군 지위협정으로 미국 측과 협상 테이블에 마주한 것은 하나의 진전이었다. 이러한 협상의 진전은 보는 시각에 따라 해석을 달리한다. 한국 국내 정세를 분석하여 '한미 SOFA 예비협상에 관한 연구'를 하였던 서현주는 장면 정부의 특성에서 이를 분석하였다. 그는 장면 정부가 민주주의 정권이면서 입법권한에 있어 입법부가 주도적인 정부(입법부 지배형)였기 때문에 대외적 협상력이 제고되었다고 보았다. 즉 SOFA라는 이슈는 한 국가의 주권, 국가의 위신, 그리고 국민의 인권 등과 관련해 갖는 국내 정치와 밀접한 관련성이 있다고 보았으며, 약소국 입장에서 국회의 문제 제기 등을 통해 협상력의 집중력을 발휘할 수 있었다고 보았다.[44] 민주당 정권하에서 분출되었던 다양한 민주화의 요

---

43) 남기정, 앞의 책, pp. 124-128.

44) 서현주는 협상의 행태적 차원에서 전략과 전술을 언급하면서 정치제도가 갖는 협상력에 주목하였다. 비대칭 동맹하에서의 협상력 제고는 오히려 역설적으로 역사적, 상황적 맥락 속에서 볼 때 약소국의 집중력이 강대국에 비해 낮은 제시능력과 통제력을 극복할 수 있다는 점을

구가 국회에서 수렴되고 이러한 요구가 주한미국대사를 통해 미국 정부에 보고되었기에 미국에서의 관심도 고조시킬 수가 있었던 것이다.

그러나 시각을 미국 측으로 돌려보면 미국 측으로서는 비등하고 있는 한국에서의 SOFA 체결 요구가 이제는 해결해야 할 시점에 왔다는 점과 장면 정부가 협상에서 미국 측에 유리한 결과를 줄 것으로 기대하였다.

러스크 국무장관은 주한미국대사의 권고에 따라 맥나마라 국방 장관에게 보낸 서신에서 미군시설 및 구역에 대한 소송이 급격히 증가하고 있는 것과 미군 사건 사고가 반복되는 데 따른 미군 측의 배타적 형사재판권 행사와 관련 한국 국민의 불만이 증가하여 한국 내에서 지위협정 체결요구의 비중이 증가하고 있음을 언급하였다. 이 서한에서 그는 앞의 소송 건은 한국 정부가 책임져야 하겠지만 두 번째 문제는 간과하기 어렵다는 견해를 표명하고, 장면 정부가 온건하고 보수적이어서 현 정권과 교섭하는 것이 유리한 조건으로 합의에 도달할 수 있을 것이라고 설득하였다.[45]

한편 미국에서 국방성의 반대 입장은 단호하였다. 1961년 국무성과 통합참모본부의 합동회의에서 렘니치 합참의장은 "한국은 여전히 전쟁상태이며, 미국 국민은 자국의 병사를 한국의 법정에 보낼 바에야 한국으로부터 철수하는 것이 훨씬 낫다고 생각할 것"이

지적하고 있다. 서헌주, "한미 SOFA 예비협상에 관한 연구", 고려대학교 박사학위논문(2004) 참조.

45) Letter from Secretary of State Rusk to Secretary of Defense McNamara, Department of States, *Foreign Relations of the United States, 1961~1963*, Vol. ⅩⅩⅡ, *Northeast Asia*, pp. 422-423. 남기정, 앞의 책, pp. 129-132에서 재인용.

라며, 지위협정이 체결되면 주한미군 철수가 있을 수 있다는 것을 암시하였다.[46]

그러나 국무성과 NSC의 설득으로 CIA, 국무성, 국방성, 육·해·공군, 통합참모본부 등 미국 첩보기관이 1961년 3월 21일 자에 함께 작성한 '한국에서의 단기적 개관'에는 "지위협정 체결문제에 대한 미국의 소극적 태도가 한국 국민의 반발을 사고 있다"고 전제하고, 특히 3월 2일 자 한국 국회가 결의한 지위협정의 '조속한 체결' 요구와 장면 정부의 교섭 즉시 개시 요구를 수용할 것을 권고하였다. 미국 측의 이러한 변화된 인식을 배경으로 1961년 4월 5일에 미국 정부는 지위협정 교섭을 국무성과 국방성의 공동메시지로 주한미국대사관에 통보하였다.

주요 내용으로는, ① 미군 시설 사용 보상 문제에 대해서는 논의에서 제외하고 한국 측에서 책임을 지도록 하며, ② 형사재판권 문제는 실질적으로 자신들의 입장이 반영될 수 있도록 하여야 함을 사전에 장면 정부에 주지시킬 것을 지시하였다. 당시의 장면 정부는 미국의 교섭개시 입장을 확인한 것만으로도 다행으로 여기는 분위기였다.[47] 그렇지만 장면 정부와의 교섭은 유감스럽게도 5·16혁명으로 지속될 수 없었다.

5·16혁명 이후 한국의 과도기 군사정권은 미국과의 호혜적 관계를 희망하였지만, 미국이 한국을 바라보는 시각은 회의적이었다. 한국의 정치적 상황이 불투명하며 여전히 '전장국가'인 것으로 인식하고 있었다. 그러나 군사정부가 민간정부로의 전환을 고려하고

---

46) FRUS, 1961-1963, Vol. ⅩⅩⅢ, p. 423. 남상욱, 앞의 책, pp. 132-133에서 재인용.
47) 남기정, 앞의 책, pp. 132-135.

있다는 점과 당시에 발생한 주한미군의 각종 사건 사고는 한국의
SOFA 협상 재개 요구에 대해 거부할 수 없는 이유를 제공하고 있
었다.[48]

한국에서 학생데모가 대규모 군중집회로 확산될 조짐을 보이자
군사정부의 요구에 미국도 1962년 5월 14일부로 조건부 협상 개시
입장을 밝혔다. 그 조건이란 1963년으로 예정된 "민정 이양이 실현
될 때까지 형사재판권 문제를 교섭의 의제로 제기하지 않겠다는
서면 약속"이었다. 이러한 미국 측의 요구에 대하여 한국 측에서는
받아들일 수 없다는 입장을 견지하였다. 결국, 미국 측은 6월 9일
'서면 약속' 부분을 취하하고 한국 측의 의견을 물었다. 이는 미국
측에서 형사재판권 유보에 대한 의지 표명과 의견 타진이었으며,
한국 정부는 이에 대해 미국의 사법제도 기준에 맞추기 위해 특별
법을 다음 국회 회기 안에 채택할 용의가 있다고 되받았다.

이러한 이면에는 한국의 형법과 관련한 법 제도를 연구해온 미
국방성이 형사재판권과 관련 협정체결에 부정적인 입장을 표명하
고 있는 가운데 한국의 국내 사정을 고려하여 협정체결이 필요하
다는 국무성의 견해가 상충되고 있었던 데에 기인한다. 이러한 두
입장을 중재해야 하는 NSC 위원 포레스탈(Michael V. Forrestal)의
보고서는 주한미국대사 버거(Samuel D. Berger)의 협상 즉각 개시
에 대한 조언을 받아들여 양측의 주장을 배려하는 선에서 입장을

---

48) 1962년 1월 6일, 파주의 미군 기지 주변에서 땔감을 줍고 있던 농민 2명이 미군에 의하여 사
살된 사건과 6월 2일 파주 미군기지 주변에서 쇳조각을 줍던 민간인이 구타당하는 사건 등이
잇따르자 6월 6일과 6월 8일 고려대학교와 서울대학교에서 '한미행정협정' 체결을 요구하는
데모가 있었다. 학생들은 "후진 약소민족의 내셔널리즘과 인간으로서의 존엄성 보장"을 요구
하며, 지위협정 문제가 주권국민의 권리주장일 뿐 아니라 민주주의와 인권 문제이기도 하다
는 점을 내세웠다. 남기정, 앞의 책, pp. 139-140 참조.

정리하고 있었다.[49] 이에 따라 1962년 9월 20일 중단 이래 처음으로 한미 실무자회의가 개최되었다.

미국 측에서는 협상을 개시하면서 한국 군사정권으로부터 민정이양 약속을 받아냈으며, 1년 반에 걸친 실무협상을 거쳐 1964년 1월 29일 민정 이양 후 박정희 대통령이 러스크 미 국무장관을 서울로 맞이하여 공동성명을 발표하여 협정의 조기타결을 확인하였다. 이 문제는 한일 국교정상화와 관련하여 분출된 시민들의 자존심 회복 욕구와 결부될 경우 악영향을 염려한 양국 지도부의 우려도 반영된 것이었다.

1964년 2월 4일부터 불과 2주일 동안 미군기지 주변에서 일어난 총기 사건으로 임신여성과 소년 등 7명이 연달아 사망하는 사건에 대하여 미국 측이 보인 미온적인 대처는 지위협정 문제와 함께 한일 국교정상화 반대 운동이 복합적으로 상승작용을 일으켜 한국 국내 여론이 걷잡을 수 없는 방향으로 확산될 조짐을 보였다.[50] 이에 군사정부는 6월 3일부로 비상계엄령을 선포하였고, 한미 양국 정부는 8월 17일 이동원 외무부 장관과 브라운 대사 명의의 공동성명으로 지위협정의 조속한 체결을 재확인하였다.

당시는 협상이 최종 단계에 들어가 있었으나 미국 측이 제기한

---

49) Memorandom from Michael V. Forrestal of the National Security Council Staff to the President's Special Assistant for NATIONAL Security Affairs (Bundy), *FRUS, 1961~1963, Vol. X X Ⅲ*, pp. 573-575. 남기정, 앞의 책, pp. 136-140에서 재인용.

50) '50원 벌이 깡통 줍다 총 맞은 임신부', '토끼몰이 소년에 정조준' 등의 사건 보도에 미군 당국자는 무고한 생명에 대한 '총살'이라는 사태에 사과는커녕 "보초의 정당한 행위에 한국 신문들이 끔찍한 보도를 하고 있다"고 한국 정부에 항의할 정도였다. 당시 한국의 비참한 사회상에 대해서 전혀 배려가 없었고 그들의 공적임무 수행지시가 제대로 지켜지지 않는 데 대한 사과도 없었다. 오연호, 『더 이상 우리를 슬프게 하지 말라』(서울: 백산서당, 1990), pp. 42-55 참조.

'자동 포기'(automatic advanced waiver) 조항을 두고 교섭이 벽에 부딪히고 있었다. 미국 측은 한국 측에 대하여 모든 형사사건에 대하여 '자동 포기' 조항을 적용할 것을 요구하였다. 한국 측이 주권 침해라며 강력히 거부하자 미 국무부는 '독일 방식'의 적용을 한국 정부에 제의하였다. '독일 방식'은 독일과 NATO 각국 간에 체결한 「본(Bonn) 협정」을 말하는 것으로, "파견국의 요구가 있을 경우 … 재판권이 경합할 경우, 독일연방공화국에 부여된 일차적 권리를 … 파견국의 이익을 위하여 포기한다"는 내용이다. 당시 독일에서의 외국군 주둔은 NATO군으로서, 점령의 연장선 상에 있다는 특수한 사정을 반영하고 있었다. 그러나 「본 협정」은 독일 당국에 대해, "독일 당국이 특수한 사건에 대해, 특수한 사정으로 인해, 독일 사법제도의 운용상의 중요성에 비추어 재판권을 행사하는 것이 긴요하다고 판단할 경우 … 승인한 포기를 철회할 수 있다"고 하여 '철회권'(right of recall)을 부여하고 있다. 그러나 이 '철회권'은 '한미지위협정'에는 포함되지 않았다.

또 한 가지 대립하고 있었던 조항은 '노무조항'이다. 한국인의 열악한 노동환경과 인권침해와 관련하여 한국인 노무자의 파업권에 대한 교섭은 꼭 필요한 조항이었다. 이에 대해서는 한국에서 제기한 '70일 중재기간이 지나도 해결되지 않을 경우 노무자의 파업권을 보장한다'는 것으로 미국 측이 받아들일 의향이 있음을 확인하였다. 1965년 말에 이르러서는 협상이 거의 타결된 것으로 보였다.[51]

---

51) 남기정, 앞의 책, pp. 141-146.

그런데 한국 정부는 1966년 초 지위협정 서명을 연기하겠다는 의사를 주한대사를 통해 미국 측에 통보하였다. 베트남 파병문제의 국회통과를 위해 집중해야 한다는 명분을 내세우면서 이를 협정 서명과 연계해 미국 측으로 하여금 형사재판권 문제를 다시 한 번 고려하도록 요구하기 위함이었다.

한국 정부가 고려해달라고 요청한 안은 'NATO-네덜란드 방식'이었다. 이 방식은 자동 포기 조항을 포괄적으로 적용한 독일방식에 비하여 자동 포기 조항을 사항마다 판단하는 것이었다. 미국 측은 '독일 방식'을 포기할 의향이 없었으나 한국 정부가 월남 증파에 대한 국민설득에서 힘을 받을 수 있도록 무엇인가는 호응해야 할 입장이었다.

결국, 미국 측은 독일방식을 채택하되 'NATO-네덜란드 방식'을 절충하여, 일차적 재판권은 한국에 두되(미국 측은 사건마다 자동 포기를 요구하여야 함), 한국은 중요한 사건에서 재판권의 행사 의지를 통보하도록 하는 선에서 교섭을 마무리 지었다.52)

「한·미 SOFA」는 실무자 회의를 시작한 지 4년이나 지나 1966년 7월 9일 서울에서 체결되었고, 1967년 2월 9일 발효되었다.

2. 한·미 SOFA의 문제점: 주한미군에 우월적 지위 보장

우여곡절 끝에 체결된 「한·미 SOFA」는 당시 한미동맹의 위상을 보여주는 문서라고 할 수 있다. 다른 나라보다 훨씬 후에 이루

---

52) 남기정, 앞의 책, pp. 147-151.

어진 조약임에도 한미동맹의 경도된 위상관계를 잘 보여주고 있다.

「한·미 SOFA」는 이전의 협정들인 「대전협정」과 「마이어협정」에서 언급했던 주한미군이 사용하는 시설과 구역 및 그에 따른 주둔비 부담, 미군범죄에 관한 형사재판 관할권 외에 미군 기관에 고용된 한국인 노동자들의 처우문제, 모든 군수물자의 통관과 관세, 미군과 군속 및 가족의 출입국 문제 등에 관한 광범위한 규정을 다루었다.

이 절을 작성하는 저자의 목적은 한국 국민과 한국군의 자율성 확보란 측면에서 1966년의 「한·미 SOFA」를 분석하여 이 문서에는 주한미군에게 일방적인 우월적 지위가 부여되었음을 살펴보고자 하며, 상대적으로 한국 국민의 주권과 권익의 침해에 대한 내용에 대해서만 언급하고자 한다. 이의 법적 문제 등에 대해서는 많은 연구자의 연구가 있었고, 이미 1991년과 2001년의 개정에 기여한 바 있으므로 자세한 부분은 이들 연구자의 연구를 참조하기 바란다.

가. 시설과 기지 사용

제2조 1항에서 '시설과 구역은 소재(所在)의 여하(如何)를 불문하고, 그 시설과 구역의 운영에 사용되는 현존의 시설, 비품 및 정착물을 포함한다'고 하였고, 이어 제1항 (나)에서 '본 협정의 효력 발생 시에 합중국 군대가 사용하고 있는 시설과 구역'으로 정의하였다. 또한, 제5조 2항에서는 '대한민국은 합중국에 부담을 과하지 아니하고 본 협정의 유효기간 동안…'이라고 명시하였다. 이로써 1945년 점령군으로 미군이 38도선 이남에 일본군 무장해제 시에

확보했던 지역, 대전협정, 마이어협정에 의해서 주둔했던 지역은 물론 정전 이후 1966년 이전에 미군이 확보했던 시설과 지역은 모두 '무상'으로 사용할 권리를 획득하였다. 한미상호방위조약 제6조에서 '본 조약은 무기한으로 유효하다'고 하였으므로 이제 미군은 기간 제약 없이 무상 사용권을 인정받은 셈이 되었다. 물론 제2조 3항은 '합중국이 … 본 협정의 목적을 위하여 필요가 없게 되는 때에는 언제든지 합동위원회를 통하여 합의되는 조건에 따라 대한민국에 반환되어야 하며, 합중국은 … 필요성을 계속 검토할 것에 동의한다'고 반환의무를 지우고 있었지만 '미군'이 그들 기준에 의해 판단할 수 있도록 유보하여 주었으므로 한국의 입장에서는 크게 자율성을 훼손한 합의였다.

그리고 제4조 1항은 '합중국 정부는 … 반환할 때에 이들 시설과 구역이 합중국 군대에 제공되었던 당시의 상태로 동 시설과 구역을 원상회복하여야 할 의무를 지지 아니하며, 또한 이러한 원상회복 대신으로 대한민국 정부에 보상하여야 할 의무도 지지 아니한다'고 하였고, 2항에서 '… 동 시설과 구역에 가하여진 어떠한 개량에 대해서…' 등으로 기술하여 미국 측의 반환 시의 원상회복 요구나 그에 상응한 의무를 면제해주고 있다.

제3조 1항 시설과 구역의 보안조치에서 '… 대한민국 정부는 … 동 시설과 구역에 인접한 또는 그 주변의 토지, 영해 및 영공에 대하여 관계 법령의 범위 내에서 필요한 조치를 취하여야 한다'고 하여 미국 측의 요구에 전적인 편의제공을 약속하고 있어 한국 국민의 권익을 저해할 수 있는 여지를 주고 있다. 예를 들어, 미군기지 부근에서는 일정 고도 이하에서만 건축이 가능하다는 것 등을 생

각해본다면 상당한 지역에서 한국 국민의 자율적인 삶이 규제받게 된 것이었다.

나. 형사재판 관할권

형사재판권에 대해서는 미국 측이 협상 과정에서 「대전협정」에서 누렸던 미군에 의한 전속 관할권을 유지하려 한 흔적을 곳곳에서 찾아볼 수 있다. 외형상으로는 NATO의 예를 수용하여 양국 간 공평성의 대원칙을 선언하였지만, 합의의사록이나 양해사항들의 부속문서를 통해 예외조항을 많이 넣었기 때문이다.

제22조는 기본적인 재판권 행사 권리에 대하여 언급하고 있으며, 제1항에서 적용대상을 '합중국 군대의 구성원, 군속 및 그들의 가족'으로 하고 있다. 그런데 본 협정의 제1조에서 합중국 군대의 구성원은 '… 아메리카합중국의 … 군에 속하는 인원으로서 현역에 복무하는 자'를 말하고 군사고문단에 속한 자는 제외하였는데 이들은 외교관에 준한 신분을 보장받기 때문이다. 그런데 군속의 경우 제1조 (나)항에서 '합중국의 국적을 가진 민간인으로서 대한민국에 있는 합중국 군대에 고용되거나 동 군대에 근무하거나 동반하는 자'로 정의하였으나 제15조 1항의 초청계약자는 제외한다고 규정하였다. 그러나 초청계약자가 군속은 아니지만 그들의 대한민국에서의 공동방위의 역할을 인정하여 제22조 중 체포와 구금에 관한 제5항, 자유형의 집행에 관한 제7항의 (나)항, 피의자 또는 피고인의 권리에 관한 제9항 및 이에 따를 합의의사록에 한하여서는 본 협정의 적용을 받도록 하였다(본 협정 제15조 8항). 또한, 가족의

범위에 있어 제1조 (다)에 '배우자 및 21세 미만의 자녀, 부모 및 21세 이상의 자녀 기타 친척으로서 그 생계비의 반액 이상을 합중국 군대의 구성원 또는 군속의 부양에 의존하는 자'로 규정하여 지나치게 범위가 확대되어 있다.[53] 「NATO SOFA」는 '배우자와 부양을 받고 있는 자'로 한정하였으며, 일본의 경우 '기타 친척'은 제외되고 있는데 친척의 명백한 규정이 없으므로 자의적 해석의 여지가 있고, 생계비 산출의 근거도 없어 남용될 소지가 많은 것이었다.[54]

다음은 미군 요청 시 재판권 포기 문제이다. 본문 제22조 1항에서 합중국의 제1차적 권리에서 1항은 합중국 구성원의 범죄이고, 2항은 '공무집행 중의 작위 또는 부작위에 의한 범죄'에 대한 것이다. 3항은 경합적 관할권인데 '제1차적 권리를 가지는 국가의 당국은 타방 국가가 이러한 권리포기를 특히 인정하는 경우 그 타방 국가의 당국으로부터 그 권리포기의 요청이 있으면 그 요청에 호의적 고려를 하여야 한다'고 하였다. 그러나 부속 문서인 합의의사록과 교환 서한에는 '합중국의 군법에 복(服)하는 자에 관하여 질서와 규율을 유지하는 합중국 군 당국의 주된 책임임을 인정하여, 제3항 (다)에 의한 합중국 군 당국의 요청이 있으면 대한민국 당국이 재판권을 행사함이 특히 중요하다고 결정하는 경우를 제외하고 제3항 (나)에 의한 재판권을 행사할 그의 일차적 권리를 포기한다'고 명시하고 있다. 그리고 중요한 범죄의 범주에는 대체로 대한민국의 안전에 관한 범죄, 살인, 강도·강간, 전기 각 범죄의 미수 또는 공

---

53) 이장희 외, 『한-미 주둔군지위협정 연구』(서울: 아사연, 2000), p. 85.
54) 이장희 외, 앞의 책, p. 105.

범 등에만 한정하고, 가장 빈번한 '폭행죄'와 '교통사범' 등은 예시하지 않고 있다. 또한, 한국 측의 재판권 행사가 특히 중요하다고 생각되는 사항에 대해 범죄발생을 통고받거나 알게 된 후 미국 측에 15일 이내에 서면으로 통보한 때에만 재판권을 행사하게 함으로써 중요하지 않다고 한국 당국에서 통보하지 않는 한(이른바 '자동 포기' 적용) 한국 국민의 생활에 영향을 주는 미국 범죄로 인한 민·형사상 피해에 대해 한국 국민의 권익을 지켜주지 못하게 하는 실마리를 제공하였다.

또한, 제22조 5항의 (다)에는 '… 그 피의자가 대한민국의 수중에 있는 경우에는 그 피의자는 요청이 있으면 합중국 군 당국에 인도되어야 하며 모든 재판절차가 종결되고 또한 대한민국 당국이 구금을 요청할 때까지 합중국 군 당국이 계속 구금한다…'라고 하여 미군이 인도되는 순간부터 한국의 당국은 미군의 시설과 구역에 대한 수색이나 조사가 불가능해지는 문제가 발생하였다. 미군이 영내로 도주하는 경우는 수사를 진행하기 어렵게 되어 있었다. 형사재판권의 포기는 대부분의 수사와 재판을 미국이 하게 됨으로써 피해 원인 규명 등에서 미국인 피의자에게 불리하지 않은 방향으로 흐를 수 있게 하고 있었다.

또 하나 공무집행 중의 범죄에 대해서는 미국 측에서 재판 관할권을 행사하게 되어 있는데, 사실 이 규정은 외국에 주둔군을 파견하는 국가에는 일반적으로 통용되는 것이다. 그런데 '공무집행 중'에 대한 규정이 오로지 미국 측에 의해 유리하게 판단하게 하고 있는 점이 문제가 된다. 합의의사록 제3항 (가)는 '공무라 함은 합중국 군대의 구성원 및 군속이 공무 집행 중에 행한 모든 행위를 포

함하는 것을 말하려는 것이 아니고 그자가 집행하고 있는 공무기
능으로서 행하여질 것이 요구되는 행위에만 적용되는 것을 말한다'
고 규정하고 있는데, 합의의사록에 관한 양해사항에서는 '공무집행
증명서는 법무참모의 권고에 의하여서만 발급되어야 하며, 공무집
행 증명서를 발급하는 주무 당국자는 장성급 장교라야 한다'고 규
정하였다. 문제는 이러한 '공무'에 대한 판단이 미국 측에 의해서
자의적으로 해석될 소지가 많고 지휘권을 가진 지휘관이 아니라
장성급 장교면 적법하므로 책임 소재가 불명확해지며, 오로지 미국
측을 믿고 공정한 처리를 기대할 수밖에 없다는 것이다. 한국 측에
서 이견을 내는 경우는 '검찰총장'이 인정하는 경우에 한하여 조정
할 수 있게 함으로써 미국 측에 이를 쉽게 제기하기가 어렵게 되어
있다.

이 형사재판권 문제에 대해 「미·일 SOFA」는 피의자의 신병인
도에서 '미국 측은 살인, 부녀자 폭행 등 흉악범죄에 대해서 일본
측으로부터 신병 요청 시 호의적으로 고려'하도록 하고 있으며, '공
무 증명서'의 발급자는 '지휘관 및 그 지휘관을 대리한 자'이며, 또
반증이 없어야 하며, 일본 형사소송법 제318조를 방해하지 말아야
한다'고 하여 최종 판단에 일본 법원도 관여하게 하고 있다.[55] 이
는 1957년도의 지라드 사건과 많은 관련이 있다고 생각된다.[56]

---

55) 이장희 외, 앞의 책, pp. 116.

56) 1957년 1월 30일 일본 군마(郡馬) 현 소재 주일미군 사격연습장에서 William Girad 미 육군
3등 특기병이 감시경비 중 휴식시간에 탄피를 주우러 들어간 일본 여인 사카이를 사살한 사
건이다. 미국은 공무집행 증명서를 발행하여 제1차적 재판권을 행사하고자 하였으나 일본의
거친 데모와 항의로 결국 일본의 재판권을 인정하였다. 일본 재판부는 공무 집행 중 장소에
서 발생한 사실은 인정하나 미군 병사의 공무는 경기관총 경비이므로 일본 여인을 사살한 것
은 공무집행 중 범해진 범죄는 아니라고 판결하였다. M. M. Whitemann, *Digest of
International Law*, Vol. 6. (Washington D. C.; U.S. Government Printing Office), 1968, p.

이외에도 미군 피의자를 같은 사건의 한국 국민에 비해서 지나치게 특혜를 부여한 것이 몇 가지 더 있었다. 본 협정 제22조 9항에 대한 합의의사록에는 피고인에 대한 열거된 권리 외(外)에 추가로 한국의 사법제도 및 형행제도를 불신하는 내용이 언급되어 있는데, (카)에는 '적절한 군복이나 민간복으로 수갑을 채우지 아니할 것을 포함하여 합중국 군대의 위신과 합당하는 조건이 아니면 심판을 받지 아니하는 권리'로서 재판거부권을 부여하였는가 하면, '합중국의 군 당국은 군대의 구성원, 군속 또는 가족이 구금되었거나 그러한 개인이 구금될 구금시설을 시찰할 권리를 가진다'고 명시하고 있다. 한국 법원의 재판거부권을 미군 피의자에게 부여한 것은 한국의 형사소송법과 내국인과의 형평이 맞지 않는 명백한 주권 침해 조항이었다.

본 협정 제22조 11항은 '…적대행위가 발생한 경우에는 형사재판권에 관한 본 협정의 규정은 즉시 그 적용이 정지되고 … 합중국 군 당국은 … 전속적 재판권을 행사할 권리를 가진다'고 규정하였다. 이 '적대행위'에 대한 규정이 명확하지 않은 상황에서 미국 측이 임의로 한국의 재판권을 제한할 가능성이 있다. 「미·일 SOFA」나 「NATO SOFA」가 60일 사전통고 조항을 두어 협의를 할 수 있도록 하고 있는 것과는 대비된다.[57]

379, 이장희 외, 앞의 책, p. 94에서 재인용.

57) 이장희 외, 앞의 책, pp. 112-118.

다. 민사청구권

공무집행 중의 손해와 공무집행 중이 아닌 사고에 의한 손해 행위에 대한 규정 모두에 문제가 있다. 우선 본 협정 제23조 2항 (바)는 '각 당사국은 어떠한 경우에도 1,400달러 이하의 금액에 대해서는 각기 청구를 포기한다'고 하고 있고, 제23조 5항에는 '공무집행 중의 합중국 군대의 … 사고로서 … (바)(1) 합중국만이 책임이 있는 경우에는 재정되어 합의되거나 재판에 의하여 결정된 금액은 대한민국이 그의 25%를, 합중국이 그의 75%를 부담하는 비율로 이를 분담한다'고 규정하고 있다. 접수국이 25%를 분담하는 규정은 「NATO SOFA」 체결 시 유럽의 통화팽창 때문에 폭증하는 청구권 비용이 증가하는 것을 막기 위하여 접수국의 재정적인 관심을 촉구하기 위해 삽입한 것인데, 대한민국 정부가 피해의 예방이나 재발방지를 위해 아무런 조치를 취할 수도 없고 미군 당국에 피해예방조치를 취하라고 요청할 수도 없는데 이를 분담하도록 하는 것은 월권행위이다. 협정이 시행되기 전에 대외청구법을 근거로 각종 청구권에 대해 배상을 할 때도 이러한 경우 대한민국이 분담한 예가 없었다. 또한, 소액이라고 하여 청구권을 포기하는 조항의 경우도 그 금액을 산정하는 것이 애매할 뿐 아니라 이러한 액수도 피해 건수가 많으면 문제가 되는 것이므로 피해예방 측면에서도 바람직하지 않다.[58]

공무집행 중이 아닌 사고는 제23조 6항에 규정되어 있는데, '(가)

---

58) 장주영, "민사청구권조항의 문제점과 개정방향", 이장희 외, 앞의 책, pp. 127-136. 협정의 영어 본에는 비공무 중에 발생한 손해에 대한 배상금은 'an *ex gratia* payment'라고 표현되어 있는데 'ex gratia'의 뜻은 '호의로'라는 의미로 법적인 의미에서 주는 배상금을 의미하지는 않는다.

대한민국 당국은 피해자의 행동을 포함한 해당 사건에 관한 모든 사정을 고려하여, 공평하고 공정한 방법으로 청구를 심사하고 청구인에 대한 배상금을 사정하며, 그 사건에 관한 보고서를 작성한다. (나) 그 보고서는 합중국 관계당국에 송부되며, 합중국 당국은 지체 없이 보상금 지급의 여부를 결정하고, 또한 제의하는 경우에는 그 금액을 결정한다'고 하고 있다. 또한, 7항은 '합중국 군대의 허가받지 아니한 사용으로부터 발생하는 청구권은 합중국 군대가 법률상 책임을 지는 경우를 제외하고는 본조 제6항에 따라 이를 처리한다'고 하였다.

불법한 작위 또는 부작위로서 미군이나 고용원에 의해 공무집행 중이 아닌 것으로 발생한 피해의 예로는 미군이나 고용원이 저지르는 살인, 강도, 강간, 폭행 등 각종 범죄로 인한 피해와 공무집행과 관련 없는 차량운행으로 교통사고를 당했을 경우이다. 이러한 피해를 본 사람이 국가배상심의회에 신청하면 대한민국 정부가 배상금을 산정해주나 최종적으로 배상금을 지급할 것인지, 배상금 액수를 얼마로 할 것인지는 미군 당국이 결정하게 되어 있다. 여기서 문제는 미군 당국이 사고를 당한 피해자의 국내병원의 진단서에도 불구하고 미군병원에서 다시 판정을 받게 할 뿐 아니라 피해배상액의 산정에서도 피해자의 수입은 낮게 평가하고 피해자의 과실은 높게 평가하는 등 피해자에게 불리하게 임의로 산정하므로 불리하기 마련이다. 또한, 형사사건과 관련될 경우 가해 미군의 신병을 미국군 당국에서 확보하여 수사하게 되고 이때 통상 가해 미군의 진술에 비중을 두는 경우가 많아 한국 국민의 권익이 심하게 침해받는 경우가 생길 수 있다. 그리고 미국군 사고자의 사유재산에 대해서 강제집행을 요청할 수 있고 미국 측의 협조하에 집행할 수 있다고 규정하고는 있으나 실제 재산이 미미한 경우에는 실익이 없고 민사재판의 경우에는 한국 국민의 권익을 행사할 규정도 명확하지 않게 되어 있다.[59)]

또한, 사고를 당한 한국 국민은 자비로 치료를 받는 등 경제적 고통도 받기 때문에 미군 차량 등에 보험을 들도록 한다든가 정부가 예상배상금 일부를 사전에 지급한다든가 하는 적극적인 국민 보호 장치를 해야 할 필요성이 제기되는 규정이라 하겠다.

라. 노무 관리

「한·미 SOFA」는 주둔군의 현지고용제도로서 '간접고용제'를 채택하고 있는 「NATO SOFA」나 「미·일 SOFA」와는 달리 '직접고용제'를 채택하고 있는데, 이는 쟁의에 있어서 접수국 정부 입장에 있는 대한민국은 제3자적 위치에 있기 때문에 공정하게 개입하여 고용원의 권익을 보장할 수 있는 제도로 보이나, 실제 적용에서는 주둔군의 주권 면제특권과 임무의 특수성에 따라 접수국의 관계 법령의 적용에서 예외를 둠으로써 주둔군 고용주의 입장을 두둔하는 경우가 많아 고용 근로자의 권익을 실질적으로 보호해주기 어려운 것이 현실이다.

또한, 본 협정 제17조 1항에서 고용주에게 PX나 사교클럽 등 비세출자금기관의 고용주를 포함하여 이들이 미국군에게 편의를 제공한다고 하여 군속 등에 준하는 지위를 부여하였다. 이들에게 군

---

59) 장주영, 앞의 책, pp. 139-144.

사상 필요에 배치되지 아니하는 한도 내에서 영리행위를 할 수 있게 하고 노동쟁의의 규제 등에서 특혜를 주는 것은 영리법인에 불과한 초청계약자에게 지나치게 배려함으로써 한국 고용원의 권리를 크게 제약하는 것이다.

그리고 합의의사록 제17조 2항에는 '… 합중국 정부는 고용을 계속하는 것이 합중국 군대의 군사상의 필요에 배치되는 경우에는 어느 때든지 이러한 고용을 종료시킬 수 있다'고 규정하여 해고의 자율권을 주장하였는데, 이는 정당한 해고사유를 제시할 것을 정한 대한민국 근로기준법을 위배하는 것이다. 여기에서 항의가 있을 경우 합동위원회에 회부한다고 제17조 3항 (2)에서 규정하고 있으나, 합의의사록 양해사항에는 '대한민국 노동법령으로부터의 이탈은 합동위원회에의 회부가 비상시에 있어서 군사작전을 심히 방해할 경우에는 동 위원회에 회부할 필요가 없는 것으로 양해한다'고 하였으므로 이 비상사태만 정의하면 문제될 것이 없다. 사실 합동위원회에서의 결의나 비상사태라는 것도 미국 측 입장에서 일방적으로 정의하여 주장하면 통용되는 시대였으므로 한국 고용원의 해고에 관한 한 미국 측은 상당한 융통성을 부여받았다고 볼 수 있는 조항이다.

장기간의 쟁의를 금지한 규정도 지나쳤다. 본 협정 제17조 4항 (5)에서 쟁의발생 시는 우선 한국노동청의 조정을 거쳐 합동위원회에 회부하도록 하고 있고, 이렇게 회부된 후 70일간은 단체행동을 하지 못하도록 규정하고 있다. 이는 대한민국의 관계법에 규정된 최대 45일을 상당히 초과하는 것이다.

또한, 군사 작전을 방해 시는 단체행동을 금지한 규정을 두어 제

17조 4항 (나)에는 '본 조의 적용은 전쟁, 적대행위, 또는 전쟁이나 적대 행위가 절박한 상태와 같은 국가비상시에는 합중국 군 당국과의 협의하에 대한민국 정부가 취하는 비상조치에 따라 (단체 행동이) 제한된다'고 하였고, 제17조 5항은 '조합 또는 고용원 단체는 그의 목적이 대한민국과 합중국의 공동이익에 배치되지 않는 한 고용주에 의하여 승인되어야 한다'고 함으로써 고용원의 단체행동권을 크게 제약하고 있다.

마. 통관, 관세 및 과세의 특혜

본 협정 제8조 2항은 '합중국 군대 구성원의 여권 및 사증에 관한 대한민국 법령의 적용으로부터 면제됨'을 규정하였고, 4항은 '군속, 그들의 가족 및 합중국 군대 구성원의 가족은 합중국 당국이 발급한 적절한 문서를 소지하여, 대한민국에 입국하거나 출국함에 있어, 또한 체류할 동안 그들의 신분이 대한민국 당국에 의하여 확인되도록 하여야 한다'고 하여 특별한 지위를 부여해주고 있다. 이 문제는 대한민국 국민의 권익을 침해할 소지는 없지만 「미·호주 SOFA」처럼 여권에 가족이나 군속임을 기록하는 등의 방법으로 대한민국 출입국관리법의 권한을 확립할 필요성이 제기된다.[60]

통관과 관세에 있어서 합중국 군대의 공용을 위하거나 합중국 군대, 군속 및 그들의 가족의 사용을 위한 물품이나 시설에 사용할 자재, 비품의 반입은 허용되며 이에는 관세 및 과징금을 부과하지

---

60) 최승환, "통관, 관세 및 과세 등의 특혜사항의 문제점과 개정방향", 이장희 외, 앞의 책, p. 225.

않을 것임(본 협정 제9조 2항)을 규정하였는데, 비세출기관의 "모든 화물"에 대해서까지 세관검사를 면제한 것은 PX물품 등의 불법 유출로 대한민국의 상법 질서를 교란할 가능성이 있는 특혜 조치였다.

제6절 1950~1960년대 말 한국의 군사역량 평가

1. 6·25전쟁 시기

전술한 바와 같이 한국전쟁 당시 남북한의 군사력은 남한의 현격한 열세였다. 주한미군은 군사고문단을 남겨놓고 철수하였으며, 북한은 소련의 적극 지원으로 장비 면에서도 월등한 우세를 보이고 있었다.

<표 3-1> 6·25전쟁 당시 남북한 군사력 비교

구분		한국군	북한군
병력(육·해·공, 해병대 포함)		103,827명	201,050명[61]
주요 무기	탱크(T-34)	0	242대
	장갑차	27대	54대
	포(곡사포, 박격포, 대전차포)	1,191문	2,872문
	함정	71척	110척
	항공기	22대	211대

출처: 국방부 군사편찬연구소, 『6·25전쟁사』(2005), pp. 46-47.

---

61) 미국의 자료들은 인민군 61,820명의 '특수부대'를 제외한 정규병력 13만 5천 명으로 계산하고 있다. 함택영, 앞의 책, p. 149; 국방부는 최근의 자료에서 188,297명으로 밝히고 있다. 박동

북한은 전방에 7개 사단과 1개 탱크여단, 1개 독립연대, 그리고 다른 1개 독립연대 규모의 특수작전 부대와 1개 내무성 38경비여단을 배치하였다. 북한은 남한에 대한 전면공격 이후 3개 사단을 즉각 투입하였고, 38경비여단을 새로운 3개 사단으로 긴급 재편하였다. 반면에 한국군은 38선을 따라 전방에 4개 사단을 배치하였고, 여기에는 후방의 수도사단 일부까지 포함하고 있었다. 4개 후방사단과 전방 1개 사단의 편재는 1개 연대를 결한 2개 연대로 구성되어 있었고, 10만 명의 병력이 6.5만 명분의 장비로 편제되어 있었다.[62]

6·25전쟁 기간 양 진영은 각각 연합군을 형성하면서 해·공군 세력은 유엔군이 월등하였지만, 지상군은 중공군의 지원을 받아 균형을 유지하는 형편이었다.

<표 3-2> 1951년 5월 1일 양측 지상군 병력

UN군		조·중 연합군	
한국군	23.499~25.192만 (23.0)	인민군	19.7만 (34.0)
미군 및 기타	26.977만 (46.0)	인민해방군	54.2만 (77.0)
합계	50.48~52.17만 (69.0)	합계	73.9만 (111.0)

* 괄호: 후방의 지원군 및 해·공군 병력을 포함한 중국 측 추정치
출처: Schnabel, *U.S. Army in the Korean War: Policy and Directions*, p. 387; 當代中國 편집위, 『抗美援朝戰爭』, p. 161. 함택영, 앞의 책, p. 153.

이러한 병력 비율은 1953년 정전 시까지 거의 유지되어 1953년

찬, 『통계로 본 6·25전쟁』(서울: 국방부 군사편찬연구소, 2014).

62) Robert K. Sawyer, *Military Advisors in Korea: KMAG in Peace and War* (Washington, D.C.; US Army/GPO, 1962), pp. 13, 58. 함택영, 앞의 책, pp. 149-150에서 재인용.

7월 31일의 병력현황은 남한이 16개 사단 59만 1,000명인 반면, 북한군은 6개 군단 26만~27만 5,000명으로서 남·북한만 보면 역전되어 있다. 한국군이 증강된 것은 한국군의 20개 사단 증강 요구에 대하여 미군의 병력 절약을 염두에 둔 지원 결과에 의한 것이었고, 미국의 1953 회계연도에 한국군에 16억 5,500만 달러를 지출한 결과였다(한국 자체 예산은 1억 2,000만 달러에 불과).[63]

2. 1960년대

전후 남북한은 각각 군사력 증강에 열중하였다. 특히 북한은 전시 유엔군의 공중 공격에 큰 피해를 보았기에 공군력 증강에 힘을 기울였으며, 중국 인민해방군이 철수하는 1958년에서 1960년 사이에 중국으로부터 MIG-15기와 MIG-17 등 전투기와 IL-28 경폭격기를 제공받았다.[64] 병력은 1955년까지 41만~42만 명까지 증가하였으나 민간부문의 노동력 부족을 만회할 목적으로 1956년도에 중국 인민해방군의 주둔을 병력감축의 이유로 8만 명의 감축을 발표하기도 하였다. 북한은 1958~1959년 사이의 8월 종파사건 등 내부 숙청과 사상교육 등을 이유로 대폭적인 지상군의 증강은 제한을 받았다.[65]

---

63) FRUS 1952~1954, Vol. 15, Pt. 2, p. 1255. 함택영, 앞의 책, pp. 155-156에서 재인용.

64) 소련과 중공 양국으로부터 공군력을 집중적으로 공급받았는데 1950년대에 제공된 비행기는 소련 측으로부터 YAK-II 10대 등 58대, 중국으로부터 MIG-15기 등 588대 등으로 전후 870대를 보유하게 되었다. Whang, Jin-Hwoan, "The Politics of Conflict and Arms Control between small States: the Case of the Two Koreas" (May 1994), Ph. D. Dissertation presented to the University of Southern California. 육군사관학교, 『북한학』(서울: 황금알, 2008), p. 218에서 재인용.

65) 함택영, 앞의 책, pp. 160-161.

한편 북한군의 병력감축과 중국 인민해방군의 철수에 따라 미국 행정부에서도 한국군에 병력감축을 촉구했다. 주한미군 병력도 1953년 7월 30만 명을 정점으로 1958년도에는 2개 사단과 지원부대 병력 등 7만 명으로 감축되었다. 한국군 부대는 20개 정규 사단으로 증강되었고 1960년 말에는 한·미 간에 60만 명 선을 유지하기로 합의하였다. 나머지 한국군의 군사력 증강은 일부 한국 공군의 확대(F-86 비행단과 대대)에 그쳤다. 한국의 국방비는 급여 및 부대 유지에만 비용이 지출되었고 이것마저 미국의 잉여농산물판매 대충자금에 의존하고 있어 자체적으로 무기 현대화에 투입할 여력은 없었다.

1962년 이후 약 10년간은 북한의 군비증강이 집중된 기간이었다. 1950년대 말에서 1960년대 있었던 중·소 이념분쟁이나 1962년 소련의 쿠바 미사일 사태 시 케네디에 굴복하여 미사일을 철수한 사건 등은 김일성이 국방에서의 자위를 주창한 계기가 되었다. 김일성은 1962년 12월 10~14일까지 5차 전원회의를 통하여 "경제발전에서 일부 제약을 받더라도 국방력을 강화한다"고 결의하고, 이후 1966년에 공식화된 '4대 군사노선'의 토대가 된 '전 인민의 무장화', '전 국토의 요새화', '전군의 간부화'(1966년에 '전군의 현대화'를 추가)를 천명하였다.[66] 당시 한국의 5·16혁명과 군부세력의 등장, 월남전의 참전, 그리고 한·일 관계의 정상화, 한국의 경제성장 등 역시 북한의 군사력 증강을 추인하는 동력이 되었을 것으로 추정된다.

---

66) 『조선중앙년감 1963』, pp. 157-159.

그리고 중·소 이념분쟁을 이용하여 양다리 외교의 결실로 1961년 7월에는 「조·중(7.7.) 및 조·소(7.11.) 우호협력 및 상호원조조약」을 체결하여 무력침공 시 중·소의 자동지원을 받는 협정을 체결하였다. 이즈음에 북한은 소련의 기동전 교리(정규전)와 모택동의 인민전쟁 교리(비정규전)를 결합한 배합전 교리를 정립하고 속전속결전과 후방지역에서의 비정규전을 강조하기 시작하였다. 당시의 불안정한 한반도 정세와 그들의 군사 전략의 부분적인 실험이 1960년대의 국지도발이었던 것이다.

이 시기의 군사력을 평가해보면, 지상군은 한국군이 60만 명 선인데 반해 북한군은 40만 명 선으로 열세에 있었다. 그러나 공군력에서는 북한보다 남한이 열세에 처해 있었다. 남한 공군의 수적 열세는 질적으로 우세한 주한미군의 75대 F-100 초음속전투폭격기(이후 1960년대 중반에 F-105, 이후 F-4로 교체)가 격차를 메워주었다. 또한, 미국은 2개 사단의 보병사단을 유지함으로써 6.6만 명의 주한미군과 전술핵무기를 한국에 배치하고 있어 이를 감안할 때는 북한의 전력을 능가하고 있었다. 그러나 한국군은 1964년 초 한국 內미 고문관들이 한국군에 일상적인 훈련과 기획을 이관할 때까지도 스스로 작전을 운용할 충분한 준비가 되어 있지 않았다.[67]

이제 군사력의 평가에 군비의 개념을 적용하여 평가한 함택영의 분석을 살펴보자. 1966년에 북한은 4대 군사노선의 마지막 개념인 '전군의 현대화'의 기치를 올렸다. 군 현대화는 신기술과 군비지출에서 막대한 증가를 요하는 신무기의 생산 및 소비를 의미하였다.

---

67) 함택영, 앞의 책, pp. 163-177.

그 결과 정부예산에서 군사비지출 비율은 1961~1966년 추정치 사이의 평균 19.9%(또는 1965~1966년의 추정치 23~25%)에서 1967년에는 30.4%로 치솟았다. 특히 1968년과 1970년의 정부예산 지출의 대대적 증가(각기 21.9%와 18.9%)는 소련의 군사·경제적 원조가 정부예산에 포함되었을 가능성을 시사한다.[68]

그리고 함택영의 연구에서 주목해야 하는 사실은 한국의 많은 연구가 경시하거나 누락하고 있는 미국의 무상군원이나 해외군사 차관 부분과 감가상각비를 고려하여 객관성을 높였다는 사실이다. 다음 표는 1960년대의 이러한 분석결과에 대한 표이다.

<표 3-3> 1960년대 남북한의 군사력 운영유지비 및 투자비 누계 비교

(단위: 1987년 불변 10억 달러)

연도	남한 연간 지출 1)		남한 누계 1)		북한		남/북 누계비율 (%)
	O&M+ 투자비 2)	투자비	O&M+ 투자비 2)	투자비 3)	O&M+ 투자비 (연간) 4)	O&M+ 투자비 (누계) 5)	
1960	.555	.358	4.703	(5.83)	?	3.762	125.0
1961	.796	.501	5.122	(5.87)	.252	3.713	138.0
1962	.672	.347	5.385	(5.74)	.315	3.731	144.3
1963	.725	.428	5.679	(5.71)	.376	3.808	149.1
1964	.661	.273	5.886	(5.53)	.699	4.202	140.1
1965	.833	.521	6.248	(5.61)	.802	4.668	133.9
1966	.666	.239	6.414	(5.40)	.931	5.225	122.8
1967	.631	.085	6.532	(5.05)	1.288	6.095	107.2

---

68) 북한은 1966~1971년 사이에 MIG-21 전투기와 SU-7 전투폭격기 등 수백 대의 항공기, SA-2 미사일, W급 잠수함, Osa 및 Komar급 미사일 초계정, FROG 지대지 미사일, T-54탱크 및 기타 다른 장갑차 등을 집중적으로 도입하였다. 『조선중앙년감』, 각년호; 통일원, 『북한경제통계집, 1946~1985』(서울: 통일원, 1985). 함택영, 앞의 책, p. 167에서 재인용.

| 1968 | .932 | .363 | 6.941 | (5.10) | 1.678 | 7.285 | 95.3 |
| 1969 | 1.126 | .522 | 7.512 | (5.13) | 1.600 | 8.303 | 90.5 |

1) 한국은행의 잠정 GNP 환율 및 1987년 불변가격 달러화 디플레이터 이용
2) 1954~1960년 기간 연간 8% 감가상각률을 적용하여 미 군사원조 누계로서, 한국 정부 예산에 의한 일부 운영유
   지비 제외
3) 한국전쟁기간 및 1954~1960년간 제공된 군사장비 원조액 누계(8% 감가상각)로서, 100% 효과적 지출로 가정
   한 경우
4) 연간 총국방비에서 인건비를 공제한 금액을 1987년 불변가격으로 환산
5) 1960년 남한의 80%로 전제한 후 -그 이상으로 추정할 경우 1960년대 전반기 북한의 O&M+투자비 규모는
   누계를 계속 감소시키게 됨- 연간 지출액의 누계를 계산함(8% 감가상각)
출처: 함택영, 앞의 책, p. 237

위의 표를 보면 미국과 소련의 군원이 반영된 남북한의 군사비 누계는 1967년까지는 북한의 집중투자에도 불구하고 미국의 지원을 받았던 남한이 우세한 것으로 나타난다. 그러나 북한의 투자비 누계가 남한에 앞서는 1968년 이후부터는 북한의 군사력이 점점 우위를 보이기 시작함을 알 수 있다.

제7절 소결론: 안보이익과 자율성의 교환

해방 후 미 군정기를 거쳐 대한민국 국가가 수립되고 6·25전쟁을 치르는 기간은 국가의 기초가 충분하게 갖추어지지 않은 시기였다. 따라서 신생 대한민국은 미국 군정으로부터 권력의 이양을 마무리 짓고, 국제적으로 주권국가로서 승인을 받으며, 국민의 안위와 경제적인 부를 누릴 수 있는 여건을 하루속히 만들어야 하는 기대와 의욕을 가져야만 하였다. 그러나 태생적으로 북한지역과 대립적 구도하에 놓이게 된 현실에서 당시 조성되었던 냉전체제 속

의 한국이 처한 현실은 참담했다.

해방부터 한국전쟁까지 한국의 상황은 정치, 경제 등 모든 면에서 미국의 정책에 좌우될 수밖에 없었다. 이승만 정부의 외교정책을 국내 정치와 얼마나 밀접하게 연계되어 있는가를 연구한 김일영은 이승만의 대미 외교정책의 두 기조인 '북진통일'과 '반일정책'을 미국과의 관계 정립에 교묘히 이용하고 있음을 지적하고 있다.

김일영은 "이승만의 북진·반일정책이 단순히 정권유지를 위한 국민동원의 메커니즘으로만 기능한 것이 아니라 냉전체제 아래서 국가가 살아남기 위한 다목적 포석을 지닌 정책이었다는 점이다. 즉, 그것은 대내적인 기능 외에도 국가형성을 마무리하고, 일본에 대한 경제종속을 거부하면서 경제부흥을 꾀하며, 동시에 자신의 지지 세력들에게 지속적인 지대추구(rent-seeking)의 기회를 허용하는 복합적 기능을 했다"고 본 것이다.

미국은 6·25전쟁이 일어날 때까지 한국의 전략적 가치를 높게 보지 않았으며, 경제적 부담을 고려하여 철군을 주장하는 국방성이 안정적 상황을 조성한 후에 철군해야 한다는 국무성의 논리를 압도하였다. 이에 따라 한국은 미국의 철군계획을 반대하면서 원조를 요청하지만, 미국이 시혜를 베풀 듯 1948년 철군을 앞두고 맺은 협정인 「과도기의 잠정적 군사 및 안보에 관한 행정협정」(소위「잠정협정」)에서 얻은 것은 '주한미군의 완전철수 때까지 한국군을 훈련시킨다'는 약속을 빌미로 '미군철수가 완료될 때까지 한국군에 대한 작전권을 미군사령관에 이양하고, 미군이 사용할 '중요한 지역과 시설에 대한 통제권과 주한미군사령부의 인원에 대한 치외법권을 주한미군에 인정'해주는 특혜조항을 허용한 것이다. 약소국 한국이 안보를 보장받기 위해 주권행사의 큰 부분인 군대의 자율성을 스스로 포기한 결과였다. 이 협정은 전후 「한미상호방위조약」과 이를 구체화한 「한미의사록」으로 이어져 지금까지 우리 군의 여러 분야에서 영향을 끼치는 계기가 되었다.

당시 이승만의 북진통일 정책은 전쟁 전까지는 미국의 우려와 견제를 불러왔지만, 전쟁 후 유엔군이 승기를 잡고 북진할 때에는 탄력을 받기도 하였다. 그러나 중국 군대가 전쟁에 개입하고 미국의 정책이 현상유지 정책으로 복귀하자 미국과의 갈등은 재연되었다.[69] 이승만은 휴전반대를 주장하였고 이는 휴전회담 중에도 지속되었으며, 휴전을 수용한 후에도 '시한부'라는 단서를 달고 있었다. 미국은 골칫거리인 이승만 대신 다루기 쉬운 한국인 지도자를 세울 것까지 고려하는 상황이었다. 그러나 한국 국민의 이승만 정책지지와 호응 때문에 이승만을 제거할 수도 없었다.[70] 이승만의 이러한 행동의 저변에는 이승만이 국내적인 입지가 약화되지 않으려는 포석도 있었지만 가장 큰 부분은 미국으로부터 안보를 보장받기 위하여 상호방위조약 체결, 외침 시 미국의 즉각 개입, 한국군 증강 등을 이끌어내려는 목적이 강하였다. 휴전을 앞두고 미 국방성 극동 담당 차관보 로버트슨과 이승만의 회동에서 이승만은 서

---

69) 미국은 중국군이 공세를 취하자 38선을 돌파하면서 구체화했던 롤백(roll-back)정책을 계속 밀고 나갈 것인가(확전), 냉전의 기본노선인 봉쇄(containment)정책으로 복귀할 것인가(봉합), 아니면 한국을 포기할 것인가(철수) 사이에서 고민하였다. 그 선택은 봉합정책이었다. 미국은 전쟁을 외교적으로 끝내기로 마음을 바꾼 것이다. 김일영, "이승만 정부에서의 외교정책과 국내 정치: 북진·반일정책과 국내 정치·경제와의 연계성", 『국제정치논총』, 제39집 3호 (1999), p. 250 참조.

70) 미 8군사령관은 이승만 제거계획(Plan Everready)을 작성하여 한국군이 유엔군의 작전권을 벗어날 경우 반항적인 지도자를 제거하고 모든 지원을 중단하며, 필요하다면 유엔군 지원하의 군사정부 수립도 검토한다는 것이었다. *FRUS 1952~1954, Vol. X V, Part 1,* 1984, pp. 965-968, 김일영, 앞의 글, p. 251에서 재인용.

한을 통해 '유엔군이 한국의 이익에 배치되는 행동을 하지 않는 한 한국군을 휘하에 남겨둘 것'이고, '휴전에 서명하지 않겠지만, 그것을 방해하지도 않을 것'이며, '휴전 이후 상호방위조약을 체결하는 것을 동의하겠다'고 밝혔다.[71] 이렇게 해서 한국이 「한미상호방위조약」을 체결하여 미국으로부터 북한의 남침을 막는 장치를 만들었다면, 미국 측은 「한미의사록」을 통해 한국군의 작전통제권을 다시 가져감으로써 이승만의 북진 의지를 거둬간 것이었다.[72]

반일정책에 대해서도 이승만으로서는 계산적이었을 것이다. 트루먼에 이어 대통령이 된 아이젠하워의 대외정책은 '뉴룩(New Look) 전략'이었다. 경제성을 앞세우는 이 정책은 비용-편익을 고려하여 핵전력과 해·공군력에 중점을 두고 있었다. 동아시아에서는 일본의 경제를 부흥시키고, 한국과 대만은 급부상하고 있는 중국을 견제하기 위한 냉전의 전초기지화하기 위하여 자국의 경제력을 초과하는 군사력을 보유하도록 하였다. 즉 지역 분업체제를 적용하는 것이었다. 따라서 한국에 제공되는 원조의 상당 부분을 일본으로부터 물자를 구매하는 데에 돌리게 함으로써 동일한 액수의 원조로 한·일 양국을 동시에 부흥시키고자 하였다.[73] 한국은 소비재 위주의 건설만 종용함으로써 일본 경제에 종속시키는 결과를 초래하게 될 것이었다. 이러한 미국의 정책에 마냥 찬성할 수 없는 것이 당시 한국 정부의 고민이었다. 이에 따라 이승만 정부는 제한

---

71) Rhee to Robertson, Jul 9, 1953, *FRUS 1952~1954, Vol. X V, Part 2*, 1984, pp. 1357-1359, 김일영, 앞의 글, p. 252 재인용.

72) 김일영, 앞의 글, pp. 254-256.

73) 당시 원조액은 연평균 2억 달러였으며, 1945년부터 1960년까지 한국이 미국으로부터 받은 무상원조는 12억 1,400만 달러였다. 이와 별도로 6·25전쟁 중 미국이 지출한 전비는 180억 달러에 달했다. 외교통상부, 『한국외교 60년: 1948~2008』(서울: 외교통상부, 2008), p. 58.

적이나마 섬유, 식료품 등 제조업 부문에 힘을 기울였고 수입대체
공업으로서 소비재 공업을 육성하는 데 힘을 기울였다. 당시 한국
경제는 원조와 일제 강점기의 귀속자산에 의지하는 바가 컸기 때
문에 경제부흥을 하는 데 있어서 미국의 역할 역시 절대적이었다.
그리고 국방에 드는 재원 역시 미국의 원조물자의 판매대금을 대
충자금으로 삼아야 하는 형편이었다.[74]

여기까지 건국 과정과 전쟁을 겪으면서 한국이 처해 있었던 정치
상황과 경제상황이 극심한 미국 의존적 상황이었음을 살펴보았다.

제3장의 각 절에서는 이와 같은 상황에서도 군사적인 역량 면에
서 한국군이 상당 부분 성장하였음을 논하였다. 질적인 면에서의
성장은 차치하고 한국군은 미군으로부터 지원을 받아 20개 사단으
로 증강되었으며 군단과 야전군이 창설되어 전방 휴전선의 방어를
한국군이 전면에 나서서 수행하는 상황이 되었다.

한국전이 끝나고 정전상태가 되었지만, 미국은 한국의 안정을 확
보하지 않은 상태에서 일방적으로 병력을 철수하기는 어려웠을 것
이다. 한편으로는 한국의 미군 감축에 대한 우려를 불식시켜줘야
할 필요도 있었을 것이다. 미국은 한국이 북진통일과 같은 행동을
하지 않도록 작전통제권을 한국에 돌려주지 않는 대신 한국의 방
위에 대한 책임도 함께 져야 했다. 한국방위에 있어서 한국에게 경
제적인 분담을 지우는 것이 어려운 상황에서 미국이 한국에 요구

---

74) 당시 피해복구와 경제재건에 필요한 투자소요액을 국내저축만으로 조달하는 것은 불가능한
일이었고, 미국의 대(對)한국 원조가 이 갭을 메우고 있었다. 원조물자의 판매수입은 일반 및
특별회계 수입 항목 중 가장 중요한 대충자금이 되어 국방(1954~1960년 대충자금 지출액의
34.9% 차지) 및 재정투융자(1954~1960년 대충자금 지출액의 64.2% 차지) 부문의 재정지출
수요를 충족시키는 형편이었다. 김일영, 『건국과 부국』(서울: 생각의 나무, 2004), p. 177.

할 수 있는 것은 한국군의 자율성을 키워 자생력을 갖도록 도와주는 일이었을 것이다.

미국은 FMS군원을 통하여 한국군의 장비를 현대화하도록 하였고, 간부들의 교육도 이 범주 내에서 상당한 부분을 진행하였다. 1949년에 미군사고문단(KMAG)으로 출발한 지원 조직이 지속적으로 한국군을 훈련시켰으며, 전쟁 중에는 그 규모가 2,000명에 이르렀고, 1952년경에는 해·공군까지 확장되었다. 미 고문단은 야전의 군단, 사단사령부뿐만 아니라 대대급까지 배치되기도 하였다. 1965년경에는 가장 많은 규모인 2,878명까지 달한 적도 있었다. 이들은 점차 군 장비 정비, 유지 등 기술적인 문제에까지 지원범위를 넓혔으며, 1971년 5월 개편되어 합동군사고문단(JUSMAG-K)으로 개편된 이후에는 국군의 현대화와 유지개선을 지원하고, 한국의 방위산업 관계자와 협조하여 육·해·공군의 미국 장비도입 및 유지, 한국군에 대한 신(新)장비 훈련 등을 지원하였다.[75]

이렇게 장비되고 훈련된 한국군은 일정한 범위 안에서 한국의 방어를 스스로 책임지는 상황까지 발전하였다. 5·16혁명 시는 유엔군사령관의 작전통제권이 공산 침략으로부터 한국을 방위하는 데 행사한다는 것을 명확히 하여 군이 내정간섭의 도구가 되지 않도록 양해하였다. 1968년 일련의 북한군의 도발 시는 후속조치로서 한국군의 대(對)간첩작전권을 행사하도록 합의하였다. 이에 따라 대간첩작전에 대한 평상시 군과 예비군, 정부 각 기관과의 충무

---

75) 이 조직은 1991년 1월 주한미군사업무단(JUSMAG-K: Joint U.S. Military Affairs Group)으로 재정의되어 미군 30명, 한국인 16명으로 주한미군과 함께 교리발전 세미나, 전술 토의 등을 통해 한미 교리 분야에 대한 이해 증진과 발전을 위해 기여하고 있다.

계획 등을 자율적으로 발전시키고 준비해나가게 하였다.

「한·미 SOFA」 체결은 이상한 사건이다. 보편적인 SOFA 체결의 논리는 주둔군의 입장에서 요구하는 것이기 때문이다. 미국은 한미상호방위조약이 체결되면 바로 SOFA를 체결하기로 한·미 양국에 이미 협의가 되었던 상황이었다. 앞에서 살펴보았듯이 미국은 이런저런 핑계를 대면서 체결을 미루고 있었는데, 그 이유는 미국 군부의 비협조 때문이었다. 미국 국방성의 입장은 거의 무한대로 보장받고 있었던 1950년 7월 「주한미군의 범법행위의 관할권에 관한 협정」(소위 「대전협정」)이나 1952년 5월의 「대한민국과 통합사령부 간의 경제조정에 관한 협정」(소위 「마이어협정」) 등에서 군이 자신들의 이익이 제한받을 「한·미 SOFA」를 체결할 필요성을 느끼지 않았기 때문이다.

그러나 SOFA의 조항들은 상당한 부분이 미군에게 일방적으로 유리하게 되어있는 문제점을 가지고 있었다. 특히 형사재판권 문제에 관해서는 2차 개정까지 진행된 현재에도 여전히 개선해야 할 부분이 많은 형편이다.

당시 한국의 형사 집행기관의 처우가 열악했던 점을 거론하지만, 미국의 일방적인 요구와 SOFA 체결을 목말라하던 당시 국민들의 기대감 사이에서 협상력을 발휘하기는 쉽지 않았던 상황이었을 것이다.

이 시기 한국의 군사적 자율성은 어느 정도로 평가할 수 있을까? 이승만 대통령이 전쟁을 한국군 주도로 수행하려는 의지를 표명하고 학도병까지 참전하는 등 국민들의 국가수호 의지는 높이 평가할 만하였다. 그러나 이러한 한국 국민의 의지와는 달리 군사적 자율역량이 받쳐주지 못하였기 때문에 자국방위에 대한 의지를 구현하기는 어려운 것이 현실이었다. 한국군은 자력으로 군사정책과 전략을 준비할 처지가 못 되었다. 그렇지만 한국은 1968년 일련의 대간첩작전에서는 미군의 도움 없이 성공적으로 수행하였다.[76] 물론 희생이 있었지만 작전 수행을 성공적으로 마무리했으며, 또한 월남전을 통하여 비정규전 상황을 감당한 충분한 능력을 갖추었다. 그럼에도 미 고문단의 증언에서도 언급되었듯이 한국군이 전시 전면전을 수행할 만큼 조직화되거나 훈련되지는 못하였다. 군사능력을 배양할 능력은 당시까지 교리사령부나 교육사령부 없이 군사고문단의 지원을 받는 점에서 성과가 없지는 않았으나 인정받기는 어려운 수준이었다고 평가할 수 있다. 이 문제는 한국군이 자국군에 대한 지휘권을 가지지 못하는 한계에서 비롯된 것이기도 하였다. 한국은 전후복구와 경제건설에 주력하고 있는 상황에서 국가의 전반적 능력이 미흡하였으므로 국방을 위한 자원을 조달하는 데 있어서도 미국에 전적으로 의존할 수밖에 없어 자율적인 동원 능력을 평가할 수준이 못되었다. 군사외교 등 군사협상력과 관련해서는 SOFA와 같이 자국민의 이해가 첨예한 협상에서조차 전문가 양성 미비로 미국에 일방적으로 양보하는 등 협상을 주도할 수 없었다. 대통령 측근에 또는 국방 조직 내(內)에 협상전문가가 연구하고 준비하고 있었더라면 한국군이 미국 대통령과 미 합참의장의 지휘계

---

76) 1968년 1·21사태 이후 대간첩작전 권한을 미국 측으로부터 이양받은 한국은 1968년 10월 30일부터 11월 1일 사이 특수정을 이용한 북한군 특수부대 무장 병력이 울진-삼척지구에 무단 상륙하여 주민을 선동하고 살해하는 사건이 발생하자 비상사태를 선포하고 1968년 12월 26일까지 한국군이 단독으로 작전하여 113명을 사살하고 7명을 생포하는 전과를 달성하였다. 이 과정에서 아군도 67명이 전사하고 102명의 사상자 피해를 보았다.

선에 일방적으로 편입되는 상황은 막을 수 있었을 것이다. 그러나 군사력 건설을 포함하는 군사역량은 앞 절에서 살펴본 바와 같이 중공 등의 적극 지원을 받았던 북한의 공군력에 대해서만 한국이 열세를 보였고, 지상군과 해군 전력에서는 대북한 우위의 전력을 갖추었으며, 미국 군원에 힘입어 종합적인 군사비 지출도 북한이 군사력 증강에 전력을 경주하여 그 효과가 나타나는 1967년도까지는 오히려 북한을 능가하였다. 그리고 평가항목에 있는 비재래식 전력에 대한 평가는 여기에서는 의미를 둘 필요가 없다. 이 시기를 총평하자면 전반적으로 미국에 의지하여 전반적인 군사문제를 해결해야 하는 상황이었던 것이다. 이를 도표로 정리하면 다음과 같이 될 것이다.

<표 3-4> 1960년대 말 한국의 군사적 자율성 평가

○: 충족(우세) △: 보통(대등) ×: 미흡(열세) -: 미평가

구분	요소	평가
자율적 군사 운용 능력 구비	자주국방에 대한 비전과 군사전략의 수립 (자주국방 의지의 결집과 자율적인 군사정책의 실현)	△
	국가 차원의 군사적 리더십 구비 (자율적인 군사지휘권 확립)	×
	국가적 위기관리시스템의 작동, 전시기능발휘 (전시 동원 및 군사능력 발휘 보장)	×
	자국민의 권익보호 및 이해 반영 (군사외교 주도권 발휘, 자국민 권익 보호)	×
군사역량 구비	대북한 방위전력 확보 여부?(재래식 전력)	△
	대북한 방위전력 확보 여부?(재래식/비재래식 비대칭전력)	-
	대 잠재적국 방위충분전력 확보 여부? (대(對)잠재적국 공격 거부전력)	-

이 시기는 이승만의 국가 창설기의 권위주의 정권에서 4·19혁명 이후 장면의 내각제 정부가 집권하였고, 5·16혁명으로 박정희의 혁명정부와 직선제 대통령제로 복귀한 박정희의 제3공화국이 집권한 시기이다. 미국과 한국은 비록 한미 동맹을 맺기는 하였지만, 전형적인 비대칭 동맹의 성격을 띠고 있었다. 초기 이승만은 군정 시절 미군정장관과 「잠정협정」을 체결하였으며, 6·25전쟁 중에는 미국대사나 유엔군사령관과 상대해야 했다. 미국의 대통령이나 대통령 당선인이 방한하더라도 한국의 준비에 아랑곳하지 않고 미군 병영 시설을 이용하거나 한국 정부의 의전에 순순히 응하지 않곤 했다. 이러한 대접에도 불구하고 한국과의 동맹이 지속될 수 있었던 것은, 첫째, 안보를 위해서 기꺼이 자율성을 양보했던 한국의 희생과 미국이 주도적으로 38선을 획정하여 소련과 한반도를 분할 점령하였으며, 중국 참전에 따라 정책을 현상유지 정책으로 전환하여 휴전을 성립시킴으로써 통일의 기회를 무산시킨 책임 등 일종의 한국에 대한 안보 책임이 있었기 때문이다. 둘째, 세계 전략 차원에서 소련 이외에도 중국의 부상으로 공산주의를 봉쇄할 전초기지로서 한국의 중요성이 있었기 때문이다. 셋째, 북한의 위협이 상존하여 한국과 함께 싸운 엄연한 적대세력이 있어 정전체제를 형성한 유엔군사령부를 실질적으로 운영하는 미국의 위상이 있었기 때문이다.

물론 서재정이 지적한 한미동맹 지속으로 북한 위협에 따른 정체성을 공유하였지만, 군사문제에서 일방적으로 미국에 의지하는 데 따른 '동맹의 영구화'가 시작된 기간이었다. 또한, 신욱희가 주장하고 있는 비대칭 동맹관계에서 한국은 미국의 정책에 순응할 수밖에 없었던 기간이었다고도 평가할 수 있다.

■■ 제4장 한국군 군사 운용 부분참여기 (1960년대 말~1980년대 말)

제1절 주월사령부의 자율성 확보

1. 월남파병의 진통

1960년대 말 한·미동맹에서 중요한 의미를 갖는 또 하나의 문제인 한국군의 월남파병은 박정희 정부가 미국 측의 강력한 요구에 적극적으로 대응한 사건이었다.

공산월맹은 프랑스 식민지였다가 일본군이 점령한 상태에서 제2차 대전이 종식된 후 프랑스가 기득권을 주장하고 대규모의 군대를 파견하자 그들과 싸워 프랑스군의 마지막 거점이었던 디엔 비엔 푸(Dien Bien Phu)에서 항복을 이끌어내었고, 1954년 제네바 협정으로 북위 17도선을 경계로 남쪽의 자유월남공화국과 대치하게 되었다. 이렇게 자신들의 영역에서 큰 힘을 발휘한 것은 호찌민이라는 지도자가 북에서 월맹뿐 아니라 남쪽의 자유월남 사람들에게도 민족주의자로서 존경을 받았고, 탁월한 게릴라전 수행 능력을 가졌기 때문이다. 또 한 가지 사실은 우리가 도와주어야 할 대상인 자유월남의 지도자들이 국민으로부터 지지를 받지 못하고 쿠데타에 의해 수시로 바뀌고 이런 틈새에 공산월맹에 의한 게릴라들이 자유월남 곳곳에서 준동하고 있었다.

공산월맹은 자유세계의 파수꾼을 자처하는 미국에 대해 1964년 8월 2일과 4일 공해상인 통킹만에서 그들의 어뢰정으로 미군 함정에 일격을 가하였고, 지상에서는 미군 고문관의 숙소와 기지 등을 습격하여 미국인들을 살해하고 시설들을 파괴함으로써, 소극적으로 개입하던 미국이 적극적인 대응을 검토하게 되었으며, 미국 존슨 대통령은 대규모로 월남사태에 개입할 것을 결정하였다. 이러한 참전 결정에 대해서 각 나라에서는 자유월남의 공산화에는 반대하지만, 직접개입에는 신중하여야 한다는 입장이 우세하였다. 이렇게 국제사회에서 크게 호응을 얻지 못하는 상황에서 미국은 한·미동맹을 이용하여 한국의 월남전 파병을 이끌어내려 하였으며, 전후 사정을 파악하고 있는 국회에서조차 많은 반대를 하였으므로 월남 파병은 정권 차원에서 다루어야 할 중대한 사안이 되었다.

박정희 대통령은 1965년 1월 26일 담화문을 통해 월남파병의 의의를 다음과 같이 제시하였다.

"첫째, 정치적 의의로서, 대공투쟁과 집단안보체제의 강화, 국민의 단결과 해외진출, 반공의식 고양과 국토통일의 실력배양을 포함한 국제적 지위향상에 기여하게 된다.

둘째, 군사적 의의로서, 미군의 한반도 계속 주둔과 한국 방위보장 확보, 군의 전투력 향상을 통한 국방력 강화 등 국가안보를 확고하게 다지게 된다.

그 외에 한·미·월남 3국 간의 협조로 3각 무역체제를 유기적으로 구축, 외화획득의 좋은 기회가 되고 국내생산이 가능한 군수품 수출은 경제이익을 가져다줄 것이다."[1]

물론, 이러한 담화 이면에는 끊임없는 미국의 요구와 국가이익에 대한 한국 정부의 고민, 국회의 견제가 있었지만, 당시의 국제정치 환경이나 국내의 정치적 상황에서 적극성을 띨 수밖에 없는 일이었을 것이다.

당시 미국의 존슨 행정부에서는 5차례에 걸쳐 한국군의 파병을 요청하였으며, 파병할 때마다 국회의 파병 안(案) 비준 과정에서 진통을 겪을 수밖에 없었다. 미국은 한국군의 파병이 불가능하다면 한국의 전방방어를 분담하고 있는 2개 사단을 빼어내 월남 전선으로 파견할 수도 있음을 시사하며 한국방위를 위한 군원과 한국군 현대화를 채찍과 당근으로 사용하였다.[2]

한·미동맹관계에서 약자의 위치에 있는 한국으로서는 이러한 상황에 적극적으로 대처하는 것이 유리하다고 판단할 수밖에 없었다. 따라서 자유세계의 보루를 지킨다는 명분과 6·25전쟁에서 도움을 받았던 빚을 갚는다는 명분 외에, 다급한 군원 이관 압박을 연기시키고 한국군의 현대화와 우리 업체의 군수분야 참여를 실리

---

1) 채명신, 앞의 책, p. 47.
2) 미국은 한국군의 본격적인 파월이 실시되던 1966년 「브라운 각서」를 통해 한국군 현대화계획을 적극적으로 지원하기로 하였다. 주요 내용으로는 ① 월남파견 증파병력과 대치하게 될 보충 병력을 장비하고 훈련하며 이에 따른 재정을 부담, ② 한국군 2개 사단이 월남에 주둔하고 있는 동안 군원 이관을 중지하는 한편 1967회계연도에 계획된 품목 중 가능한 것을 한국에서 조달, ③ 주월한국군에 소요되는 보급물자, 용역 및 장비를 가능한 한 한국에서 구매하며, 주월미군과 월남군을 위해 선정된 품목을 한국에서 발주, ④ 수출 진흥을 위한 모든 분야에서 대한 기술 원조를 강화, ⑤ 한국의 경제발전을 돕기 위한 추가적인 AID 차관을 제공함 등이었다. 그러나 작성 시부터 효력, 성격, 시한 등이 구체화되지 못하였으며, 결과적으로 지원하게 되어 있던 한국군 현대화계획 소요를 충족할 15.96억 달러 무상지원에서 후퇴하여 기간도 일방적으로 2년이나 연장하였고, 9.88억 달러만 무상이고, 나머지는 FMS 차관으로 제공되었다. 국방부, 『율곡사업의 어제와 오늘 그리고 내일』(서울: 국방부, 1994), pp. 17-21 참조.

로 판단하여 협상 테이블에 앉았던 것이다. 동맹의 유지를 위하여 한국안보에 대한 미국의 포기라는 두려움을 미국 안보정책에 연루시킴으로써 국면을 타개해나가고자 하였던 것이다.

2. 주월한국군사령부의 자국군 작전지휘

실제 병력을 파견하는 데 있어 봉착한 문제는 어떻게 한국의 국가이익을 지켜낼 수 있을 것인가였다. 1차 파견과 2차 파견은 이동외과병원, 태권도 교관단, 공병부대로 편성된 비둘기부대 등 비전투부대로 지휘관계가 문제 될 것은 없었다.

<표 4-1> 월남파병 현황

차수	부대	비고
1차	십자군부대 101이동외과 병원(중대, 96명), 태권도 교관단(9명)	1964.9.22. 출발, 봉타우, 나트랑 및 각 군 사관학교 배치
2차	비둘기부대 (공병 및 자체방어병력, 1진 포함 2,554명)	1965.2.14.~3.10. 디안
3차	맹호부대, 청룡부대 (수도사단, 13,672명)	1965.9.29. 주월한국군사령부, 사이공 1965.10.3. 청룡, 다낭 1965.10.22. 맹호, 퀴논
4차	백마부대(9사단), 십자성/백구 부대(해군수송지원부대) 1966년 9월 현재, 총병력 4만 5천 명	1966.8.9. 닌호아 등
5차	평화군단 (제대 군인, 건설, 복지, 경비 등 지원)	

그러나 3차 파병부터 전투병 파병이 요청되자 한국군의 지휘문제는 심각히 고려되어야만 하였다.

당시 주월미군사령부는 한국군이 한반도에서 연합군사령관인 미군 장성의 지휘를 받고 있음과 작전의 효율성을 근거로 한국군의 지휘권을 웨스트 모얼랜드 주월사령관의 지휘권 밑에 둠으로써 지휘통일을 하고자 하였다.

한국군은 국방부 실무 조사단을 월남에 사전 파견(단장 이훈섭 준장)하여 주월미군사령부 측과 한국군의 전투사단 주둔지, 보급 문제, 미군과의 협조체제를 협의하고 절충하였으며, 이때부터 한국군의 독자적인 지휘를 주장하였다.

한국이 독자적인 작전지휘권을 끈질기게 주장한 까닭은 이 문제가 주월한국군의 안위와도 크게 관계가 있었기 때문이다. 당시의 국방장관 김성은에 의하면, 만약 미군 사령관이 한국의 작전지휘권을 행사하게 되면 주월한국군을 캄보디아 국경이나 산간오지의 취약 지구에 배치할 가능성이 컸기 때문이라는 것이다. 또한, 독자적인 통제권에 의하여 베트남 파병 국군을 비교적 안전한 해안선을 따라 배치할 경우 전투의 횟수도 줄고 실전의 경우에도 희생을 최소한도로 줄일 수 있을 뿐만 아니라, 한국군이 해안선을 장악함으로써 한국의 건설업체와 용역 업체의 진출이 용이할 것이라는 실리적인 계산 때문이기도 했다.[3]

초대 주월사령관을 지낸 채명신 장군의 회고록에도 미국 측과 작전지휘권 협상에 대한 언급이 나오고 있는데, 그에 의하면 박정희 대통령도 초기에는 한국군이 한국에서처럼 미군의 지휘권 안에서 작전하는 것을 당연시하였으며, 자신이 한국군의 독자적인 지휘

---

3) 이상우, 앞의 책, pp. 211-212.

권을 가져야 할 당위성을 설득하였다고 한다. 그가 고심한 것은,

① 당시 월맹과 베트콩은 모든 선전 매체를 통하여 '한국군은 미국의 용병으로 하루 1달러씩 받고 미국의 청부전쟁인 월남전에 끌려온다'고 악선전한다는 것. 이 문제는 한국 국회와 국민을 설득할 때 자유세계의 수호를 위한다는 명분과 자존심에 상처를 주는 것이기에 당연히 문제가 될 것이었다.

② 특히 한국군이 미군 사령관의 지휘하에 들어간다면 미국의 전략전술을 따라야 하고, 그렇게 되면 걷잡을 수 없는 다량의 희생자가 발생할 것이라는 점.

③ 당시 미군이 적용하고 있던 전략은 게릴라전에 초점을 맞추지 않고, 정규전 형태인 탐색과 섬멸(Search & Destroy)을 기간(基幹)으로 작전을 전개하고 있었는데, 이는 잘못된 전략으로 베트남전을 수행하고 있는 미군의 작전지휘하에 한국군이 들어가면 많은 희생이 불가피하다는 점이었다.[4]

결국, 협상 과정에서 한국군이 월남의 요청으로 전개되었다는 점과 군사 면에서의 게릴라전이라는 베트남전의 특성, 한국군의 참전 명분이 정치적으로 악용될 소지가 있음 등을 설득하여 한·미·월남이 상호협조하에 작전하도록 성사시켰다.[5]

이렇게 우여곡절 끝에 탄생한 것이 「자유세계 군사원조 정책회의」(FWMAPC: Free World Military Assistance Policy Council)였

---

4) 당시 미군은 절대적 우위의 군사력을 기반으로 하는 작전을 펼치고 있었으므로 장비 면에서 열악한 한국군이 미군과 같은 전술을 펴기에는 적당하지 않았음을 간파한 한국군 지휘관들의 일반적인 판단이었다.

5) 채명신, 앞의 책, pp. 51-56, 141-163; 최용호, 『베트남전쟁과 한국군』(서울: 국방부 군사편찬연구소, 2004), pp. 178-183.

다. 월남전에서 한·미·월남 3국은 월남군 합동참모본부 총장이 의장이 되고, 주월한국군사령관과 주월미군사령관이 각각 위원이 되는 이 「자유세계 군사원조 정책회의」에서 작전에 관한 협조를 하였고, 각국의 부대는 책임 지역을 분할하여 각기 독립작전을 수행하였다.[6]

이러한 한국군의 판단이 옳았다는 것은 백마부대가 전개할 때 작전지역을 협조하는 과정에서도 입증된다. 미국 측은 한국의 병력을 월맹정규군의 위협이 나날이 증가하고 있는 캄보디아와의 접경지역에 배치할 것을 희망하고 있었다. 미군도 마침 2개 사단의 전개가 예정된 터였다. 그런데 문제는 미군 희망대로 될 경우 한국군의 통신문제와 주월한국군의 협조문제가 대단히 곤란하며, 주월한국군사령관의 작전지휘가 매우 어려워진다는 것이었다. 이전에 전개한 부대들은 해안을 따라 최북단의 미 해병사단에 이어 퀴논에 맹호사단, 그리고 더 남쪽 깜라인에 한국 해병사단을 배치하고 있었으므로 그 사이의 간격에 백마부대를 배치하게 된다면 한국군은 지휘에 큰 도움이 될 것이었다. 한편으로는 한국군이 전차나 장갑차로 무장하고 헬기 등으로 기동력을 갖춘 미군은 물론 AK자동소총으로 무장한 월맹군에 비해서 당시까지는 자동기능을 갖추지 못한 M-1소총으로 무장하고 있는 형편이어서 산악지형에서 미군의 지원 없이 단독 작전을 수행하는 데는 제한이 있었고, 통신장비가 열악하여 백마부대가 내륙에 배치될 경우 부대 간에 분산된 배치는 작전지휘에 상당한 애로가 예상되었기 때문이었다.

---

6) 손진곤, "한국군 작전지휘권과 작전지휘체계 검토", 『국방연구』, 제23호(1967), pp. 354-359.

한국군은 해안지역 작전에서 한국군이 더 잘 대처하고 있는 점과 전개지역인 깜라인 지역의 방어작전에서 한국군의 보병부대가 더 효과적임을 설득하고, 국내의 여론을 환기시킴으로써 어렵게 한국군의 의지를 관철시켰다.

이렇게 하여 결과적으로 미국의 달러가 투자되고 물자와 시설이 집중하는 지역을 책임지역으로 하여 한국 업체나 미국업체 등에 한국의 근로자들을 취업시킬 수 있는 교두보를 확보했던 것이다.

만약 한국군이 최초부터 미국군에게 배속되었거나 작전통제권을 이양했더라면 단 한 장의 작전명령에 의해 증파되는 한국군 사단은 그 오지로 들어갈 수밖에 없었을 것이다.[7]

그리고 이 문제는 미군철수 시 주월사령관이었던 이세호 장군의 증언에서도 확인되는바, 미군의 주력부대가 철수하고 미군 2개 대대가 남아있는 상황에서 월남군은 자신들의 지역에 전투력이 강한 한국군의 투입을 요청하는 교섭 과정에서 미군 측을 통해 한국 군대의 투입을 종용하였고, 한국군은 이 작전이 작전지역에 비해 한국군의 능력이 제한됨을 이유로 거절하였다. 이 지역에 투입되었더라면 많은 희생은 물론 소기의 성과도 거두기 어려웠을 터였다. 그러나 별도로 실익(實益)이 있는 지역 작전에 대해서는 그들의 요구에 한국군을 협조적으로 적극적으로 투입함으로써 많은 작전 성과를 거두었다.

작전기간 내내 한국군의 대(對)게릴라 작전과 민군작전은 작전에 임하였던 타 국가에 모범이 되었으며, 이렇게 독자적인 지휘로

---

7) 채명신, 앞의 책, pp. 254-264.

자율성을 발휘한 작전 성과는 지대한 것이었다.

월남전에서의 독자적인 작전 경험은 한국군의 자신감 회복은 물론 향후 군 발전에 큰 기여를 하였다고 생각된다.

월남전에서 자율성 확보의 근거는 그들과 독자적으로 맺은 지위협정을 통해서 찾아볼 수 있는데, 1964년 10월 31일 주월한국대사와 월남 외무부 장관 간에 각서형식으로 교환된「대한민국 정부와 월남공화국 정부 간의 주월한국원조단의 지위에 관한 각서교환」(Exchange of notes between the Government of the Republic of Korea and the Government of the Republic of Vietnam Regarding the States of the Korean Assistance Group in Vietnam)에서는 지원에 관한 사항에 대해서 언급하고, 제4항에서 '아메리카합중국 사절단과 동 인원에게 부여된 것과 동일한 특권, 면제 및 이익을 부여할 것을 동의한다'고 명시하였다.[8]

1965년 9월 6일 맺은「주월한미군사실무 약정서」에서는 제3항에 '대한민국 정부로부터 파견된 파월 한국군의 지휘권은 대한민국 정부에서 임명한 한국군 사령관(COM ROKF-V)에게 있다'고 명시하고 있고, 제4항은 '한국군, 월남군, 그리고 US MAC-V 간의 긴밀한 협조를 유지하고 한국군 예하 각 부대의 적절한 통제체제를 유지하기 위하여 현행 국제군사원조기구를 존속 운영한다'고 하였으며, 같은 날짜「한·월 군사실무 약정서」역시 한·미 간의 상기문서의 합의를 확인하고, 제5항에서는 '증파되는 한국군 요원에 대한 권리, 특권, 의무 및 면제에 관하여서는 1964년 10월 31일 양국 간

---

8) 인터넷   http://www.mofa.go.kr/trade/treatylaw/treatyinformation/bilateral/index.jsp?menu=m_30_50_40
   (검색일: 2013.9.20.); 국방부 전사편찬연구소,『국방조약집』, 제1집(1991), pp. 236-239.

에 합의된 규정에 따른다'고 명시하였다.

이러한 약정들을 통하여 한국군은 월남에서 독자적인 지휘권을 확보하였고, 주둔군으로서도 미군과 동등한 위치에서 권익을 공식적으로 보장받고 작전에 임하였다는 데서 그 의미를 찾아볼 수 있겠다.[9]

제2절 미국 군사전략의 변화와 한미공조의 출발

1968년 북한이 자행한 1·21 청와대 습격 미수 사건과 1월 23일의 미 정보함 푸에블로호 나포사건을 계기로 한국과 미국 간에 안보상 두 가지의 큰 이슈가 합의되었다는 것은 앞 장에서 전술한 바가 있다. 그중 하나는 대간첩작전에서 한국군이 자율적인 대처가 가능하도록 연합사령관으로부터 작전권을 가져온 것이고, 다른 하나는 미국 측이 한국을 대화상대로 인정하여 연례 안보회의가 시작된 것이다. 대간첩작전권의 환수에 대해서는 이미 앞에서 기술하였다.

이 장에서는 한미안보협력회의가 1970년대 닉슨 독트린 이후 확대되어 열리게 되는 배경으로부터 시작하여 이후 한국군이 이러한 상황에 능동적으로 대처하게 됨으로써 얻게 되었던 반사이익은 무엇이었으며, 이에 따라 한국의 군사적 자율성은 어떻게 확대되었는지를 살펴보고자 한다.

---

9) 국방부 전사편찬연구소, 앞의 책, pp. 250-257.

1. 닉슨 독트린과 3차 주한미군철수

1970년대를 전후한 당시의 미국 국내외 정세를 살펴보면, 미국은 월남전의 악화로 인한 반전 분위기에 힘입어 존슨 대통령에 이어 닉슨 행정부가 들어서고, 닉슨 대통령은 월남에서의 미군철수와 부상하기 시작한 중공과 외교관계를 수립해야 할 전략 구상을 가지고 있었다. 이렇게 해서 발표된 것이 '아시아의 방위에서 일차적 책임은 자국이 져야 한다'고 천명한 <닉슨 독트린>이었다. 미국이 아시아 각국과의 안보상 약속을 지킬 것이지만 강대국의 핵에 의한 위협을 제외하고는 그들이 직면한 위협인 내란이나 침략에 대해서는 자국의 힘으로 우선적인 대처를 하도록 하고 미국은 '태평양 국가'로서 머무르겠지만, 각국의 자조적인 행동을 지원하는 역할만 하겠다는 것이었다.[10] 미국이 다시는 아시아 대륙에 지상군을 투입하지 않겠다는 선언이기도 했다.

미국은 1970년부터 한국에 주둔하고 있었던 미 2사단과 미 7사단 중 1개 사단을 감축하는 안을 표면화시켰으며 1970년 7월 6일에는 이를 한국에 정식 통보하였다. 7월 22일에 하와이에서 열린 제3차 한미국방각료회담에서는 한국 측이 이 철군계획을 수용하되 상응한 보상책을 미국 측에서 보상하기로 하였으며, 최종합의는 해

---

[10] 닉슨 독트린은 미국의 헤게모니가 눈에 띄게 약화되는 상황에서 아시아에서의 군사력을 줄이는 데 목적이 있었다. 소련의 평화공존 전략과 소련이 중공과 분쟁이 격화되고 있는 시점이기도 해서 닉슨은 중공에 접근함으로써 중·소 간 분열을 조장할 수 있다는 계산을 했다고 할 수 있다. 그러나 북한의 무력도발은 계속되었기 때문에 군사 면에서 자율성을 갖지 못한 한국으로서는 심각한 안보상 위협을 인식해야 했다.

를 넘겨 1971년 2월 6일에 이루어졌다.

합의 내용은, ① 1971년 6월 말까지 미 제7사단을 중심으로 1만 8,000명을 감축하며, 제2사단을 후방으로 재배치하고 휴전선의 지상방어를 한국군에게 이양한다, ② 미국은 한국군 현대화 5개년 계획을 지원하기 위한 군사원조·차관 등 15억 달러 상당을 지원하고, 이때 한국군 부담액은 46% 수준으로 한다, ③ 미국은 대한방위공약을 충실히 이행하며, 종래 연례국방장관회의의 격을 높여 외무·국방 관계 고위관리가 참석하는 '연례안보회의'를 개최한다는 것 등이었다.

주한미군의 감축에 따라 주한미군의 재정비와 전력조정도 함께 이루어졌으며, 미국은 인력절감 차원에서 한국군 군별로 배치되었던 주한미군사고문단(KMAG)을 통합하여 1971년 4월 1일부로 주한미합동군사지원단(JUSMAGIK)을 새롭게 발족시켰다. 이 조치는 1949년 6월 29일의 상황과 비슷한 조치였다. 그리고 미 2사단은 전방에서 철수하여 미 7사단이 있었던 동두천 지역으로 이동하였으며, 이제 비로소 전선의 전방방어는 판문점의 JSA를 제외한 전 지역을 한국군이 맡게 되었다.

또한, 1971년 3월 15일에는 공군력을 보강하는 계획의 일환으로 군산에 제3전술전투비행단을 창설하였고, 1971년 4월 1일에는 열추적 체프럴 미사일과 발칸포로 무장한 제61포병 대대가 대공방위체제 보강을 위해 창설되었으며, 1971년 7월 1일에는 미 제1군단을 한·미 1군단으로 개편·발족시켰다. 한·미 1군단은 미 2사단과 한국군 5개 사단 및 해병 1개 여단 등 혼성으로 편성하여 서부전선을 맡게 되었다.[11]

<표 4-2> 1970~1971년 주한미군 철수와 잔류부대

일자	철수부대 및 병력		주한미군 부대 및 병력	
	철수병력	철수부대	병력	전투부대
1970.10.15.	12,000명	미 제7사단 일부	52,000명	한미 제1군단
1971.3.27.	8,000명	미 제7사단 본대	44,000명	미 제2사단

출처: 국방부 군사편찬 연구소, 『한미 군사 관계사』(2003), p. 696.

2. 한미연례안보협의회의(SCM): 국방협력시대 개막

한미 양국은 1968년에 합의한 한미국방각료급회담[12)]을 1971년
4차 회담부터는 외교통상부 관계관[13)]을 참석시켜 한미연례안보협
의회의(SCM: Security Consultative Meeting)로 확대 격상시켜 한·
미 간의 각종 안보현안을 해결하는 정식 협의체로 운영하기 시작
하였다.

한미연례안보협의회의는 국방부 주요 인사와 외교관계 고위관계
관이 참석하여 양국의 공동 안보 관심사를 심도 있게 협의하고, 이
를 통해 양국 간 안보협력관계를 대내외에 과시함은 물론 연합방
위태세의 강화에도 실질적으로 기여하도록 하였다.

초기에는 주로 미국의 대한(對韓)방위공약 재천명과 한국의 군

---

11) 국방부 군사편찬연구소, 『한미 군사 관계사, 1871~2002』(2003), pp. 693-698.

12) 1968년 2월 12일 북한의 도발과 한국의 월남파병에 따른 양국의 군사협력과 안전보장문제를
협의차 존슨 미 대통령의 특사로 방한한 밴스(Cyrus R. Vance) 미 국무장관과 박정희 대통령
의 합의를 4월 17일 박정희-존슨 두 정상의 회담 시 구체화하여 성사시킨 회의로서 정례적으
로 안보문제를 양국의 당국자 간에 연례적으로 협의한다는 측면에서 당시로써는 미국 측에서
한국 측을 안보파트너로 정식 인정한 첫 사례였다.

13) 1971년 3월에 열린 회의에는 미 7사단 철수문제를 논의하기 위해 외무부 차관보급이 참석하
였고 이후부터는 외교부의 관계관이 함께 참석하는 회의로 확대하여 열리게 되었다.

사력 증강계획에 대한 지원 약속을 공표하는 등 선언적 역할에 의의를 부여하였으나, 1980년대 말부터는 점차 주한미군 감축 및 역할 조정, 북한의 핵 문제, 작전통제권 이양, 방위비분담 등 한미 간의 주요 안보 현안에 대하여 상호 대등한 입장에서 협의하였다.[14] 최근에는 한미연례안보회의를 통해 양국 군사관계의 장기 발전 방향을 공동으로 설계하는 등 실질적인 정책협의 기구로도 활동범위가 확대되었다.

한미 안보협의회는 군사위원회 운용이 확정되어 가동된 1978년부터는 아래 그림처럼 실무위원회를 구성하여 운영하고 있다.

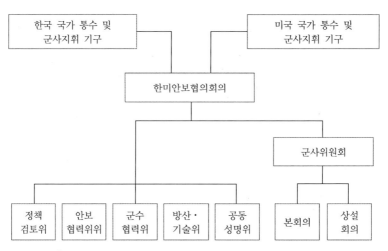

출처: 국방부, 『정예화된 선진강국: 정책자료집 2008.2.~2013.2.』(2013), p. 72.

<그림 4-1> 한미안보협의회의 구성

---

14) 국방부, 『2000 국방백서』(서울: 국방부 정책기획관실, 2000), pp. 88-89; 제1~34차 SCM 개최 현황은 국방부, 『한미 군사 관계사, 1871~2002』(2003), pp. 578-580을 참조.

제3절 한국의 자주국방과 율곡사업 추진

1. 자주국방의 표방과 율곡계획의 태동

1960년대 말을 전후한 국제정세의 변화는 한국 정부로 하여금 군사적 자율성을 키우지 않으면 안 된다는 자각을 일깨워준 시기이기도 하였다. 박정희 대통령은 1968년 일련의 북한 도발에 대하여 미국 측이 자국의 푸에블로호 납치문제에만 관심을 갖는 것을 보고 한국의 국가이익에 대하여 다시 한 번 생각하는 계기가 되었으며, 한국군이 미국과 월남의 요청을 받아들여 월남전에 참전하였음에도 불구하고 미국이 승리를 거두지 못하였고 국내 사정을 이유로 끝내 월남에서 철수를 감행하자 한미동맹에만 의존한 국방은 불안하다는 시각을 갖게 되었다. 박정희 대통령은 1968년 2월 7일 경남 하동에서 열린 경전선 개통식장에서 '자주국방'을 최초로 언급하였고, 1970년 1월 신년사에서는 "북한에 비해 절대 우위의 힘을 확보하여야 하며 북한의 단독침공에 대해서는 우리 단독의 힘으로 분쇄할 수 있는 자주국방력을 확보해야 한다"고 강조하였으며, 1971년 2월 8일에는 담화를 통해 "일하면서 싸우고 싸우면서 일하는 자립경제와 자주국방의 건설"을 국정과제로 제시하였다.[15]

박정희 대통령은 1970년대 내내 미국에 '시간을 더 달라'고 요청하였으며, 한국군의 현대화에 전력을 다했다. 박정희 대통령은 주한미군의 감축 결정에 대해 세 가지를 우려하고 있었다. 첫째 남북

---

15) 박정희, 『중단없는 전진』(서울: 민주홍론사, 1971).

한 긴장이 급속히 고조되고 있는 것, 둘째 북한이 남한에 비해 월등히 우월한 군사력을 가진 것, 마지막으로 지나치게 노후화되고 낙후된 기존의 군 장비와 무기로는 한국 군대가 스스로 국토를 방위할 능력이 없다는 점이었다.[16]

이 당시 박정희 정부가 추진한 중화학 공업화 정책은 유신체제 하의 강력한 추진력으로 경제부흥을 하고자 하는 것이었지만, 이면에는 방위산업 건설을 추진하고자 하는 강력한 의지가 숨어 있었다. 다시 말해 당시 한국의 중화학 공업화 정책은 자주국방을 달성하고자 하는 열망이 함께 자리 잡고 있었던 것이다.

1970년 8월 6일에는 극비 '무기개발위원회'와 함께 국방과학연구소를 창설했고 M-16 공장을 건설하라고 지시했다(1973년 3월 건설 협약 체결).[17] 문제는 자금조달을 어떻게 할 것인가 하는 것이었는데, 이때 아이디어를 낸 사람이 당시 '4인 위원회'의 테크노크라트 출신 오원철이었다. 이때 제시된 안(案)은 바로 '방위산업을 중화학공업 개발의 틀' 안에서 추진하는 것이었다.

핵심내용은 ① 부품을 설계대로 모방 가공, ② 병기 생산에 필요한 1/100㎜의 기술 확보, ③ 국내 유수의 유관 민수공장에서 부품별, 뭉치별로 생산, ④ 생산 극대화를 위해 중화학 공업화 개발의 틀 안에서 운영, ⑤ 국방과학연구소에서 정밀검사. ⑥ 이러한 방식은 공장건설 비용의 절감 가능, 무기 소요의 변동에 따른 비경제성

---

16) 김형아, 신명주 역, 『유신과 중화학공업 박정희의 양날의 선택』(서울: 일조각, 2005), pp. 187-188.

17) 국방과학연구소는 1976년 5월에 해상수중사업본부가 신설되어 해상 무기체계의 연구까지 연구범위가 넓혀졌으며, 1987년에 분리되는 현재의 국방연구원(KIDA)인 국방관리연구소까지의 넓은 업무영역에서 기능하여 명실공히 대한민국 방위산업을 선도하는 역할을 하였다.

극소화가 가능하다는 논리였다.

이후 오원철은 청와대의 경제 제2비서실 수석비서관으로 활동하면서 역할을 하게 된다. 여기에서는 중화학 공업화 계획, 인력양성, 핵무기 및 유도탄 기술 개발, 국군 현대화(後에 율곡사업으로 명명) 등을 추진하는 핵심 배후세력이 되었다.[18]

한국 정부는 자주국방에 대한 의지를 표명한 것에 이어 이를 실제로 구현하기 위하여 구체적인 방위력 증강사업인 '율곡사업'을 추진하였다. 1971년에는 한국군 증강 및 현대화 사업인 '율곡사업'을 구상하기 시작하였으며, 1971년 1월에는 '국방연구개발 및 방위산업 목표'를 발표하였다.

박정희 대통령의 '율곡사업'에 대한 강력한 의지는 1973년 합동참모본부의 「을지연습」 상황보고 시에 국방체제와 군사전략 면의 문제점을 포함한 「지휘체제와 군사전략」을 보고하는 자리에서 자주적 군사력 건설에 대한 지시에서 확인해볼 수 있다. 지시 내용은, ① 자주국방을 위한 군사전략을 수립하고 군사력 건설에 참여할 것, ② 작전지휘권 인수 시에 대비한 장기군사전략을 수립할 것, ③ 중화학 공업 발전에 따라 고성능 전투기와 미사일 등을 제외한 소요 무기와 장비를 국산화할 것, ④ 장차 1980년대에는 이 땅에 미군이 한 사람도 없다고 가정하여, 합참은 독자적인 군사전략, 전력증강계획을 수립할 것 등이었다.

이러한 대통령 지시사항에 의거 한국 합참에서는 1973년 초부터 7월 사이에 「합동 기본 군사전략」을 작성하였고 각 군과의 조율을

---

18) 김형아, 앞의 책, pp. 278-290.

거쳐 1974~1981년으로 하는 「국방 8개년계획」안을 수립, 1974년 2월 25일 대통령 재가를 득함으로써 '율곡계획'이 태동하였다. 한국의 자주국방에 대한 의지가 군사역량의 확충이라는 결실을 맺게 된 것이다.

2. 율곡사업 추진: 한국군 군사역량의 도약

율곡사업을 추진하기 위한 국방비 가용액은 당시 GNP의 4% 수준(전력증강 투자비가 없었던 당시 국방비는 GNP의 약 4% 수준이었음)을 유지하며, 8개년간 투자비는 15억 2,600만 달러로 계획하고, 전력증강 투자를 위해 운영유지비를 최대한 절약할 것과 방위산업을 육성하여 자체생산 기반을 구축하며, 전력증강 우선순위는 대공(對空)·대전차 억제능력, 공군력 증강, 해군력 증강, 예비군 무장화 순이었다.[19]

그리고 제3차 5개년 계획이 끝나는 1976년까지는 이스라엘 정도의 자주 국방태세를 갖출 것을 목표로 총포, 탄약, 통신기, 차량 등 기본 전투장비를 국산화하며, 제4차 5개년 계획이 종료되는 1980년 초까지는 전차, 항공기, 유도탄, 함정 등 정밀무기를 국산화할 것을 계획한 것이다.

한 가지 중요한 사실은 아이로니컬하게도 미국의 지원이 어려워질 것에 대비해 자주국방을 주창하였지만, 또 한편으로는 미국 장비 사용에서 축적된 자산특수성이란 성격 때문에, 그리고 기술 획

---

19) 국방부, 「율곡사업의 어제와 오늘 그리고 내일」, 앞의 책, pp. 22-23.

득의 용이성을 고려할 때 더욱더 미국 의존적일 수밖에 없었다는 사실이다. 정부는 미군 감축과 관련하여 미국으로부터 현대화에 필요한 장비도입은 물론 기술지원도 받아내었고, 많은 장비가 모방생산, 역설계, 미국의 TDP[방산(防産)기술자료: Technical Data Packages]를 도입하여 해결해야 했다.[20] 정부에서는 1973년에 『방위산업육성에 관한 특별조치법』을 제정하여 금융, 세제, 원가계산, 계약의 특례 등 각종 지원을 하도록 하여 방위산업 육성의 기초를 다졌다.[21]

이렇게 태동한 율곡계획은 마침 제3차 경제개발 5개년 계획(1972~1976년)에 이어 예정된 제4차 5개년 계획(1977~1981년)의 주기에 맞춰 제1차는 8개년 계획으로 1974년부터 1981년까지, 이어 제2차(1982~1986년), 제3차(1987~1992년)까지 계속 역점을 두고 추진하였다. 그리고 이 계획의 안정적인 재원을 충당하기 위하여 1975년에는 한시적 목적세로 특별방위세를 신설하였다.[22] 이는 재원 마련이 가장 큰 목적이었지만 스스로 국방에 참여하는 국민 참여의 기풍을 조성하기 위함이기도 하였다.

---

20) 1971년부터 1987까지 미국 정부가 제공한 TDP는 881건이었고 이 중에 128건이 한국의 방산제품 개발과 생산에 활용되었다. 이 중 탄약, 물자, 총포 분야에 대한 TDP가 많았다. 또한, 연도별로는 1974년부터 1980년도까지 전체의 75%가 제공되었으며, 1983년 이후에는 급격히 감소하였다. 이 같은 미국 정부 소유의 TDP는 무료로 제공되었으며, 한국은 FMS 경로로 도입하는 데 따른 경비만 제공하였다. 오관치·차영구·황동준 공저, 『한미 군사협력관계의 발전과 전망』(서울: 세경사, 1990), pp. 70-71 참조.

21) 황동준, "한미 방산협력: 안보증진을 위한 새로운 단계", 『국방과 기술』(1988), pp. 44-48.

22) 이 이전인 1974년에서 1975년 사이에는 언론의 협조를 받아 총 161억 원의 방위성금을 모아 율곡사업의 재원으로 사용하였다. 이후 방위세법을 마련하여 최초에는 1975년 7월 16일부터 1980년까지 징수할 예정이었으나 1990년 12월 31일까지 연장하였다. 1976년의 경우 방위비 2,338억 원 전액을 전력증강 투자비로 사용하였는데, 그 규모는 당시 GNP의 2%로서 당시 국방비가 GNP의 4% 규모인 점을 감안하면 장기적인 사업의 안정적인 투자여건에 큰 기여가 있었다고 본다. 국방부, 앞의 책, pp. 26-27 참조.

단위: 억 원

단계	가용액			차관원리금 상환	실투자액	국방비 대비(%)
	국고	FMS 차관	계			
1974 ~1981	2조 7,702	8,374	3조 6,076	4,674	3조 1,402	31.2
1982 ~1986	5조 3,088	1조 350	6조 3,438	1조 160	5조 3,278	30.5
1987 ~1992	14조 1,741	1,738	14조 3,479	5,607	13조 7,872	35.8
계	22조 2,531	2조 462	24조 2,993	2조 441	22조 2,552	33.7

출처: 국방부, 『율곡사업의 어제와 오늘 그리고 내일』(1994), p. 33.

당시 육군의 40개 사단 중 23개 사단만이 M-1 소총이나 105밀리 포를 장비로 갖추고 있었을 뿐 나머지 사단은 편제를 제대로 갖추지 못하였으므로, 이를 신형장비였던 M-16 소총이나 M-60 기관총, 개량형 야포로 무장하려면 막대한 재원이 요구되었다. 해군도 고속정 9척과 대잠항공기, 함대함 미사일을 무장하도록 하였고, 공군 역시 F-4 팬텀기 90대와 공대공, 공대지 미사일을 도입하는 계획이 포함되어 있었다. 이제 한국은 율곡사업의 성공적인 추진으로 군사역량을 획기적으로 향상시킬 수 있는 도약대에 섰던 것이다. 아래 표는 '율곡사업' 18년의 성과를 개관한 것이다.

＜표 4-4＞ 율곡사업 18년의 결실

구분	목표	중점	실적
제1차 사업 (1974~ 1981)	대북방위 전력확보	· 조기경보/방공능력강화 · 항공 및 해군 전력증강 · 전투사단 개편/후방사단 무장화 · 지상화력/기동력 보강 · 국방연구 개발/방위산업 육성	· 병력위주사단→ 인원+장비사단 · M16소총 · M60기관총 편제 · 한국형전차(M48A3/A5) · 105/155밀리 야포 · 한국형구축함 · 고속정 · 대잠초계기 · 대잠헬기 · F-4D도입 · F-5E/F국내생산 · 레이저유도폭탄 등 PGM

제2차
사업
(1982~
1986)
	방위전력
	보완 및
	전력의
	질적 향상
		· 지상군 전투부대 강화
		· 고속정
		· 수중감시장비
		· 서해 5개 도서 보강
		· 상륙작전 능력 향상
		· 전천후 전술기
		· 유도탄
		· 전자전 능력 향상
			· 19개 사단창설(기계화, 후방 사단)
			· 후방군단 창설, 수방사 증편
			· 특수여단 창설
			· 88한국형 전차·한국형 장갑차/
			  토우미사일 도입
			· 155밀리 자주포·다련장 로켓
			  생산 전력화
			· 한국형 구축함 생산배치
			· 초계함·유도탄정 등 5종 함정
			· 상륙돌격장갑차
			· F-4D 추가도입·제공호 생산·
			  F-16 도입
			※ 북한대비 60.4%의 전력 확보

제3차 사업 (1987~ 1992)	88올림픽 성공지원	· 미래지향적인 군사력 건설	· 한국형 전차/장갑차 양산배치 · 3개 기보사단 확보 · 155밀리 자주포 양산 · 중·소형 고속함 추가 건설 · LYNX 해상작전헬기 도입배치 · 1,200톤급 잠수함 3척 국내 진수 · F-16 도입 배치(KFP사업, 국내조립 포함 120대 확보) ※ 북한대비 71% 전력 확보

출처: 국방부, 『율곡사업의 어제와 오늘 그리고 내일』(1994), pp. 34-48을 종합(제시된 국방부의 북한대비 전력은 과소평가된 감이 있다. 제6절과 대조하여 볼 것).

또한, 월남 패망 후에는 한미동맹의 불안감이 증폭되었고 당시 박 대통령은 한국방위에 있어 미국 측에 의지 않고 자율성을 확보할 것에 강한 집착을 보였으니 그것이 미사일 개발과 핵무기 개발 의지표명으로 표면화되었다. 이렇게 하여 등장한 것이 한국형 미사일 개발계획이었는데, 미국은 미사일에 대해서는 한국군에게 기술을 이전하는 대신에 사거리와 적재무기의 중량을 제한하는 미사일 협정을 맺음으로써 통제를 하는 계기를 만들었다.[23] 핵 개발 문제

---

23) 미국 측은 1979년 '한미미사일 양해각서'를 맺어 현무개발에 대한 기술지원을 대가로 한국에게 '180km의 사거리와 탄두 중량 500kg을 넘는 미사일은 개발하지 않겠다'는 통제를 가함. 이는 1980년 전두환 대통령이 정권유지를 위해 자발적으로 '미사일 개발 자율규제 서한'을 미국 측에 보내 핵무기개발기술 폐기, 사거리 180km, 탄두 중량 500kg을 초과하는 미사일 개발을

에 대해서도 포기를 끈질기게 종용하여 1976년 1월 말에는 한국 정부로부터 핵무기 개발 포기를 공식화하도록 하였다.[24]

국군 현대화가 본격적으로 시작되면서 이미 한국은 1976년 이래 비용 면에서 전체 국방비가 북한을 앞지르기 시작하였다. 군사력의 운용 유지비 외에 전력증강에 대한 투자비가 1982년 27%, 1986년 36%, 1990년 36.8% 등으로 계속 늘어났으며, 이후 전력증강 투자비가 국방비에서 고정적인 부분을 차지하는 계기가 되었다. 한국은 지난 1984년부터 국방비의 1/3을 군 현대화계획에 투입하였다.[25]

그리고 한국은 이 기간에 미국과의 동맹관계를 이용하여 미국군이 정립한 세계 제일의 군사교리를 습득하기 위한 노력과 이를 응용하여 한국적인 교리를 체계화하기 위한 노력도 아끼지 않았다. 한국군은 도미 군사교육을 통하여 선진 군사기술을 습득하였으며 그 인원은 전후부터 1973년까지 2만 2,144명의 인원이 혜택을 받았다.[26] 또한, 1973년에는 훈련교리사령부(TRADOC)를 창설하여 한국군의 훈련 문제를 체계화하였으며, 미군 교리와 월남전에서 한국군이 수행한 전투경험 등을 접목하여 한국군 나름대로 교리를

하지 않겠다고 확인하였고, 2001년에는 MTCR체제에 가입함으로써 공식적으로 300km, 탄두 중량 500kg의 미사일 완제품과 그 부품, 기술 등에 대해 해외에 이전하지 않도록 규제받게 되었다. 2012년 10월에 개정된 한미 미사일 협정에서는 사거리 800km, 탄두 중량 500kg으로 늘렸으며, 사거리를 줄이면 탄두 중량을 늘릴 수 있도록 하여(trade-off 방식) 무인기 등에서 탑재중량을 2.5톤까지 늘릴 수 있도록 함으로써 실전에서의 유용성을 확보하였다. ≪조선일보≫ 2012년 10월 6일 자 등 주요 일간지 참조.

24) 1975년 주한미국대사였던 스나이더는 "한국이 핵무기 개발을 통해 자주국방을 모색하므로 더 이상 타국에 의존하는 국가가 아니다(not a client state)"라고 핵무기 개발을 포기하도록 강력히 설득했다고 한다. Daniel Sneider, "The U.S. - Korea Tie: Myth and Reality", *Washington Post*, September 12, 2006.

25) 국방부 군사편찬연구소, 『한미동맹 60년사』, 앞의 책, p. 136.

26) 박동찬, "주한미군사고문단(KMAG)의 조직과 활동(1948~1953)", 한양대학교 박사학위논문 (2011), p. 233.

정립하였다. 1990년에는 한국국방연구소에서 한국군의 군사 기본
교리를 최초로 연구하여 정립하였다.

 이상에서 살펴본 바와 같이 1970년대를 전후한 이 기간은 미국
의 월남전 패망과 닉슨 독트린으로 대한민국 정부는 강한 위기의
식을 느낄 수밖에 없는 시련의 기간이었다. 그러나 박정희 정부는
오히려 이를 계기로 전 국민의 참여를 성공적으로 이끌어내었고
국민의 총력안보 차원에서 국군 현대화에 박차를 가함으로써 대한
민국 군대의 군사역량이 대폭 신장하는 계기로 역전시킴으로써 이
를 호기로 활용하였다.

제4절 한미연합사 창설: 한·미 공동지휘관계의 성립

1. 카터 대통령의 제4차 주한미군철수계획과 그 여파

 1970년대 후반의 정세 역시 한국에 유리한 것은 아니었다. 1976
년 8월 18일에 한국에서는 북한군이 판문점 도끼만행 사건을 일으
켜 미군 장병들이 순직하는 사건이 있었음에도 불구하고 1976년
11월에 미국 대통령으로 당선된 카터 대통령은 주한미군 감축을
선거공약으로 제시하였다. 카터 대통령이 취임한 이후 미 2사단마
저 향후 몇 년간에 걸쳐 철수하겠다는 일방적 통보에 이어 한국과
실무협의를 거쳤으며, 이에 대한 마무리 협상이 1977년 7월 25일
서울에서 개최된 제10차 한미연례안보협의회의(SCM)였다. 1977년

7월 26일에 발표된 공동성명서에는 다음의 몇 가지 핵심적인 내용이 포함되었다.

① 주한미군은 1978년까지 6천 명이 철수하고, 잔여 지상전투병력의 철수는 향후 4~5년간에 걸쳐서 시행할 것이며, 미 제2사단 본부와 2개 여단은 최종 철수 단계까지 한국에 잔류한다. ② 미 지상군의 철수가 대한 방위공약의 약화를 뜻하지 않으며, 한국이 무력침략을 당할 경우 미국은 즉각적이고도 효과적인 지원을 제공한다. ③ 한국방위의 작전 효율화를 위해 미군 제1진 철수가 완료되기 전에 한미연합군사령부를 설치한다. ④ 주한미군 철수는 그 보완조치 후 또는 그와 병행하여 시행한다.

그러나 카터의 철군계획은 군사적 정보나 한반도의 현실을 고려하기보다는 정치적 동기에서 결정되었기 때문에 한국 정세에 밝은 전·현직 주한 미 8군사령관들과 미 의회로부터 비판과 반발을 샀다.[27] 특히 현역 신분으로 8·18도끼 만행 시 미루나무 작전을 직접 지휘한 바 있었던 유엔군사령관 스틸웰 대장과 주한미군 참모장 싱글러브 소장 등 공개적으로 카터의 철군 정책을 비판했던 용기 있는 미군 장성들의 의회증언은 익히 알려진 사실이다.

이러한 분위기 때문에 이 계획은 1단계 철수 규모를 6,000명에서 3,400명 규모로 수정하여 시행하였고, 미국 정부는 1977년 7월에는 미국 의회에 대해 철군계획을 조정해나갈 것을 약속하였다. 급기야 1979년 7월 20일에는 새로운 정보평가를 바탕으로 주한미

---

27) 심지어 주한 미 8군사령관 참모장이던 싱글러브 소장은 공개적으로 반대 입장을 표명하여 직위 해임당했으며, 그의 의회청문회는 미국 의회 내에서 철군 신중론이 부상하는 계기가 되었다. 국방부 군사편찬연구소, 『한미 군사 관계사, 1871~2002』(2003), pp. 704-706 참조.

군의 철수를 동결하였다.

<표 4-5> 카터의 주한미군 철군계획과 철수병력(1977~1982)

철군계획		철군실시		주한 미병력 (1978.12.31.)
철군단계	철수규모	일자	규모	
제1단계 (1977~1979)	6,000명 (미 2사단 1개 여단), 수정안 3,400명	1977.6. ~1978.12.31.	3,400명	37,091명
제2단계 (1979~1981)	9,000명 (보급 및 지원 병력)	1979년 7월 20일 카터 대통령 철군 연기 발표로 미실시		
제3단계 (1981~1982)	잔류병력 (미 2사 2개 여단, 사단 본부)			

출처: 국방부 군사편찬연구소, 『한미 군사 관계사, 1871~2002』(2003), p. 707.

미국이 철수를 앞두고 합의한 군사조치의 일환으로 연합 연습인
팀스피릿 연습을 1976년부터 실시하였는데 이 연습은 1994년까지
총 17회에 걸쳐 실시되어 한국군의 작전기획능력 향상과 전투 준
비태세를 한 단계 격상시킨 것으로 평가받고 있다.

2. 한미군사위원회(MCM: Military Committee Meeting)의 설치

한미군사위원회는 1978년 7월 제11차 한미연례안보협의회의에
서 합의하여 설치된 기구로써 양국 합참의장을 대표로 하며, 양국
간 군사적인 문제를 협의하는 기능을 하도록 하였다.
한미군사위원회는 한국의 방위를 위하여 한미 양국이 상호 발전
시킨 전략 지시와 작전지침을 한미연합사령관에게 제공하고 한반

도 방위문제를 관장하는 한미 양국의 국가통수 및 군사지휘기구 (NCMA: National Command and Military Authority)의 실무적인 최고 군령기구 역할을 하도록 하였다.

한미군사위원회회의는 본회의와 상설회의로 나뉜다. 한미군사위원회 본회의는 매년 한미연례안보협의회회의와 같은 시기에 개최함을 원칙으로 한다. 한반도의 군사위협 분석과 이를 바탕으로 한 대비책 발전, 연합사로부터 연합전투력 발전실태를 포함한 업무보고를 받으며, 회의결과는 SCM에 보고하고 양국 장관으로부터 추가 지침을 받게 된다.

본 회의의 구성원은 양국 합참의장과 양국 의장이 지정한 1명, 그리고 연합군사령관 등 5명으로 구성한다. 1978년부터 2002년까지 다루어진 내용을 요약하면 다음과 같다.

<표 4-6> 한미군사위원회 본회의(제1차~24차) 개최 현황

구분	일시	주요 내용
제1차~제3차	1978.7.25/26~ 1981.4.29/30	· 연합사의 창설근거가 된 전략지시 제1호 하달, 한반도 전쟁억제를 위한 전력증강/작전계획 발전 등
제4차~제6차	1982.3.29.~ 1984.5.7.	· 연합방위력 증강을 위한 한미 공동 노력과 한미 양국의 동반자적인 협력관계 모색을 위한 주요 현안문제 협력관계
제7차~제10차	1985.5.6.~ 1988.6.7.	· 1986년 아시안게임과 1988년 제24회 서울올림픽 등 국제행사 성공 지원
제11차~제13차	1989.7.17.~ 1991.11.20.	· 한미연합사 전쟁수행 능력 향상을 위해 제기된 군사 소요 적극 지원
제14차	1992.10.7.	· 작전통제권 한국군 전환, 연합방위전략
제15차~제24차	1993.11.3.~ 2002.12.5.	① 한미연합사 전쟁수행 능력 향상을 위해 제기된 군사 소요 적극 지원 ② 한미연합방위태세 개선을 위한 지속적 노력

출처: 국방부 군사편찬연구소, 『한미 군사 관계사, 1871~2002』 (2003), pp. 586-587에서 부분발췌.

한미군사위원회 상설회의는 한반도 안보문제와 관련된 긴급 상황에 적시적인 대응을 하기 위하여 마련된 것으로, 한미 어느 일방의 요청에 따라 수시로 개최하도록 하고 있으며 한국 합참의장과 미 합참의장을 대리하는 주한미군 선임장교가 양국 대표가 된다. 주한미군 선임장교는 초기에는 8군사령관이 수행하기도 하였으나 현재는 연합군사령관이 맡고 있다. 상설회의는 회의결과를 합의각서 형태로 합의하며 비문을 포함하는 경우가 많아 비공개 되는 경우가 많다.

다음 표에서 보듯이 한미연합군 운용과 관련한 협의 사항 등 공개되는 것도 있지만, 전력 운용 등 군사사항은 거의 공개되지 않고 있다.

<표 4-7> 한미군사위원회 상설회의 주요 합의각서(1978~1995)

구분	서명일	체결기관		합의각서 주요 내용
		한국	미국	
제1차	1978. 10.23.	합동 참모 본부	주한 미군사	· 한미연합군사령부 창설명령
제2차	1980. 3.11.			· 부대명 개칭 (한미1군단→한미야전사)
제9차	1992. 5.19.			· 연합사 장성 보직 변경, CFA 해체 등
제10차	1992. 10.2.			· 연합해병대사령부 창설(1992.10.1.) · 한미연합사 부사령관을 지상구성군사령관으로 임명(1992.10.1.)
제12차	1995. 3.17.			· 연합의무사령부 창설(1995.3.17.)

출처: 국방부 군사편찬연구소, 『한미 군사 관계사, 1871~2002』(2003), p. 589에서 부분발췌.

3. 한미연합군사령부 창설

제10차 한미연례안보협의회의에서 합의된 한미연합군사령부의 창설을 위하여 양국은 한·미 고위 장교로 구성된 창설위원회를 열어 실무합의를 거쳐 제11차 한미연례안보협의회의에서 그 조직과 기능을 최종 합의하였다.

한미연합군사령부의 창설을 추진하게 된 배경에는 당시의 국제정세가 큰 작용을 하고 있었다.

우선, 유엔군사령부의 탈(脫)유엔화(化)로서, 1972년 태국군 철수를 끝으로 유엔군에는 미군만이 남게 되었고, 6·25전쟁 시 유엔군사령부와 정전협정의 당사자로서 서명하였던 중국이 이제는 안전보장이사회의 상임이사국으로 유엔에 들어오게 됨으로써 더 이상 유엔군의 명분만으로 한국의 안보를 책임진다는 주장은 한계를 보이고 있었다. 실제 1975년 제30차 유엔총회에서는 유엔군사령부 해체와 관련한 동·서 각 진영의 결의안이 함께 통과되는 모순적인 상황이 벌어졌다.[28]

미국은 유엔이 더 이상 한국방위문제를 책임질 수 없고 유엔군사령부가 한국의 방위를 담당할 수 없는 상황에서 휴전관리와 한

---

28) <서방측이 제출한 결의안; GA Res. 3390A(XXX)>
　　③ …휴전협정을 유지하기 위한 적절한 체제가 마련되는 대로 유엔군사령부가 해체될 수 있도록 최단 시일 내에 협의를 가질 것을 촉구한다.
　　④ 총회는 유엔군사령부가 1976년 1월 1일에 해체될 수 있고, 또 이 날짜로 유엔 기치하의 군대가 한국에 머물지 않게 하려고 이와 같은 협의를 끝내고 휴전협정의 효력유지를 위한 대안조치가 마련되기를 희망한다.
　　<공산 측이 제출한 결의안; GA Res. 3390B(XXX)>
　　② 총회는 휴전협정 당사자들이 유엔군사령부 해체와 유엔기치하의 모든 주한 외국군의 철수 후 한반도의 긴장을 완화하고 평화를 유지, 공고히 하기 위한 조치로 한국 휴전협정을 평화협정으로 대치시킬 것을 촉구한다.

국방위를 분리시키는 대안을 고려하였다. 즉, 유엔군사령부는 휴전협정이 마땅한 대안이 나올 때까지 휴전협정 수행자로서 휴전체제를 유지하기 위한 휴전관리 업무만 전담하고, 한국의 방위는 별도의 기구를 만들어 담당케 하자는 것이었다. 당시 유엔군사령부의 해체를 적극적으로 주장하고 있던 공산 측에 대하여 주한미군의 주둔을 정당화하려는 정치적인 의도를 반영한 결과였다.[29]

물론 한반도의 안보현장에서 8·18 도끼만행사건을 목격하고 이를 수습하는 과정에서 한국군과의 협조 작전 필요성을 절감한 주한미군 고위 장성들과 한국군 수뇌부의 인식과 협조도 큰 몫을 했음을 부인할 수 없다. 당시 한국 국방부와 합참 등에서 책임을 맡고 있는 한국군 장성들은 "한국방어계획 중 전시 미군의 증원계획 등 불명확한 점들이 있고, 특히 전쟁지도 방침에서 유엔군사령부라는 이름 아래 미군만으로 편성된 작전통제체제 때문에 우리 정부와의 입장 차이가 더 심해지는 경우 미 태평양사령부와 미 합동참모본부를 거쳐야 수정할 수 있다는 문제에 봉착하게 됨을 우려"하였다.[30]

한미연합군사령부는 1977년 7월 26일 제10차 한미연례안보협의회의에서 합의한 대로 「군사위원회 및 한미연합군사령부 관련약정」(TOR: Terms of Reference)과 「전략지시 제1호」에 근거를 두고 1978년 11월 7일에 창설되었다.

---

29) 안광찬, 앞의 논문, pp. 111-114; Hayes, *Pacific Powderkeg*, p. 107. '미 지상군을 궁극적으로 철수해야 하는 위협을 상쇄하기 위해서는 한국군과의 통합을 추진하는 것이 미 육군의 이해관계와 맞아떨어졌기 때문임.' 서재정, 전게서, pp. 135-136에서 재인용.

30) 류병현, 『한미동맹과 작전통제권』(서울: 재향군인회 안보복지대학, 2007), p. 50.

<표 4-8> 한미연합사 관련약정(TOR) 및 전략지시 제1호

구분	관련약정(TOR)	전략지시 제1호
체결일시	1978.7.27. (제11차 SCM) * MCM에 전략지침 및 지시 제공	1978.7.28. (제1차 MCM) * CFC에 작전지침 및 전략지시 제공
대표	국방장관 (한: 노재현, 미: 브라운)	합참의장 (한: 김종환, 미: 존스)
주요 내용	·MCM의 임무·기능·편성 ·연합사의 임무·기능·편성 및 사령관/부사령관 기능 ·유엔사와 연합사의 관계 정립 - 유엔사: 정전협정 준수 - 연합사: 한국방어 - 관계: 지원 및 협조	·연합사령관에게 임무부여 - 한국 방어 책임 - 서울 방어의 중요성 강조 ·전·평시 연합사와 예하 구성군 간 지휘 관계 명시 ·전·평시 연합사 작전통제부대 목록 하달 ·군수지원은 자국 책임 명시

출처: 국방부 군사편찬연구소, 『한미 군사 관계사, 1871~2002』 (2003), p. 598.

한미연합군사령부는 효율적인 연합작전을 수행하기 위하여 한미 동수로 연합 참모부를 구성하였으며 작전을 수행함에 있어 한국군의 입장을 반영할 수 있도록 하였다. 한편 정전협정의 주체인 유엔 군사령부는 군사정전위원회를 중심으로 한 정전협정에 관한 업무만을 관장하게 되었다.

한미연합군사령부가 창설됨으로써 이제 한국군은 이전의 일방적인 연합군사령관의 작전통제를 받는 위치에서, 한·미 양국 국가통수 및 군사지휘 기구를 통해 양국 합참의장으로 구성된 한미 군사위원회의 전략지시와 작전지침을 받아 임무를 수행하게 되었다. <그림 4-2>를 참조하면서 다음 사항들을 확인해보자. 당시 한국 상황은 불균등한 한미관계에서 탈피하지 못하였던 때였음을 고려한다면 대미 군사관계에서 수직적·종속적 관계에서 탈피하여 수평적 대등한 위치관계를 제도적으로 정립한 획기적인 것이었다고 평가할 수 있다. 그리고 한미연합군사령부의 편성은 지휘의 통일과 연합의 원칙을 철저히 적용하였다. 당시 연합군사령부의 탄생에서 산파 역할을 했던 초대 연합사 부사령관 류병현 대장의 증언을 참고하면 그 정신을 잘 확인할 수 있을 것 같다.

"한미연합군사령부의 지휘부는 사령관을 미군 4성 장군이 맡지만, 부사령관에는 한국군 4성 장군을 임명하여 보완관계에 있도록 하였고, 참모장은 미군 장성이 맡되 부참모장 직제를 두어 한국군 장성을 임명하였다. 참모장교들 역시 이러한 원칙을 적용하였다. 즉, 정보참모는 한국군이 맡게 하고, 중요한 기능을 하는 작전참모는 미국군 소장을 보직하되 한반도에서의 주 전투는 지상전이 될 것이므로 그의 차장도 계급을 같게 하여 한국군 소장을 임명하였다. 기획참모는 한국의 방어계획과 전시 미국으로부터의 증원계획을 주관하므로 미 해병대 장군을 보직시켰다. 인사참모는 한국군 해군 장성으로 임명하고, 군수참모의 경우 군수증원능력을 고려하여 미 육군 장성으로 하였으나 나중에 한국군 소장으로 변경하였다. 각 참모부서는 수평적 협조기능과 상하의 지시 기능에서 양군이 동등하고 균형 있게 보직되도록 하였다. 이 원칙에 따라 한 참모부서의 장이 한국군일 때 그 차장은 미국군이 되도록 하여 상호 보완을 하도록 하였다. 그 아래 중요 처장직과 과장직도 동일한 원칙을 적용하였다."[31]

한미연합군사령부의 창설 의의는, 첫째, 대외적으로 미국의 한국 방위공약을 구체화하여 실천 안(安)으로 발전시켰다. 한미상호방위조약에서 언급한 '외부의 무력공격 시 한국 방위를 위한 공통의

---

31) 류병현, 앞의 책, pp. 115-119.

결의'를 구현하였다.

둘째, 작전통제권의 인수준비로서의 의의이다. 즉 한국군은 연합군사령부의 창설로 군사위원회 참여를 비롯하여 전략지침과 작전계획 작성, 그리고 합동으로 실시하는 연합연습 등에서 지휘결심수립과 작전지시를 공동으로 할 수 있게 되었으므로 연합작전능력뿐아니라 자국군의 지휘에 있어서도 독자적인 지휘능력을 구비할 수있는 전기가 마련되었다.

셋째, 한국군에 고급 전기·전술을 전수해주는 계기가 되었다는점이다. 즉, 공동사령부 내에서 미국 측이 운용하고 있는 C4I 지휘체계를 함께 운용하여 참모협조기능을 수행하였고, 미군이 발전시킨 첨단 과학 무기체계를 공동으로 운용해볼 수 있었으며, 그들이전 세계를 대상으로 구축해놓은 체계를 통해 고급정보를 획득할수 있었다. 그리고 연합연습 시에는 워·게임 등을 공동으로 추진하여 이후 한국군이 이 분야에서 미국군 다음으로 능력을 갖춘 군대로 성장하는 기반을 구축할 수 있었다.

넷째, 한국 국민에게 작전권 공동행사라는 자긍심을 심어줄 수있게 되었고, 한반도 주변 각국에 대하여 한국군의 자율성을 고무시킬 수 있게 되었다.

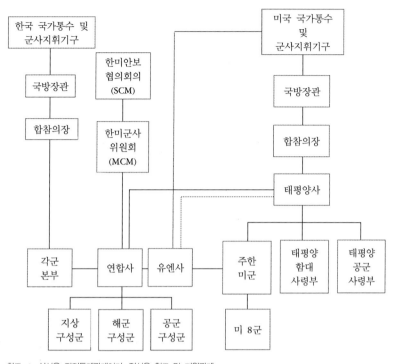

참조: 1. 실선은 작전통제관계이며, 점선은 협조 및 지원관계.
2. 주한미군은 전시에는 연합사에 작전통제됨.
3. 연합사에는 전시 연합특전사, 연합해병대사, 연합심리전사가 추가 편성됨(현재).
출처: 김일영, "인계철선으로서의 주한미군", 김일영·조성렬, 『주한미군 역사 쟁점 전망』(2003), p. 96. 참조 3은
추가.

<그림 4-2> 한미연합군사령부 편성(1978년 창설 시)

그러나 지금도 이러한 의미를 퇴색시키는 주장이 있듯이 한·미 간에 지휘권과 관련하여 군사 운용적인 측면을 고려해본다면 한국 군의 자율성 발휘에는 다소 한계를 가질 수밖에 없는 구조였다.

즉, 한미연합군사령부의 편성이 한미 동수(同數)로 되어 있기는 하였지만, 전반적인 전구작전을 책임지는 사령관은 미군 4성 장군 이 맡게 되어 있었고, 주요 전력을 운용하는 각 구성군사령관 역시

당시에는 전력 구조상 미군 장성이 맡을 수밖에 없었다. 또한, 연합군사령부에서 주요기능을 수행하는 기획참모부나 작전참모부의 장(長)과 주요 인원들은 미군의 장성과 영관급 장교들이 임명되어 있었으므로 미국 측의 의도를 더 원활하게 반영할 수도 있다는 점은 사실이었다.

그리고 연합군사령관은 유엔군사령관과 주한미군사령관을 겸하고 있었고 한미군사위원회의 상설위원회에는 연합군사령관이 미 합참의장을 대리하여 한국 합참의장과 함께 핵심 멤버로 활동하는 위치인데다가, 연합군사령관은 미 합참의 직접 지휘하에 있고, 주한미군사령관의 위치는 미 태평양사령관의 지휘하에 있다는 점에 유의한다면 이는 충분히 이해가 가는 일이기도 했다. 즉 연합군사령관의 지위는 한미 군사통수기구의 지휘를 받아 임무를 수행하게 되지만 근본적으로 미국 측 지휘라인에서 중요한 인물이므로 미국의 국가이익을 더 고려할 수밖에 없는 구조적인 한계를 가지고 있는 것이었다. 한미연합군사령부는 형식상 평등한 관계로 설정되어 있었지만, 실질적으로는 미국 측의 의도대로 기능하는 측면이 있을 수 있었던 구조였다.

이에 따라 미 합참에서는 한미연합군사령부에 대해서 전략적인 문제를 위주로 연합군사령부를 통제하지만, 연합군사령관에게 다른 미국의 전투사령부처럼 미 태평양 사령관의 지휘를 받는 주한미군사령관이라는 위치를 이용하여 미국의 국가이익을 고려한 작전적 수준의 통제를 하는 경향을 보였다. 반대로 한국 합참에서 작전적 통제를 한다는 것에 대해서는 연합군사령관 또는 유엔군사령관의 위상에서 불필요한 간섭으로 여기는 경향을 보였다. 예를 들어, 미 2사단의 주요 전력의 변화가 있을 때 연합군사령관으로서의 한국방위도 당연히 생각하지만 그들의 국가이익에 따라 주한미군 사령관이라는 다른 모자를 쓸 수도 있는 위치라는 뜻이다.

이러한 긍정적인 면과 한계를 드러내고는 있었지만, 일방적으로 연합군사령관의 지휘하에 있던 한국군에게는 군사적 리더십을 발휘할 기회가 조성됨으로써 한 단계 도약할 수 있는 계기였던 것은 분명하다.

결과적으로 카터 대통령의 주한미군 철수 계획은 이에 따른 안보 공백을 우려하게 하였지만, 역설적으로 한국의 국력 신장과 함께 성장한 한국군의 군사역량을 미국 측에서도 인정함으로써 한국군이 안보 파트너로서 실질적인 대우를 받게 되었다. 이때 합의하여 창설한 한미연합군사령부는 향후 한국군의 작전태세를 격상시킴으로써 한국의 군사적 자율성을 크게 확대시키는 계기가 되었다는 점에 큰 의미를 부여할 수 있겠다.

제5절 미국 군원의 종식과 한국군 방위비분담

1. 미국 「동아시아 전략구상」과 제5차 주한미군 철수

1980년대의 한미관계는 한국의 경제상황이 호전되면서 미국이 한국에 대하여 그에 상당한 역할을 해줄 것을 요구하기 시작하였고, 한국 역시 적당한 선에서 부담을 수용해나가는 입장을 취하였다고 개관할 수 있겠다.

1981년 1월 취임한 레이건(Ronald Reagan) 대통령은 카터 행정부의 주한미군감축계획을 백지화하였지만, 1989년 3월 부시 행정부의 출범을 계기로 미 의회를 중심으로 주한미군 철수 논의가 재연되었다. 당시 미국은 40년의 냉전이 종식됨에 따른 미 국민들과 의회의 '평화의 배당' 요구가 빗발치는 상황에서 외부 위협이 감소한 데 따른 국방예산 삭감이라는 문제에 직면하고 있었다. 이런 여론 속에서 여러 논의를 거쳐 1989년 7월 31일 민주당 샘 넌 의원과 공화당 워너 의원 등 의원 13명이 공동 발의하여 상원 본회의에 제출된 안(案)이 한미안보관계에 관한 법안인 '넌-워너 안'이었던 것이다.

이 법안은 ① 미국은 동아시아 및 한국에 있어서의 주둔 군사력의 위치, 전력구조, 임무를 재평가하고, ② 한국은 자신의 안보를 위해 더 많은 책임과 비용을 부담해야 하며, ③ 한미 양국은 주한미군의 부분적, 점진적 감군의 필요성과 가능성에 대하여 협의해야 한다는 판단을 바탕으로, 미 행정부에서 주한미군에 관한 철수 계획을 수립, 대통령은 1990년 4월까지 한국과의 협상 결과를 보고하라는 내용이었다.

이에 따라 작성된 문서가 미 대통령의 보고서인 「21세기를 지향한 아·태(亞太) 지역의 전략적 틀」(A Strategic Framework for the Asia Pacific Rim: Looking for the 21st Century)로서, 일명 「동아시아 전략구상(EASI: East Asia Strategic Initiative)이었다.32)

---

32) Nunn-Warner Amendment to the FY 90 authorization BILL, New York Times, July 30, 1989; 정춘일, "한미동맹체제의 과거·현재·미래: 갈등의 생성과 미래 발전", 『국방논집』,

EASI의 핵심은 1980년대 이후 미국의 최대 교역국들로 부상한 동아시아의 중요성에 대한 인식과 소련의 전통적 위협의 감소를 평가하고 미국 국내의 재정압박에 따른 국방예산의 대폭 삭감 필요성에 초점을 맞춰 이 지역의 미군 주둔 전략을 재검토하는 것이었다. 이에 따라 한국에서도 주한미군의 철수를 3단계에 걸쳐 계획하고 있었다.

그러나 시행 과정에서 1990년 초에 제기된 북한의 핵 개발 의혹으로 인하여 한국에서는 1992년 12월 1차로 6,987명이 철수한 이후, 이 계획은 재평가되어 EASI Ⅱ에서 2단계 이후의 계획이 잠정보류되다가, 1995년 2월 「아·태 지역에서의 미국의 안보전략」(United States Security for the East Asia Pacific Region), 일명 「신(新)아·태 전략」(EASR: East Asia Strategic Review)[33]을 통해 전면 중지되었다.

<표 4-9> 동아시아 전략구상(EASI)과 주한미군 철수

동아시아 전략구상(EASI)		주한미군 재조정 계획			
단계	내용	계획	실시	휴전협정 관리체계	연합지휘체계
제1단계 (1990~ 1992)	역내주둔 미군 13만 5천~ 14만 철수	7,000명 (육군 5,000명 공군 2,000명)	1992.12.: 6,987명 철수 (육군5,000명, 공군 1,987명)	· 군정위 수석 대표에 한국 군 장성 임명 · JSA 한국군 경비병력 증가	· 한미야사 (CFA) 해체 · 지상구성군 사령관 한국군 장성 임명

제34호(1996), pp.169-195.

33) 일명 '나이 보고서'로 불리는 동아시아 전략보고서는 당시 국무차관보이던 조셉 나이(Joseph Nye Jr.)가 중심이 되어 작성한 보고서로서 미국이 아시아 지역에 10만 명의 전방배치를 유지하면서 기존 동맹관계에 대해 공약을 재확인하고 있으며, 클린턴 행정부의 기본이념인 '개입'과 '확대'라는 철학이 반영되어 있었다. DoD, *The United States Security Strategy for the East Asia-Pacific Region*, Washington, D.C, February 1995. 조성렬, "냉전 이후 미국의 신군사 전략과 주한미군", 『주한미군 역사 쟁점 전망』(서울: 한울아카데미, 2003), p. 135에서 재인용.

제2단계 (1993~ 1995)	철수규모 명시 없이 군사력 감축 및 병력 재편성	6,500명 감축 (미 2사 2개 여단, 공군 7 공군 1개 전투 비행단 규모로 재편)	EASI II에 의해 보류 미실시,	·판문점(JSA) 경비 임무 한 국군 인수	·한미연합사 (CFC) 해체 ·작전통제권 환원 검토
제3단계 (1996~)	규모 미상 군사력 추가 감축	최소규모 주둔 (북한위협, 억 세개념, 미군 의 지위 역할 고려)	EASR에 의해 전면 중지	·미 2사단 책 임 지역 힌 국군 인수	·전시 작전통제 권 환원 ·한·미 기획사 령부 정착 ·한·미 병렬체 제 발전 ·용산기지 이전

출처: 국방부 군사편찬연구소, 『한미 군사 관계사, 1871~2002』 (2003), p. 712; US DoD, "A Strategy Framework"(1990); "신정부의 한미동맹 발전에 대한 전망", 『국제문제연구소·한국정치학회 공동 학술회의』(2003.2.27.), p. 9를 종합.

이러한 분위기 속에서 한국 내에서도 한·미군과 관련한 많은 변화가 있었다. 1980년 3월 14일에는 한·미 제1군단을 한미연합 야전군사령부(CFA)로 개편하였으며 서부전선에서 한국군의 전투 준비 태세에 많은 기여를 하다가 월남전 이후 성장한 한국군이 제3 야전군을 창설함에 따라 1992년 7월 1일부로 지휘권을 제3야전군 사령부에 인계하고 해체하였다.

1982년 3월 31일에는 한·미 간 「전시 주요방위물자(WRSA) 이 양에 관한 MOA 체결을 시작으로, 1983년 12월 8일에는 한·미 간 「155밀리 자주포 공동생산 양해각서」 체결, 1984년 6월 25일 「 WRSA 이외(以外) 비축물자 한국 판매 합의각서」 체결 등 한국군 의 능력 신장에 따라 군수분야의 협력이 가시화되었다.

1986년 12월 16일에는 미 국무부가 1987년부터 대한 군사판매 차관(FMS)공여 종결을 정식 발표하기에 이르러 미국으로부터의 군원이 종식되었다.

그동안 미국이 한국에 지원한 원조를 평가해본다면, 1950년 이후 1970년대 초반까지 미국의 한국에 대한 무상군사원조(MAP: Military Assistance Program)는 동(同) 기간 한국군의 존립과 기능을 지탱하는 지주 역할을 수행했을 뿐만 아니라, 한국의 자주국방 건설을 위한 기초를 제공하였다. 미국의 한국에 대한 무상군사원조는 1974년에 대폭 감소되고, 1971년부터 시작된 FMS 차관이 대한(對韓) 안보지원의 주류를 이루었다. 1970년대 이후 미국의 한국에 대한 안보지원의 상징적인 척도로서 기능한 FMS 차관은 미국 안보지원 예산의 삭감과 한국의 급속한 경제력 신장을 배경으로 1986년 종결됨으로써, 미국의 대한 안보지원 사업은 국제군사교육훈련(IMET: International Military Education and Training)만이 명맥을 유지할 뿐 사실상 종결되었다. 1950년부터 1988년까지 한국이 미국으로부터 지원받은 안보지원 사업형태별 지원 금액은 무상군사지원(MAP) 54억 7,000만 달러, 교육훈련지원 1억 7,000만 달러 및 3만 6,416명, 그리고 FMS 및 상업판매(군사판매) 64억 7,000만 달러 등이었다.[34]

1988년 6월 8일에는 「한·미 상호군수지원협정 및 한미방산기술협력 양해각서」를 체결한 데 이어 1991년 2월 1일에 「한·미 상호군수지원 협정」을 정식으로 체결하였다.

1990년대 초는 미국이 본격적으로 한국에게 경제 성장과 군사 운용 능력 신장에 따라 한국군이 부담할 수 있는 범위 내에서 그 역할을 부담 지우는 이른바 한반도 방위에서의 역할 분담을 요구

---

34) 오관치·차영구·황동준 공저, 『한·미 군사협력관계의 발전과 전망』(서울: 세경사, 1990), pp. 62-77.

하였고, 우리는 우리 나름대로 한국군의 자율역량의 확대에 따라 그에 상당한 대우를 요구하는 조정의 시기이기도 하였다.

이러한 기조에서 당시 한·미 간에 있었던 중요 합의 사항으로는 1990년 6월 25일의 용산기지 이전 합의각서 체결, 1990년 11월 13일 제22차 SCM에서의 방위비분담과 주한미군의 역할변경 합의, 1991년 1월 25일 주한미합동군사업무단(JUSMAG-K)의 창설,[35] 1991년 2월 5일 제1차 「한·미 SOFA」 개정합의, 1991년 3월 25일 군정위 수석대표를 한국군 장성으로 임명, 한국군 4성 장군인 한미연합사 부사령관의 지상구성군사령관 임명 등 일련의 합의들이었으며, 이 중 몇 가지는 다음 절에서 살펴볼 것이다.[36]

2. 한·미 방위비분담 합의

1980년대는 한미 관계에서 미군의 주둔지 비용을 감소시키는 노력에 비례하여 한국군의 부담이 늘어난 시대이기도 하였다. 전술한 바와 같이 미국은 한국과 수차례 각 부문에 걸쳐 협상하였으며, 이에 따라 사령부 운영에 소요되는 경비 부담, WRSA 탄약과 미군 탄약 저장의 한국 책임 이양이나 시설이용, 유류저장 시설의 이용, 노무자 운용 경비 분담 등을 요구하였고 이를 관철시켰던 것이다. 이러한 분위기 속에서 1980년대 말에는 미국 의회를 중심으로 방

---

35) JUSMAG-K의 주요임무는 한국 정부를 도와 한국군의 현대화와 체계유지를 지원하고 양국 간의 상호 이익이 되는 무기협력 사업을 하는 것으로서 이전의 군사고문단과는 성격이 달랐다. 이들은 주한미국대사의 직접적인 지휘를 받는 동시에 군사지휘에 관해서는 미 태평양사령부의 직접 통제를 받게 되어 있는 데서 알 수 있듯이 미국의 국가이익을 위한 측면이 우세한 조직이었다.

36) 국방부 군사편찬 연구소, 『한미 군사 관계사, 1871~2002』 (2003), pp. 816-817.

위비분담 협상 요구가 비등하였으며, 미국 정부는 이를 한미연례안보협의회의 등에서 정식 제의하기에 이르렀다.

방위비분담(Burden Sharing)은 군사동맹관계를 유지해나감에 있어서 핵심적인 개념으로 동맹관계를 유지하고 관리하는 데 소요되는 정치, 인력, 물자 및 경제적 제 비용을 국가 간에 공정하게 배분(Fair Distribution)함을 의미한다.

이는 협의로는 동맹국 간의 공동방위를 위한 군사적 노력의 분담으로서 군사비 규모, 주둔군의 경비지원, 연합방위예산의 분담 등을 의미하며, 광의로는 자유민주주의 체제 수호를 위한 노력의 분담으로서 군사, 정치, 경제, 인권, 난민구호 등 제 분야의 협력을 뜻한다고 볼 수 있다. 미국의 방위분담은 점차 광의의 개념으로 확대되어 미국의 대외 안보협력 정책의 기조로 설정되고 있다.[37]

위와 같은 정의에 입각하면 한미동맹에서도 동맹을 체결한 날부터 방위비분담 문제는 있었다고 할 수 있다.

다시 말하면 그 비율이 다를 뿐이지 주둔군을 허용할 때부터 양국 측 군 운용에 있어 비용은 발생하였기 때문에 그 비용의 분담문제는 존재하였던 것이다.

미 군정 시절이나 6 · 25전쟁 이전 한미 간에 맺은 「과도기에 시행될 잠정적 군사안전에 관한 행정협정」[소위 「잠정협정」 (1948.8.24.)], 「주한미군의 범법행위의 관할권에 관한 협정」[소위 「대전협정」(1950.7.12.)], 「마이어협정」이라고 불리는 「대한민국과 통합사령부 간의 경제조정에 관한 협정」(1952.5.24.) 역시 주요지

---

37) 국방부, 『방위비분담』 (1989), p. 7.

역 및 시설에 대한 무상공여를 포함하고 있어 우리로서는 접수국으로서의 비용을 분담한 것이었다.

이를 명확하게 규정한 1966년의 「한·미 SOFA」에서도 제2조(시설과 구역-공여와 반환), 제3조(시설과 구역-보안 조치)에서 미국 측이 사용하는 시설과 구역의 사용 비용을 무상(한국 측 부담)으로 하기로 합의하였고, 제5조에서는 1항에서 '합중국은 세2항에 규정된 바에 따라 대한민국이 부담하는 경비를 제외하고는 본 협정의 유효기간 동안 대한민국에 부담을 과하지 아니하고 합중국 군대의 유지에 따르는 모든 경비를 부담하기로 합의한다'고 하였다.

그러나 1991년 1월 25일에 양국은 「한-미 방위비분담 특별협정」(Agreement Between the ROK and U.S. Concerning Special Measures Relating to Article Ⅴ of the Agreement Under Article Ⅵ of the Mutual Defense Treaty …)을 별도로 합의하여 「한·미 SOFA」에서 합의한 미국 측의 운영경비나 시설 투자비 등을 한국 측에서 부담하기로 함으로써 기존 합의 내용을 수정하였다. 이로써 미국과는 사례별로 지원해오던 여러 부담형태를 포괄적 총체적으로 지원하는 방식으로 방위비분담은 표면화되었고 이후 3~5년 주기로 특별협정을 갱신하면서 지원비율과 액수를 증액하고 있다.

이렇게 미국 측에서 방위비분담을 표면적으로 요구하게 된 것은 한국만 해당한 것은 아니었다. 미국은 1950년대만 하더라도 세계 총 GNP의 40%를 점유하는 강국이었지만 이후에는 그 비율이 급격히 하락하였고 미 의회에서는 재정상 적자 폭을 감소하기 위한 일환으로 국방비 삭감에 대한 압박이 점증하였다. 걸프전, 이라크전 등 전쟁비용이 추가로 드는 등 해외주둔비용의 증가 역시 미국에는 큰 부담으로 작용하였다. 이러한 상황 속에서 NATO 각국과 일본 등 미군의 주둔으로 안보이익을 보는 나라들에 일정한 방위분담을 하도록 하는 것이 미국의 재정 적자를 감소시키는 적절한 방안이었던 것이다. 한국 역시 경제적으로 상당한 비용분담을 할 수 있을 만큼 주요 경제 지표가 성장세를 보였고, 율곡사업 등 군 현대화가 이루어져 안보에 있어서 자율성이 크게 향상되었다는 데에도 미국 측의 요구를 정당화하는 측면이 있었다.

1991년 「한-미 방위비분담 특별협정」 이전에 우리가 지원한 방위분담액을 보면 미군은 1988년 기준으로 토지 및 시설 등 부동산지원 약 12억 달러 규모의 지원을 받고 있는 셈이었고, JUSMAG-K 경비지원, 연합예산 지원 등 운영유지비지원, 연합방위 증강사업(CDIP)으로 불리는 해·공군 시설 구축사업 등의 지원,[38] 탄약 저장관리, 유류지원 용역비, 훈련장 시설 제공, 각종 특혜에 따른 감면혜택 등 다양한 부문에서 22억 달러에 달하는 지원을 이미 받고 있었다.

<표 4-10> 주한미군 지원내용(1988년 말 기준)

(단위: 백만 달러, 1달러: 728원)

비용 요소	내용	간접비	직접비
부동산 지원	토지, 시설 제공	1,190	172
인력 지원	카투사, 노무단 경계지원 인력	350.3	2.4

---

38) CDIP 사업은 한미 연합전력의 증강을 위하여 공동추진이 요망되는 사업으로서 한미 SOFA에 의해 지원되는 주둔군 지원 사업과는 사업 성격이 다른 것이다. 1970년 초반부터 미국 측의 산발적 요구에 의해서 업무체계나 법적 근거 없이 SOFA에 준용하여 지원되었으며, 이후 국방부에서는 훈령 제297호로써 근거를 마련하여 지원하였다. 훈령 제정 이후 감소하다가 지금은 방위분담금의 군사시설 명목에 통합되었다.

운영유지비 지원	미 군사지원단 경비 연합 예산 CFA 경비 지원 제공 훈련장 운영 등		3.2
CDIP 사업	해·공군 시설 등 14개 사업 기집행, 랜스포대 시설 등 14개 사업 진행		34.20
군수지원	탄약 저장관리 유류지원 용역비	212.0	65.4
한국군 시설 제공	훈련장, 사격장 항공관제 지원	16.1	
감면혜택	관세, 통행세, 체신 및 공공요금 할인 등	174.2	
소계		1,942.6	277.2
총계		2,219.8	

출처: 국방부, 『방위비분담』 (1989), p. 35.

「한미 방위분담금 특별협정」은 미 의회가 1988년 군사위원회 산하에 '방위비분담 소위원회'를 설치하여 나토동맹국과 일본, 한국에 대해서 방위비분담을 떠맡도록 한 데서 출발한다, 이듬해 7월에는 '넌-워너 수정안'에서 주한미군 직접주둔 비용의 부담액을 증가시켜줄 것을 한국 측에 요구하도록 주한미군의 장래에 대한 5개년 계획에 포함시켰다. 이러한 미국 의회의 압력에 직면한 미국 정부는 1988년 제20차 한미연례안보협의회의(SCM)에서 방위분담금 증액을 본격적으로 요구하게 되었다. 이때 한국 정부는 그 필요성을 인정하고 미국 측과 연합방위증강 사업비로 4,500만 달러, 1990년에는 7,000만 달러를 지원하기로 합의하였다. 이후 한미 양국은 한국의 경제사정, 북한의 위협수준, 미국 내 정치 및 경제상황을 종합적으로 고려하여 한·미 간 방위분담금 결정을 위해 계속 협상을 해오고 있다.[39)]

다음 표는 이후 체결된 일련의 「방위금 분담 특별협정」의 내용을 요약한 것이다.

<표 4-11> 방위금 분담 특별협정 주요 내용

차수	적용 연도	합의 내용
제1차	1991~1993	· 주한미군 한국인 고용원의 고용을 위한 경비의 일부를 부담
제2차	1994~1995	· 주한미군 유지를 위한 원화지출 경비의 1/3 수준으로 분담금을 증액
제3차	1996~1998	· 한국의 분담금을 전년도 대비 10% 증액 (1996년 3억 달러, 1997년 3.3억 달러, 1998년 3.99억 달러)
제4차	1999~2001	· 분담금을 경제 성장률과 물가상승률을 합한 비율로 증액함. 외환위기 상황에서 57%를 원화로 지급
제5차	2002~2004	· 분담금은 전년대비 8.8% 증가율에 'GDP 디플레이터' 변동률을 합한 증가율로 함. 원화지급비율은 88%로 확대.
제6차	2005~2006	· 분담금 액수를 전년 수준으로 동결, 100% 원화 지급
제7차	2007~2008	· 전년 분담금에 2006년 물가상승률 2.2% 반영, 7,415억 원
제8차[40]	2009~2013	· 2009년 분담금은 전년대비 2.5% 증액한 7,600억 원 · 2010년 이후 분담금은 전년도 물가상승률 반영(4% 이내) 분담항목은 4항목(인건비, 군사시설건설, CDIP, 군수지원)에서 CDIP를 군사 시설 항목에 포함, 3개 항목으로 함. · 2010년 7,904억 원, 2011년 8,125억 원, 2012년 8,361억 원으로 확정

방위분담비가 적정한가에 대한 논의는 관련 각국에 의해 공통적으로 제기되는 문제이기도 하다. 주한미군 전체 주둔비용 가운데 한국의 방위분담 비율은 1999년에 35%였고, 2002년에는 40% 수준이다. 이는 일본의 74.5%(2002년)에 비해서는 낮은 편이나 2004년 미국방부가 의회에 보고한 '동맹국의 미군 주둔비용 분담보고서'(Report on Allied Contributions to the Common Defense 2003)

---

39) 국방부, 내부 통계자료.

40) 제9차 협정(2014.1.12. 타결)에 의하면 2014~2018년 사이에는 9,200억 원 수준까지 증액 합의되었다. ≪한겨레신문≫, 2014년 1월 13일 자 기사 참조.

에 따르면 한국의 2001년 주한미군 지원비는 8.5억 달러(간접지원 포함)로 GDP 대비 0.17%인 반면, 일본의 미군지원비는 GDP 대비 0.11%, 독일은 0.05%로 다른 국가들에 비해 높은 비율로 미군을 지원하는 것으로 확인되었다. 비록 명목 숫자에서 일본에 비해 적은 비용을 지원하는 것이지만, 한반도에서 미국의 전략적 이익을 고려하고 경제력 수준에서 볼 때 한국의 분담률이 가장 높다.[41]

2013년 7월에는 2014년부터 적용할 특별 분담금 협상이 열렸는데, 미국 측은 한국 측의 비율을 더 올려 1조 원 이상을 분담하도록 의향을 내비친 것으로 알려졌다. 한국 측에서는 한미 기존합의에 어긋나게 미국 측에서 현금으로 축적하고 있는 7,380억 원과 그중 LPP 계획에 전용한 것으로 의심되는 3,818억 원의 용도를 투명하게 밝힐 것을 요구하는 각 사회단체의 입장을 지렛대로 사용하여 미국 측과 합리적인 결론을 내릴 필요가 있을 것이다.

어쨌든 미국이 한국과 일본에만 기존 SOFA에 배치되는 「방위분담금 특별협정」을 체결하여 매년 증액하고 있는 데 대하여 편안한 마음이 들지 않는 것은 사실이나, 미국이 각국에 대하여 각 나라의 수준에 맞는 방위비용 분담을 요구하고 있다는 점을 고려해본다면 미국 측의 방위비 증액 요구는 우리의 국력도 그만한 수준에 있다는 것을 방증하는 것이기도 하다. 따라서 우리가 요구할 수 있는 반대급부도 역시 그만큼 기대할 수 있고 당당히 요구할 수 있게 됨을 의미하므로 자율성 부문도 상대적으로 향상되고 있다고 할 수 있을 것이다.

---

41) 홍현익·송대성·이상현, 『남북화해시대의 주한미군』(성남: 세종연구소, 2003), pp. 206-208.

제6절 1980년대 말 한국의 군사역량 평가

1970년대, 1980년대는 남북한 간에 군비경쟁이 이루어진 기간이었고, 1970년대는 북한이, 1980년대에는 남한이 각각 군사적 우위를 보이는 기간이었다.

북한은 1967~1971년 기간에 전면적으로 공세적인 군사력 증강 계획에 착수했다. 그러나 남한은 북한의 이러한 노력에 뒤따르지 않았거나 하지 못했다. 한국군과 미군 측은 한반도에서의 군사력 균형을 심각히 우려하거나 한국군의 증강이 긴급한 것으로 생각하지 않았다. 박정희 정권은 남북대결에서 군사력 증강보다는 국력의 기초가 되는 경제 성장에 계속 역점을 두어, 여전히 '선 부국 후 강병' 노선을 취했던 셈이다.[42]

그러나 닉슨의 괌 선언이 미국의 동맹국들에 충분한 자구노력을 요구함에 따라 주한미군의 안보지원에 대한 확신에 회의론이 대두되고, 북한군의 장비 현대화가 전개되자 남한의 위기감은 고조되었다. 이후 한국이 자주국방을 표방하고 율곡계획을 착수한 배경과 그 내용에 대해서는 전술한 바와 같다.

1971년에 발표된 닉슨 미 대통령의 중국 방문 발표는 남북한 모두에게 '닉슨쇼크'라고 할 만큼 당황스러운 것이었다. 남북한은 이에 반응하여 비밀접촉을 하고 1972년에 이른바 7·4공동성명을 발표하면서 긴장완화를 시도하였지만 진정한 화해의 의도를 가진 것은 아니었다. 오히려 1972년도에는 헌법 개정을 통하여 각각의 체

---

42) 함택영, 앞의 책, pp. 177-178.

제와 정권을 공고히 하는 조치를 취하였다.

한편 1970년대 북한의 군사비 지출과 중국의 군사원조에 힘입은 군사력 증강은 계속되었다. 그러나 소련은 1960년대 구식 T-62형 탱크를 면허 생산하기로 한 1970년대 후반의 합의를 제외하고는, 1973~1984년 기간에 다량의 주요 최신무기를 북한에 제공하지 않았다. 북한은 푸에블로호 사건 이후로 계속해서 지상군(인력과 장비)을 누적적으로 확대했다. 1960년대에 방위산업에 대한 엄청난 투자는 북한으로 하여금 항공기·미사일·레이더 등 첨단무기를 제외한 대부분의 군수품을 자급자족할 수 있게 해주었다.[43]

1980년대는 한국에서 박정희 대통령의 시해 이후 권력을 장악한 전두환 정권이 미국의 압력에 의해 핵 및 미사일 개발계획은 통제받았지만 '율곡사업'에 의해 상당한 수준으로 군사력의 현대화가 이루어진 사실은 전술한 바와 같다. 이미 1980년대에 실질적인 경제 성장이 멈추어버린 북한에 비해, 한국의 군사력 증강은 고도 경제 성장의 혜택을 받았던 것이다.

한국의 군비증강뿐만 아니라, 전술핵무기를 포함한 (선제) 공격 및 비무장지대를 넘어서는 역습작전이 포함된 미국의 '공지전' (AirLand Battle) 독트린이 1983년 '팀스피릿' 훈련에 도입됨으로 인해 평양 측은 심각한 위협을 느꼈음이 틀림없다. 또한, 이즈음 소련이 중동을 침공 시 미국은 한국에서 전쟁의 '수평적 확산'을 노린다는 계획이 레이건 행정부로부터 흘러나왔다.[44] 이러한 상황 속에서 경제 여건상 여력이 없었던 북한의 선택은 병력 위주의 지상군 증강이었을 것이다. 추정된 북한의 병력은 1980년대에 대략 67

---

43) 함택영, 앞의 책, pp. 181-182.

44) Bruce Cumings, *The Two Koreas; On the Road to Reunification?* (New York; Foreign Policy Association, 1990), p. 79. 함택영, 앞의 책, pp. 188-189에서 재인용.

만~70만 명이었다. 또한, 북한은 전차 사단과 기계화 보병 사단들을 2.5개 여단(2~3개 여단: 저자 주석)으로 분할하여 수 개 군단을 재편하는 작업에 착수하였으며, 더 많은 부대를 종심방어와 전략적 예비군으로 배치하였다.[45]

북한은 1980년대 남한의 대공방어망을 돌파하기 위한 능력과 지상군에 대한 근접공중지원을 위한 전력을 확충하였으며, 이때 수입한 헬기가 한국이 사용하고 있는 것과 동일한 휴즈사의 500MD(서독 회사를 통한 밀수입)였으며, 소련의 MIG-23전투기, SU-25공격기, SA-3 및 SA-5 지대공 미사일이었다. 이 시기 주목해야 할 사실은 북한의 탄도미사일과 화학무기의 개발이다. 이러한 시도는 북한이 1976년부터 중국의 둥펑(東風)-61(사거리: 600㎞, 탄두 중량: 2,000㎏) 개발 계획에 참여하면서부터 시작되었다. 그러나 중국을 통한 미사일 개발기술의 획득은 동(同) 계획이 중국 자체의 국내 사정으로 중도 무산되었다. 그러나 북한은 1970년대 말 이집트와의 군사협력계획의 일환으로 소련제 스커드-B와 수송차 겸용 발사대를 인수하게 되었으며, 1984년에는 이의 역설계(reverse-engineering) 모방 생산을 통하여 개량형 스커드-A를 독자생산 하였다.[46] 이후 북한은 스커드-B(1985년, 사거리 340㎞), 스커드-C(1990년, 사거리 500㎞)를 연속적으로 개발하여 이 분야에서 한국을 앞지르기 시작하였다. 이 시기 북한의 군사력 증강 추세는 다음 표와 같다.

---

45) Bermubez, Joseph S., Jr. *North Korean Special Forces*, Couldson, Surrey: Jane's, 1988, pp. 39-40, 137-138. 함택영, 앞의 책, p. 189에서 재인용.

46) 스커드-A형의 사거리는 300㎞, 탄두 중량은 985㎏ 1단 로켓이었다. Joseph S. Burmudes and Seth Carus, "The North Korean Scud B Programme", Jane's Soviet Intelligence Review, Vol. 2, 4. (April 1989), p. 180.

<표 4-12> 1970~1980년대 북한의 군사력 증강 추세

구분	1971년	1980년	1989년
국방비 지출	4.43억 달러	13억 달러	41.3억 달러(1988)
병력	36만 명	60만 명	84.2만 명
탱크	750대	2,650대	3,175대
대포	2,300문	4,000문	6,400문(방사포 2,500)
FROG-5/7 SSM	-	39기	54기
장갑차	192대	1,000대	1,400대
잠수함	4척	16척	21척
어뢰정	14척	165척	365척
MIG-19	126대	140대	140대
MIG-21	120대	120대	160대
MIG-23			46대
SU-25			10대
헬기			170대(휴즈헬기 80대)
SA-2/3/5발사기(대)	180기(15)	250기(45)	500기(45)

출처: IISS, *The Military Balance* 1971/1972, 1980/1981, 1988/1989.

위의 북한 전력과 상대적인 비교를 해보기 위해 1989년경 한국 군의 전력을 살펴보면, 전체 병력에서 현역은 62.9만 명이었고, 국 방비 지출은 57.3억 달러(1987년)였다. 주요 장비로는 지상군은 88 신형전차 200대를 포함하여 전차 1,500대, 장갑차 850대, 대포 3,340문(자주포 100문, 다련장 140문), 헬리콥터로 120대의 UH-1 B/H, 194대의 휴즈사 500MD(토우 헬기 50대 포함), 지대지 미사 일로 어네스트 존 12기 및 대공미사일로 호크 100기와 나이키 허 큘리스 200기가 있었다. 해군은 구축함 11척과 호위함18척, 상륙함 15척, 잠수함은 2기의 406밀리 어뢰를 장착한 한국형 소형 돌고래 3척만을 보유하였다. 공군은 473대의 전투기를 보유하였는데 여기 에는 24대의 F-16과 260대의 F-5 계열의 전투기를 포함하고 있다.[47]

---

47) IISS, *The Military Balance 1988~1989.*

장비 수(數) 면에서는 북한에 열세(특히 지상 전력과 공군력)로 보이지만 지속적으로 증강이 이루어져 질적으로는 우수한 편이었고, 전력의 부족한 부분은 미군의 전력으로 보강되어 전면적인 작전 능력은 북한을 상회하였다.

이제 전반적인 군사비 지출에 의한 남북한 군사력의 균형문제를 검토해 보자. 앞에서도 언급하였듯이 군사력을 평가하는 지표로서의 군사비 누계 방법론은 상당히 의미 있는 자료를 얻을 수 있기 때문이다.

<표 4-13> 1970~1980년대 남북한의 군사력 운영유지비 및 투자비 누계 비교

(단위: 1987년 불변 10억 달러)

연도	남한 연간지출 1)		남한 누계 1)		북한 O&M＋투자비 4)						남/북 누계 비율 (%)
	O&M＋투자비 2)	투자비	O&M＋투자비 2)	투자비 3)	연간 I	연간 II	연간 III	누계 5)			
1970	1.271	.719	8.182	(5.44)	1.626	좌동	좌동	9.264	**좌동**	**좌동**	88.3
1971	1.185	.511	8.713	(5.52)	2.107	좌동	좌동	10.630	**좌동**	**좌동**	82.0
1972	1.507	.911	9.523	(5.98)	1.492	1.847	2.286	11.272	11.618	12.065	78.9-84.5
1973	.883	.274	9.644	(5.78)	1.418	1.673	2.182	11.788	12.361	13.282	72.6-81.8
1974	1.195	.551	10.067	(5.87)	1.313	1.899	2.189	12.158	13.272	14.408	69.9-82.8
1975	1.358	.765	10.620	(6.16)	1.447	2.134	2.419	12.633	14.344	15.674	67.8-84.1
1976	2.139	1.864	11.909	(7.51)	1.409	2.275	2.404	13.031	15.454	16.849	70.7-91.4
1977	2.469	1.555	13.426	(8.46)	1.432	2.419	좌동	13.421	16.637	17.920	74.9-100.0
1978	3.030	1.689	15.382	(9.47)	1.359	2.404	좌동	13.706	17.710	18.890	81.4-112.2
1979	2.994	1.566	17.145	(10.28)	1.442	2.500	좌동	14.052	18.793	19.879	86.2-122.0
1980	3.477	1.664	19.250	(11.12)	1.197	2,239	좌동	14.124	19.528	20.527	93.8-136.3

1981	3.181	1.327	20.891	(11.56)	1.242	2.268	좌동	14.237	20.234	21.153	98.8-146.7
1982	3.159	1.435	22.379	(12.07)	1.321	2.327	좌동	14.419	20.942	21.788	102.7-155.2
1983	2.929	1.268	23.518	(12.37)	1.211	2.260	좌동	14.476	21.527	22.304	105.4-162.4
1984	2.895	1.413	24.531	(12.79)	1.189	2.260	좌동	14.507	22.064	22.780	107.7-169.1
1985	3.018	1.501	25.587	(13.27)	1.442	2.484	좌동	14.788	22.783	23.441	109.2-173.0
1986	2.844	1,676	26.384	(13.89)	1.420	2.474	좌동	15.025	23.435	24.040	109.7-175.6
1987	3.488	2.042	27.761	(14.82)	1.341	2.360	좌동	15.164	23.919	24.477	113.4-183.1
1988	4.469	2.635	30.009	(16.27)	1.659	2.660	좌동	15.610	24.666	25.178	119.2-192.2
1989	4.901	2.944	32.510	(17.91)	1.170	2.104	좌동	15.463	24.797	25.268	128.7-210.2

1) 한국은행의 잠정 GNP 환율 및 1987년 불변가격 달러화 디플레이터 이용
2) 1954~1960년 기간 연간 8% 감가상각율을 적용한 미 군사원조 누계로서, 한국 정부 예산에 의한 일부 운영유지비 제외
3) 한국전쟁 기간 및 1954~1960년간 제공된 군사장비 원조액 누계(8% 감가상각)로서, 100% 효과적 지출로 가정한 경우
4) 연간 총국방비에서 인건비를 공제한 금액을 1987년 불변가격으로 환산
5) 1960년 남한의 80%로 전제한 후 -그 이상으로 추정할 경우 1960년대 전반기 북한의 O&M+투자비 규모는 누계를 계속 감소시키게 됨- 연간 지출액의 누계를 계산함(8% 감가상각)
출처: 함택영, 앞의 책, p. 237.

1968년도부터 집중적인 투자를 한 북한의 군비는 1970년대 내내 북한의 우위를 보였다. 특히 스커드 미사일 등 전략적 미사일의 개발은 새로운 위협으로 부상하기 시작하였다. 그러나 1980년대에는 누적 군비의 추계에서 남한이 전반적으로 북한을 앞서기 시작함을 알 수 있다. 이러한 누적군비의 격차는 이 시기 북한이 경제성장의 한계로 인하여 장비의 노후화에 따른 신형장비 교체나 유류의 소비가 전제되는 비행훈련과 대규모 기계화부대 훈련 등에서 상당한 제한을 받았을 것으로 추정되는 부분이다. 상대적으로 한국은 장비의 질적 향상은 물론 군사 운용비에서도 투자를 늘려 병력의 질적 향상에서도 우위를 유지할 수 있게 된 것이었다.

제7절 소결론: 한국군의 지위 상승

1960년대 말에서 1980년대 말까지의 기간은 한미 양국 모두에게 극심한 변화가 있었던 기간이다. 우선 한국은 박정희의 유신체제라는 권위주의 정권하에서 경제발전에 매진하였으나 체제의 완고성 때문에 국민들의 저항이 쌓여 대통령 유고라는 사태를 빚었고, 동(同) 기간 미국은 월남전의 패배와 국제정세를 재평가하여 중국과의 수교와 함께 닉슨 독트린을 선언하였다.[48] 이러한 정책은 아시아 지역에서 미국 지상군 군사력의 사용을 제한하는 조치를 취하게 하였다. 또한, 카터 미국 대통령은 한국의 인권상황 개선을 요구하면서 무리한 주한미군 감축 계획을 강행하려 함으로써 미국 내에서까지 반발을 초래하였으며, 이 역시 한국으로 하여금 자주국방을 서두르게 하였고, 이러한 구조 조정 속에서 유엔 안보리에 중국이 새로운 상임이사국으로 등장하였으며, 1975년도 유엔 총회에서는 1976년 1월 1일부로 유엔군사령부의 한반도 철수를 결의하기도 하였다.

이에 따른 주한미군의 안정적 주둔을 위한 조치로서 미국은 유엔군사령부는 정전관리만 담당하게 하고 연합군사령부를 창설하여 한반도의 방어를 맡게 하였다. 이 조치는 한국이 부분적으로나마 한국군 지휘에 참여할 수 있는 계기를 제공하였다. 박 대통령 이후

---

48) 박정희가 선택한 당시의 '한국적 민주주의'는 '민주주의'라고 볼 수 있는 보편적 민주주의와는 괴리가 있었다. '민주주의'를 담론으로 하여 그 원리를 갈파한 로버트 달(Robert A. Dahl)은 적어도 민주주의가 되려면 ① 선출된 지도자, ② 자유롭고 공정하며 빈번한 선거, ③ 표현의 자유 보장, ④ 선택의 여지가 있는 정보 제공, ⑤ 결사의 자율성 보장, ⑥ 융합적 시민권 보장 등을 열거하고 있는데 유신체제를 대입시켜 보면 이해될 것이다. 로버트 달(Robert A. Dahl), 김왕식·정성화·이기호 옮김, 『민주주의』, pp. 120-158 참조.

등장한 전두환 정권은 광주시민 운동의 수습 과정과 10 · 26을 통해 형성된 국민적 저항을 수습해야만 했다. 이러한 정치적 한계를 극복하기 위하여 전두환 정권은 집권 과정에서 미국의 지원이 절실하였다. 이러한 상황에서 전두환 정권은 박 대통령이 미국과 마찰을 빚던 핵과 미사일을 자진해서 포기하여야 했고, 국방과학의 산실인 국방과학연구소의 기능을 과도히 축소시킴으로써 겨우 자리를 잡아가던 국방과학 연구의 기를 꺾어 그 분야의 발전이 오랫동안 뒤처지게 하는 결과를 낳았다. 이 기간은 레이건 대통령이 약화된 소련을 군사적 승부수를 띄워 무력화시키는 기간이기도 했고, 한국에서는 성장하던 경제력을 바탕으로 박정희 대통령이 추진하던 율곡사업을 지속해서 추진하는 기간이기도 했다.

이 기간에 한국은 나름대로 변화된 상황 속에서 군의 자율성을 확보하기 위한 최선의 노력을 다하였다.

우선, 1964년 비전투 요원의 파견을 시작으로 1966년의 대규모 전투부대의 파병으로 이어져, 1974년 월남전이 종식될 때까지 연인원 5만이 넘는 월남전의 파병은 한국군의 현대화가 한 단계 더 진척되는 결과를 가져왔다. 당시로써는 한국에 편제되지 않았던 M-16과 헬기 등 미군의 현대화된 장비를 운용할 수 있었고, 6 · 25 전쟁 이후 갖지 못했던 실전경험을 축적할 수 있었다. 이를 한미동맹의 관리 면에서 보면 '포기'의 두려움 속에서 우방에 대한 의리를 지키고 경제적인 이익도 확보하는 협상력을 발휘한 것이었다. 그리고 군사적 운용 면에서 중요했던 것은 한국군이 미국군과 월남군과의 협조 속에서 일정지역을 책임지고 독자적으로 작전을 지휘할수 있었다는 점이다. 이를 통해 당시 국방부나 실제 부대를 지휘했던 지휘관들이 현지의 상황에 입각하여 부대를 융통성 있게 지휘할 수 있게 함으로써 당시 월남의 평정에도 도움이 되고 한국의 국가이익도 고려한 조화된 작전을 전개할 수 있었다. 한국에서 유엔군사령관이 전적으로 한국의 방위를 책임지고 있는 상황에서 미국군 사령관의 지휘통제 속에 두고자 했던 미국군의 강력한 요구를 효과적으로 설득한 군사외교력을 높이 평가하지 않을 수 없는 사례였다.

닉슨 독트린으로 야기된 한국의 안보 불안감을 해소하기 위하여 미국은 1971년부터 한미국방각료급회담을 외교통상부 관계관을 참석시켜 SCM으로 확대시켰으며 오늘날까지 변함없이 이어지고 있다. SCM의 출발은 미국이 한국을 안보 파트너로 인정하고 안보 현안을 협의 조정하기 시작하였다는 데에 의의가 있다. 이전에는 사안별로 한국 측에 거의 임박한 시점에서 통보하는 수준에서 이제는 정기적으로 종합적인 수준에서 검토, 협의하는 통로를 만든 것이다. 특히 SCM 시 합의하여 한미 공동 작업으로 한미연합군사령부가 출범하였고, 한미연합군사령부의 출범과 함께 시작한 MCM 은 한미 간 군사적 차원에서 군사현안에 대하여서도 공식적인 협의 채널을 구축하였다. 이러한 SCM과 MCM은 한미 간에 대통령과 국방부 장관, 합참의장 등의 지휘계선상에서 전략지시를 통한 지휘 계통을 확립함으로써 적어도 명분상으로 한미 각국의 통수권에 의한 동등한 지휘체계를 확립한 것이었다.

한미연합사의 출범은 한국군에게 많은 기회를 제공하였다. 한국군이 상당한 군사력을 보유하였음에도 자국의 방위를 외국군에게 맡긴 채 뒷짐을 지고 있다는 비판을 벗어날 수 있었고, 818계획으로 합참 조직을 정비하여 합참이 장차 연합사를 대신할 수 있는 조직으로 발전할 수 있도록 인수준비를 시작할 수 있었다. 무엇보다도 미군의 지휘체계 속에 동등한 인원이 참여하여 공동으로 작전계획을 수립하고 세계첨단의 정보를 운용하며, 전시에 대비한 연습을 해봄으로써 한국군의 군사 운용 능력이 급신장하는 계기가 되었다. 워게임 분야는 전 세계에서 한국이 미국을 제외하면 선두자리를 점할 만큼 한국군의 능력이 향상되었다. 그러나 미국군 장성이 연합사령관을 맡고 있으며, 또한 그가 유엔군사령관과 주한미군사령관을 겸하고 있고 기획·계획을 미군이 주도함으로써 한국의 군사적 자율성 행사가 기대만큼 이루어질 수 없는 한계도 분명히 존재하였다.

이제 미국의 원조 삭감과 방위분담금의 한국부담 요청에 관한 문제를 검토해보자. 미국의 무상군원은 재정이 열악한 한국 정부의 세입과 국방비의 주요 원천인 때가 있었음은 앞에서 살펴보았다. 미국은 1970년대 주한미군의 감축을 합의할 당시 한국에는 한국군의 현대화를 위하여 원조를 제공하였으며, 한국의 부담능력이 향상함을 평가하여 FMS 직접차관과 보증차관 형태로 지원하였다.[49]

FMS 차관은 한국군의 전력증강 투자재원으로서 큰 몫을 차지한 것으로 평가된다. 1974~1983년 기간 중 FMS 차관 도입액(집행기준)은 16억 2,300만 달러로서 전체 국방 투자액 83억 8,400만 달러

---

49) FMS 직접차관은 미 국방성의 자체예산으로 미국산 방산물자 및 용역 구매국에 제공되는 군사판매 차관이며, FMS 보증차관은 미연방금융은행이 금융시장에서 재원을 조달하여 미 국방부의 보증하에 구매국에 제공되는 군사판매차관이다. 직접차관은 보증차관보다 이자가 저리(低利)로 제공되어 유리하였으나 한국에서 제공받은 것은 보증차관이 대부분이었다. 오관치·차영구·황동준, 앞의 책, p. 67 참조.

의 약 20%를 점유하여 전력증강 투자재원의 상당 부분을 차지하였으며, 특히 1974년과 1978년도는 각각 30%와 35%를 차지함으로써 큰 몫을 담당하였다. 이는 주로 공군의 최신 정밀무기를 비롯하여 대부분 고가의 최신무기 구입에 사용되었다.[50]

그러나 1986년에 이르러 미국은 한국이 FMS 지원국에서 졸업하는 조치를 취하였고 방위분담금을 정식으로 요구하기 시작하였다.

이러한 배경에는 미국이 한국의 경제발전과 대미무역 흑자국이라는 것을 고려한 것이었다. 또한, 미국은 1970년대 한국의 방위산업을 지원할 때 산업기술자료(TDP)를 적극적으로 지원하고 기술요원을 파견하여 적극적으로 지원하던 시절과는 달리 1980년대에 들어오자 지원을 유보하거나 관망하는 형태로 변하기 시작하였다. 이는 한국이 국내 기본 병기 수요를 충족시키고 제3국에 수출을 시도하기 시작하는 것과 때를 같이한다. 한국의 방위산업을 경쟁 또는 요주의 대상으로 인식한 것이다. 이에 따라 한국이 TDP 도입 시 1970년대는 특허료 및 비순환 발생비용(Non-recurring Cost) 등은 면제되었으나, 1980년대부터 수출용 TDP에는 특허료를 요구하였다.

또한, 1986년 가을에는 미 의회에서 NATO 국가에 적용하고 있는 무기체계 표준화 및 상호운용성(RSI: Rationalization, Standardization and Interoperability) 정책과 관련한 넌 수정안(Nunn Amendment)에 미국과 공동연구개발 및 생산을 위하여 재정지원을 할 수 있는 대상국가로서 일본, 이스라엘, 오스트레일리아, 이집트 외에 한국

---

50) 오관치 · 차영구 · 황동준 공저, 앞의 책, pp. 67-68.

을 포함시킨 것은 한미 양국이 공동의 군 소요를 찾아내어 공동연구개발을 추진할 수 있는 미 의회의 법적 뒷받침을 마련한 것으로, 한국의 성장을 인정하고 미국과의 방위산업의 파트너로 인정하고 있다는 점에서 고무적인 것이었다.[51]

그러나 이 기간에 방위산업의 발전에는 몇 가지 문제점도 가지고 있었다. 첫째, 짧은 기간에 외양적이고 양적인 성장에 치우쳐 질적 성장은 미흡하였다. 이는 기술부족으로 모방생산이나 조립생산에 우선하다 보니 고가의 주요 핵심 부품이나 구성품은 해외에서 구입할 수밖에 없었던 사정을 말하는 것이다. 그 예로써 1986년 당시 방산업체 전체의 조달 가격기준 평균 국산화율이 53.1%이며, 이중 총포, 탄약, 일반물자를 제외하면 국산화율은 40%에 불과한 실정이었다. 둘째, 연구개발체제가 국방과학연구소 즉 정부주도로 수행하여 업체들의 연구개발 능력이 미흡한 것이었다. 셋째, 한국군이 필요로 하는 국내 무기소요에 한계가 있기 때문에 경영수지 악화와 군소요 충족 후에 기존 생산 시설을 유지하는 데 애로가 발생하였다. 넷째, 정작 필요한 항공무기, 통신 및 전자 등 고도정밀 무기 생산에 대한 투자와 기반이 취약한 약점을 가지고 있었다.[52]

그리고 한 가지 놓쳐서는 안 되는 관점은 무엇보다도 미국에서 제공된 장비로 편제하였고 훈련하였으며, 미군 장비의 대체를 목표로 장비를 개발하였기 때문에 한국군은 장비 면에서 미국에 자산 특수성을 가지는 구조로 굳어져 가고 있었다는 점이다.

---

51) 황동준, "한·미 방산협력: 안보증진을 위한 새로운 단계", 『국방과 기술』(1988). pp. 48-50 참조.
52) 황동준, 위의 글, pp. 46-47 참조.

한미 방위비분담 특별협정은 기존 「한·미 SOFA」에서 한국이 미군 주둔 지역과 시설을 무상으로 제공하는 대신 미국의 주둔으로 인한 비용은 전적으로 미국이 부담하기로 했던 약정을 깨는 협정이므로 「한·미 SOFA」의 개정 소요가 있었지만 「한·미 SOFA」를 그대로 놔둔 채 한국이 미군 주둔 비용의 상당 부분을 책임지게 되었다는 점에서 비판을 받고 있다. 그러나 한국이 경제 성장에 따라 미군 주둔 비용의 일부를 부담하게 된 것은 여타 일본이나 NATO와 대등한 수준의 대우를 요구할 수 있는 근거도 되고 있으므로 한국의 군사적 자율성을 확보한다는 측면에서 불가피하게 받아들일 수밖에 없는 부분이라 하겠다. 미국의 군 운영비 감축 요구 추세에 따라 미국은 현재 40% 수준에 있는 분담금을 일본의 75% 수준으로 계속해서 증액을 요구할 것으로 예상되므로 한국이 제공하고 있는 지역과 시설의 무상지원 부분을 이 분담금에 상계시키는 노력을 계속해나가야 할 것으로 생각된다.

이러한 상황을 감안하여 한국의 군사적 자율성을 평가해보자. 닉슨 독트린으로 한국의 자주국방의식은 크게 제고되었다. 그러나 이때의 이러한 자각은 한미동맹의 유지가 어려워질 것에 대한 우려에서 출발하였기에 군사지휘권의 환수 등 군사 운용상 자율성을 주장하였던 것은 아니었다. 그러나 이 기간 월남전의 참가와 한미연합사의 출범에 따른 부분적인 작전통제권의 행사, 작전기획이나 계획, 한미연합훈련의 실시 등에서 한국군의 참여확대는 한국의 군사 운용상 자율적인 군사지휘 역량을 크게 향상시켜 놓았다. 이 기간 한국은 미국과의 동맹관계를 활용하여 간부들에 대한 교육훈련을 체계화하였으며, 특히 1973년에 창설된 훈련교육사령부의 창설은 월남전의 참전 경험을 교리화하고 자율적인 교육훈련을 하게 된 것을 의미할 뿐만 아니라, 한국이 장기적인 비전을 가지고 군사 현안을 기획하고 장비 소요를 스스로 결정하는 등 한국군의 전투 발전에 있어 많은 기여를 하였다. 그리고 율곡계획에 의한 한국군의 군 현대화는 북한에 대한 한국군의 자력방위를 상당 부분 실현할 수 있는 정도로 또한 감당할 수 있는 수준까지 향상시켜 놓았다고 평가할 수 있을 것이다. 그러나 당시까지 한국군의 지휘는 연합사령관에 의해 전적으로 수행되었고, 한국 합참도 태동기여서 작전기획 등에 주도적으로 참여하기에는 미흡한 것도 사실이었다.

동(同) 기간의 군사력 건설에 관한 사항은 남북 모두 경쟁적인 성장을 보였다. 앞의 율곡사업에 대한 기술과 전 절의 군사역량 평가에서 언급한 대로 1970년대에는 북한의 역량이 급신장하였으나 1980년대에는 한국군의 현대화로 한국의 질적인 우세가 이루어졌다. 다만 이 시기에 북한의 장사정 포병이나 미사일의 확충, 특수전부대의 확대 등 재래식 비대칭 전력의 증강은 우려되는 부분이었으며, 한국에서도 이 부분에 대한 관심이 제고되어 전투력 증강 소요에 반영되었다. 그리고 아직 주변 잠재적국에 대한 대비전력문제까지 신경 쓸 상황은 되지 못하였다. 그러나 이 시기 주한미군의 전력까지를 고려한다면 공세전력으로서의 북한군의 우위효과는 상실하였다고 판단된다.

이를 평가요소에 대입시켜보면 대략 다음과 같이 될 것이고 1960년대 말에 비교해서 한국의 군사 운용상의 자율성과 한국군의 기반 군사력은 다음 표와 같이 많이 향상되었다.

<表 4-14> 1980년대 말 한국의 군사적 자율성 평가

O: 충족(우세) △: 보통(대등) ×: 미흡(열세) -: 미평가

구분	요소	평가
자율적 군사 운용 의지/능력 구비	자주국방에 대한 비전과 군사전략의 수립 (자주국방 의지의 결집과 자율적인 군사정책의 실현)	△
	국가 차원의 군사적 리더십 구비 (자율적인 군사지휘권 확립)	△＋
	국가적 위기관리시스템의 작동, 전시 기능 발휘 (전시 동원 및 군사능력 발휘 보장)	△
	자국민의 권익보호 및 이해 반영 (군사외교 주도권 발휘, 자국민 권익 보호)	△
군사역량 구비	대북한 방위전력 확보 여부?(재래식 전력)	△＋
	대북한 방위 전력 확보 여부? (재래식/비재래식 비대칭 전력)	△
	대 잠재적국 방위충분전력 확보 여부? (대(對)잠재적국 공격 거부전력)	－

　　북한의 공격에 대한 방어 전력으로서의 군사력 건설은 충분전력
을 상당 부분 구축하였을 것으로 판단할 수 있다. 물론 국방부에서
율곡사업 결과에서 제시한 북한대비 전력 71% 정도로도 방어 군
사력으로서의 목표치를 어느 정도 달성하고 있다고 평가할 수 있
다. 국방부의 수치는 함택영의 분석에 따르면 그동안 미국의 군원
에 대한 누적 군비 투자가 포함되지 않았으며 남북한 장비의 현상
적인 비교에 의지하고 있음을 감안해야 하고, 북한이 경제 여건상
훈련 등에서 결코 월등한 우세를 보일 수 없었기 때문이다. 더군다
나 주한미군의 전력까지를 고려한다면 이 시기 남북한의 군사력
균형은 남한 쪽으로 기울어졌으리라는 점을 부인하기 힘들다.
　　그리고 앞에서 군사 현대화 과정에서 미군 장비에 대한 자산특
수성이나 간부들의 미국 군원교육, 그리고 한미연합사에서의 작전

공유에 의한 작전 상호운용성의 증가 역시 한국군의 자율성을 향상시키는 긍정적인 점 외에 인적 자원의 자산특수성을 형성시키는 데에도 한몫하였다고 판단된다. 이는 '한미동맹의 영구화'라는 시각으로 접근한 서재정의 연구가 적용될 수 있는 여지가 있었다고 생각된다. 왜냐하면, 대북 방어의 충분 전력을 확보하였어도 한미동맹은 계속 강화되는 양상을 보였기 때문이다. 또한, SCM, MCM을 시작하여 양국이 동맹관계에서 나타나는 제반 문제를 협의하여 공조의 장을 열었다는 점에서 이제 한국은 신욱희가 제시한 '비대칭 동맹관계에서 미국 측에게 협상대상자로 대우받기 시작하였다'는 시각을 가져볼 수 있는 기간이기도 하였다.

■■■ 제5장 한미관계 조정과 한국군의 자율성 확대(1990년대)

제1절 한·미 SOFA 1차 개정

1988년 올림픽 개최를 앞두고 사회의 각 부문에서 자유로운 분위기가 확산되는 시점에서 서울올림픽을 전후하여 발생한 미국 고위 간부 자녀의 임신부 폭행사건과 매향리 주민과의 마찰 등을 대하는 국내의 시각은 미국을 이전의 '고마운 나라'에서 이제는 자국의 이익을 우선하여 '한국을 불평등하게 대하는 나라'로 부정적으로 많이 바뀌어 있었다.[1] 때마침 동유럽에서 소련의 패권이 무너지고 많은 동구 공산주의 국가들이 민주 자본주의 국가로 변화하는 등 냉전체제가 종식되고 있었고, 한국도 북방정책을 추진하면서 국제관계를 바라보는 시각이 변하고 있었으며, 경제규모가 성장함에 따라 그에 걸맞은 대우를 받아야 한다는 국민적 자존심이 발동하기 시작하던 때여서 국민들이 「한·미 SOFA」를 불평등 조약으로 인식하고 개정해야 한다는 목소리가 높아지는 것은 당연한 귀

---

[1] 1988년 9월 3일의 미군 자녀 페트릭 외 1명이 임신부를 아무 이유 없이 주먹과 발로 때리고 찬 사건, 1988년 5월 29일 헬리콥터를 동원하여 매향리 주민을 폭행한 사건 등 이슈화된 사건 이외에도 크고 작은 폭행사건이 줄을 이었고, 그 처리 과정에서 한국인으로서는 이해 못 할 불공정한 사례에 대해 많은 보도가 줄을 이었음. 오연호, 앞의 책, pp. 182-184, 369 참조.

결이었던 것이다. 한·미 양국 정부가 이러한 시대적 요구를 바탕으로 1988년 12월 16일 1차 「한·미 SOFA」 개정회의가 개최된 이후 1991년 1월 개정합의서가 서명되기까지는 2년이라는 기간이 소요되었지만 근본적인 개선을 이루어내지는 못하였다.

그나마 여전한 불평등 협정으로 남아있었지만, 한국 측의 요구로 ㄱ 불평등성이 다소 완화된 점은 성과라고 할 수 있겠다.

1991년의 개정은 1966년의 협정 중 「한·미 SOFA 본 협정」과 「합의의사록」은 그대로 존속시키고, 「합의양해사항」을 「개정된 양해사항」으로 대체하였으며, 「교환서신」은 폐기한 것 정도였다.

가. 시설과 구역 – 공여와 반환

제2조 규정에 기존 조항은 시설 및 토지에 대한 적절한 반환절차가 없었을 뿐 아니라 반환하더라도 미국 측이 재사용할 수 있도록 규정하고 있었다.

개정된 양해사항에는 제1항 (나)에 '대한민국은 재사용권 유보하에 반환된 시설과 구역에 대해 유보된 재사용권 포기를 … 합중국 군대에 요청할 수 있고, 합중국 군대는 … 이러한 제의를 호의적으로 고려한다'고 하였다.

또한, 제3항에서 '더 이상 필요하지 않은 시설과 구역의 반환을 목적으로 매년 1회 이상 주둔군 지위협정 제2조하에 공여된 모든 시설과 구역을 검토한다'고 하여 합동위원회나 시설구역 분과위원회에서 합동으로 주기적인 검토를 하도록 하였다. 미군에게 일방적으로 유리한 조항을 시정한 것이었다.

나. 노무 규정

기존의 조항은 노동조건을 미군이 설정하고 분쟁이 발생 시는 한국 고용자가 일방적으로 불리하였으므로 한국 고용원의 노동조건을 국내법과 일치하게 하려고 노력하였다.

제4항 (가)는 '대한민국과 주한미군은 … 노동쟁의의 정당하고 공정한 해결을 촉진하기 위해서 최대한 노력한다'라고 하였고, 또한 '주한미군은 주한미군 노동조합 간부에 대하여 불리한 조치를 취하기 전에 대한민국 노동부의 적절한 관계자에게 이를 통보한다'고 기본권을 보장하도록 하였다.

제4항 (가), (나), (다)는 주로 단체행동 사안에 관련해서 대한민국 정부와 주한미군에서 각각 동수로 6인 이하의 특별위원회가 고용주 대표를 포함한 해당 쟁의를 알고 있는 인원과 정보를 교환하고 조정할 수 있도록 하였다.

다. 형사재판권

① 제1차적 형사재판권

「교환서신」에서는 대한민국이 제1차적 재판권을 행사하려면 '대한민국이 그의 제1차적 재판권에 속하는 범죄 발생을 통고받거나, 알게 된 후 15일 이내에 법무부 장관이 서면으로 미합중국의 관계 당국에 통고해야 한다'고 하고 있었으나 이 서신이 폐기되었으므로 이 조항은 효력을 잃게 되었다.

다만 본 협정의 부속문서인 합의의사록에서는 본 협정 제3항

(나) 1.에서 '미합중국 요청이 있으면 대한민국 당국이 재판권을 행사함이 특히 중요하다고 결정하는 경우를 제외하고 제3항 (나)에 의한 재판권을 포기한다'라는 규정은 개정되지 않았으므로 자동 포기 조항이 폐지된 것은 아니다.

그렇지만 「개정양해사항」에서는 「합의양해사항」이 규정하고 있던 중요범죄 항목인 '대한민국 안전에 관한 범죄, 사람을 죽음에 이르게 한 범죄, 강도죄 및 강간죄, 전기 각 범죄의 미수 또는 공범 등'을 삭제하였으므로 대부분의 범죄에 대하여 대한민국이 재판권을 행사할 수 있게 되어 결과적으로 재판권의 확대를 가져왔다.

그리고 「개정양해사항」은 본 협정 제3항 (다)를 구체적으로 기간을 삽입하여 명료하게 그 관할권의 포기요청과 포기의 요건을 명시하여 자동폐기 조항을 보완하였다.

즉 '일방당사국이 타방당사국의 1차적 관할권 포기를 요청하고자 할 경우, 해당 범죄를 통보받거나 알게 된 후 21일을 넘지 않는 가능한 빠른 기일 안에 이를 서면으로 요청하여야 한다. 일차적 관할권을 가진 당사국은 28일 이내 요청에 대한 결정을 하여 알려주되, 이 기간이 종료되기 전 14일이 넘지 않는 범위 내에서 기간의 연장을 요구할 수 있다. 일차적 관할권을 행사하지 않을 것을 결정하거나, 정해진 기간에 통보하지 않을 경우 요청 당사국이 관할권을 행사한다'고 규정하고 있다.

② 계엄하 미합중국 군속 및 가족의 전속적 재판권 양보

대한민국의 계엄령으로 인하여 어느 국가도 평시 한국 민간법원에서 처벌할 수 있는 미합중국 군속과 가족의 범죄에 대해 관할권

을 행사할 수 있도록 하여 개정 전보다 계엄하에서의 형사재판권의 행사 범위를 다소 넓혀 놓았다.

즉 제22조 1항 2.에는 '주한미군은 대한민국이 이들을 주둔국지위협정의 일반적인 안전기준에 따라 정상적으로 구성된 민간법원에서 재판할 것을 보장하면 합중국 군속 및 가족에 대한 대한민국 재판권 행사요청을 호의적으로 고려한다'고 명시하였다.

③ 공무집행 '이의 제기권자'를 확대

「합의 양해사항」에서는 공무집행 증명서에 대한 '이의 제기권'을 검찰총장으로 하여 법적 절차를 까다롭게 하고 있었으나 「개정 양해사항」에서는 제22조 3항 (나)에 대하여 '대한민국의 하위당국이 합중국 군대의 어떠한 공무증명서에 대하여 토의, 질문, 또는 거부할 수 있는 권한과 관련하여, 해당 지방 검찰청, 지청, 또는 이에 상당하는 기관의 검사는 어떠한 의문시되는 공무 증명서에 대하여도 이를 접수한 날로부터 10일 이내에 법무참모 또는 적절한 법무장교와 토의할 수 있다'고 하여 '이의 제기권자'를 확대하였다.

④ 대한민국의 예비수사권 인정

「개정양해사항」 제22조 제5항 (다) 2.는 '대한민국 당국은 적절히 임명된 합중국 대표의 입회하에 합중국 군대 구성원, 군속 또는 가족을 심문할 수 있으며 체포 후 신병을 합중국 군 당국에 인도하기 전에 사건에 대해 예비수사를 할 수 있다. … ' 또한 '… 합중국 대표와 변호인은 어떠한 심문에도 개입할 수 없다'고 하여 범죄 피의자가 합중국 군대에 인계된 후 증거인멸 등 범죄 구성요건을 피하기 위한 기도를 어느 정도 방지할 수 있게 되었다.

라. 통관, 관세 등 일방적 혜택 중 한국 사회의
부정적 요인 제거

제9조 5항에서 '합중국 군사우체국 경로를 통하여 배달되는 우편물에 대한 세관 검사를 별도로 하도록' 규정하여 밀수 가능성을 차단할 수 있게 되었고, '이사 물품이나 개인 선적 화물도 그들의 숙소에서, 그들의 입회하에 합중국 당국의 검사에 입회할 수 있도록 하였으며, 심각히 의심될 때는 합중국 당국에게 사전 통보하고 입회할 수 있도록 하여' 세관의 검사권을 부여하였다.

제26조에서는 '입국항에서 격리대상 질병이 발견되지 않았다는 확인서를 분기별로 대한민국 보건사회부에 제출하도록 하고', 대상 질병 발견 시는 '격리 조치 후 즉시 통보'할 것을 양해하였다. 특히 AIDS나 인체면역 바이러스 보균자 처리에 관하여는 계속 통보할 것을 규정하였다.

이상에서 보듯이 '본 협정'과 '한미의사록'의 수많은 예외조항은 그대로 놔두고 양해사항의 몇몇 지엽적인 문항들을 개정하는 선에서 「한·미 SOFA」 1차 개정이 마무리되었다는 점은 당시 미국 측으로부터 한국은 국력에 상당하는 것만큼 그 위상을 인정받지 못했다고 생각되어 실망스럽다. 더구나 이때 한국 측은 「한·미 SOFA」의 기존 합의와 배치되는 「한미 방위분담금 특별협정」을 합의하여 향후 포괄적으로 미국 측의 주둔 비용을 많이 감소시켜주는 조처를 해주었는데도 말이다.

이렇게 보면 이 시기에 한국 국민과 군에 대한 자율성이 조금 신장되었다고 본다면 그것은 미국이나 주한미군에 의해서 향상되었다고 하기보다는 한국 측에서 스스로가 그들에게 재정상 많은 양보를 함으로써 애써 그에 상당한 대우를 해달라고 매달리는 모양이었다고 평가해볼 수 있겠다.

제2절 1990년대 북한의 전략변화와 한미동맹 공조

1990년대는 미국의 레이건 대통령이 강력히 추진한 군사 강압정책에 소련이 대응을 포기하고 굴복하는 시대였고, 이때 소련이 생존 전략으로 채택했던 고르바초프의 '개혁과 개방' 정책으로 동부 유럽의 공산위성국들이 앞다투어 체제변혁을 겪는 시기이기도 했다.[2] 이러한 세계사적인 흐름 속에서 교조적인 공산주의를 표방하고 있는 북한으로서도 어떤 형태로든 이러한 추세에 대처해야만 하였다.

이러한 배경 속에서 북한은 전(全) 방위에서 조여 오는 고립상황을 탈피하고자 대한민국과 남북대화에 응해서 역사적인 남북기본합의서를 체결하였다. 마침 대한민국은 88올림픽을 성공적으로 치러내었고 동구 유럽의 공산권에 대해서도 외교를 할 수 있다는 이른바 북방외교를 선언하고 추진하고 있었던 터였다.

---

[2] 러시아와 중·동부 유럽, 중국, 쿠바 등의 경험적 사례들에 비추어 북한의 체제전환방식을 전망해본 최완규·최봉대, "사회주의 체제전환방식의 비교연구", 윤대규 편, 『사회주의 체제전환에 대한 비교연구』(서울: 한울, 2008) 등의 논문을 참조.

그러나 북한이 체제유지를 위하여 남북대화를 이용하였지만, 그들 내부에서 은밀히 추진하던 핵 개발이라는 행동이 국제적으로 가시화되어 급기야 1차 핵 문제가 제기되는 시점이기도 하였다. 이러한 북한의 모순된 행동 속에서 한·미 관계도 영향을 받을 수밖에 없었기에 이 시기는 긴장을 풀 수 없는 시기이기도 하였다.

북방외교는 노태우 정부의 88올림픽 성공개최와 국제환경이 가져온 변화를 한국이 순방향으로 잘 다룬 국가전략으로, 국제사회에서 한국의 입지를 높여주었다는 측면에서 자율성의 확대를 가져왔지만, 북한의 핵 개발을 두고는 북미 간의 협상 과정에서 미국과 한국은 북미협상과 남북대화의 연계문제를 놓고 한국이 소외되고 있다는 점 때문에 수시로 갈등 상황에 직면하였다. 이러한 이유로 한국이 한미동맹에서 당연히 가치를 두고 있는 한·미 간 협력문제를 놓고 자율성을 갖지 못했다는 비판이 제기되곤 하였다.

1. 한국의 북방외교와 남북한 기본합의 지지

1987년의 <6·29 특별선언> 및 <7·1 전두환 대통령 특별담화>에 따라 치러진 직선제 대통령 선거에서 당선된 노태우 대통령이 국정을 맡게 되었던 시대는 88올림픽을 계기로 대한민국이 국제무대에서 주도적 위치에 설 수 있는 기틀을 다진 기간이었다. 마침 소련의 해체와 공화국 러시아의 탄생, 동유럽 공산국가들의 줄이은 민주자본주의체제로의 체제변혁이 진행되는 시대이기도 해서 국제적으로도 냉전체제의 종식을 맞고 있는 상황이었다. 이러한 상황 속에서 노태우 대통령이 행한 <7·7선언>과 이를 구체화한 북방외교의 출발은 한반도에서 안보적으로 대한민국이 주도권을 행사할 수 있는 계기였던 셈이다.

북방외교는 '한반도의 평화정착과 궁극적인 통일여건 조성을 위하여 소련, 중국, 동구제국 등 공산주의 국가와의 관계개선을 적극적으로 모색하고자 하는 외교적 노력을 총체적으로 의미'한다고 정부 문서에 기록하고 있듯이 자유진영 국가 위주로 외교를 수행하던 당시의 상황에서 획기적인 개념이었다.[3] 우리의 전향적인 대(對)북한 태도와 적극적인 대(對)사회주의 국가 관계개선 의지를 천명함으로써 구체화되었다.

이러한 적극적 조치와 노력으로 동유럽 국가들을 출발점으로 하여 일련의 국교수립이 성사되었다.

즉 헝가리(1989.2.1.), 폴란드(1989.11.1.), 유고(1989.12.27.), 체코(1990.11.1.), 불가리아(1990.3.23.), 루마니아(1990.3.30.) 등에 이어서 소련과는 1990년 6월 5일 미국 샌프란시스코에서 한소정상회담(노태우-고르바초프)과 1990년 9월 30일 대사급 외교관계가 수립되었고, 1992년에는 8월 24일 중국과 수교를 정식으로 발표하기에 이르렀다. 특히 소련과는 수교과정에서 30억 달러에 이르는 경협자금을 제공하고 북한에 대한 소련의 무기제공을 중단하도록 하는 등 당시 나아진 경제여건을 적극적으로 활용하였다.[4]

---

3) 외무부, 『1990 외교백서』(서울: 외교통상부, 1990), p. 43.

4) 당시 김종인 청와대 경제수석과 소련의 마슬류코프 부총리가 합의한 조건은 1991년부터 3년에 걸쳐 지원하되, 그중 15억 달러는 한국의 소비재와 공업원료 수입을 위한 차관으로, 10억 달러는 현금으로, 나머지 5억 달러는 공장 건설 등의 형태로 지원하는 것이었다. 이는 소련의 해체 이후 러시아가 승계하여 러시아제 탱크 등 무기와 산림청 소방헬기 등을 도입하는 계기가 되기도 하였다. 노태우, 『노태우회고록』(서울: 조선뉴스프레스, 2011), pp. 217-219 참조.

이 기간에는 남북관계에서도 전환기를 맞았다. 북한 역시 공산주의 몰락이라는 국제정세 속에서 그들 나름대로 체제유지를 고민하지 않을 수 없었고 이에 대한 대안의 하나가 남북대화에 응하는 것이었고 또 하나가 핵 개발 추진이었던 셈이다. 남북대화에 임하였던 북한의 진정성이 있었는지는 차치하고라도 표면적으로는 기대할만한 진전이었다. 1988년 7월 7일 노태우 대통령은 <민족자존과 통일번영을 위한 대통령특별선언(7·7선언)>을 발표하였다. 주요 내용은 ① 각계 남북동포 교류추진, ② 이산가족 방문·생사확인, ③ 남북 직접교역·문호개방, ④ 우방의 대북한 교역 인정, ⑤ 남북 경쟁·대결외교 종식, ⑥ 북의 미·일 관계개선 협조 등 대북정책 등 6개 항이었다. 그리고 1988년 12월 28일에는 남북한 총리회담을 제의하였다. 잇달아 1989년 3월 9일에는 남북체육회담이 판문점에서 열렸고, 1990년 9월 5일 남북 총리를 대표단장으로 하는 고위급회담이 개최되었다. 이러한 분위기 속에서 1991년 9월 17일에는 북한이 남북 영구분단을 구실로 반대하던 남북한 동시 유엔가입이 북한의 정책전환으로 실현되었다. 드디어 1991년 12월 12일에는 제5차 남북고위급회담에서 <남북 간 화해와 불가침 및 교류협력에 관한 합의서>에 합의하였다. 이듬해인 1992년 7월 16일에는 제6차 남북 군사분과위원회를 판문점에서 열고 <불가침이행 부속 합의서>와 제목·전문 등에 합의하였다.

이 기간에 노태우 정부는 북한의 핵 개발 명분을 제거하는 목적뿐만 아니라 남한 내 미국 핵 배치의 부정적 측면을 사전에 차단한다는 의미에서 1991년 11월 8일 '핵무기를 제조·보유·저장·배치·사용하지 않을 것임을 천명하는 <한반도 비핵화 선언>을 선제적으로 하게 되었으며, 때마침 주한미군의 전술핵 철수를 계기로 1991년 12월 18일 "이 시각 우리나라 어디에도 단 하나의 핵무기도 존재하지 않는다"는 <핵 부재 선언>을 하였다. 이 당시에는 이러한 일들이 숨 가쁘게 이루어졌다.

이러한 시대 상황 속에서 한미동맹 간에도 안보 면에서 획기적인 변화가 수반되었다. 미국과는 한미연례안보회의(SCM)와 군사위원회회의(MCM)를 통하여 남북대화에 대한 지지를 확인하였으며, 한미동맹과 연합사령부·유엔사령부의 지휘에 관련하여 주요 조치들을 행하였다.

즉, 1991년에는 1월 21일 걸프전에 국군의료지원단을 창설하여 사우디아라비아에 파견함으로써 미국을 중심으로 한 다국적군을 지원하였다. 1991년 3월 25일에는 제67대 유엔군 측 군사정전위 수석대표에 한국 장성인 황원탁 육군소장을 처음으로 임명하였고, 1991년 10월 1일부로 유엔군 관할 판문점 공동 경비구역의 일부를 인수하고 전 지역에 대한 인수준비를 시작하였다. 1992년 10월 7일에는 제24차 SCM에서 평시 작전통제권을 1994년 이전에 환수키로 합의하였고, 1992년 12월 2일에는 한미연합군사령부 예하 지상구성군 사령관에 연합사 부사령관인 한국군 4성 장군을 임명하였다.

호전된 국내외적 분위기 속에서 한국군의 가시적인 위상도 향상되고 있었고 미국의 적극적인 지지 속에서 한국군의 자율적인 군사지휘권 확립에서도 일보 더 전진하였다.

<표 5-1> 1990년대 SCM 안보 관련 주요 합의 사항

차 수	날짜	장소	내용
제21차	1989. 7.19.	워싱턴	· 한국의 북방외교에 대한 미국의 지지 확인 · 연합방위증강사업에 3년간 1억 2천만 달러 지원 · 지대공 미사일 유도기술 공동연구 개발 양해각서 체결
제22차	1990. 11.15.	워싱턴	· 지상군 5,000명, 공군 2,000명 주한미군 감축 · 대소외교관계수립을 북방정책 성공으로 평가, 남북대화 지지 · 1991년 주한미군 유지비용 분담 증액
제23차	1991. 11.21.	서울	· 북한의 핵 안전협정 서명 거부 우려, 핵사찰에 응할 것을 요구 · 넌-워너 2단계 주한미군 감축을 연기 · 방위비분담합의: 1992년 1억 8,000만 달러, 주한미군 현지발생비용 1/3 점진 증액
제24차	1992. 10.8.	워싱턴	· 북한의 핵 개발 의혹을 회복할 수 있도록 신뢰성 있는 조치 촉구 · 한·미 연합방위체제 역할조정-한·미 간 군사현안은 "한·미 연합 억제력 유지", "남북 관계 개선"에 목표를 두고 단계적·신축적으로 추진
제25차	1993. 11. 4.	서울	· 북한 IAEA 핵사찰 거부에 유감 · 한국군에 평시 작전통제권을 1994.12.1.부로 이양
제26차	1994. 10. 7.	워싱턴	· 남북대화 긴요, <한반도 비핵화 선언> 이행 강조 · 남북대화 기본합의서 중시, 군사정전협정은 평화협정 체결 시까지 유효 · 평시작통권 이양에 따른 약정(TOR) 개정안 서명
제27차	1995. 11. 3.	서울	· 북한의 NPT, IAEA 안전조치협정 의무 이행 촉구 · 남북대화 유지, 군사정전협정의 유지 긴요
제28차	1996. 11.1.	워싱턴	· 김영삼-클린턴 정상회담 시 제시된 4자회담의 중요성 확인 · 남북대화와 협력 계속, 정전협정 유지가 긴요

제29차	1997. 12.9.	워싱턴	· 상기 전년도 합의 재천명 · 북한의 CWC가입 촉구, 화학 · 생화학 무기 사용 용인 불허 · 미국의 핵우산 제공 재천명

제30차	1999. 1.15.	서울	· 1992년 '남북기본합의서'에 입각한 남북대화 요구-
			  한국 정부 대북정책 3원칙(북 무력도발 불용, 흡수통
			  일 배제, 화해협력 추구) 지지
			· 제네바 4자 간 합의 환영, 군사정전협정 유지 긴요
			· 1988.8.31.의 북한 대포동 미사일 발사가 장거리 핵 운
			  반 수단으로 사용될 것을 우려, 핵우산 제공 재천명

제31차	1999.11.23.	워싱턴	· 남북기본합의서 실천을 위한 남북대화 지지 · 북 · 미 제네바 합의의 성실한 이행 강조 · 6월 연평해전 관련 북한 NLL 준수 촉구 · 노근리 사건 진상규명

제32차	2000. 9.21.	서울	· 북한, 1992년 남북기본합의서, 1994년 북 · 미 합의서
			  이행 촉구
			· 주한미군 연합토지관리계획 수립문제 한국 정부와 협
			  의 개시

2. 1차 북핵 위기: 한미 갈등관계의 표출과 봉합

북핵 문제의 해결 과정은 북한의 핵무기 개발에 대한 의지와 핵
확산을 우려한 미국과 IAEA의 핵 개발 저지 양자 협상에 남북대화
를 통해 한반도의 긴장을 완화하고자 하는 한국 등 3자의 이해와
계산이 복잡하게 얽혀있는 고차원 방정식 풀기와 같은 것이었다.

북한의 핵무기 개발에 대한 의욕은 6 · 25전쟁 직후까지 한참 거
슬러 올라가야 한다.

한국전쟁이 끝난 후 소련과 북한은 핵 연구 분야에 대한 협력을
골자로 하는 두 가지 협정에 조인했고, 이를 전후해 소수의 북한과
학자가 모스크바 부근의 두브나 핵 연구센터에서 연수를 받기 시
작했다. 소련은 실험용으로 소형원자로를 제공했고 이는 영변에 설

치됐다. 북한의 핵위기가 불거진 후 소련은 자신들의 대(對)북한 지원은 민간 원자력 개발에 한정된 것이었으며 핵무기 개발은 포함되지 않았다고 주장했다. 1964년 중국이 최초의 원자폭탄 실험에 성공하자 북한은 이번에는 중국에 지원을 요청했다. 혈맹인 중국과 북한은 핵무기 제조 기술도 공유해야 한다고 역설했다.[5]

이후 북한은 1962년 1월 영변과 박천에 원자력연구소를 설치하여 소련 유학 과학자들을 중심으로 연구를 시작하였으며, 1963년부터 1965년까지 'IRT-200'이라는 2MWe 연구용 원자로를 가동하였으며, 1973년도에는 김일성대학 등에 핵 관련 학과를 설치하여 전문 인력을 배출하기 시작하였고, 1975년도에는 최초로 그램 단위의 플루토늄을 추출하는 데 성공하였다. 1979년부터는 자체 축적된 기술로 5MWe 건설에 착수하여 1986년에 완성하고 가동에 들어갔다. 1986년부터는 평산 지역에 우라늄 정련-변환시설을 착공하여 1990년에 완공하였으며, 영변 지역에 50MWe 흑연원자로와 대형재처리 시설인 '방사선 화학실험실'을 착공하여 1990년부터 대규모 운용시험에 들어갔다.[6]

북한이 핵무기를 개발하고 있다는 의혹이 처음으로 제기된 것은 1982년 4월로 거슬러 올라간다. 당시 레이더에 포착되지 않는 미국의 정찰위성은 평양에서 북쪽으로 약 1백km 떨어진 영변의 한 강가에서 원자로와 비슷한 시설이 건설 중인 모습을 촬영했다. 1986년 3월 영변 일대를 감시하던 위성이 강변 부근의 백사장에 분화구와 흡사한 원통형 구덩이를 여러 개 발견함으로써 의혹이

5) 돈 오버도퍼(Don Oberdorfer), 이종길 역, 『두 개의 한국』(서울: 도서출판 길산, 2002), p. 378.
6) 국방부, 『국방백서 2000』(서울: 국방부 정책기획관실, 2000), pp. 43-44.

증폭됐다. 1987년 2월에는 지붕이 없는 공장 내부에 길게 줄지어 설치된 두꺼운 벽으로 격리된 방들이 미국의 위성 카메라에 찍혔는데 이는 전형적인 플라토늄 추출 시설이었다.[7]

북한은 소련의 권고로 1985년 12월에 NPT에 가입한 상황이었으므로 국제원자력 기구의 사찰을 받게 되어 있었다. 그러나 북한은 사찰단의 접근을 놓고 계속 갈등을 빚었다. 결국, 1989년 북한은 국제원자력기구의 감독을 받지 않은 채 가동 중인 원자로에서 일부의 연료봉을 빼냈다. 정보기관은 북한이 원자로에서 빼낸 폐연료 일부를 무기에 사용할 수 있는 플루토늄으로 판단하였지만, 미국 정보기관도 국제원자력기구도 북한이 과연 어느 정도의 양을 재처리하였는지 알지 못했다. 1993년 가을에, 가동 중인 원자로의 첫 번째 연료 사이클은 거의 완료단계에 있었고, 몇 달 내에 적재된 전체 연료봉이 재처리될 것으로 보였다. 이러한 연료 모두가 재처리되면 다섯 개에서 여섯 개의 새로운 핵무기를 만들 수 있는 충분한 양의 플루토늄을 생산하게 될 것이었다.[8]

북한이 처한 군사, 경제적 상황이 불량국가나 국제 테러리스트들에게 플루토늄을 판매할 수도 있을 것으로 판단한 미국은 핵확산의 차단이라는 중대한 국면을 인식하고 국제원자력 기구의 사찰을 받도록 촉구하는 한편 유엔을 통한 국제사회의 압력도 이용하고자 하였다.

이 과정에서 남북대화를 추진하고 있던 한국에게는 곤혹스럽기

---

7) 돈 오버도퍼, 앞의 책, pp. 373-376.

8) 윌리엄 페리(William J. Perry) · 애시튼 카터(Ashton B. Carter), 박건영 · 이성봉 · 권영진 옮김, 『예방적 방위전략: 페리 구상과 러시아, 중국, 그리고 북한』(서울: 프레스21, 2000), p. 189.

만 한 것이었다. 북한의 속내는 핵 문제의 협상은 핵 개발의 관철
과 미국과의 관계개선에 있었기 때문에 미국이 한국의 요청을 감
안하여 남북대화 문제를 개입시키는 것에 대해서 마지못해 들어주
는 척하는 면이 많았다. 다만 이글은 핵협상 과정에 초점이 있지
않으므로 그 부분은 간단히 연표로만 정리하고자 한다.

<표 5-2> 제1차 북핵 연표

1985. 12.	· 북한, NPT에 가입함
1991. 12.	· 남북한 기본합의문 및 비핵화공동선언에 합의
1992. 1.	· 한국 1992년 팀스피릿 연습 중단 선언 · 북한 IAEA 안전협정 서명: 최초의 미-북 고위급회담 (김용순-아놀드 캔터)
1992. 4.10.	· 북한 최고인민회의, IAEA와의 안전협정 비준
1992. 5.4.~ 1993. 1.	· 제1차~6차 IAEA 임시사찰 · 제2차(1992.7.): "불일치"에 대한 최초 증거 드러남 · 제4차(1992.11.): 빈에서 불일치 토의 - "두 곳의 의심스러운 시설 방문" 요구
1992. 10.	· 한미 양국, 1993년도 팀스피릿 연습 재개 발표
1993. 2.9.	· IAEA 두 곳의 폐기물 저장소 특별사찰 요구
1993. 2.20.	· 북-IAEA 특별사찰 회담: 평양 특별사찰 거부
1993. 3.12.	· 북 NPT 탈퇴의사 선언
1993. 5.11.	· 유엔 안보리 결의안 825호, 북한 IAEA 결의안에 따른 안전이행 요구
1993. 6.11.	· 북미고위급회담(뉴욕) · 북한, NPT 탈퇴 유보, IAEA 안전조치의 공정한 적용을 내는 공동성명 동의 · 미국, 북한과 대화 계속 보장, 북한의 IAEA 사찰 수락, 재처리 포기, 5MWe 연료봉 교체에 IAEA입회를 제시
1993. 7.	· 북미고위급회담(제네바) · 북한-한국 및 IAEA와 논의 시작, 미국-핵프로그램의 경수로 전환을 원칙 적으로 지원
1993. 8.	· IAEA사찰단 평양에서 감시장치 유지·보수, 재처리 공장 접근 차단
1993. 11.1.	· 유엔총회, 북한 안전협정 이행을 위해 IAEA와 협력할 것을 촉구
1993. 12.5.	· IAEA 이사회, 안전조치 이행보증 불가, "핵물질 빼돌렸을 가능성 배제 못 한다" 발언

1993. 12.29.	・북・미, 제3차 북미고위급회담 합의, 북한 일곱 개 신고시설 IAEA사찰 수용 ・미국, 한국의 1994년 팀스피릿 중단발표 동의, 북한 조치 따라 회담개최
1994. 1.26.	・북한, 미국이 12월 29일 양해사항 번복 항의, 핵 활동 재개를 위협
1994. 3.3.	・"수퍼 화요일", IAEA 사찰 시작, 남북대화 재개, 1994 팀스피릿 중단선언, 북미회담 일정합의
1994. 3.12.	・제3차 남북회담, 특사교환에 원칙적으로 동의
1994. 3.16.	・IAEA 2월에 합의한 사찰 이행불가로 재처리 여부는 확인불가 결론 ・제4차 남북회담
1994. 3.19.	・제5차 남북회담: 북한대표, 서울 불바다 발언 후 퇴장
1994. 3.21.	・IAEA이사회, 북한 안보리에 회부(찬성: 25, 반대: 1, 기권: 중국 포함 5)
1994. 4.18.	・패트리엇 미사일 한국 전개
1994. 4.28.	・북한, 정전협정 무효화 주장, 군사정전위원회 철수 선언
1994. 5.4.	・북한, 5MWe 원자로에서 연료봉 추출 시작
1994. 6.13.	・북한, IAEA 공식 탈퇴
1994. 6.15. ~6.18.	・카터 전 대통령, 김정일 면담 ・IAEA 사찰단, 감시장비 잔류 허용, 한국전 시 미군유해 발굴, 남북정상회담 합의
1994. 7.8.	・제3차 북미 고위급회담, 북한의 흑연감속원자로 → 경수로로 전환하는 의지 확인
1994. 7.9.	・김일성 주석 사망, 남북 정상회담 무기 연기
1994. 8.5. ~8.12.	・제3차 북미회담(제네바) 합의문 초안 ・북한: NPT잔류, 안전협정 이행, 한반도 비핵화 공동선언 이행 ・북미: 외교관계 개설, 기술적 문제를 위한 전문가급 회담을 9월에 개최
1994. 10. 21.	・북미: 북-미 기본합의서 혹은 「합의 틀」(Agreed Framework)에 서명

제1차 북핵 위기에서 제네바 합의에 이르는 과정에서 특기할 만한 사실이 있었다면 북미회담을 진행하면서 한국, 미국, 북한의 회담을 두고 생기는 수차례의 갈등과 봉합 과정이었다. 미국 측에서는 북한과 회의를 진행하면서 나름대로 한국에 대하여 의견을 듣고 가능한 한 한국의 요구를 반영하려 한 노력을 곳곳에서 발견할수는 있었다. 북한은 근본적으로 핵 문제에 있어 한국이 관련되는 것에 대해 거부감을 나타내기가 일쑤였기 때문이었다.

특히 김일성 주석의 사망 이후에 남북 정상회담이 무산되고 북한 김정일의 권력승계가 바로 가시화되지 않자 김영삼 대통령은 북한이 남북정상회담 일정을 결정하지 않은 상태에서 북미대화만 서두르는 것은 한미 양국의 이익에 도움이 안 된다고 주장하였다.

여기에서 주목할 사실은 제1차 북핵 위기를 처리하는 과정에서 한미동맹관계에서 표면화될 수밖에 없었던 동맹 관리상 야기된 안보 딜레마에 대한 문제였다.

한·미동맹의 안보 딜레마는 양국 간의 국력의 차이 및 지정학적 차이라는 요인이 북한의 정치·군사적 위협에 대한 대응방식의 결합 속에서 발생한 것이다.[9]

먼저 포기의 두려움에 관하여 살펴보자.

1993년 6월 11일 미국의 로버트 갈루치(Robert L. Gallucci) 국무부 정치군사담당 차관보를 단장으로 하는 미국 대표와 강석주 외교부 제1부장을 대표로 하는 북한은 뉴욕에서 첫 고위급회담 결과를 발표하였다.

이때 한국의 입장은 미묘하였다. 한승주 장관은 유럽 순방 중에 프랑스 <르 몽드> 지와의 회견에서 북한의 NPT 탈퇴유보는 "긍정적인 행보"이지만 "문제를 해결한 것도 아니다"고 발언하였다. 그러나 서울에서는 달랐다. 한국은 뉴욕회담 열흘 전부터 북한과 물밑 접촉을 해왔던 것이다. 남한의 '핵 문제를 논의할 고위급회담을 위한 실무접촉' 제의에 북한의 강성산 총리가 완전히 새로운 제안을 이미 내놓았었다. 곧 한반도 비핵화 공동선언 이행을 포함한

---

9) 이수형, "동맹의 안보 딜레마와 포기-연루의 순환: 북핵 문제를 둘러싼 한·미 갈등을 중심으로", 『국제정치논총』, 제39집 1호(1999), p. 24.

남북한 간의 이견을 해소하기 위한 정상회담을 준비하기 위해 부총리급 특사교환을 제안했던 것이다. 북한의 의도가 무엇이었든 간에 북한은 미국과의 협상에 임하면서도 또 한편으로는 남북 간 고위급회담에 반응을 보였으며, 이 과정에 김영삼 대통령의 "핵무기를 가진 상대와는 결코 악수할 수 없다"는 5월 24일의 발언 등을 핑계 삼아 이후 6월의 몇 차례의 조율 과정에서 북한은 전면 후퇴하고 말았다. 결과적으로 북한은 한국의 내부 갈등을 야기하고 미국과의 관계를 이간시키는 행동을 보였던 셈이다.

뉴욕 북-미 공동성명서 발표 직후 이동복 안기부장 특별보좌관은 "제2차 북미회담의 최악의 시나리오"라는 제목의 문건을 한국 및 미국에 배포했다. 그는 북한이 국제적 제재조치를 피하고 워싱턴으로부터 추가적인 양보를 얻어내며 북미회담을 한국을 배제한 채 미국과의 정치적 회담으로 바꾸고 김정일의 입지를 강화하기 위해 공동성명서를 이용할 것이라고 주장했다.[10]

김영삼 대통령은 클린턴 대통령의 방한을 며칠 앞둔 7월 2일 <뉴욕 타임즈>와의 인터뷰에서 북한이 '핵무기 개발을 위한 시간을 벌기 위해' 미국과의 협상을 이용하는 것이라고 말했다.[11]

6월 11일에 있었던 양국의 공동성명은 북한과 미국 간의 관계진전의 신호탄이자 앞으로 진행될 북한과 미국 간의 다양한 주제에 걸친 협상의 서곡이었다. 그러나 또 다른 측면에서는 북한-미국의 공동성명이 한국에는 동맹의 안보 딜레마에 따른 포기의 두려

---

10) 조엘 위트(Joel S. Wit)·다니엘 폰맨(Daniel L. Poneman)·로버트 갈루치(Robert L. Galluchi), 김태현 역, 『북핵 위기의 전말: 벼랑 끝의 북미협상』(서울: 모음북스, 2005), pp. 77-81.

11) 조엘 위트·다니엘 폰멘·로버트 갈루치, 앞의 책, p. 83.

움을 갖게 하는 인지적 출발점으로 작용하였다.[12]

<표 5-3> 포기의 두려움과 해소(예 1)

시기	두려움의 생성	두려움의 해소
북·미 고위급회담 합의 발표 (1993. 6.11.) 전후	• 북한 강성산 총리, 남북 부총리급 특사 교환 제안(5월) • 북-미 고위급회담 합의 발표 　- 북한, NPT탈퇴 유보 IAEA안전조치 적용 　- 미국, 북한과 대화 보장 • 북한은 6월 접촉에서 남북대화를 회피, 북미대화만 하려는 의지표명 (한미공조 이간 행동화?) • 김영삼 대통령, "북한, 핵무기 개발을 위한 시간을 벌기 위해 미국과의 협상을 이용, 미국은 말려들지 말아야"(7.2. 뉴욕 타임즈 회견) ※ 미국의 지지 약화 우려감 증폭	• 클린턴-김영삼 정상회담 (1993.7.10.~7.11.) 　- 김영삼 대통령, 북한의 잘못된 행동에 "적설한 대응 조지 깅구" 　- 클린턴 대통령, 한국 방위에 대한 미국의 확고한 의지 강조 (비무장지대 미군 부대의 연설에서 이 점을 강하게 부각) ※ 한국방위에 대한 미국의 의지 강조

또 하나의 예는, 1994년 10월의 북-미 합의문 서명 시점에 있었다.

1993년 3월 북한의 핵확산금지조약 탈퇴 선언 이후 진행된 북미 협상 과정에 대해 주기적으로 불만을 표출했던 한국은 북-미 합의 문 서명을 양국 간의 관계 진전의 심화로 해석하였다. 이것은 한국 정부에 미국이 한국의 안보이익을 무시하거나 이를 희생시키고 북 미협상을 진행시키는 것으로 비췄다. 사실, 미국은 북한의 핵 개발 의혹을 계기로 북한과의 직접 대화 기회가 마련되면서 남북을 동 시에 아우르는 정책을 보여왔다. 이러한 미국의 정책은 북한에 대 한 연착륙 정책으로 이어졌으며 또한 대미 접근을 노리는 북한의

---

12) 이수형, 앞의 논문, p. 30.

입장과 맞아 떨어졌다. 이러한 측면은 안보를 최우선으로 생각하는 한국에게는 미국이 한국의 안보이익을 희생시킬지도 모른다는 두려움을 가중시키는 원인이 되었다.[13]

북-미 합의문 서명 이후 한국의 포기에 대한 두려움은 대북 경수로 지원사업과 관련해 한국형이 채택되지 않고 한국이 중심 역할을 못 할 때는 한 푼도 못 내겠다는 입장표명으로 나타났다. 이러한 한국의 불만 표출에 대해 1995년 5월 10일 한·미·일 3국은 북-미 경수로 협상과 관련한 고위급 협의에서 대북 경수로 공급 협정 문안(文案)에 한국형을 명시하지 않는 대신 한국의 중심적 역할을 재확인하였다.[14]

<표 5-4> 포기의 두려움과 해소(예 2)

시기	두려움의 생성	두려움의 해소
북-미 제네바 합의(1974.10.21.) 전후	· 합의 과정에서 미국은 한국의 입장을 무시하고 북한과 일방적 대화(미국은 한국에 충분히 설명하고 이해를 구하였다고 생각) ※ 한국의 안전을 희생시키는 것이 아닌가 의구심	· 북한에 한국형 원자로를 제공 - 한국의 체면 고려 - KEDO를 설립, 한국이 실질적인 주도를 하도록 참여시킴

다음은 연루의 두려움에 대해서이다.

1993년 8월 이후 1994년 6월까지 북한과 미국은 핵 협상을 놓고 지루한 밀고 당기기를 지속하였다. 일곱 개의 핵시설에 대한 사찰 문제를 놓고 IAEA와 대립을 계속하면서 국제사회의 유엔 안보리

---

13) 이원섭, 『새로운 모색: 남북관계의 이상과 현실』(서울: 한겨레신문사, 1997), pp. 173-174. 이수형, 전게서, p. 31에서 재인용.

14) 이수형, 앞의 논문, p. 31.

제재 결의에 반발하던 1994년 4월 이후에는 미국의 인내심도 한계를 드러내고 있었다. 미국은 패트리엇 미사일을 한국에 전개하였고, 북한은 정전협정 무효화와 군정위 철수를 선언하였으며, 5MWe원자로에서 연료봉을 추출하기 시작하였고, IAEA에서 공식 탈퇴를 선언하였다. 이제 양측은 군사적인 행동으로 나아갈 듯 위기가 고조되었다.

실제로 미국의 페리 장관과 미 합참은 영변 핵시설 폭격이나 유사시의 대처능력을 높이기 위한 군사력 증강계획을 검토하고 있었다. 주한미군사령관인 럭 장군은 이러한 군사대비 계획을 준비하는 실무적 역할에 착수하고 있었다. 이때 카터 미국 전 대통령과 김일성 주석의 만남은 김일성의 체면을 살려주는 선에서 북미협상의 길을 터놓았던 사실은 익히 아는 일이다.

만약 미국이 군사적 행동으로 움직였더라면 6·25전쟁 이상의 인적·물적 희생이 예상되는 한국으로서는 이렇게 미국의 정책에 연루되어 전쟁에 임하기에는 그 부담감이 상상을 초월할 정도로 증폭되었을 것이다. 왜냐하면, 전시 작전통제권을 가지지 못한 한국의 입장에서 상대적으로 자율성이 큰 미국군이 작전을 주도할 경우 한국의 국가 이익이 침해받을 소지가 충분하였기 때문이다. 당시 미국이 내부적으로 검토하였던 이러한 군사적 해결책이 표면화되지 않고 잠재적인 가능성으로 수면상으로 가라앉은 일이 다행이라면 다행이었던 상황이었다.

실제 이 우려가 두려움으로 표출된 것은 김정일이 공식적으로 북한의 지도자로 대내외에 선포한 1998년 9월 5일 북한 최고인민회의 제10기 1차 회의 이후였다. 김정일은 이에 앞서 1998년 8월

31일에 대포동 미사일 발사 실험을 통해 강성대국 건설을 기치로 내세웠으며 선군정치를 정치이념으로 제시하였다. 이러한 군사우선주의는 미국 의회로 하여금 대북 강경 정책을 요구하는 분위기가 급증하게 하였다. 때마침 공화당이 다수를 점하고 있는 상황에서 미 의회는 클린턴 행정부의 이전의 정책들이 실패한 정책이라고 비판하면서 북한 관련 예산집행을 동결시키는 압력을 행사하였다. 미 의회에서 찰스 카트먼 한반도 평화회담 담당 특사는 북한의 금창리 지하시설이 핵과 관련됐다고 믿을 수밖에 없는 강력한 증거를 갖고 있다는 입장을 밝혔다.

이처럼 미 의회의 압력으로 클린턴 행정부는 대북협상에서 강력한 군사력의 역할을 강조하는 방향으로 선회하는 경향을 보였다. 대북 협상에서 군사 억지력을 강조하는 미국의 정책은 한반도에서 긴장을 고조시키고, 자칫 잘못하면 한반도의 전장화를 초래하는 분위기를 조성하였다. 1998년 12월 이라크 공습은 미국이 자국의 이익을 위해서는 언제든지 군사력을 사용할 수 있다는 점을 보여준 바 있었기에 이러한 미국의 정책이 한반도에서 실현될 경우 한반도는 전쟁이 불가피하게 될 것이었다. 한반도에서 북한의 군사적 대응 시는 전면전이 불가피하고 그럴 경우 그 피해는 상상을 초월하게 될 것이었다.[15]

한국에 있어 이러한 연루의 두려움은 북한의 일방적인 군사력 시위가 미국과의 관계 악화를 초래하였기 때문에 발생하였다. 이런 맥락에서 한국의 연루의 두려움의 표출은 미국에 대한 불만 표출의

---

15) 이수형, 앞의 논문, pp. 32-33.

형태가 아니라 한-미 간의 대북 정책을 조율하는 형태로 나타났다.

1998년 11월의 한-미 정상회담에서 한국은 대북 정책에 대한 양국의 협조체제를 구축하여 연루의 두려움을 완화할 수 있는 해결책을 적극적으로 모색해 나갔다. 한국의 연루의 두려움에 대해 미국은 한국의 대북 포용정책에 대한 확고한 지지 입장을 표명했고, 한국과 긴밀한 협조체제를 유지해 나가기로 합의하였다.

<표 5-5> 연루의 두려움과 해소

시기	연루의 두려움	두려움의 해소
김정일의 권력승계 공식화와 미국의 대(對)북한 강경정책 대두 (1998.10. 이후)	· 찰스 카터먼 한반도 평화회담 특사, "금창리 핵시설 핵과 관련" 발언 이후 미 의회에서 대북한 관련 예산의 동결 · 미국 측 인사(Halloran)의 작계 5027-98 공개발언, "미국은 필요에 따라 북한을 선제공격할 수 있다"(1988.11.14.)와 대(對)이란 공습(1998.12.) ※ 한국 내 한반도 전쟁 시 막대한 희생이 불가피함을 우려하는 분위기 확산	· 한미 정상회담 (김대중-클린턴) (1998.11.21.) - 대북 포용정책의 원칙적 지지 - 북핵·미사일 개발 수출 저지 - 북미개선은 북한의 태도 변화에 따라 단계적 실천 ※ 한국과 긴밀한 협조체제 유지

한미동맹에 있어서도 동맹 관리상의 어려움은 불가피하였다. 다른 동맹보다도 한미동맹에 있어서 한반도에서의 동맹 관리상의 문제는 늘 북한의 위협표출과 이에 대한 한·미 간 국가 이익의 상충에서 발생하고 있음은 앞에서 전술한 바와 같다.

한국은 동맹에 대한 상대적 자율성이 낮고 미국에 대한 전략적 이익의 가치를 높게 인식·평가했기 때문에 북-미 간의 안보적 상호 작용의 영향을 미국보다 훨씬 예민하게 느껴 포기와 연루라는 안보적 두려움을 반복적으로 경험하였다. 한편, 미국의 입장에서 보았을 때, 동맹에 대한 상대적 자율성은 컸으나 한국에 대한 전략적 이익의 가치를 높게 평가했기 때문에 포기의 위험성에 있어서 그 형태가 동맹의 탈퇴로까지 나가지 않았고, 또한 미국은 북한과의 상호 작용 속에서 연루의 위험성을 조성했음에도 불구하고 한국과 정책적 협조체제를 유지해왔다고 볼 수 있다.[16]

이상 살펴본 바와 같이 한국은 북핵 문제에서 북한이 설정해놓은 북미 직접협상 전략 때문에 미국이 북미회담에만 집착하고 남북대화에 관심을 적게 가질수록 소외될 수밖에 없는 구조 속에서 자율성을 발휘할 여지가 없었던 셈이다.

물론 북한에 대한 군사적인 대책을 강구하는 과정에서도 전시작전통제권을 가지고 있지 못한 한국군이 자신의 입장을 대변하지 못하고 소외될 수밖에 없었던 일은 자율성을 가지지 못한 한국군의 한계였다. 작전통제권을 한국군이 행사할 수 있는 상황이었다면 미국이 우리와 상의하지 않고 자국의 이익만을 생각한다는 것은 상상조차 할 수 없는 일이기 때문이다.

제3절 818 계획: 한국군 지휘체계의 정비

1990년대 말에는 향후 한국군이 한미연합군사령관으로부터 작전지휘권을 환수받아 작전지휘권을 행사하는 데 있어 의미 있는

___
16) 이수형, 앞의 논문, p. 35.

한국군 상부구조의 변혁이 추진되었다. 건군 이후의 국군은 육군과 해군으로 구성되어 있었고, 1949년 10월 1일 공군이 육군으로부터 분리 독립함에 따라 3군 병립체제로 운용되었으며, 한반도에 대한 군의 작전지휘권을 유엔군사령관이 행사한 6·25전쟁에서부터 연합군사령관이 지휘권을 승계한 이후에도 연합군의 지휘계통에 의해서 지휘되었기에 3군을 통합 지휘할 구조를 준비하지 못하고 있었다.

1954년도에 현 합동참모본부의 전신인 연합참모본부는 대통령 직속으로 설치되어 운용하다가, 1963년 국군조직법 개정 시 국군 조직법상의 군령기관으로 합동참모본부가 설치되었지만, 이는 군령에 대한 보좌기능만을 수행할 뿐이었다.

1978년 한미연합군사령부 창설 이후 국군의 작전통제권이 한미 공동으로 행사되도록 발전적으로 보완되었으나 합참의 참모편성이 미약하고 합동참모의장이 군령계선에서 제외됨으로써 한미군사위원회를 통한 연합사에 전략지시 및 작전통제를 하게 되어 있는 합참의 기본 기능 수행 능력이 부족하였다.[17]

이러한 현실에서 1970년대에 자주국방이 주창되면서 통합군체제로 개편할 필요성이 제기되었으나 각 군 간의 이해 상충으로 부분적인 개선에 그치고 말았다.

---

[17] 국방부가 제시한 군 지휘구조개편의 배경은 ① 효과적인 3군 통합작전 지휘를 위함, ② 연합사 창설 이후 한국군의 작전통제권이 공동으로 행사하게 되었으나 합참의 참모편성이 미약하고 합참의장이 군령계선에서 제외되어 있어 합참의 기본 수행능력이 부족하여 자주적인 지휘체제를 구축하는 문제가 제기되었음, ③ 기존의 3군 병립제는 종합적인 기획 및 통제기능이 부족하여 3군 통합 차원의 군사력 건설에 제한을 받을 뿐 아니라, 통합전력 발휘를 극대화하는 데도 어려움이 많았으므로 개편이 필요하였다고 기술하였음. 국방군사연구소, 『국방정책변천사, 1945~1994』(서울: 국방군사연구소, 1995), pp. 311-312; 국방부, 『1990 국방백서』(서울: 국방부 정책기획관실, 1990), pp. 185-186 참조.

1980년대 말은 탈냉전과 함께 군 내에서도 미래 전략 환경에 부응하고 한정된 국방자원의 효율적인 사용이 요구되는 분위기가 조성되어 국방부에서는 1988년 8월 18일 '장기국방태세 발전 방향 연구'(일명 818계획)를 시작하였다. 대통령 재가를 받은 1989년 11월 16일의 최종연구 안(案)은 1990년 1월부터 818계획 기획단 및 사업단을 구성하여 집중 연구 보완하여 1990년 7월 14일 국회 본회의에서 통과시켜 그해 8월 1일 법률 제4249호로 공포하였다. 그리고 기획단 가동 2년 시점인 1990년 8월 18일 대통령에게 장기국방태세 발전 방향 최종안을 보고함으로써 계획이 현실화되었다.

이에 따라 합동군제 합동참모본부가 1990년 10월 1일부로 창설되었으며, 이제 합동참모본부 의장은 단지 대통령과 국방부 장관을 보좌하는 기능에서 각 군의 작전부대를 지휘하고 합동부대를 지휘·감독하며, 의명 계엄사령관 임무를 수행하는 군인의 최고위 직책이 되었다. 이제 합동참모본부는 평시 적정수준의 방위전력 구축과 응징보복을 할 수 있도록 군사소요를 제기하고 한국적 여건에 맞는 전쟁수행 능력과 전쟁억제를 위한 군사전략을 수립하며, 연합군사령부에 대한 전략지침을 내릴 수 있는 실제적인 구조를 갖게 된 것이었다.

818계획의 시행에 대한 시험평가는 1991년 1월부터 국방부 차관이 주도하는 818계획 군정평가단과 합참의장이 주도하는 사업단을 편성하여 약 1년간 운용하였으며, 이를 반영하여 1992년 1월 28일 대통령에게 보고하였다. 이렇게 하여 편성된 합동참모본부는 오늘날 운용하고 있는 합동참모본부의 원형이 되었으며 지금의 구조는 이후에 조금씩 변용하여 적용 유지되고 있다.

이때 보완된 상부조직 기능은 군정과 군령 개념을 작전지휘와 작전지원의 현대적 개념과 조화시키며, 각 군 본부와의 전쟁과 작전수행, 군사력 건설, 군사정보 교환, 교육 훈련 및 검열 등에서 상호 연계된 공통 영역을 갖도록 하였다. 그리고 합참조직을 7개 부장형 참모제를 채택하도록 하였다.

이제 한국군도 평소에 연합군사령부의 각종 기획·계획 업무에 공동으로 참여할 수 있는 대응조직 기능을 갖게 되었으며, 미래에는 연합군사령관이 갖고 있는 한국군의 작전통제권을 환수하기 위한 잠정적 시험 조직으로서도 이 출발은 그 의미하는 바가 컸다. 즉 향후 작전통제권의 환수를 앞두고 한국의 국가적 차원의 군사적 리더십을 제도적으로 보완하였던 것이다.

1992년 3월 28일 시행된 조직은 아래와 같다.

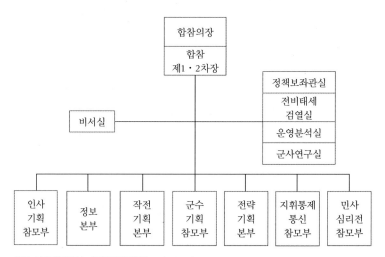

출처: 국방군사연구소, 『국방정책변천사, 1945~1994』(1995), p. 323.

<그림 5-1> 1992년 합동참모본부 기구도

제4절 한국군 평시(정전 시) 작통권 행사

한국군의 작전통제권 환수 의지는 전후 1953년 10월 1일 「한미 상호방위조약」의 정식 조인과 더불어 나온 「변영태・덜레스 공동 성명」(한・미 외무장관 성명)에서 "조약 발효 후에는 작전지휘권 을 한국에 귀속한다"는 내용을 삽입한 데서 찾아볼 수 있다. 이후 에도 5・16혁명 당시 일부 부대에 대한 작전통제권의 환수, 1968 년 1・21사태 이후 대간첩작전 시 합참에 대간첩대책본부를 설치 하고 대간첩작전을 한국군이 주도하여 실시하는 사항들이 양해되 었다. 그러나 본격적으로 제기된 것은 1987년 한국의 대통령 선거 를 전후하여 확산되었고, 미국 측에서도 「넌-워너 법안」이 미 의회 에서 통과된 후 1991년 1월 1일부로 작전통제권을 한국 측에 전환 할 의도가 있음을 공식화하였던 바가 있었다. 국방부에서는 동아시 아 전략구상 2단계(EASI Ⅱ)에는 정전 시 1993~1995년 사이에 평 시 작전통제권을 환수한다는 것을 미국 측과 합의한 바도 있었다. 이러한 과정에서 한국군은 818계획을 추진하여 평시 작전통제권 환수에 대비하였음은 앞에서 살펴본 바와 같다. 주한미군사령부에 서는 워싱턴 당국(국방성/합참)의 최종 구상과는 달리 한국군의 작 전통제권 환수가 주한미군의 위상 약화, 방위비분담에 대한 부정적 영향 등을 고려하여 가능한 한 전환 시기의 지연을 시도하여 평시 (정전 시) 작전통제권은 1996년에, 전시 작전통제권은 2000년 이 후를 제의하기도 하였다.[18]

---

18) 안광찬, 앞의 논문, p. 125.

국방부가 평시 작전통제권을 환수하면서 고려한 사항은, 첫째, 지금까지는 우리의 국력과 방위역량의 제한으로 대미의존적인 방위체제를 유지할 수밖에 없었으나, 이제는 우리의 국력이 실질적인 국가안보를 상당 부분 감당할 수 있을 만큼 신장되었고, 미국도 탈냉전 이후의 새로운 동아시아·태평양 전략구상에 의거 이 지역에서의 미군 주둔 규모를 적정수준으로 감축하면서 그 역할도 역내 국가들과 적절히 분담한다는 방침을 설정함에 따라 2천년대 한국방위의 한국화 체제를 구축하면서 평시 작전통제권 환수를 한미 간의 역할조정을 위한 중간단계로 고려하였다. 둘째, 북한의 대남 적화전략이 전혀 변화되지 않았고 사태 진전에 따라서는 무모한 대남 도발을 감행할 수 있는 가능성이 상존하고 있음을 고려하여 현재의 한·미 연합방위체제의 기조를 변함없이 유지하고 이를 위해 한미연합군사령부가 평시에 전쟁을 억제하고 유사시 한국 방어 임무를 효율적으로 수행할 수 있는 여건을 충분히 보장해주도록 고려하였다.[19)]

평시 작전통제권 환수에 대한 공식적인 논의는 1991년부터 한미 SCM의 의제에 포함하여 검토하였으며, 1992년 10월 8일의 제24차 SCM에서는 '늦어도 1994년 12월 31일까지', 1993년 11월 4일의 제25차 SCM에서는 '1994년 12월 1일부'로 평시 작전통제권을 한국 측에 이양하기로 합의하였다.

이에 따라 한·미 양국의 국방 당국은 평시 작전통제권을 한국 군이 환수하는 데 따른 관련 근거인 군사위원회 및 한미연합군사

---

19) 국방군사연구소, 『국방정책변천사, 1945~1994』 (1995), pp. 348-349.

령부 관련약정(TOR)을 개정하고 전략지시 제2호를 새로 작성하였으며, 1994년 10월 1일에는 한국 외무부 장관과 주한미국대사 간에 교환각서를 교환함으로써 정부 차원의 외교절차까지 마무리하였다. 이렇게 해서 1994년 12월 1일부로 한국군에 대한 평시 작전통제권은 한국군이 행사하게 되어 전쟁이 발발하기 전까지의 부대 이동, 경계임무, 초계활동, 합동전술훈련, 군사대비태세 강화 등 부대 운영에 대한 제반 권한을 한국군 합참의장이 행사하게 되었다. 그러나 전시 전환과 관련한 전투준비태세에 관한 여섯 가지 권한을 규정한 연합권한위임사항(CODA: Combined Delegated Authority)만큼은 작전의 효율성을 위하여 연합군사령관이 계속해서 행사하도록 하였다.

여기에서 연합권한위임사항 여섯 가지에 대해서 짚어볼 필요가 있다. 왜냐하면, 이 기능들이야말로 전쟁을 기획하고 계획하는 주요 사항을 망라하고 있기 때문이다.

첫째, 연합위기관리에 대한 사항으로서, 현안이 발생했을 때 한·미 간에 국가 이익을 놓고 입장이 다를 경우 문제가 될 수 있다. 과거 1·21사태, 푸에블로호 납북 시 해결 과정에서 보듯이 한·미 간에 이견이 심하게 노출되는 경우나 앞에 예를 들었던 제1차 핵위기 시의 해결 과정에서 익히 경험하였던 바가 있다.

둘째, 전시 작전계획 수립 문제는 사실상 한반도의 전쟁을 계획하는 것임에도 미국 측의 의도가 강하게 반영될 수 있다. 6·25전쟁 시 한국은 북한지역을 수복지역으로 보는 반면, 미국은 중국과 동북아시아의 역학관계에서 판단할 수 있음은 이미 경험한 바 있다.

셋째, 연합연습에 대한 부분은 작전기획을 따라가는 것이므로 큰 이의가 없을 것이지만 미국 측으로서는 연합연습 시에 소요되는 훈련비의 분담문제 등에서 자국의 입장을 더 강하게 주장할 가능성이 있었다.

넷째, 연합합동교리발전에 대해서는 한·미 간 적용할 교리가 다른 경우 갈등이 있을 수 있었다.

다섯째, 연합정보관리와 여섯째, C4I 및 상호운용성 유지문제는 한·미 간의 능력차이 때문에 미국 측 위주로 운용될 경우 한국군의 자율적인 발전을 늦출 가능성이 제기되었다.

그러나 이것들은 뒤집어 해석해본다면 우리 한국군이 부족한 능력임이 분명하므로 기획이나 계획 단계에서부터 연합으로 준비하고 실시하도록 요구하고 적극적으로 참여함으로써 한국군이 보다 빨리 자율성을 가진 군대로 탈바꿈하는 데 기여할 수도 있는 것이었으므로 양면성을 가진 문제였다.

여기서 평시라고 하면 언제까지를 의미하느냐 하는 문제가 발생할 수도 있는데, 한·미 간의 합의 문건에는 명확히 평시(Peacetime)가 아닌 정전 시(Armistice period)로 표현되었으므로 정전 시에서 전투준비태세가 격상되면 그때부터를 전시(Wartime)로 간주하도록 하였음에 유의할 필요가 있다. 이를 그림으로 나타내면 <그림 5-2>와 같이 될 것이다.

평시(정전 시) 작전통제권 환수의 의의를 살펴본다면, 첫째, 우리나라가 주권을 가진 나라로서 평시(정전 시)에 자율적으로 군을 운용할 수 있게 된 점이다. 전시로 상황이 악화되지 않는 한 부대 운용을 우리 개념대로 할 수 있게 되어 자율적인 군대로 발전해 나갈 수 있는 토대가 마련되었으며, 대외적으로 국가의 위상과 국민적 자긍심이 함께 고양되었다.

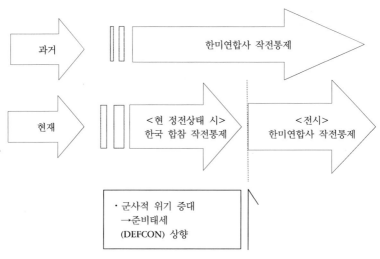

출처: 안광찬, 앞의 논문, p. 131.

<그림 5-2> 평시(정전 시) 작전통제권 환수 이후 한국군 작전통제

둘째, 818 계획에 의해 태동한 한국 합동참모본부는 연합사의 참
모기능과 조직을 일치(부장형 참모)시킴으로써 평시 연합사가 가지
고 있는 연합권한 위임사항에 대하여 개입하여 함께 발전시킬 수
있는 역할을 정립하였다. 따라서 한국군이 전시 작전통제권을 행사
하게 될 경우를 대비한 실질적인 능력을 신장시킬 수 있게 되었다.
    셋째, 우리나라의 제반 지휘 여건도 성숙하였음을 인정받은 점이
다. 그동안 율곡사업과 국민적 성원에 따라 확보한 방위역량이 향
후 한국군이 자율성을 가진 군대로서 작전을 주도하고 주한미군이
지원하는 역할조정으로 나아갈 수 있는 중간단계에 진입함을 의미

하였다.

넷째, 남북관계에 있어서도 우리의 입지를 강화할 수 있게 되었다. 그동안은 정전협정 당사자는 유엔군사령관이 대표기능을 행사하는 관계로 한국군이 북한과의 대화상대로 나설 때 북한이 직접 대화를 기피하는 등 악용된 면이 많았지만, 이제 한국군은 실질적인 정전협정 유지자(者)로서 전면에 나설 수 있는 명분을 갖게 된 것이다. 이후 남북군사회담 등에서 일부 비무장지대 개방 문제를 유엔군 관할의 원칙적인 사항을 합의한 이후에는 남북 간에 실질적인 문제들을 토의 확정한 사례에서도 이를 확인할 수 있겠다.

그러나 앞에서도 살펴보았듯이 정전 시 군 지휘권의 많은 주요 기능을 연합군사령관이 수행하도록 하였다는 점에서 아직도 정전 시(時)조차 완벽한 자율적 군사 운용에는 미치지 못하는 한계를 보였다고 평가된다.

제5절 한·미 SOFA 2차 개정

「한·미 SOFA」의 개정 과정을 보면 다양한 미군의 사건·사고가 한국 주민에 대한 권익을 침해하고, 이 사건을 처리하는 미군 당국의 조치가 한국 국민에게 불평등하게 비치면서 SOFA에 대한 부정적 여론이 확산되었다. 이에 따라 우리가 SOFA 개정을 미국에 요구하면 미국 측이 한국의 여론이 반미로 확산되는 것을 우려하여 협상에 응하는 패턴이 반복되었다. 이번의 SOFA 개정도 예외는 아니었다. 대표적인 사건으로는 1992년 10월 28일 미군클럽 종업원의 엽기적인 살인사건을 들 수 있다.[20] 이 사건은 당시 경찰이 용의자를 검거하였으나 SOFA 규정에 따라 주한미군 피의자를 미군 측에 넘겨준 사건이다. 이는 우리의 법 감정과는 거리가 있어 이 지역의 일부 택시기사들이 미군을 태우지 않는 등 감정적으로 번지는 계기가 되었다. 또한, 2000년에 발생한 이태원 미군 전용 술집 여종업원 살해사건 용의자인 미 8군 크리스토퍼 매카시 상병이 검거된 후 재판을 앞두고 도주한 사건의 경우도 미 법무관실에서 형이 확정되기 전까지는 피고인의 신병을 보호한다는 명목으로 법정 구속하지 않은 사건이어서 이 역시 우리의 법률 정서와 다른 SOFA의 규정 때문에 발생한 것이었다.

그리고 이제는 이전과 달리 한국인의 경제관념과 문화의식의 성장도 이러한 SOFA 개정 요구의 한 형태로 나타났다. 특히 환경피해 사건·사고 가운데 토양 및 수질오염과 직결되어 피해규모가 큰 유류 유출 사고가 전체의 40% 이상을 차지했다. 녹색연합 등 환경단체에서 제기한 환경피해 사건은 1990년대 말에는 연평균 3~4건이 발생하였다. 2000년에는 한 해에만 총 9건으로 절정에 달했는데, 7월 13일 용산기지의 독극물 한강 무단방류사건은 당시 사건 당사자가 징계처분만 받고 승급까지 한 것이 알려져 SOFA의 개정을 대대적으로 요구하는 탄원이 빗발치게 하였다.[21] 2차 개정

---

20) 윤금이 씨 살인사건으로 알려진 이 사건에서 한국 경찰은 용의자인 미군 2사단 소속 케네스 마클 상병을 체포하였으나 미군범죄수사단에서 신병인도를 요청하여 바로 넘겨주었다. 당시 1차 개정으로 SOFA 규정에는 주한미군 피의자를 체포하면 한국 경찰이 먼저 피의자 신문조서 작성 등 기초조사를 한 뒤 신병을 인계해주게 되어 있었으나 경찰은 이를 지키지 않았다. 케네스 마클 상병은 15년 실형을 받아 한국 수형시설에 수감되었으나 한국 국민의 법 감정과는 괴리가 있어 큰 반향이 있었다.

을 위한 협상은 1995년 11월부터 시작되어 1996년 9월까지 7차례나 계속되었으나 합의에 실패하였고, 2000년도에 사건·사고가 빗발치자 3차례의 추가 협상을 거쳐 2000년 12월 28일에 타결을 보아 2001년 1월 18일 양국 정부 간에 공식 서명이 이루어졌다.

개정된 내용을 요목별로 살펴본다.

가. 형사관할권

본 협정 제22조 5항 (다)를 '대한민국이 재판권을 행사할 합중국 군대의 … 피의자의 구금은 그 피의자가 대한민국에 의하여 기소될 때까지 합중국 군 당국이 계속 이를 행한다'로 개정하였다. 이전에는 '모든 재판절차가 종결되고 또한 대한민국 당국이 구금을 요청할 때까지 합중국 군 당국이 계속 이를 행한다'에서 구금 시점을 앞당긴 것이다.

또한, 합의의사록에서는 제22조에 대한 합의의사록에 대해서 몇 가지를 더 합의하였다.

① 체포 시 계속 구금권[제5항 (다) 2.]

'… 범행현장에서, 또는 동 현장에서의 도주 직후나 합중국 통제구역으로의 복귀 전에 체포한 경우, 그가 살인과 같은 흉악범죄 또는 죄질이 나쁜 강간죄를 범하였다고 믿을 상당한 이유가 있고, 증거인멸·도주 또는 피해자나 잠재적 증인의 생명·신체 또는 재산

---

21) 이상현, "개정 SOFA 협정의 의의와 평가: SOFA 재개정 방향을 위한 고찰", 홍현익·송대성·이상현, 『남북화해시대의 주한미군』(서울: 세종연구소, 2003), pp. 170-175.

에 대한 가해 가능성을 이유로 구속할 필요가 있을 때에는, 합중국 군 당국은 … 적법한 사유가 없는 한 구금인도를 요청하지 않기로 합의한다.'(※ 미·일: 계속 구금권 보유, 미·독: 규정 없음, 계속 구금권 불보유)

② 신병 인도 시기[제5항 (다) 3.]

12개 주요범죄에 대해서는 기소 시 신병을 인도하며 나머지 범죄에 대해서도 현행과 같이 재판 종결 후 신병을 인도한다(12개 범죄: 살인, 강간, 석방 대가금 취득목적의 약취·유인, 불법 마약 거래, 유통목적의 불법 마약 제조, 방화, 흉기 강도, 위 범죄의 미수, 폭행치사 및 상해치사, 음주운전으로 인한 교통사고로 사망 초래, 교통사고로 사망 초래 후 도주, 위의 범죄의 하나 이상을 포함하는 보다 중한 범죄). 우리 측에서는 과거 10년간의 통계치를 근거로 12개 범죄유형을 제시하였던 것이다.(※ 미·일: 기소 시 신병인도, 미·독: 재판 종결 후)

③ 미군 피의자의 법적 권리 보호

'피의자 또는 피고인이 질병·부상 또는 임신 중인 특별한 경우 합중국 군 당국이 재판 전 구금의 포기 또는 연기를 요청하면 대한민국 당국은 호의적으로 고려'[제5항 (다) 8.]

'대한민국 당국은 특정한 사건에 있어서 형 집행에 관하여 합중국 군 당국이 특별히 표명한 견해에 충분한 고려'[제7항 (나)]

'변호인의 조력을 받을 권리는 체포 또는 구금을 받을 때부터 존재하며 … 이러한 변호인과 비밀리에 상의할 권리를 포함한다. 변호인의 조력을 받을 권리는 … 이 협정과 대한민국 국내법 중 보다 유리한 범위 내에서 존중'[제9항 (마)(바)]

'우리 측이 체포 후 계속 구금권을 행사할 경우 변호사 출두 시까지 불(不)신문 및 변호사 부재 시 취득한 증언·증거는 재판 과정에서 불사용'[제9항 (사)]

'신속한 수사와 재판을 위해 미국 측은 미 정부 대표의 신속한 출석을 보장'[제7항(사)]

위에서와 같은 새로운 합의들은 한국이 기소와 동시에 구금을 할 수 있도록 권리를 갖도록 한 것에 대하여 미국 측은 피의자가 유죄 확정 시까지 무죄 추정의 원칙을 존중하여 피의자가 인권보호를 받도록 신경 쓴 것으로 생각된다.

또한, 대물 교통사고에서 공무수행 중이었거나 2만 5,000달러 이상의 보험에 가입한 경우에는 형사 입건을 보류하도록 하고, 교통사고로 인한 피해배상 청구의 판정과 지급이 신속히 이루어지도록 상호 노력한다(제23조 5항, 6항에 대한 양해사항)고 규정하여 피해 한국인의 피해보상을 보장받도록 하였다.

그러나 개정되지 않은 합의의사록 제22조 3항의 '합중국 군 당국의 요청이 있으면 대한민국 당국이 재판권을 행사함이 특히 중요하다고 결정하는 경우를 제외하고, … 재판권을 행사할 제1차적 권리를 포기한다'는 조항은 한국 사법당국이 재판권을 행사하는 데 여전히 제약을 가하는 부분이다. 그래도 최근의 통계를 보면 이 부분은 많이 개선되고 있는 것으로 보이기에 다행스럽다. 법 적용을 엄격히 하려는 법무부의 노력이 돋보이는 부분이다(1985~2002년의 자료에서는 한국의 재판권 행사비율이 0.5~7.4%를 보이는 것과 비교하면 많은 향상이 있었음).

<표 5-6> 2002년 이후 미군인 범죄사건 발생 및 재판권 행사

연도	발생	재판권 행사	
		건수	비율(%)
2002	365	20	5.48
2003	320	78	24.38
2004	324	56	17.28
2005	290	57	19.66
2006	243	66	27.16
2007	283	64	22.61
2008	261	85	32.57
2009	325	79	24.31
2010	380	111	29.21
2011.8.	214	66	30.84
계	3,005	682	22.69

출처: 박주선 의원실, 법무부 보고자료(2011.10.11.).

또한 '1심에서 무죄가 되거나 피고인이 상고하지 않은 경우 한국 검찰이 상고하지 못한다'고 한 SOFA 제9항에 따른 합의의사록 내용이나 미군의 공무상 범죄에 대한 재판권을 미군 당국에서 행하면서 그 공무를 미군 측이 판단하게 한 조항은 여전히 남아있는 불평등 조항으로서 개정을 요하는 사항이라 하겠다.[22]

---

22) 이상현, 앞의 책, p. 177.

나. 노무

① 고용원의 노동권 보장

'… 합중국 정부는 군사상 필요에 배치되지 아니하는 경우에는 고용을 종료하여서는 아니 된다. 군사상 필요로 인하여 감원을 요하는 경우에는, 합중국 정부는 가능한 범위까지 고용의 종료를 최소화하기 위하여 노력하여야 한다'(제17조 2항 합의의사록)고 하여 해고 요건을 '임의해고'에서 '해고제한'으로 바꾸었다.

'… 군사상 필요는 합중국 군대의 군사목적 수행을 위하여 해결 조치가 긴급히 요구되는 경우를 지칭하는 것으로 이해한다. 이 용어는 전쟁, 전쟁에 준하는 비상사태, 그리고 미국 법률에 의하여 부과되는 군의 임무변경이나 자원제약과 같은 상황에 대처하기 위한 합중국 군대의 준비태세 유지능력에 영향을 미치는 상황을 말한다'라고 개정하여 '군사상 필요'의 구체적 예시로 국내 노동법 적용 배제 여건을 명확히 하였다.

② 노동법 준수와 노동 쟁의의 조정절차

본 조항의 '합중국 군대가 그들의 고용원을 위하여 설정한 고용 조건, 보상 및 노동관계는 대한민국 노동 법령의 제 규정에 따라야 한다'(제17조 3.)의 "따라야 한다"는 의미를 '합동위원회에 의하여 별도로 합의되지 않는 한 대한민국의 노동법에 의하여 정하여지는 조건과 실질적으로 일치하여야 함을 의미한다'고 명확히 하였다(제17조 양해사항 2.).

'조정위원회가 합의에 도달하지 못하는 경우, 그 문제는 합동위원회에 회부된다'라고 규정하여 조정위원회의 쟁의 조정으로 신속한 쟁의해결을 유도하였다.

③ 냉각기간

본 협정의 '고용원 단체나 고용원은, … 합동위원회에 회부된 후 적어도 70일의 기간이 경과되지 아니하는 한 정상적인 업무 요건을 방해하는 어떠한 행동에도 종사하여서는 아니 된다'[제17조 4항 (가)의 (5)]와 관련, '고용원 단체나 고용원은 노동위원회에 조정신청이 접수된 날부터 최소한 45일간은 정상적인 업무요건을 방해하는 어떠한 행위에도 종사할 수 없으며, 그 기간이 끝날 때 주한미군지위협정에 부합하여 그 문제는 합동위원회에 회부되는 것으로 이해한다'고 하여 냉각기간 기산점을 앞당겨 쟁의행위 금지기간 역시 단축하여 국내법과 형평을 같이 하였다.

다. 환경

합의의사록에 환경 관련 조항을 신설하고, 특별양해 각서를 합의하였다.

① 환경 관련 조항 신설

'대한민국 정부와 합중국 정부는 … 환경보호의 중요성을 인식하고 인정한다. 합중국 정부는 자연환경 및 인간건강의 보호에 부합하는 방식으로 이 협정을 이행할 것을 공약하고, 대한민국 정부의 관련 환경법령 및 기준을 존중하는 정책을 확인한다(합의의사록 제3조).

(※ 미·독: 독일보충협정과 하위문서인 서명의정서에 규정, 미·일: SOFA 규정에는 없고, 별도의 공동선언 채택)

② 환경관리 기준

'… 합중국의 기준 및 정책과 … 대한민국의 법령 중에서 보다 보호적인 기준을 참조하여 계속 개발되며, 이는 새로운 규칙 및 기준을 수용할 목적으로 환경관리기준을 2년마다 검토함으로써 이루어진다. …'(특별양해각서)

③ 정보공유 및 출입

'… 환경분과위원회는 정보교환을 위한 분야, 시설 및 구역에 대한 한국 공무원의 적절한 출입, 그리고 합동실사·모니터링 및 사고 후속조치의 평가를 검토하기 위하여 정기적으로 회합한다.'(특별양해각서)

④ 환경이행실적

'… 주한미군에 의하여 야기되는 인간건강에 대한 공지의 급박하고 실질적인 위험을 초래하는 오염의 치유를 신속하게 수행하며, 인간건강을 보호하기 위하여 필요한 추가적 치유조치를 검토하기 위한 것이다.[23]…'(특별양해각서)

---

23) 흔히 KISE 조항으로 통하는 이 규정의 영문표현은 'known, imminent and substantial endangerment to human health; and to consider additional remedial measures required to protect human health'이다.

이 규정의 신설은 과거에 비하여 진일보한 것으로 평가되지만, 환경이행실적에 규정한 치유에 대한 조항을 놓고 미국 측은 엄격하게 적용하려고 하고, 환경단체에서는 이를 수용하지 못하여 대립이 계속되고 있어 좀 더 명확한 규정이 요구되기도 한다.

기타 시설 및 구역에 대한 조항 중 미국 측이 사용하지 않거나 용도를 변경하여 사용하는 문제에 대해서는 주기적(1년 단위)으로 합동실사를 하도록 규정하였지만, 구체적인 시행규정이 부재하기 때문에 선언적 성격에 그치고 있다는 점이 아쉽다. 불용토지에 대하여 '사용하지 않거나 사용계획이 없는 경우 반환한다'고 하였으나 미군이 사용계획을 제기하면 유명무실한 조항이고, 공여지가 침해된 경우에도 한국 측이 침해 제거 조치를 한다고 규정한 것은 무상 공여에 대해 원상복구에 대한 비용까지 행정지원을 해준다는 점은 지나친 배려라는 비판이 제기되고 있다.

「한・미 SOFA」는 두 차례의 개정에도 불구하고 본 협정의 개정은 이루어지지 않았다. 결국, 현재까지의 개정은 「한・미 SOFA」가 체결될 당시 일방적인 특혜조항들의 근본은 건드리지 못하고 지엽적인 부분들의 부분적인 개정에 머무르는 아쉬움을 남겼다고 평가된다.

「한・미 SOFA」의 재개정 요구는 이러한 미결사항의 해소를 위해 필요한 것이다. 다행히 한미 양측이 2002년 12월부터 합동위원회 산하에 'SOFA 운영개선 특별대책반'을 설치・운영하였고, 2004년부터는 'SOFA운영개선 특별대책반'을 'SOFA 운영개선 특별위원회'로 승격하여 상설 조직화하여 운영하고 있다.

그러나 근본적으로 SOFA의 개선은 한미동맹을 재평가하여 한국

국민의 위상을 바르게 반영하는 것과 주둔 미군의 지위를 보호하는 것을 두고 합당한 균형점을 재설정해야 한다는 관점에 입각하여 재정립할 필요성이 제기된다.

제6절 1990년대 말 한국의 군사역량 평가

1990년대는 남북한의 경제력의 격차가 벌어진 만큼 재래식 군사력의 격차도 상당한 차이를 보일 수밖에 없는 상황이었다. 북한의 경제침체와 동부 유럽 공산위성국들의 체제변환, 소련·중국의 한국과 외교관계 수립 등은 평양 당국의 '포위의식'(siege mentality)을 강화시키기에 충분했다. 북한은 1993년 말에 3차 5개년 계획의 실패를 자인하기에 이르렀다. 그렇다고 북한이 소련 등 외부로부터 원조를 기대하기도 어려웠다. 따라서 북한의 재래식 군사력은 1970년대부터 계속해온 병력증강이라는 저렴한 노동집약적 방법에 의존하지 않을 수 없었다. 인민군의 병력규모는 추정기관에 따라 약간 차이가 있으나, 1980년 70만 미만의 병력이 1986~1988년간 약 84만, 1990년 99만에서 1996년 105만 5,000, 1997년 114만 7,000(국가보위부 및 사회안전부로부터 병력이관된 5만 포함)으로 증가했다. 물론 미 ACDA(Arms Control and Disarmament Agency: 군축국)에 의하면 북한의 무기수입액은 소련의 군사원조가 절정에 달했던 1987~1989년간의 20.2억 달러에서 1992~1994년간에는 고작 0.65~0.7억 달러로 급격히 축소되었다. [24)]

반면, 한국군이 진행 중인 미국 장비에 대한 주문은 1998년에 80
억 달러를 넘어섰다. 한국은 본래 1998년 말까지 이전을 조건으로
120대의 F-16C/D를 주문하였으며, 1997년 9월에 발표되었던 4대
의 B-767공중조기경보통제기(AWACS)에 대한 구매요구가 있었고,
독일의 TYPE 209 잠수함에 대한 허가생산이 계속되어 1999년까지
9척 중 6척이 이전되었다. 이외에도 Hawk 800 무인항공기 10대(이
스라엘제), CN-235 수송기 8대(인도네시아제), KDX-2000 프리킷
함 3척(국내 건조), 12대의 BO-105정찰헬기(독일제), 1,294기의 미
스트랄 지대공 미사일(프랑스제) 등의 도입이 추진되었다.[25] 기간
중 남북한의 주요 군사력은 아래 표와 같다. 당시 한반도의 재래식
군사력의 균형은 한국군이 북한의 전격전을 차단하는 데 필요한 전
력을 확보하여 한국 측으로 기울어졌다고 할 수 있겠다.[26]

---

24) 함택영, 앞의 책, pp. 192-193.

25) IISS, *The Military Balance* 1998~1999,

26) '1990년대에 한국은 단독으로 북한의 공격을 저지할 수 있을까'에 주목하여 연구한 서재정은
한미연합사의 전력을 분리하고 다수의 정태적·동태적 분석을 시도한 결과 한국군이 주한미
군에 의존한 C3I 같은 자산을 제외하여도 한국방어의 필수 전력은 확보했음을 분석하고 있
다. 서재정, 앞의 책, 제2장, pp. 56-103 참조.

<표 5-7> 1990년대 말 남북한 주요 군사력 현황

구분	지상군	해군	공군
북한 국방예산: 약 24억 달러 총병력: 105.5만	**병력 92.3만** 전차 3,500대+ 장갑차 2,500대+ 견인포 3,500문 자주포 4,400문 방사포 2,600문 FROG(-3/5/7) 24기 스커드C 30기 SA-7/16 10,000기	**병력 4.6만** 잠수함 26척 소형잠수함 58척 프리킷함 3척 코르벳함 5척 미사일정 43척 상륙정(중) 10척 상륙정(소) 260척 실크웜M/L 미상	**병력 8.5만** 비행시간 30H 전투기/헬기 607대 IL-28 82대 MIG-17 107대 MIG-19 159대 SU-7 18대 SU-25 35대 MIG-21 130내 MIG-23 46대 MIG-29 30대 SAM-2/3/5 360기+
한국 국방예산: 102억 달러 총병력: 67.2만	**병력 56.0만** 전차 2,130대 (88전차 800대) 장갑차 2,540대 견인포 3,500문 자주포 1,040문+ 다련장 156문 지대지(나이키 I / II) 12기 지대공 M/L 1,020+ (미스트랄 170, 스팅어 130, N/H 200, 호크 110) 대포병 R/D 수 미상 헬기 556대 (코브라공격헬기 75)	**병력 6만** 잠수함 6척 근해잠수함 11척 프리킷함 33척 구축함 5척 코르벳함 4척 미사일정 11척 근해초계정 90척 상륙함 16척 상륙정 36척 P-3C 8대 500MD 25대 LYNX헬기 12대 SA-315헬기 8대 해병대 2개 사단, 1개 여단	**병력 5.2만** 전투항공기 488대 대지공격기 283대 (F-16C/D, F-5E/F) F-4D/E 130대 정찰기 28대 헬기 31대 무인항공기 3대 미사일 수 미상 (공대지/공대공/지대공)
주한미군 병력: 36,120	1개 사령부 1개 보병사단		1개 사령부(7공군) 2개 비행단 F-16 72대 A-10 6대 OA-10 12대

출처: IISS, *The Military Balance 1998~1999.*

이러한 군사력의 역전 현상은 국방비 지출 면에서도 드러나고 있다. 다만 통계치 등에서 차이가 있는 점은 자료 수집의 한계, 누계 방식 등에서 차이가 있을 것이므로 큰 흐름 위주로 참고하면 될 것이다.

<표 5-8> 1990년대 말 남북한 국방비 지출 현황

1997년 가치 기준	국방지출								
	백만 달러			1인당 달러			국내 총생산 중 %		
	1985	1996	1997	1985	1996	1997	1985	1996	1997
북한	5,919	5,559	5,409	290	254	246	23.0	27.2	27.0
한국	8,962	16,172	14,732	218	358	320	5.1	3.7	3.3

출처: IISS, *The Military Balance 1998~1999*.

이러한 상황에서 북한이 취한 전략은 비대칭 전력의 강화였을 것이다. 앞에서 살펴보았듯이 북한은 국제사회의 제지 속에서도 핵무기와 미사일의 개발에 전력을 쏟았으며 이러한 결과는 1990년대 중반 이후 국제사회에 핵위기를 조성하게 된 것이었다.

1990년대 말에 이르러 남북한의 재래식 무기 경쟁은 격차가 더욱 벌어진 상황이 되었다. 그러나 북한이 핵, 화학무기, 미사일 등 비대칭 전력을 국가 안보전략으로 선택하여 집중하였기 때문에 한반도의 안보상황은 더욱 복잡해지는 양상을 띠게 되었다. 미국이 핵무기에 의한 보복위협을 하더라도 북한은 자신들이 핵 능력만 갖춘다면 '공포의 균형'을 이룰 수 있다고 본 것이다. 이제 남북한 모두에게 전쟁으로 한반도 문제를 해결한다는 것은 어려운 일이 되었다. 한국의 군사적 자율성은 향상되었음에도 이러한 북한의 핵 개발과 같은 비대칭 전력의 확보라는 변수가 조성됨으로써 한국은 핵에 관한 한 미국의 이른바 확장적 억제전략(Extended Deterrence)

에 의지할 수밖에 없는 상황을 맞게 되었다. 북한이 핵을 갖는다고 해서 한국이 핵을 가져야 한다는 논리는 지금까지의 한국의 경제 성장과 발전을 뒤로 돌이키는 선택이 될 수도 있기 때문에 선택하기 어려운 전략이기 때문이다. 이제 한반도 문제는 군사적인 해결 보다는 정치적인 해법이 더 필요한 시대가 도래한 것이다.

제7절 소결론: 한국의 군사적 자율성 확보 노력

1990년대의 주요 군사 현안과 관련되는 노태우 대통령은 직선제 개헌을 통해 민주적인 선거에 의해 대통령이 되었으며, 마침 당시 는 동(東) 유럽 국가들의 자본주의 전환과 소련의 해체에 이은 러 시아의 체제 전환이 이루어진 기간이었다. 때마침 치러진 올림픽에 소련을 위시한 동구권 국가들이 대거 참여함으로써 기치로 내세운 북방외교가 빛을 발하였던 기간이다. 한편으로는 체제위기에 직면 한 북한이 남북대화에 응함으로써 이후 남북대화의 물꼬를 튼 기 간이기도 했다. 북한은 이 기간에 핵 개발 의지를 공공연히 나타내 며 미국을 위시한 자유세계와 힘겨운 흥정을 시작하였다. 미국 클 린턴 대통령은 북한과 제네바 북미기본합의서를 합의하였고 이 과 정에서 소외를 느낀 한국의 항의로 한반도 에너지 개발 기구 (KEDO)를 합의하여 한국의 주도적 참여를 유도하기도 하였다. 북 한의 핵 문제가 이슈화되어 있음에도 불구하고 이어 등장한 김대 중 대통령은 남북 화해정책을 지속하였으며 남북 간에는 북한의 도발과 남북대화가 이어지는 모순적 상황이 반복되었다.

한국은 1994년 평시(정전 시) 한국군에 대한 작전통제권을 환수하였지만, 이 역시 연합권한위임사항(CODA: Combined Delegated Authority)과 같은 전시 작전운용에서 가장 중요한 기능들은 여전히 연합사령관에게 행사하도록 함으로써 실질적인 한국군의 자율적인 지휘를 제한하고 있는 것이었다. 이러한 한계는 한미연합 작전에 있어서 양국의 이익이 걸린 중요한 결정에 있어 미국에게 주도권을 줄 수밖에 없는 구조를 형성하고 있다 하겠다.

다음은 1980년대 말 미국의 군사 운용 예산 감축 논의 과정에서 주한미군의 추가감축과 한국방위의 한국화를 요구한 「넌-워너 수정안」과 관련한 부분이다. 이때 이미 미국 정부는 동아시아전략구상(EASI)을 통해 작전통제권의 한국 환원 문제를 고려한 바 있었고, 한미야사 해체는 물론이고 한미연합사의 해체와 한·미 병렬 지휘체제를 검토한 바 있었다. 당시 북한의 핵위기로 상황을 재평가하여 당초 계획한 정도에는 미치지 못하였지만, 연합사 부사령관을 지상군구성군사령관에 임명하고, 유엔사 군정위 수석대표를 한국군 장성으로 임명하는 등 변화가 수반되었다. 앞에도 기술하였지만 1987년 대선 당시 노태우 대통령은 한국군의 작전통제권을 환수할 의지를 표명하였고, 실제 합의도 있었기 때문에 이 당시 북핵 문제가 대두되지 않고 주한미군의 동의가 있었다면 한국군의 작전통제권은 평시(정전 시) 작전통제권을 넘어 더 많은 부분에서 환수되었을 수도 있었던 상황이었다.

1990년대에 들어서 북한은 체제유지를 위해 국제사회에는 핵 개발로 위협하면서도 한국과는 남북대화에 응하는 등 양면 전략으로 임하였다. 이러한 북한의 한미관계 이간질은 여러 번 양국관계에 갈등을 초래하였지만, 북한이 여전히 '위협적인 적'이라는 인식을 형성하여 그 정체성은 오히려 강화시켜준 면이 있었다. 당시 국제사회는 냉전체제의 종식으로 동·서 간에 호혜의 분위기로 변해 있었지만, 북한의 이러한 행동은 한국의 자위력이 향상되고 자율성이 상당히 성장하였지만, 한국 스스로 자국의 자율성을 내세워 한미동맹을 약화시키거나 종식시킨다는 생각은 애초부터 할 수 없는 구조로 몰고 갔던 것이다.

여기에서 모로우의 '비대칭동맹하 약소국은 강대국으로부터 안보 울타리를 제공받는 대신에 자국의 자율성을 침해받는다'는 이른바 '교환동맹모델'이 한국 상황에는 맞지 않는다고 주장한 장노순의 주장은 이 시기 한국 상황을 설명하는 데 설득력이 있다 하겠다.

장노순은 당시 한국은 자체의 노력과 대내외 환경은 자율성을 향상시킬 수 있는 요인으로 작용하리라고 기대되나 기대만큼의 자율성 증가를 가져오지 못하게 가로막는 요인이 있다고 보고, 그 요인을 아래와 같이 설명하였다.

"첫째, 한국의 미국 군사력의 절대 의존성과 관련해서 무임승차(free ride)의 가능성이 현저히 낮아졌다. 탈냉전하의 주한미군에 의해 한국의 안보를 지키는 일은 공공재의 중요한 성격을 상당히 상실하였다. 미국이 한국에 대한 보호를 무조건적으로 이행해야만 하는 여건이 아니라 하겠다. 이는 이념의 요소가 경제적인 이해관계에 의해서 대치됨으로써 냉전 시기처럼 한국과 같은 약소국이 패권국인 미국이 제공하는 안전 보장에 무임승차할 수 없게 되었음을 의미한다. 한국은 미국으로부터 제공받은 안보에 상응한 비용을 다양한 형태로 지불하지 않으면 안 되게 되었다. 미국은 한반도의 안정을 유지하는 것이 아직도 중요한 대한반도 정책이기는 하지만, 경제력을 갖춘 남한에게 주한미군의 유지비의 상당한 부분을 전가시키려는 상황이다(자율성의 향상요인: 저자 첨기).

둘째, 미국에 대한 안보의존성이 크게 완화되지 않았다는 점이다. 한국전쟁(6·25전쟁)과 그 이후의 한국의 안보는 미국의 군사력에 절대적인 의존을 통해서만 가능했다고 한국의 지도자들과 국민들은 믿기 때문에, 그런 경험은 쉽게 바뀔 수 없을 것이다. 더욱이 북한의 막강한 전투력과 기본체제의 유지와 주변 강대국의 지역 패권 경쟁은 세력균형자로서의 주한미군의 중요성이 줄어들지 않는 상황을 만들어 과거의 경험과 신념을 지속시키려는 경향이 있다. 미군이 남한으로부터 철수하고 일본에 미군을 상주시킨다면 남한은 미국의 전력만큼을 보충해야 한다. 그것은 한국의 경제에 엄청난 부담이며 국내 복지정책의 희생이 불가피해진다. 한국이나 미국은 당분간 미군의 한반도 주둔 필요성에 대한 인식을 변화시키고 싶어 하지 않는다. … 더욱이 미군의 해외주둔에 따른 비용은 본국에서 유지하는 것보다 경제적이고 전략적인 목적이 크기 때문에 미국의 입장에서도 철수를 쉽게 단행하기는 어려울 것이다(자율성의 제약 요인: 저자 첨기).

셋째, 한반도 통일 과정에서 미국의 영향력이 크다. 한국과 북한은 아직 상호 신뢰를 구축할만한 최소한의 대화마저 이루어지고 있지 않은 상황이다. 북한의 핵위기 해소 과정, 정전체제를 평화체제로 전환하는 문제, 그리고 경제협력 문제 등에 있어서 북한은 미국과 직접 거래하기를 원할 뿐 한국 정부와의 접촉을 피하고 있다.

이런 상황에서 한반도의 통일을 위해 한국이 단독으로 결정하고 실행할 수 있는 수단이 많지 않기 때문에 최소한 미국의 직접적인 지원 없이는 남북대화 자체도 용이하지 않은 것이 남북한 관계이다. 이는 미국이 한국의 대내외 정책에 영향력을 지속시킬 수 있는 여건을 조성하고 있다(한미동맹 영구화의 요인: 저자 첨기)."27)

한국군의 자율성이 미국군과의 특수한 관계 속에서 성장도 하였고, 반대로 제한도 받았다는 점을 생각해볼 필요도 있다.

서재정이 지적하고 있는 한미동맹의 영구화라는 시각에서 이 시기의 한미동맹을 평가해보는 것도 하나의 시사점을 줄 수 있다고 본다. 서재정은 일반적인 한국인들과는 조금 다른 시각으로 한미동맹을 보고 있다.28) 1990년대 중반에 북한의 역량이 계속 추락하고 있는데도 오히려 동맹축소 과정으로 나아가지 않고 오히려 역전되는 모순적 현상이 드러난다고 하였다. 물론 한국의 많은 공식적인 주장과는 배치되지만, 여기서는 한국군의 능력이 북한의 공격력을 저지하기 위한 상당한 전력을 구비하게 되었다는 관점에서만 보자. 1990년대 초 한미동맹의 축소 과정은 현실주의 이론의 기대와 일치하지만, 1990년대 중반 이후 한미동맹이 강화되는 점은 현실주의와 어긋나므로 대안(代案)적인 해석이 필요하다는 것이다. 앞에서 1990년대 초 「넌-워너 수정안」이 나왔을 때 한국은 이미 스스로를 방어할 능력을 갖추고 있었는데, 1991년 SCM에서 '당초 1993년에 시작하기로 한 주한미군 철군계획 두 번째 단계를 연기하기

---

27) 장노순, 앞의 글, pp. 96-98 참조.

28) 서재정은 1970년대에 한국의 방어에 관한 한 한국군의 전력은 독자적으로도 북한의 공격을 저지할 수 있다고 나름의 계량화된 분석을 하고 있다. 서재정, 앞의 글, pp. 56-103 참조.

로 합의'한 사실은 현실주의 이론으로는 설명이 어렵다는 것이다. 더구나 1990년대 중반에 발생한 북한의 대규모 기아현상은 이 논리를 뒷받침한다고 보았다. '위협균형' 이론상 한미동맹도 군사력 수준을 축소해야 하지만 반대로 나아갔다는 것이다.

서재정은 또한 북한의 핵 위협을 '북한이 체제위기를 극복하기 위해 선택한 것으로 한미동맹에 위협을 준다'는 일반적 시각과는 다른 견해를 제시한다. 서재정은 이러한 정체성이 한미 간에 제도적·담론적 수준에서 '침묵의 합의'로 북한을 타자(他者)로, 즉 적(敵)으로서 인식하는 현상 때문에 굳어진 결과로 보고 있다. '한미동맹의 영구화'는 동맹이 수십 년간 지속되면서 생성된 인적 면, 장비 면, 장소 면에서의 자산특수성에 미국에서 형성된 인적·물적 유대감이 동맹 해체나 약화에 드는 비용을 감수할 필요성을 감소시키고 있으며, 양국의 인적 특수성을 형성한 계층이 북한에 대한 타자로서의 담론(談論)을 공고화하고 그동안 이루어진 한국에 대한 원조나 훈련을 통한 사회적 행위가 일체감의 형성에 기여하여 제도화 수준으로까지 발전시킨 결과라는 것이다. 이제는 한미동맹도 관성의 법칙이 지배하며, 얼마나 동맹이 더 지속될 것인가는 '정체성의 균형이 군사력의 균형'보다 더욱 중요성을 띨 것으로 예측한다.29) 여기에서는 서재정의 한미동맹의 영구화적인 일반적인 성

---

29) 서재정은 북한의 정체성에 대한 한미 양국의 이해에 대하여 이견이 있을 수 있는데, 미국은 북한을 근본적으로 핵확산과 테러 위협국으로 보는 반면, 한국은 북한을 적이면서 동시에 같은 민족이라는 관점에서 오락가락하고 있다고 본다. 한국이 북한의 정체성을 적으로 강조할 때 한미동맹은 조화의 접점을 찾았으나, 한국이 민족주의적인 정체성으로 기울어질 때 한미동맹은 미국의 '악의 축' 정책구조와 충돌했다고 하였다. 따라서 한미동맹은 이러한 이율배반적인 정체성 구조의 지배를 받기 때문에 미국이 이해하는 자국과 타국의 정체성이 한국의 정체성 이해와 얼마나 조화를 이루는지에 따라서 좌우될 것이라고 주장한다. 서재정, 『한미동맹은 영구화하는가』(서울: 한울, 2009).

향을 주목하고자 한다.

어쨌든 이 시기의 한미동맹을 설명하는 데는 서재정의 일반적인 논리의 적용이 도움을 준다고 본다. 즉 한국군의 자율성이 확대되었음에도 방산산업의 발전 과정에서 보듯이 한국군은 작전의 상호 운용성과 장비획득의 용이성 때문에 미군 장비구조에 천착하게 되었고 더욱 의존성이 심화되는 결과를 빚기도 하였다. 주요 장비들의 국산화 비율은 아직도 낮았으며 고도의 정밀유도 무기 등은 미국 장비를 사들여 와야만 하는 구조가 형성되었던 것이다.

그리고 이 시기에 있었던 「한·미 SOFA」의 개정에 대해서 평가해본다면, 「한·미 SOFA」 1차 개정은 미국이 한국에 대하여 일부 형사재판권의 행사에 관하여 생색을 내는 정도로만 개정을 합의해 주었는데 미국이 자국민의 권리를 축소하는 데에 있어서는 절대적으로 자신들의 잣대를 내밀었다고 생각되며, 미국을 주둔시켜야 할 필요가 줄어들지 않는 한국의 한계이기도 했다.

「한·미 SOFA」 2차 개정 시는 일본이나 NATO의 경우를 참작하여 많은 부분을 개선하였다고 하나 두 차례의 개정에도 불구하고 여전히 미흡한 부분이 많다고 평가되고 있다. 분담금 특별협정을 통하여 원래의 협정에 반(反)하는 새로운 협정을 만들어낸 것도 불가피한 측면이 있었다 하더라도 협정 자체를 개정하여야 하는 것이 아니냐는 반발을 사고 있기도 하다.

이제 마지막으로 상기 사항들을 종합하여 이 시기 말에 한국의 군사적 자율성은 어느 정도로 확대되었을까를 평가해보고자 한다.

한국이 작전통제권을 행사하고자 하는 의향을 표명했고 미국과의 합의로 시행 일보 직전까지 갔었던 점은 앞에서 살펴보았다. 그리고 한국은 미국과 연합작전체제를 유지하면서 전반적인 군사 운용 면에서의 자율성 항목을 크게 향상시켰다고 볼 수 있다. 평시(정전 시) 작전통제권을 행사하게 되었고 작전계획도 스스로 세우고 있었으며 정부 차원에서도 충무계획 등을 수립하여 을지연습 등을 포커스렌즈 군사연습과 병행하여 실시하였다. CODA 요소까지 연합사령부와 공조하는 수준에까지 이르렀으므로 상당한 운용능력을 축적하였다. 그러나 여전히 연합사령관의 역할에 기대는 구조여서 독립적으로 그 운영을 자신할 수준까지는 도달하지 못하였다고 생각된다.

또한, 주요 장비를 국산장비로 편제하여 군사력 배양에서도 상당한 수준에 이르렀다고 평가할 수 있다. 미국과의 군사협상력에서는 SCM, MCM 등을 통해 한국군의 입장을 어느 정도 반영하고 있었고, 방위비 협상 등에서도 필요에 의해서 전문적인 영역에서 관련 직책을 수행하는 인력들을 훈련시키고 있었다. 2차에 걸친 SOFA 개정에서는 한국이 기대하는 만큼은 나아가지 못했지만 'SOFA 운영개선 특별대책반'이라는 상설조직을 통하여 조정할 수 있는 여지를 갖게 되었고 미군 범죄 처리문제에서도 재판권 행사비율이 크게 향상된 점은 긍정적으로 평가할 수 있는 부분이다.

군사력 건설 면에서도 앞 절에서 살펴본 바와 같이 자율적 군사역량은 괄목할 만큼 향상되었다. 그러나 북한의 또 다른 위협인 비대칭 전력이라는 변수가 부상하여 한편으로는 한미동맹에 의존성을 심화시키는 방향으로 작용하였다. 즉 북한의 재래식 전력 분야에서의 특수부대 저지나 포병 위협 등에 대한 대비전력은 크게 향상하였지만 새롭게 부상한 핵과 장거리 미사일 등 비재래식 전력에서는 여전히 미국의 억제수단에 의존하여야만 했다. 이를 항목별로 정리해보면 다음과 같다.

<표 5-9> 1990년대 말 한국의 군사적 자율성 평가

○: 충족(우세)   △: 보통(대등)   ×: 미흡(열세)   −: 미평가

구분	요소	평가
자율적 군사 운용 의지/능력 구비	자주국방에 대한 비선과 군사진략의 수립 (자주국방 의지의 결집과 자율적인 군사정책의 실현)	△+
	국가 차원의 군사적 리더십 구비 (자율적인 군사지휘권 확립)	△+
	국가적 위기관리시스템의 작동, 전시기능발휘 (전시 동원 및 군사능력 발휘 보장)	△
	자국민의 권익보호 및 이해 반영 (군사외교 주도권 발휘, 자국민 권익 보호)	△+
군사역량 구비	대북한 방위 전력 확보 여부?(재래식 전력)	○-
	대북한 방위 전력 확보 여부? (재래식/비재래식 비대칭 전력)	△
	대(對)잠재적국 방위충분전력 확보 여부? (대(對)잠재적국 공격 거부전력)	×

이제 한국군은 북한의 위협을 상쇄할 만큼 북한에 대비하여 상당한 우위 전력을 확보하게 되었다. 북한군이 경제 여건상 진부화된 장비를 교체하지 못하고 훈련에서도 제한을 받고 있었음을 고려한다면 질적 우세는 그 격차가 분명히 존재함을 인식하고도 남는다.

이 시기 한국군의 자율성은 분명히 향상되었지만, 장노순의 글에서 지적하는 대로, 미국과의 동맹관계에서는 그 자율성이 향상된 만큼 대우를 받을 수 없는 상황이 존재하여 그 의미가 희석되었으며, 서재정의 논리에 의하면 오히려 한미동맹은 영구화의 길에 들

어선 것으로 평가할 수 있겠다. 다만 한국이 미국과 정체성을 공유하는 한 미국과의 동맹관계는 더욱 견고히 지속될 것으로 보이며, 한국은 자율성이 향상된 만큼 자신의 입지를 인정받을 수 있도록 더욱 노력이 요구되는 시점이기도 하였다. 또한, SCM, MCM 등에서 한미동맹의 주요 현안을 논의하였다는 점에서 비대칭동맹인 한미관계 속에서도 한국이 미국으로부터 협상파트너로 인정받아가고 있었음은 분명하다.

▪▪▪ 제6장 미래를 지향하는 한미동맹
(2000년대~)

    한미동맹은 한미상호방위조약이 체결된 이래 앞에서 살펴본 바와 같이 많은 변화를 겪으면서 발전하였다. 이 많은 변화는 대략 두 가지 원인에서 결과되었다. 그 하나는 한반도 자체에서 발생하였다. 북한의 위협과 도발에 따른 대응과정에서 한·미 간 공조 문제에서 비롯된 갈등과 협력관계가 원인이었다. 주로 한국은 전쟁억지에 대한 안전에 관한 요구였고, 미국 측에서는 한국에 대한 안전보장에 대한 협력의 문제였다. 대표적인 예가 1·21사태, 푸에블로호 납북사건, 제1차 북한 핵위기 시 갈등과 봉합이었다. 두 번째는 미국의 국제문제에 대한 시각변화에서 비롯된 것이었다. 미국은 주기적으로 국제문제를 평가하였으며, 이를 정책에 반영하였다. 이과정에서 한반도 문제는 주로 미국의 국가 이익에 따라 영향을 받기 마련이었다. 수차례에 걸친 주한미군의 철수 시 한국은 안보상황을 급격히 변화시키지 않기 위해 철수 전력에 상응하는 군사력의 보강을 확약받아야 했으며, 또한 미국이 개입한 해외 전쟁수행과정에서 미국이 주도하는 국제분쟁에 연루되는 상황에 직면하곤하였다. 2000년대 초에는 미국 본토에서 알카에다 추종세력이 자행한 9·11테러로 인해 미국 스스로도 초유의 사태에 직면하여 국가의 안전보장 조직을 재정비하였으며, 마침 아시아에서 중국의 국력이 상승함에 따라 중국의 부상으로 아시아의 전략적 가치를 이전보다 중시할 수밖에 없는 상황을 그들의 안보전략에 반영하여야 하였다. 주한미군의 전략적 유연성에 대한 주문도 이제는 한반도의 안보상황을 약화시키지 않는 범위 내에서 상당한 만큼 수용하여야 할 시점에 와 있는 것이다.

이 장에서는 이러한 미국의 전략변화와 함께 미국의 요구에 능동적으로 대응해나가고 있는 한미동맹을 찾아보고자 한다. 그래서 한국이 경제적으로 성장한 만큼 한미동맹에서 역할을 확장하고 그만큼 자율성도 확장시켜 국가이익을 보장받고 있는지 따져보고자 한다.

제1절 미래 한미동맹 정책구상 공동연구

1. 2000년대 미국의 신(新)군사전략

미국은 2001년 9·11테러 사태 이후 변화된 안보환경에 효과적으로 대응하기 위해 전략적 노력을 기울이는 가운데, 기존의 동맹관계 재조정과 세계적인 미군의 구조개편을 모색하고 있다.[1]

미국의 세계안보전략의 중심은 유럽으로부터 아·태 지역으로

---

1) 국방부 군사편찬연구소, 『한미동맹 60년사』(2013), p. 265.

전환하고 있다. 미국이 이러한 전략을 채택하는 저변에는 이 지역에서의 중국의 부상과 함께 인도, 인도네시아 등 잠재력이 큰 나라들의 성장, 그리고 중국을 포함한 일본, 한국, 북한 등 동북아의 중요성을 새롭게 인식하고 있는데 기인한다.

특히 중국은 미국의 패권적 지위가 약해지는 것과는 반대로 놀라운 경제 성장률을 바탕으로 세계무대에서의 비중을 넓혀 왔으며 국제무대에서 미국과 함께 소위 G2의 위상을 차지하고 있는 것으로 보인다. 최근 일본을 앞질러 세계 제2위의 GDP를 달성하였으며, 세계 제1위의 외환보유고 등 커진 경제력을 바탕으로 항공모함, 스텔스 비행기 등을 확보하여 지역의 패권을 넘어 태평양 외해로의 외연을 확장할 야심을 공공연히 표출하고 있다.[2]

이러한 아·태 지역의 발전과 중국의 군사력 성장에 대하여 미국은 지역 안정과 미국의 국가이익을 지켜내기 위하여 전통적인 전면적 봉쇄나 대립을 직접 표방하지는 않고 있지만 내심 중국을 견제하는 전략을 구사하고자 한다.

최근 발표된 미국의 신국방전략지침(Defense Strategy Review)은 향후 미국 군사안보전략의 우선순위가 아시아와 중국에 있음을 천명하였다. 향후 국방비 삭감을 염두에 둔 이 보고서의 핵심은 ① 미국 군사력의 전력구조와 투자를 아·태 지역과 중동으로 재조정, ② 기존의 대규모 주둔형 전략구조를 전환하여 신속이동이 가능한 형태로 변환, ③ 10년간 4,870억 달러의 국방예산 축소를 해야 하

---

2) 중국은 해·공군력을 발전시켜 연안세력이 아닌 태평양과 인도양으로 군사력을 현시하려 하고 있다. 태평양으로는 서해와 일본까지를 제1도련으로, 괌까지를 제2도련으로 하는 전략적 영향권을 설정하고 미국이 이름 붙인 반접근-지역거부(A2/AD: Anti Access/ Areal Denial) 전략을 추진하고 있다.

지만 대테러전, 대량살상무기 확산 방지, 동맹국 지원, 사이버전 대비 등 주요 분야는 보존 혹은 증강될 것임을 담고 있다.[3]

여기에서 주목할 것은 미국의 안보예산이 삭감되고 있다는 사실이다. 이러한 예산상의 제약은 해외 주둔 미군 수를 대폭 감소시키게 하고 있다. 1991년 기준으로 유럽에 28만 4,939명의 미군에 비해 아·태 지역에는 하와이와 괌을 포함해도 15만 6,020명에 그치는 수준의 병력을 유지하였다. 그러나 2010년 말 기준으로 미국은 유럽에서 약 72%의 병력을 감축한 7만 9,940명을 유지하는 데 반해, 아·태 지역에는 29%만 감축한 11만 1,114명을 유지하고 있다. 결과적으로 유럽과 아시아 주둔 미군 비율의 역전현상을 초래함으로써 미국이 상대적으로 유럽보다 중국이 위치한 아시아 지역에 군사력을 강화하고 있다는 것을 보여주고 있다.[4]

미국의 신국방전략지침과 그 핵심전략인 아시아 재균형(rebalancing) 전략의 핵심은 부상하고 있는 중국을 견제하겠다는 것이다. 미국이 오키나와의 해병대 철수병력을 호주에 재배치하기로 한 것도 본토로 배치하는 데 따른 비용발생에 대한 우려와 중국 견제라는 전략적 판단이 고려된 것이다.

그러나 미국은 중국을 적대적인 관점에서만 대하지는 않을 것이다. 미국과 중국은 이미 2+2 외무·국방장관 회담이나 정상회담을 통하여 국제문제에서의 협력을 강화하고 있고 미국은 중국을 전략적 경쟁자로 인식하여 중국이 국제무대로 나와 정치, 경제, 환경,

---

3) Barrack Obama and Leon E. Panneta, 2012. 신성호, 앞의 책, p. 161; http://www.defense.gov/qdr/images/QDR_as_of_12Feb10_1000.pdf(검색일: 2013. 9.3.) 참조.

4) 신성호, 앞의 책, p. 162.

안보 등 전 분야에서 공동의 목표를 추구하여 좀 더 '책임 있는 이해상관자'(responsible stakeholder)로서의 역할을 해주기를 기대하고 있다.

이러한 미국의 '아시아로의 회귀'(Pivot to Asia)라는 전략변화는 한국에게는 기회이기도 하고 도전이기도 하다.

우선, 한반도에서 주한미군은 2만 8,500명 수준을 유지하겠다고 하였지만, 미국의 전반적인 미군 병력의 축소는 한반도에 전개된 주한미군의 성격 규정에서도 변화가 불가피한 부분이다. 즉 미국 측에서 주문해온 주한미군의 기능과 역할 문제에 대한 합의가 이루어져야 할 것이다. 이제 주한미군은 한반도의 대북억제력으로서 뿐만 아니라 필요하면 아·태 지역을 위시한 다른 지역의 미군작전에 투입되는 전략적 유동군으로서의 지위변환이 요구되고 있다. 이미 한미 양국 간에는 주한미군기지 이전사업이 진행되고 있다. 특히 평택지역에 주한미군의 주력이 주둔하게 되고, 평택지역의 항공·해상 교통로가 발전한 지역이라는 것은 미군에게 있어 어떤 편리한 점이 있는가? 미국 측의 의도를 가늠해볼 수 있는 부분이라 하겠다.

이는 주한미군의 역할 축소를 초래하고, 결국 전시에는 미군의 해·공군 지원하에 한국은 지상작전을 포함하여 한반도 전구 작전을 주도하는 이른바 '한국방위의 한국화'로 귀결될 것이다. 이를 늦춘다거나 민감한 문제인 대만방위에 주한미군이 전환되어 사용되지 않도록 한다거나 하는 문제는 이런 과정에서 해결할 문제이지 본류의 문제는 아니다. 이러한 상황에서 한국이 해야 할 일은 우선, 한국 방위에 있어서 군의 자율성 확보이다. 한국군의 C4ISR +

PGM 능력 제고와 군사 운용 능력의 확보가 절실한 과제이다.

둘째로, 한미 동맹 관계의 역할변화에 대비해야 할 것이다. 이 문제는 한·미 간에 최근 들어 활발히 연구하고 협의해오고 있는 문제로서 다음 절에서 다루기로 한다.

셋째로, 이러한 변화는 비단 군에 대한 문제로 국한되지 않는다는 것을 염두에 두어야 한다. 국가 안보에 관해서는 이미 군사·외교·경제·환경… 등 제반 분야로 확대되어 포괄적 안보관이 자리잡고 있다고 볼 때 전 국민적 합의와 성원이 없는 동맹의 전환은 지지를 받기 어렵다. 예를 들면, 이러한 전략적인 변화에 따라 주한미군 방위지원금의 증액요구 물살도 더욱 거세질 전망이므로 주한미군의 역할 재정립에 따른 한국의 추가부담과 관련한 한국 측의 논리개발과 국민들의 이해는 국론 통일을 위해서도 중요한 일이다.

2. 한미동맹 발전 공동협의 추진

앞에서 살펴보았듯이 2000년대 미국은 전략적 중심을 아시아 태평양 지역으로 전환하고 있다. 전통적으로 미국은 한일동맹을 우선시하고 있지만, 한국의 전략적 중요성에 대해서도 주목하지 않을 수 없다. 한미동맹 60년을 맞이하고 있는 현시점에서 한국 역시 미국에 중요한 나라가 되었다. 한국은 미군의 안정적인 주둔지를 제공해주고 있고, 경제력 성장에 따라 상당한 방위분담금을 부담하고 있다. 더군다나 오래 지속된 동맹관계는 자산특수성이란 부산물까지 축적되어 한국은 미국산 무기와 부품을 지속적으로 소비하는 시장이기도 하다. 전략적 유연성을 주둔지 전략으로 전개하려는 미국에게 지금 한국은 여건이 좋은 편이다. 한국은 주한미군 주둔지 재조정이 성공적으로 잘 진행되고 있는 데 반해 일본에서는 미군 주둔지 이전 문제로 갈등상황이 지속되고 있다. 상대적으로 여건이 나은 상황인 것이다. 더구나 한국은 북한의 위협 때문에 미군의 주둔을 환영하는 입장인 것이다.

이상 거론한 몇몇 사례만 봐도 이제 미국도 한국을 잃을 수 없는 중요한 동맹국으로 대우할 수밖에 없게 되었다. 한국은 경제 성장과 민주화를 성공적으로 이뤄낸 나라로서 한미동맹의 앞날을 준비해나가는 데서도 그만한 대우를 받아야 한다. 일단 미국은 1992년도 이후 서서히 한국의 상황에 대하여 인정하고 있는 것으로 생각된다. 한미동맹의 미래에 대한 공동연구의 제안이 그것이다.

한국과 미국은 이에 따라 국방부 정책실과 미 국방부 정책차관실을 핵심으로 하여 1992년부터 「한미정책검토회의」(PRS)(1992~1994) - 「중장기 한미안보대화」(1995~1996) - 「한미동맹 미래발전 공동협의」(1999~2002) - 「미래 한미동맹 정책구상」(FOTA)(2003~2004) - 「한미안보정책구상」(SPI)(2005~2012) - 한미정상 「한미동맹 공동비전」 선언(2009) - 「한미 통합 국방협의체」(KIDD)(2012~) 등 일련의 공동연구와 협의를 지속해오고 있다. 이 협의체들은 양국 국방장관이 운용하는 SCM에 보고하는 의무를 부여함으로써 책임 있는 임무수행이 되도록 보장하였다.

가. 「PRS」(1992~1994), 「중장기 한미안보대화」
(1995~1996)

한국군의 공동참여하에 한미동맹의 발전을 위한 프로젝트를 처음 추진한 것은 1992년도로 거슬러 올라간다. 1992년 제24차 SCM에서는 한미동맹의 미래에 대한 공동연구를 합의하였다.5) 이때는 미국의 「넌-워너 수정안」의 권고에 따라 작성된 「동아시아전략구상」에 따른 1차 병력철수와 한국군 장성인 한미연합군사령부 부사령관의 지상구성군사령관 임명과 유엔군사령부 정전위원회 수석대표의 한국군 장성 임명, 한미연합야전군사령부의 해체 등의 전환이 일어나고 남북대화가 현안으로 되어있던 때였다.

이 조치는 과거 미국 측에 의해서 주도되던 한미 안보의 현안에 대해 한·미 간에 실무적인 공동연구를 권했다는 점에서 한국군의 능력과 위상을 제고시켜준 측면이 있었다고 생각되며, 비로소 한미 안보에 대한 공동부담의 장이 열린 것으로 평가할 수 있을 것이다. 이전에도 SCM은 늘 열렸지만 짧은 회의기간에 한미 현안을 심도 있게 검토하기는 어려운 면이 있었고 한국 방위에 대한 공약을 다짐하는 수준에 머무른 감이 없지 않았다.

이렇게 하여 한미 정책검토회의(PRS: Policy Review Subcommittee) 위원장 책임하에 「21세기 한미안보협력방향 연구」를 추진하기로

---

5) 양측은 1990년대 기간 중 한·미 쌍무관계는 안보 동맹에서 점차 한·미 양국 및 한반도·지역·세계 차원에서의 상호 존중과 협력에 기초한 보다 포괄적인 정치·경제·안보 동반자 관계로 진전될 것임을 확인하였다. 최 장관과 체니 장관은 한·미 국방정책검토위원회로 하여금 한·미 안보협력관계의 장기 발전 방향 설정 및 관련 사항의 정립을 위한 공동연구를 실시하여 그 결과를 1994년 제26차 SCM에 보고하도록 하였다(제24차 SCM 공동성명서, 1992.10.8. 워싱턴)

하고, 1992년 12월 국방연구원(KIDA)에 공동연구 지침을 하달하였다. 국방연구원의 차영구 박사팀과 랜드(RAND)연구소의 폴락(Jonathan Pollak) 박사팀이 공동 연구하여 1994년 제26차 SCM 시 양국 국방장관에게 정책을 건의하였다.

연구팀은 한반도 안보상황 변화를 남북한 관계와 연계하여 현상유지(Status Quo), 화해·통합(Accommodation, Integration), 통일이후(Post-Unification) 등 3단계로 구분하였다. 한미 안보관계에 대한 4가지 미래 안보협력 대안 모델로서, 제1 모델은 기존의 한미 동맹형태와 유사한 '견고한 한반도 방위동맹'(Robust peninsular Alliance)으로서 한미동맹은 한반도에서 전쟁을 억제하고 방어를 제1차적 임무로 규정하였다. 제2 모델은 '증원 위주 안보동맹'(reconfigured Peninsular Alliance)으로서 한미동맹체제하에서 한반도 방위임무를 지속하되, 한국이 더 증대된 책임을 담당한, 즉 한국 주도(leading roll), 미국 지원(supporting roll)의 한반도 방위구도를 구상하였다. 제3 모델은 '지역 안보동맹'(Regional Security Alliance)으로서, 한반도 방위가 한미동맹의 주요 임무이기는 하나, 한반도를 넘어 동북아 지역 안정의 역할에 중점을 두었다. 제4 모델은 '정치적 동맹'(Political Alliance)으로, 한미 간의 안보협력 관계는 정치적 측면에 국한되며, 군사적인 지원관계는 성립되지 않는 동맹관계를 제시하였다.

연구팀의 건의는 제1, 제3 모델로서, 당시의 상황에서는 제1 모델이 최선의 방안이며, 한반도 통일 이후 또는 북한의 위협이 소멸한 이후에는 제3 모델인 지역안보 동맹 형태로의 전환이 바람직하다고 보았다.[6]

1995년부터 1996년까지는 「중장기 한미안보대화」란 이름으로 국방부 정책기획관(김인종 소장)과 미 국방부 국제안보차관실 아·태 국장(Wright 제독)을 대표로 하여 제26차 SCM에서 보고된 내용을 국방부 당국자들이 중심이 되어 협의하였다.

이 대화의 결론은, 한미 양국의 안보목표는 남북 대치관계에서는 '북한의 도발 억제'에 두되 북한 위협이 감소되거나 소멸될 경우를 대비하여 지역의 안정유지와 남북한 통합을 지원하는 방안으로 점진적으로 발전시켜 나가기로 공감하였다. 안보목표를 달성하기 위한 한미 군사력의 역할과 기능은 대치단계에서는 한미연합방위노력을 지속하고 통일 이후에는 한반도의 방위는 한국이 주도하고 미국이 지원하며, 지역방위는 미국이 주도하고 한국이 지원하는 것을 상정했다. 한미지휘관계는 대치단계에서는 현 한미연합방위체제를 유지하고 안보환경 변화에 따라 점진적으로 모색해나갈 필요가 있다고 보았다. 정전체제가 새로운 한반도 평화체제로 대체될 때까지 유엔사가 존속하는 것이 바람직하다고 평가하였다.[7]

1992년부터 1996년까지의 한미동맹 미래 연구는 남북대화와 1차 핵위기라는 한반도의 불안정한 정세하에 진행되었지만, 원론적인 수준에 대한 연구였다. 그러나 이후 한미 간의 전시 작전통제권 협의 등이 가시화되면서 당시 통일 이후로 상정한 모델이 미국 측의 현실적인 요구 때문에 앞당겨서 실행되는 결과를 가져왔다는 점에서 중요성을 갖는다고 평가할 수 있겠다.

---

6) 국방부 군사편찬연구소, 『한미동맹 60년사』 (2013), p. 294.
7) 국방부 군사편찬연구소, 앞의 책, pp. 294-295.

나. 「한미동맹 미래발전 협의」(1999~2002)

「한미동맹 미래발전 협의」는 김대중 대통령의 남북정상회담을 전후한 기간에 열린 회담으로서 협의 내용은 2001년 제33차 SCM 시 보고되었고, 2002년 1월에 종료되었다. 국방부 당국자에 KIDA 의 전담팀이 참여하여 남북관계의 발전 단계를 화해협력단계, 평화 공존단계, 통일단계로 설정하고 목표를 제시하였다.

<표 6-1> 남북관계 발전 단계별 한미 공동 안보목표

구분	공동 조치	공동 안보 목표
화해협력 단계	· 기초적 수준의 신뢰구축방안 (CBM) · 국제군비통제 회의에 북한의 참여 유도	· 한미동맹과 정전협정 유지 · 상호주의에 입각 CBM 추진
평화공존 단계	· 군사위협 감소조치로 북한의 군사위협/ 기습공격 능력감소 · 북한 WMD확산 중지, 국제군비통제체제 준수 시 미·북 관계 정상화, 정전협정을 평화협정으로 대체	· 한반도 방위에서 한국군 주도 · 정전협정유지/평화협정체결 준비 및 시행
통일단계	· 통일 한국과 미군, 미군 주둔을 포함 안보동맹 관계 지속	· 한국 주도 한반도 방위 · 한·미·일 간 긴밀한 안보협의

다. 「미래 한미동맹 정책구상」(FOTA)(2003~2004)

2002년 12월 5일 제34차 SCM에서는 「미래 한미동맹 정책구상」 (FOTA: Future of the ROK-US Alliance Policy Initiative)을 공동 추진하기로 하였다.

당시 양국 장관이 약정한 협의 범위는 ① 지·전략적인 군사적 상황변화, ② 미래 역할·임무·기능·구조 및 지휘관계, ③ 한· 미군의 현대화 및 연합 군사변혁, ④ 위협에 기초한 전력에서 능력에 기초한 전력으로의 전환, ⑤ 남북화해단계 이후의 한·미동맹의 당위성 등이었다. 2003년 제35차 SCM에서 보고를 목표로 최소 분기 1회 양국 수도에서 교대로 회의를 개최하도록 하였다. 정책실장과 미 롤리스 아·태 차관보가 참석하는 예비회의를 실시하였다. 미국 측은 한국이 한국방어에 있어서 더 많은 역할을 해줄 것을 제안하였다. 이때 용산기지의 이전 일정을 구체적으로 제시하여, 2011년까지 완료할 것을 기대하였다.

2003년 3월 25일 화상회의로 양국의 대표는 '한미동맹 증진 및 전쟁억제력을 강화'한다는 원칙하에 공동협의를 추진하고 한·미 정상회담 시 공동선언을 하기로 하였다. FOTA 협의는 주요의제로 주한미군재배치, 용산기지 이전, 미 2사단 재배치, 군사임무 전환, 연합군사능력 발전, 연합지휘체제 관련 사항들이었다.

FOTA의 정식협의는 2003년 4월부터 2004년 9월까지 한국의 국방부 정책실장과 미국의 아·태 부차관보를 수석대표로 하여 총 12회 개최되었다. 이 협의 과정에는 국방부, 외무부, NSC(이종석 차장) 등 국가적 차원에서 참여하였다. 이때 합의한 내용 중에 중요한 사항이 「용산기지 이전협정」, 그리고 「연합토지관리계획(LPP) 개정협정」이었다. 이 내용은 다음 절에서 살펴보기로 한다.

이때 추진된 과정과 주요 협의 사항을 살펴보면 표와 같다.

<표 6-2> FOTA 협의 경과

차수	일시(장소)	주요 협의 내용
제34차 SCM	2002.12.5. (워싱턴)	· 한미동맹발전을 위한 관련약정(TOR) 체결
제1차	2003.4.8.~4.9. (국방부)	· 주한미군기지 2개 권역으로 체계조정 · 한국군에 일부 군사임무 전환
제3차	2003.7.22.~7.23. (미 태평양사)	· 1990년 합의서(MOA/MOU)의 불합리한 조항 개선 · 주한미군의 미래 역할 조정
제5차	2003.10.6.~10.8. (주한미군사)	· UNC/CFC 잔류부지 규모 논의 · 군사임무전환 이행계획 합의
제6차	2004.1.15.~1.16. (미 태평양사)	· UNC/CFC 한강 이남으로 이전 결정(2.5만 평 잔류)
제10차	2004.7.22.~7.23. (미 국방부)	· 용산기지 이전합의서(UA/IA) 및 LPP개정협정 합의 · 부지 규모(349만 평), 이전 시기(2008년) 합의
제11차	2004.8.19.~8.20. (국방부)	· 주한미군 감축 합의, 평택 추가 제공 부지 위치 최종합의 · UA/IA, LPP개정협정 가서명
제12차	2004.9.21.~9.22. (미 국방부)	· 제36차 SCM 의제 및 일정/향후 FOTA 운영 방향

출처: 국방부 군사편찬연구소, 『한미동맹 60년사』 (2013), p. 424 부록에서 발췌.

라. 「한미안보정책구상」(SPI)(2005~2012)

「미래 한미동맹 정책구상」(FOTA)을 통하여 용산기지 이전, 미 2사단 재배치 문제를 원만히 해결했다고 평가한 양국은 제36차 SCM(2004.10.22.)에서 미래 동맹 발전과 관련된 의제들을 중점적으로 다룰 수 있는 유사한 협의체 운영의 필요성에 공감하여, 2005년부터 '한미안보정책구상'(SPI: Security Policy Initiative)을 가동하였다. 이 협의체에는 '포괄적 안보상황 평가'(CSA), '한미동맹의 비전 연구'(JVS), '한미 지휘관계 연구'(CRS) 등을 3대 의제로 하여 2~3개월을 주기로 양국에서 교대로 공동 연구를 진행하였다. 이 협의체 역시 SCM으로부터 지침을 받았으며, 대표단 구성 역시 국방부 정책실장과 미 국방부 동아시아 부차관보를 수석대표로 하여 각국에서 15명 내외의 관계자들이 참여하였다.

SPI를 통하여 양국은 현재 및 미래의 안보상황 평가, 한미 안보 협력 증진 및 공조방안, 주한미군 재배치, 한미 지휘관계 연구, 전시 작전통제권 전환, 연합전력 증강, 군사임무전환 추진 점검 등 광범위한 동맹 간의 주요 현안들을 협의하였다.

특히 '한미동맹의 비전' 연구는 제9차 SPI(2006.7.14.) 회의 시 한미 간 실질적인 합의를 이루었다. 협의 결과는 2006년 제38차, 2007년 제39차 SCM에서 발표되었고, '한미동맹은 양국의 공동가치를 바탕으로 포괄적, 역동적, 호혜적 관계로 지속 발전시켜나가야 한다'는 점을 공감하였다. 주한미군의 주둔을 포함하여 한미동맹이 계속해서 한반도의 안보와 동북아 지역의 안정을 보장한다는 데에도 뜻을 같이했다. 그러나 '한미동맹 비전 공동연구'를 수행하는 과정에서 한미 양국이 미래 동맹에 대한 비전을 합의하여 구체적이고 공개적으로 제시하는 데는 많은 난관이 있었다. 그 주된 이유는 양국의 전략적 이해와 북한 위협 인식의 차이, 중국을 포함한 동아시아 안보의 미래에 대한 전망과 기대의 차이로 인해 동맹의 비전을 '미래 지향적이며 포괄적, 역동적, 호혜적 동맹'이라는 원칙적, 수사적 차원 이상으로 발전시키는 것이 어려웠다.[8]

SPI는 한미동맹에서의 주요 현안을 다루었지만, 한국의 경제발전과 국민의 민주 의식의 성장에 따른 여러 가지의 요구들을 잘 수

---

8) 김창수, "한미 전략동맹의 비전과 구체화 방안", 정경영·신성호·김창수·조동준 공저, 『오바마 행정부와 한미 전략동맹』(서울: 도서출판 한울, 2009), p. 65. 국방부 군사편찬연구소, 앞의 책, p. 284에서 재인용.

렴하지는 못하였던 것 같다. 한편 미국 측이 '자신들의 정책을 한국의 동의하에 공동으로 발전시켰다'는 식의 모양만 갖추는 데 급급했다면 이제는 당당히 국가이익에 입각하여 우리의 의지를 관철하고자 하는 자의식도 성장하였으므로 이러한 협의를 통해 미국 측에게도 앞으로의 공동연구에서 한국 측을 배려하지 않고 일방적으로 자신들의 안을 강요할 수 없다는 인식을 심어 주었을 것이다.

어쨌든 SPI는 한미동맹 간의 여러 현안을 함께 고민하였다는 것은 다음 표를 보면 알 수 있겠다.

<표 6-3> 한미 안보정책 구상(SPI) 협의 경과

차수	일시 (장소)	주요 협의 내용
제36차 SCM	2004.10.22. (워싱턴)	・한미 SPI 추진을 통해 고위급 협의를 지속하기로 협의
제2차	2005.4.5.~4.6. (하와이)	・FOTA 관련 사안(MOU, PM주간사 선정, 부지매수 등) ・군사임무전환, 전력증강 계획 검토
제37차 SCM	2005.10.21. (서울)	・반환기지 환경오염 치유, 전략적 유연성 논의 ・한미지휘관계의 원칙적 입장교환, 한국 국방개혁(안) 설명
제7차	2006.3.21. (국방부)	・주한미군기지 이전, 군사임무전환, 한・미 안보협력 증진 논의 ・반환기지 환경오염 치유
제10차/ Pre-SCM	2006.9.27.~9.28. (국방부)	・한미동맹 관련 3개 연구과제, 공지사격장, 반환기지 환경오염 치유, 주한미군기지 이전, 한・미 안보협력 증진
제38차	2006.10.20. (워싱턴)	・한미동맹, 북한 핵실험 대응, 전작권 전환 시기, 방위비 분담, 한미안보협력 논의, 한미동맹 관련 연구과제 결과 보고
제11차	2007.2.7.~2.8. (국방부)	・전작권 전환 일자, 주한미군기지 이전 논의, 유엔사 정전관리 책임조정을 위한 국방・외교 당국 간 고위급 협의체 구성에 합의

제13차	2007.6.8. (국방부)	• 주한미공군 훈련여건 개선, 아프간 파병 연장 및 PRT 참여, 주한미군기지 반환, 방위비분담 논의, 전략적 전환계획 점검
제16차	2008.1.23. (미 국방부)	• 유엔사 정전관리, 전작권 전환, 미 8군 및 태평양사 변혁, 이라크/아프간 정세 브리핑
제19차/ Pre-SCM	2008.9.10. (국방부)	• 지역/범세계 안보 현안, 한·미 안보협력 증진(Program Analysis), 전작권 전환, 주한미군 재조정(CDIP, PMC 최종안 보고)
제21차	2009.3.2. (국방부)	• 한미연합대비태세, 주한미군 재조정, 전략적 전환계획 이행 현황, 안정화 재건작전
제22차	2009.5.14. (국방부)	• 한·미연합전투준비, 주한미군 새조징, 전작권 전환, 청해부대 파견
제24차	2010.1.28. (국방부)	• 한미연합전투준비, 전작권 전환, 정전관리 책임조정 주한미군 재조정(기지 이전/반환), 아프간 PRT 파견
제26차	2010.7.9. (국방부)	• 전작권 전환, 주한미군기지 이전, PSI, 천안함 사태 대북 공조
제27차	2010.12.13 (국방부)	• 대북정책, 지역·범세계적 안보협력(아프간 PRT PSI), 전략동맹 2015 추진
제31차	2012.9.13. (국방부)	• PSI, 주한미군기지 이전사업, 사이버우주협력, 한미동맹 60주년 기념사업 추진

출처: 국방부군사편찬연구소, 앞의 책, pp. 425-427 부록에서 부분발췌.

마. 양국 정상의'한미동맹 공동비전 선언'

SPI 공동연구를 바탕으로 한·미 양국은 2009년 6월 워싱턴에서 정상회담을 열고, '한미동맹 공동비전'(Joint Vision for the Alliance of the Republic of Korea and the United States of America)을 천명하고 이 자리에서 양국정상은 21세기 안보환경에 효과적으로 대처해나가기 위해 '포괄적 전략동맹'으로 발전시켜나가기로 합의하였다.

공동비전은 한미동맹이 한반도, 아·태 지역, 글로벌 차원에서 평화롭고 안전하며 번영된 미래건설에 기여해야 하며, 열린 사회, 자유민주주의, 시장경제 등 보편적 가치를 공유하고, 안보, 정치,

경제, 교육, 문화, 사회분야의 파트너십을 확대해야 한다는 데 공감하였다. 한국의 연합방위를 위한 한국의 주도적 역할과 미군의 지원역할을 수행하면서 한미동맹을 재조정해나갈 것이며, 북한 핵 및 미사일의 완전하고 검증 가능한 폐기와 북한의 인권증진을 촉구하였다. 또한, 역내 안보이슈에 대해 상호존중, 신뢰구축, 투명성 유지와 글로벌 차원에서 테러, 대량살상무기 확산, 해적, 인권 침해, 에너지, 전염성 질병에 공동 대처해나가기로 하였다. 한미 양국은 지속적으로 SCM 및 동맹 파트너십 전략협의체를 통해 공동의 동맹 목표를 구현해나가기로 합의하였다.

양국 정상이 선언한 공동비전은 한미동맹에 힘입어 대한민국이 경제발전과 정치민주화를 동시에 달성하여 제3세계의 국가발전전략의 모델국가가 되었다는 평가를 반영한 것이다. 또한, 북한 위협 관리에 주안을 둔 기존의 군사동맹에서 한반도를 넘어서 아시아-태평양, 글로벌 차원까지 안보는 물론 정치, 경제, 사회, 문화 등 외연을 확대해나간다는 데 의미가 있다. 탈냉전 이후 한미는 지속적으로 국방 및 외교당국 간 협의는 물론 양국 정상 간에 동맹의 비전에 대해 공동성명을 발표했으나 선언적인 의미가 있었을 뿐이며 구체성이 결여되어 있어, 워싱턴에서 2009년 6월에 양국 대통령이 합의 선언한 '한미동맹을 위한 공동비전'과는 차별화된다고 할 수 있다.9)

이후 2009년 11월 서울의 한미정상회담에서는 양국의 외교장관과 국방장관이 참석하는 외교·국방장관 회담을 개최하기로 하였

---

9) 국방부 군사편찬연구소, 앞의 책, pp. 301-302.

고, 2010년 7월에는 한미 외교·안보장관 회담이 최초로 열렸다.

바. 「한미 통합 국방협의체」(KIDD)(2012~)

2010년 6월 26일 이명박 대통령과 오바마 미국 대통령의 정상회담에서는 대한민국 정부로 전시 작전통제권을 전환하는 시기를 2012년 4월 17일에서 2015년 12월 1일로 재조정하기로 히였다.

이에 따라 2010년 10월 제42차 SCM에서 한미 국방장관은 전시 작전통제권 전환을 위한 기본 틀을 제공할 「전략동맹 2015」를 승인·서명하고 주기적으로 이행 상황을 평가·점검하여 전시 작전통제권 전환 과정에 반영해나갈 것임을 재확인하였다.

2011년 제43차 SCM에서는 양국 간의 다양한 안보협의체에 대한 통합·조정 및 감독을 위해 국방부 정책실장과 미 국방부 정책차관이 주관하는 고위급 정책협의체인 '한미 통합 국방협의체'(KIDD: Korea-US Integrated Defense Dialogue)를 신설하기로 합의하였다. 이 합의체는 「전략동맹 2015」와 함께 전시 작전통제권 전환 및 한국군의 능력 확대를 위한 포괄적 전략동맹으로의 발전과정에서 핵심적 역할을 하고 있다.[10]

다음 그림에서 보듯이 한미 양국은 그동안 추진했던 SPI를 성공적으로 평가하여 KIDD의 한 분과에 포함시켜 계속 추진하기로 하였고, 북한의 핵 위협에 따라 EDPC를, 그리고 미래 한미동맹을 연구하기 위하여 SAWG를 산하 협의 기구로 구성하고 있다.

---

10) 국방부, 『2012 국방백서』(서울: 국방부 정책기획관실, 2012), p. 63.

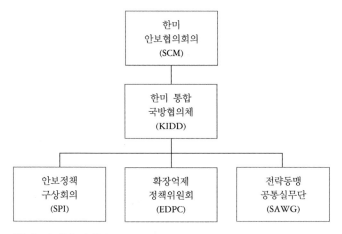

한미
안보협의회의
(SCM)

한미 통합
국방협의체
(KIDD)

안보정책
구상회의
(SPI)

확장억제
정책위원회
(EDPC)

전략동맹
공통실무단
(SAWG)

SPI: Security Policy Initiative
EDPC: Extended Deterrence Policy Committee
SAWG: Strategic Alliance Working Group
출처: 국방부, 『2012 국방백서』, p. 63.

<그림 6-1> 한미 간 안보협의체

제2절 주한미군의 감축·재배치와 한·미 갈등의 조정

1. 주한미군 감축과 연합군사능력 보강

주한미군 역할의 조정에 대한 필요성은 1990년대를 전후하여 한국 측으로부터 먼저 제기되기 시작한 문제이다. 전문가와 지식인들을 중심으로 한미 동맹의 평등성 제고 방안으로 주한미군 및 한미동맹 지휘체계에 대한 조정요구가 지적되었다. 이렇게 해서 공론화된 것이 연합토지관리계획(LPP: 2002.3.29. 서명)이었다. 물론 이때까지는 주한미군의 감축을 전제로 한 것은 아니었다. 2004년 5

월 중순 주한미군의 이라크 차출 결정이 내려지면서 한반도에서의 주한미군 감축 논의까지 급물살을 타게 된 것이다.[11]

미국은 이미 새로운 안보전략에 따라 해외주둔 미군 재배치 (GPR)의 일환으로 주한미군의 규모 조정 및 재배치를 추진하고 있었다.[12] 이라크 안정화 작전을 위한 미군의 소요가 늘어나면서 다른 지역에 주둔하고 있는 미군의 감축은 불가피하였으며, GPR 추진 성과를 가시화하는 차원에서 주한미군의 조기 감축을 희망히였다.

미국의 해외주둔 미군 재배치는 냉전 종식 후 새로운 위협에 작전 가용성을 확보하고 대(對)테러전 추진의 적합성을 향상시키기 위해 2003년 11월 25일 미국 부시 대통령이 공식 발표하였다.

미국의 GPR 추진 방향은 불확실성에 대처하기 위한 유연성의 향상, 동맹국의 역할 증대 및 새로운 파트너십 향상, 범세계적 및 지역적 문제를 동시에 대처하고, 병력 숫자보다는 능력에 중점을 두고 발전시켰다. 이를 위해 미국은 해외 미군 기지를 전력투사근거지(PPH: Power Objection Hub), 주 작전기지(MOB: Main Operating Base), 전진작전기지(FOS: Forward Operating Site), 협력안보지역 (CSL: Cooperative Security Location)으로 구분했다.[13]

---

11) 김태효,『주한미군 재배치와 한미동맹의 발전 방향』(서울: 외교안보연구원, 2005), pp. 19-23 참조.

12) 미국은 탈냉전 이후 안보환경의 변화에 따라 종전의 구체적인 위협에 근거(threat-based)한 전략기획으로부터 다양한 위협에 신속하게 대처할 수 있는 능력에 근거(capability-based)한 전략기획으로 전환하였다. 즉 미 본토방위와 두 개의 전장에서 win-win 하는 전략에서 1개의 전구에서는 적을 격퇴하고 1개의 전구에서는 적의 공격을 억제하는 one-plus 전략으로 수정하였다.

13) 2004년 2월 제7차 FOTA에서 미 국방부 아·태부차관보 Lawless의 브리핑 내용. 국방부 군사편찬연구소,『한미동맹 60년사』(2013), p. 289에서 재인용.

<표 6-4> GPR 기지 구분

구분	역할	비고
PPH	영구적 대량 주둔과 시설 유지 가능, 대규모 병력과 장비를 전개할 수 있는 근거지, MOB, FOS, CSL 등에 작전지시, 전략적 중추기지	하와이, 괌, 알래스카 등
MOB	미군이 상시주둔하고, 2~3년 이상의 가족동반 근무 가능 기지, 증원전력 수용 가능한 기지	한국, 일본, 독일 등의 동맹국 내 기지
FOS	수시로 교대하는 소규모 미군 병력 주둔, 유사시 증원 기지로 유지	중동, 중앙아시아, 폴란드, 루마니아 등
CSL	소규모 연락요원 주둔 및 훈련장 가용, 기지사용 협정체결, 주기적 군사훈련실시	호주, 필리핀, 싱가포르 등

출처: 국방부 군사편찬연구소, 『한미동맹 60년사』 (2013), p. 289.

미국은 2004년 5월에 주한미군 3,600명의 이라크 전출을 결정하였고, 2004년 6월 6일 제9차 FOTA 협의를 위해 방한한 미국 측 대표 Lawless가 미국의 기본구상을 한국 측 대표인 국방부 안광찬 정책실장과 외교통상부 김숙 북미국장에게 설명함으로써 시작되었다. 2004년 7월 7일에는 2005년 말까지 총 1만 2,500명을 감축하겠다는 안을 주한미군사령관이 합참의장에게 직접 전달하였다. 여기에는 전형적인 대화력전 무기인 다련장포(MLRS) 1개 대대, 팔라딘 자주포 1개 대대가 포함되어 있었다. 이에 대해 한국 정부는 7월 31일 안보관계 장관회의를 통해 정부 협상안을 확정하여 8월 4일 미국 측과 협상을 시작하였다. 양국은 제11차 및 제12차 FOTA 협의를 통하여 견해 차이를 조정하고 2004년 10월 6일에 계획을 확정하였다.

<표 6-5> 2004~2008년 주한미군 단계별 감축

단계	연도	감축인원	감축대상	주둔인원
1단계	2004	5,000명	2사단 제2여단, 기타 지원병력	32,500명
2단계	2005~2006	5,000명	육군 및 공군 지원부대	27,500명
3단계	2007~2008	2,500명	육군 지원부대 및 기타 지원병력	25,000명

출처: 국방부, 『2006 국방백서』, p. 88.

한미 양국은 감축에 따른 전력 공백을 보완하기 위해 미국은 2003년부터 2006년까지 4개년간 150개 분야 110억 달러 규모를 투자하여 주한미군 전력을 현대화하기로 하였고, 이는 전투부대 능력과 C4ISR 분야에 집중되었다. 또한, 대(對)화력전 자산은 잔류하도록 하였다.

실제 주한미군은 2007년도까지 2만 8,500명까지 감축되었고, 2008년 4월 정상회담에서 더 감축 없이 이 수준을 유지하기로 하였다.[14)]

2. 주한미군의 전략적 유연성 이견 조정

미군의 재조정은 그 인원의 감축보다도 더욱 중요한 의미가 있었으니, 바로 해외주둔 미군의 전략적 운영개념의 변혁이었다.

2000년도 초반 미국에서는 군 개혁이 주요 현안으로 대두되었다. 북한의 핵위기가 진행 중임에도 불구하고 미국이 주한미군 개편 작업을 밀어붙이고 있었다. 미국의 국방장관인 럼즈펠드는 이라크전의 조기 승리에 고무되어 그의 신념인 기동성과 첨단성을 중

---

14) 국방부, 『2010 국방백서』(서울: 국방부 정책기획관실, 2010), p. 60.

시하는 전략을 세우려 하였으며, 주한미군의 재편작업도 이러한 추세에 예외일 수는 없었던 것이다. 2001년 QDR 등에 반영된 군사 안보전략은 '전략 중심축을 아시아로 이동', '해외기지 같은 전진배치 전력 의존도를 낮추는 대신 전력투사 능력을 강화', '정보시스템의 절대적 우위 유지', '군사전력의 기동성을 높이고 경량화'한다는 것 등이었다. 이에 따라 2003년도에는 보도를 통하여 미국은 해외 주둔 미군 기지를 중추기지(hub), 전진작전기지(FOB: Forward Operating Base), 전진작전지역(FOL: Forward Operating Land)으로 나누고 재배치하려 한다고 하였다.15) 이 당시 계획에서는 한국을 중추기지에 포함시키기도 하였고, 다른 보도에서는 전진작전기지로 고려한다고도 하였다. 어떻게 하든 미국은 이 당시에 해외전력을 감축하되 3개 기지 개념으로 바꾸고 기동력을 갖추게 하여 전략적인 기동을 통해 군사전략을 구현할 준비를 하고 있었던 것으로 볼 수 있다.16)

미국은 전략적 유연성을 '범세계적인 우발사태 및 훈련소요 충족을 위하여 주둔국 정부와의 적시 적절한 협의를 바탕으로 미국 군대 및 병참자원을 주둔국으로, 주둔국에서, 또는 주둔국을 통해 배치하기 위한 유연성'이라고 정의하였다. 즉 미국은 주한미군의 전략적 유연성의 증대를 통해서 한미동맹 관계의 구조적 변화를 이루고자 했다. 주한미군의 활용에서도 대북억지와 방어에 국한하는

15) ≪중앙일보≫, 2003년 5월 28일 자.

16) 물론 앞에서 언급한 Lawless 아·태 부차관보의 발표가 공식적인 것이다. 여기에 그대로 기술한 것은 이러한 논의가 있었음을 언급하기 위해서이다. 김일영, "주한미군 재조정 왜, 어디까지, 그리고 어디로", 『한미동맹 50년: 법적 쟁점과 미래의 전망』(서울: 백산서당, 2004), pp. 193-196.

것이 아니라 전 세계의 평화와 안전을 위해 신속히 기동할 수 있는 '지역 및 세계 기동군'으로서의 역할을 부여하고자 하였다.

주한미군의 전략적 유연성 문제는 FOTA 회의 내내 뜨거운 현안이었다. 미국은 주한미군의 현재 및 미래의 역할이 바뀌어야 함을 주장하였고, 한국으로서는 '한반도 외(外)의 지역안보'에 대해서 신중하게 접근할 수밖에 없었다. 지역안보가 중국을 겨냥한 것으로 비칠 수 있었기 때문이다. 한미상호방위조약의 해석을 놓고도 이견을 보였다. 결국, 2003년 11월의 제35차 SCM에서는 "양국 국방장관은 주한미군의 전략적 유연성이 지속적으로 중요함을 재확인하였다"[17]고 하여 한국 측에서는 주한미군의 전략적 유연성과 관련하여 교환각서를 통한 제도화를 추진하되, 제반 사항을 고려하여 관련 협의는 2005년부터 하기로 제의하면서, 주요 고려사항으로 세 가지 즉 '대한방위공약 유지', '제3의 분쟁에 개입방지', '사전협의 절차 마련' 등을 주장하였다. 이후 전략적 유연성은 주한미군의 감축 및 재배치를 고려하되 시간적 여유를 가지고 협의해나가기로 하고 제36차 SCM에서도 제35차 SCM의 표현을 유지하였다.

2005년 2월에는 이를 협의하기 위한 정부대표단이 임명되었고, 2006년 1월 19일 제1차 한미 전략대화(장관급)에서 한미 양국은 주한미군의 영역 밖 출동에 관한 '전략적 유연성'을 합의하였다. 주요 골자는, "한국은 동맹국으로서 미국의 세계 군사전략 변화의 논

---

[17] 미국은 2004년 8월 군사력 재정비 계획(US Outlines Realignment of Military Forces)을 통해 "무겁고 느린 냉전 시대 군대를 더 유연하고 기민한 군대"로 재정비할 것을 선언하였다. 그 배경에는 군사기술 혁신과 소련 와해 이후 적의 부재상황, 9·11테러에 따른 대테러 전쟁을 미국 전략의 중심으로 하였던 국방변환(DT: Defense Transformation)이 있었기 때문이었다. 최종철, "주한미군의 전략적 유연성과 한국의 전략적 대응구상", 『조정기의 한미동맹 2003~2008』 (서울: 경남대학교 극동문제연구소, 2009), pp. 280-283.

리를 충분히 이해하고, 주한미군의 전략적 유연성의 필요성을 존중한다. 전략적 유연성의 이해에서 미국은 한국이 한국 국민의 의지와 관계없이 동북아 지역분쟁에 개입되는 일은 없을 것이라는 한국의 입장을 존중한다"(The ROK, as an ally, fully understands the rationale for the transformation of the US global strategy, and respects the necessity for strategy flexibility of the US forces in the ROK. In the US implementation of strategic flexibility, the ROK shall not be involved in a regional conflict in Northeast Asia against the will of the Korean people)는 것이다.

공동성명은 주한미군의 출동은 한국과의 협의 대상이 아니며 사실상 동북아 분쟁만 아니면 자유로운 작전출동을 허용하였다. 다만 상호동맹의 신뢰를 위해서는 주한미군이 한국 내에서 출동할 경우 주둔국과 협의하도록 추가적인 협상이 필요하였다.[18]

3. 한·미 간 주요 군사임무전환

주한미군의 임무조정 중에 가장 신속히 이루어진 것이 연합작전에서 그들이 맡고 있던 주요 임무를 한국군이 맡도록 전환시킨 것이다. 당시 한국군의 인식은 한국군이 아직 그러한 임무를 수행하기에는 장비와 체계가 부족하다고 인식하고 있었으나, 미군의 입장에서 보면 병력감축이란 문제가 있었고 전략적 유연성을 구현하기 위해서는 임무를 단순화해야 할 필요성도 있었던 것이다.

---

18) 국방부 군사편찬연구소, 앞의 책, pp. 317-318.

이 문제는 2003년 4월 제1차 FOTA 협의 시부터 미국 측에 의해서 제기되었다. 이에 따라 미국이 제기했던 10대 군사임무 중 한국군에게 전환이 용이한 공동경비구역(JSA) 경비임무, 후방지역 제독작전 임무는 2004년도에 한국군에 우선 전환되었다.

그중에서 지상군과 공군, 그리고 C4ISR이 포함된 대(對)화력전 수행본부의 전환만큼은 그 중요성과 준비 과정에서 한·미 간 많은 협조가 필요하여 연합사령관 차원에서 추진 검증단을 구성하여 지원하였고, 한국 측에서는 3군 사령관을 중심으로 수행본부를 편성하여 한·미 공군까지를 통제하여 준비하였다. 이 과정에는 국방부 및 합참에서 발전된 한국군의 C4I 체계까지를 적극적으로 지원하였으며, 경험 있는 한·미 예비역 장성과 기술팀으로 편성된 검증단에 의해서 수차례의 평가를 받아 작전 가능성을 검증받고 비교적 단기간인 1년 반의 노력 끝에 2005년 10월 1일부로 전환을 받았다. 대(對)화력전 수행본부의 한국군으로의 전환은 한국군이 독자적으로 한미연합전력을 운용할 수 있는 능력을 갖추었다는 점에서 한국군의 자율적인 군사 운용 능력을 최초로 입증한 사례였다.

나머지 분야에서는 해상 특작부대 작전에서 한국군 보유 장비가 작전을 충족시키기에는 열악하였으므로 우선적으로 미(美) 아파치 헬기의 전력을 보강하기 위해 한국의 공격헬기가 공군의 지원을 받아 수행토록 한 것을 제외하고는 모두 약정한 기간 내 한국군으로 전환되었으며, 이후의 작전과 훈련을 한국군이 주도하여 수행함으로써 비록 타율적인 동기에서 시작되었지만 한국군의 자율성 제고에 크게 기여하였다.[19)]

이제 한국군은 후방지역 제독작전(2004.8.31.), JSA경비 및 지원

(2004.10.31.), 공군의 공지 사격장 관리(2005.8.31.), 신속지뢰 설치(2005.8.31.), 대(對)화력전 수행본부(2005.10.1.), 후방지역의 주보급로 통제(2005.10.1.), 근접항공지원 통제(2006.8.31.), 주·야간 탐색구조(2005.9.30.), 작전 기상예보(2006.12.31.) 임무를 자율적으로 실시하게 되었다.

4. 미군기지 이전사업 추진

미군기지 이전사업은 한국으로서는 국가적인 비전을 가진 사업이었고, 미군에게는 전략적 유연성에 따른 기지통합을 달성하고 열악한 주거여건을 개선함으로써, 현재 독신자가 한국에 전입 시 6개월로 되어있던 근무여건을 가족과 함께 3년을 안정적으로 근무할 수 있도록 할 수 있다는 측면에서 상당히 고무적인 것이었다. 또한, 전체적으로 보면 한국이 공여하고 있는 공여지를 상당 부분 줄일 수 있어 국토의 발전에 기여하는 것이었다. 그러나 철수가 예정된 동두천과 같은 도시지역과 새로 공여지를 제공해야 하는 평택 주민들 사이에서는 상반된 이해관계가 표출되어 전국적으로 한동안 진통을 겪었으며, 부지확보 시간 소요, 환경영향평가, 한미 간 비용분담 협상 등으로 지연되었다. 이제는 평택지역의 사업도 안정되게 추진되어 YRP의 경우 2013년 6월 말 현재 53%의 진도를 보이고

---

19) 미국은 2003년 제1차 회의 이후 FOTA 협의 과정에서 주한미군이 맡고 있던 10대 특정임무를 한국군에 조기 이양하겠다는 의지를 보였다. 늦어도 2006년까지는 이 임무를 한국군에게 이양하고자 하였다. 그러나 한국군은 2006년에서 2010년 사이 이양받겠다고 주장하였으나, 미국은 '한국방위의 한국화'를 시키고 주한미군을 하루빨리 동아시아에서의 역할을 재규정하려는 의지를 굽히지 않았다. 김일영, 앞의 책, p. 187 참조.

있고, 2015년 말까지 대부분의 주요시설 공사가 마무리되면 2016
년도부터는 부대가 이동할 수 있게 추진되고 있다.[20]

가. 용산미군기지 이전(YRP: Yongsan Relocation Plan)

용산지역은 1882년 임오군란 당시 청나라 군대가 용산에 주둔한
이후 일제 강섬기에는 일본군의 주요기지로 활용되다가 미 군정기
에 미군이 이어받은 곳으로서, 서울 한복판에 외국군이 버젓이 130
여 년을 주둔한 곳이다. 나라의 자존심뿐만 아니라 서울의 도시발
전에도 바람직하지 않다는 여론이 있었던 지역이다.

1987년 노태우 대통령 후보가 용산미군기지 이전을 공약으로 제
시하였고 미국 측에서도 한미 군사 협력관계와 앞에서도 논한 바
와 같이 자신들의 전략변화에 부응하기 위하여 양국 간에 협의가
이루어졌다.

1990년 6월에는 드디어 용산기지 이전 한미 기본합의서 및 양해
각서가 체결되어 1992년에는 용산골프장과 행당동 소재 이사벨,
서울클럽 등이 한국 측에 반환되었다. 그러나 미군기지 이전에 따
른 과다한 비용부담과 세부이행에 대한 합의가 지연되어 1993년
우리 정부는 사업여건이 성숙할 때까지 미군기지 이전사업을 보류
할 것을 미국 측에 요청함으로써 사업진행이 일시 중단되었다.

2001년에는 용산미군기지 내 숙소 건립문제가 이슈화하여 한·
미 간에 용산미군기지 이전이 다시 논의되기 시작하였다. 양국은
2002년 3월 '용산기지 이전 추진위원회'를 구성하여 2004년 7월에

---

20) 국방부 주요 관계자가 확인한 진도임.

이전협상이 체결되었고, 10월에는 용산기지 이전 협정 및 LPP(Land Partnership plan: 연합토지관리계획) 수정합의서에 양국의 SOFA 합동위원장이 서명하였고, 이후 12월 9일에 국회 비준 동의가 이루어져 12월 17일 발효되었다.[21]

용산기지 이전 사업은 기지 환수를 통한 한국의 영토주권 회복이라는 오랜 국민의 숙원을 달성할 뿐 아니라, 서울 도심의 균형발전에 기여하며, 미군기지 주변의 장기민원을 해소할 수 있게 됨으로써 시민들의 편익을 크게 증진시킨다는 점에서 그 의의가 크다 하겠다.

<표 6-6> 용산 미군기지 이전 합의서의 주요 내용(2004년)

· 서울 도심에 산재한 미군 기지를 2008년까지 평택지역으로 이전(미국 측) 서울 9개 기지 118만 평 반환(한국 측) 평택지역 기존 미군기지 주변에 신규부지 52만 평 및 시설 공여 ※ 2005년, 시설종합계획(MP) 수립 후 세부시설 규모 판단 · 이전 비용은 이전을 요구한 측에서 부담하는 원칙에 따라 한국 측에서 부담

출처: 국무총리실 용산공원건립추진단,『주한미군재배치사업백서』(2007), p. 6.

---

21) 2004년 12월에 주한미군기지 이전에 대한 국회의 비준 시에 '평택시 지원특별법'이 제정되었고, 정부에서는 효과적인 사업추진을 위해 국무총리실 예하에 '주한미군 대책기획단'과 '미군기지 이전추진단'을 2004년 4월 1일 창설하여 운영하였다. 임무의 중요성이 부각되면서 2006년 7월 21일부로 국방부 내에 '미국기지 이전사업단'을 창설하여 운영하고 있다. 국무총리실, "주한미군재배치사업백서", 용산공원건립추진단(2007), p. 5.

나. 연합토지관리계획(LPP) 및 미 2사단 재배치

급속한 사회·경제적 발전에 따른 도시화로 인하여 대도시 인근의 미군기지들 상당수가 기지 영역을 침해받는 상황에 이르렀고, 전국적으로 산재한 군소(群小) 미군 기지들은 기지 운용의 효율성이 낮을 뿐만 아니라 시설의 미비와 노후화로 인하여 복무여건이 열악하여 미군들이 한국 근무를 회피하는 주요 원인으로 지적되어 왔다.

이에 한·미 양국은 연합토지관리계획(LPP)을 추진하기로 하였고, 전국에 산재한 미군기지들을 주요기지로 통합하기로 하였다. 2001년 11월 한·미 양국 국방장관 간에 합의가 이루어졌고, 2002년 10월에 국회비준동의를 받아 추진되었다. 2004년 12월 9일 수정안에 대한 국회비준 동의가 이루어져 2004년 12월 17일 LPP 수정계획이 발효되었다.

미 2사단 재배치는 2003년 5월 한미정상회담에서 추진이 합의되었고, 2단계에 걸쳐 추진을 합의하였다.[22]

1단계에는 2006년까지 한강 이북의 군소 기지들이 동두천·의정부 지역으로 통합되며, 2단계에는 한강 이북의 미군 주요 부대가 평택지역으로 이전하게 되는데, 이전 시기는 한미 정상회담에서 합의한 대로 추후 한반도의 안보상황을 고려하여 신중히 결정하기로 하였다.

---

22) 국무총리실 용산공원건립추진단, 앞의 책, pp. 6-7.

<표 6-7> LPP 및 미 2사단 재배치 합의서 주요 내용

- 전국에 산재된 미군기지를 2008년 12월 31일까지 평택 등 5개 기존기지 및 주변으로 통합
  (미국 측) 35개 기지 1,218만 평과 훈련장 3,949만 평 반환
  (한국 측) 기존 미군기지 주변에 신규부지 362만 1천 평(평택 349, 김천 3.1, 포항 10) 및 일부 시설 공여
- LPP는 28개 기지 중 한국 측이 먼저 이전을 요청한 8개 기지의 시설비는 한국 측이 제공하며, 미국 측이 계획한 20개 기지의 시설비는 미국 측이 부담
- 2사단 이전에 소요되는 토지는 한국 측이 제공하되, 6개 기지의 이전사업비는 미국 측이 부담

출처: 국무총리실 용산공원건립추진단, 앞의 책, p. 7.

다. 미군기지 재배치 이후 현황

주한미군 재배치는 전국에 흩어진 주한미군기지를 전방권, 중부권, 남부권 등 3개의 허브 지역으로 통폐합하여 조정하게 되며, 주한미군 공여 현황은 주한미군기지(훈련장 포함) 총 7,320만 평(2억 4,193만㎡: 저자 환산) 중에서 5,167만 평(1억 7,077만㎡)을 반환하고 한국 측은 362만 평(1,196만㎡)의 신규 부지를 제공하게 된다. 주한미군 재배치 후 주한미군에 공여하는 토지면적은 4,805만 평(1억 5880만㎡, 66%)이 감소한 2,515만 평(8,312만㎡)으로 줄어들게 된다.

<표 6-8> 주한미군 공여면적 조정

현 공여	재배치 후 반환	신규 공여	재배치 후 공여
7,320만 평 43개 기지/ 15개 훈련장	5,167만 평 35개 기지/ 7개 훈련장	362만 평 신규(1), 확장(3)	2,515만 평 16개 기지/ 8개 훈련장

출처: 국무총리실 용산공원건립추진단, 앞의 책, p. 11.

표에서와 같이 이 YRP와 LPP사업이 완료되면 「한·미 SOFA」
에 의해서 이제까지 무상으로 제공하던 공여지가 실질적으로 감소
하여 국민들의 재산권 행사 등 자율성 있는 국토 이용 기회를 향상
시킬 것으로 예상되므로 주권 국가로서의 자존심을 회복할 기회라
고 생각된다.

제3절 한국군 전시 작전통제권 전환의 모색

한국군이 자율성을 확보하기 위한 노력은 한국군이 창설된 이후
부터 계속되었다고 할 수 있다. 그런데 그중에서 가장 중요한 부분
의 하나인 군 작전지휘와 관련해서는 우리의 노력만 가지고 확보되
는 것이 아니었다. 열쇠는 오히려 미국 측에서 쥐고 있었다고 해도
과언이 아닐 것이다. 일부 한국군 부대에 의한 부분적인 지휘조차도
우리의 요구에 부응해서 이루어졌다기보다는 미군 감축과 미국군의
전략변화와 관련해서 이루어졌다. 그러나 한국의 국력 신장과 자신
감의 성장, 그리고 미국이 한국방위를 한국에게 맡기고 주한미군의
전략적 유연성을 확보하고자 하는 필요가 제기된 1990년대 후반부
터는 오히려 미국 측에서 적극성을 보이는 경향이 있다. 평시(정전
시) 작전통제권은 비교적 큰 논란 없이 이루어졌다. 그러나 전시 작
전통제권의 문제는 한국군이 한국을 방위할 만큼 성숙했느냐의 문
제가 결부되어 있어 환수를 두고 논란이 많았다. 대내외적으로 한국
군의 자율성을 인정하는 전기가 될 것이기 때문이다.

1. 전시 작전통제권 환수 추진

전시 작전통제권의 환수(엄격히 보면 현 한미연합군 체제에서 주도권의 전환)는 1980년대부터 연구되었고 1991년 제13차 MCM 에서 '정전 시 작전통제권(평시 작전통제권)'을 1993~1995년 사이에 전환하고, 전시 작전통제권 전환은 1996년 이후에 협의하기로 합의하였다. 이에 따라 1994년 12월 1일부로 평시(정전 시) 작전통제권이 환수되었음은 앞에서 논하였다.

전시 작전통제권의 전환 논의는 2000년대 들어서 한국군의 군 운용에 대한 자신감과 정치권의 주권회복 요구, 그리고 미국의 9·11 사태 이후의 군사변혁이라는 시대적 요구에 따른 것이라 볼 수 있다.

전시 작전통제권 전환 추진은 2005년 10월 21일 제37차 SCM에서 '지휘관계와 전시 작전통제권에 관한 협의를 가속화'하는 데 합의한 것에서 본격화되었다. 이를 이어 2006년 9월 16일 정상회담에서 이의 추진에 대한 기본원칙을 합의하였고, 2007년 2월 23일 한미 국방장관은 전시 작전통제권 전환 시기를 2012년 4월 17일로 합의하였다.

이를 추진하기 위하여 2007년 6월 28일 상설군사위원회(PMC)에서 한국 합참의장과 주한미군 선임장교에 의해서 추진과제와 일정을 담은 「전략적 전환계획」(STP: Strategic Transition Plan)을 서명한 후, 2007년 11월 7일 제39차 SCM에서 양국 국방장관이 승인함으로써 시동을 걸었다.

이 계획은 바로 실행에 옮겨져 한·미군의 모든 기획과 계획, 그리고 연습에 이르기까지 준비에 들어갔다.

그러나 북한의 불안정성이 문제가 되었다. 2009년 핵실험과 탄
도미사일 발사, 그리고 2010년의 천안함 사태 및 연평도 포격, 김
정일의 사망과 김정은의 집권 등 안보현안이 국제적으로 부각되는
한편, 전시 작전통제권을 환수하게 되어 있는 시점이 동북아 역내
의 각국 지도자가 교체하는 시기여서 국내의 연기요구가 거세졌다.
이에 따라 2010년 6월 26일 한미 양국 정상은 전시 작전통제권의
환수 시점을 2015년 12월 1일 자로 조정할 것을 합의하였다.

이에 2010년 7월 21일 한미 외교·국방(2+2) 장관 회담에서는
이를 체계적으로 추진하기 위하여 기존 추진하던「전략적 전환계
획」(STP)을 대체할「전략동맹 2015」(SA 2015: Strategic Alliance
2015)를 채택하기로 하고 2010년 10월 제42차 SCM에서 서명하여
발진시켰다.23)

<표 6-9> 작전통제권 전환 과정

일자	주요 내용
1950.7.14.	이승만 대통령, 한국군 작전지휘권을 유엔군사령관에게 이양
1954.11.17.	유엔군사령관에게 작전통제권 부여
1978.11.7.	연합군사령부 창설, 작전통제권을 연합군사령관에게 이양
1994.12.1.	한국 합참의장으로 정전 시 작전통제권 전환
2006.9.16.	한미 정상회담, 전시 작전통제권 전환 합의
2007.2.23.	한미 국방장관, 전시 작전통제권 전환 시기(2012.4.17.) 합의
2007.6.28.	한미,「전략적 전환계획」(STP) 합의
2010.6.26.	한미 정상회담, 전환 시기를 2015년 말로 조정 합의
2010.10.8.	한미,「전략동맹 2015」(SA 2015) 합의

출처: 국방부,『2012 국방백서』, p. 70.

---

23) 국방부,『2012 국방백서』(서울: 국방부 정책기획관실, 2012), pp. 69-71.

국방부에서는 2012년 1월 1일부로 전시 작전통제권 전환추진단 조직을 합참직속으로 변경하여 '신연합방위체제추진단'을 창설하여 실무적인 전환업무를 추진하고 있다.

한미 양국은 전시 작전통제권의 원활한 추진을 위해 「전략적 동맹 2015」에 규정하고 있는 편성, 능력 및 체계, 연습 및 검증 등 다양한 분야에 대해 체계적으로 추진하고 있다.

한미 양국은 군사적 분야뿐만 아니라 동맹현안 문제를 포함하는 범정부차원의 한미 연합이행감독체제를 아래 그림과 같이 운영하고 있다.

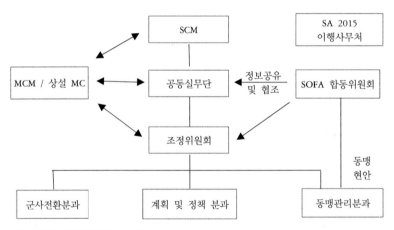

출처: 국방부, 「2012 국방백서」, p. 73.

<그림 6-2> 「전략동맹 2015」 연합이행감독체계

한국 합참은 군사력 운용에 핵심이 되는 몇 가지 분야를 중점 추진하고 있는데, 이는 현재 평시에 연합군사령관이 행사하고 있는 CODA(연합권한위임사항)와 유사한 것이다.

즉,

① 편성 분야: 한국 합참이 한반도 전구작전을 주도할 수 있는 조직을 갖추고, 한국 합참과 주한미군사령부 간의 원활한 협조를 위한 새로운 동맹지휘 구조를 구축한다.

② 능력 및 체계 분야: 한반도 전구작전을 수행할 수 있는 동맹 군사 능력과 연합작전수행체계를 구축한다.

③ 연습 및 검증 분야: 2013~2015년의 UFG 연습을 통해 검증한다. 특히 한국 합참에 합동 전쟁수행 모의본부(JWSC)와 대항군 모의시설을 구축한다.

④ 계획 분야: 한국 합참 주관으로 다양한 국면의 작전계획을 작성한다.

⑤ 전략문서 분야: 전시 작전통제권 전환에 따른 관련약정(TOR) 및 「전략지시 제3호」를 작성하여 적용해보고 2015년 MCM 및 SCM 시 서명하여 유효화시킨다.

⑥ 동맹현안 분야: 주한미군 재배치, 전략커뮤니케이션 등을 점검하고 차질 없이 추진되도록 한다.

등이다.[24]

2. 한국군 전시 작전통제권 환수의 의미

전시 작전통제권 환수를 앞두고 또다시 북한의 핵 개발 위협 등 정세를 반영하여 재(再)연기를 해야 한다는 여론과 정치권의 움직

---

24) 국방부, 『2012 국방백서』, 앞의 책, pp. 69-75.

임이 있다.[25] 그러나 전시 작전통제권의 환수에 대비하여 준비하는 것만큼은 늦출 수가 없다. 설사 이번에 환수를 또 연기하는 상황이 오더라도 언젠가는 가져와야 할 것이고, 그것이 한국의 군사적 자율성을 확보하는 길이기 때문이다. 미국의 전략도 그 방향으로 나아가고 있으며, 주권을 가진 나라로서 자국군의 작전통제권을 갖는다는 것은 주권국가로서 당위성을 갖는 문제이기도 하다.

현재의 연합방위체제는 방어준비태세 Ⅲ단계에서부터 한미연합군사령관이 지정된 양국군 부대를 작전통제 하는 단일 지휘체계이다. 그러나 신(新)연합방위체계는 한국합참이 주도하고 주한미군사령부가 지원하는 연합방위체제이다. 한국 합참과 미래 주한미군사령부 간에는 제대별·기능별 군사협조기구를 운영할 예정이다. 이 협조기구는 한미동맹이 지속된다는 전제하에, 다만 지휘구조를 한국합참이 주도하고 주한미군사가 지원하는 구조로 되어 있다. '한국 방위의 한국화'를 실현하는 하나의 선택적 합의의 틀을 양국의 합의하에 그려낸 것이다.

---

25) 한미 양국은 제45차 SCM 발표문을 통해 "전작권 전환문제는 핵 및 미사일 위협을 비롯한 여러 안보상황에 따른 조건과 대비능력을 종합적으로 검토해 조건을 평가하겠다"하여 전작권 전환시기의 재연기 가능성을 열어놓은 바 있었으며, 제46차 SCM에서는 "한미가 조건에 기초한 전시 작전통제권 전환에 합의"하였음을 발표하였다. 2014년 10월 24일자 각종 일간지 기사 참조.

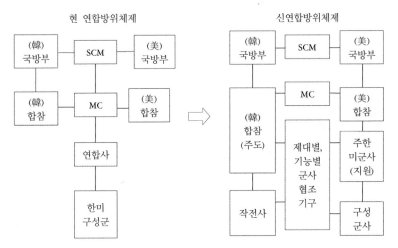

출처: 국방부, 『2012 국방백서』, p. 71.

<그림 6-3> 전시 작전통제권 전환 이후 동맹군사구조

　전시 작전통제권을 한국이 행사하게 된다면, 첫째, 현재 양국이
표방하고 있는 「전략적 포괄적 동맹」을 제대로 발전시키는 계기가
마련될 것이다. 한국도 미국과 대등한 입장에서 실질적으로 경제,
문화, 사회, 환경 등 각종 사안에 대해 안보질서를 구축하고 한·
미 간 파트너십도 호혜적으로 발전시킬 수 있을 것이다.

　둘째, 우리 군이 자율성이 있는 조직으로 급성장하게 될 것이다.
한국 합참이 더 넓은 시야를 가지고 동북아 지역의 안보환경을 평
가할 수 있을 것이고, 이를 바탕으로 한국 국익에 입각하여 안보관
리와 전쟁에 대비한 작전을 준비하게 될 것이다. 그뿐만 아니라 막
강한 전력을 가진 주한미군사의 전력을 합참주도의 연합전력으로
운용하게 됨으로써 강력한 전쟁수행 능력을 배양할 수 있게 될 것
이다.

셋째, 실질적인 자주국방에 한 걸음 다가서게 될 것이다. 주권국가로서 한국군의 위상을 제고하게 될 것이다. 한국 합참이 평소에 실질적인 정전관리 업무를 맡게 되어 유엔군사령부가 가진 법적 책임 외의 영역에서 고유의 소리를 낼 수 있게 될 것이다. 남북관계에서도 북한이 한국을 한반도 방위의 실질 당사자로서 인정할 수밖에 없어 향후 한반도 통일로 가는 여정에서 평화체계를 구축해나가는 데 당당한 몫을 다할 수 있게 될 것이다.

염두에 둘 것은 전시 작전통제권을 가져오는 데 있어 전제가 있다는 것이다. 첫째, 한미연합전력으로 발휘되던 전쟁억제력을 약화시켜서는 안 될 것이다. 이 문제는 주한미군의 역할을 소극적인 지원 또는 방임형태의 지원이 아닌, 지금과 유사한 책임을 지울 수 있는 장치를 마련해야 한다는 것이다. 적어도 지금의 결속만큼은 아니더라도 평소에 상호협력이 가능한 지휘협조 기구의 창출이 필요하다.

둘째, 주한미군의 역할을 지원 형태로 하더라도 미군의 전(全) 세계 정보망의 활용과 공군력과 해군력의 증원이 보장되어야 한다. 주한미군의 상당 전력을 우리의 성장한 전력으로 대체한다고 하여도 전시에 한미연합군으로 편성되어 운용되도록 계획된 상당한 전력을 대체하려면 기하학적인 방위예산이 추가되어야 하기 때문이다.

셋째, 북한이 가지고 있는 핵 및 화생방무기 등 비대칭 전력에 대한 억제력과 보복에 대한 공조체계를 갖추어야 한다.

넷째, 평소 연합 Pol-Mil 연습(정책 연습)을 포함한 다양한 군사 연습의 지속적인 실시나 전략적 커뮤니케이션(Strategic Communication) 같은 주기적인 협력 프로그램을 통하여 연합 군사 교류가 활성화되어야 한다.

다섯째, 쌍방 정전협정책임 당사자 간의 합의로 '당국자 간 평화
협정으로 대체하기 전까지는 유엔군사령관이 행사하게 되어있는
정전체제 유지에 관한 사항'은 한미 간의 협의를 통하여 명확한 책
임관계를 정해야만 할 것이다.[26] 이 문제는 국제법적으로 유엔군
사령관의 책임에 속하는 문제이기 때문이다.

제4절 한국군 해외안보협력의 외연 확장과 한미동맹

국가의 재원이 없어서 나라를 미 군원에 의지해서 겨우 유지했
던 대한민국이 이제는 원조를 받던 나라에서 개발도상국에 원조를
주는 국가가 되었다.[27] 건국 초기, 6 · 25전쟁 등 어쩔 수 없이 나
라의 안전보장을 외국에 의존하느라 국가의 자율성을 희생해야만
했던 초라한 한국이 이제는 세계로 나가 세계 평화유지활동에 적

---

26) 정전협정의 한국군에 대한 구속력을 유지하기 위해서도(국제법적 효력) 부득이 작전지휘권의
   환수는 완전한 것이 아니라 정전협정의 이행에 관해서는 유엔군사령관이 한국군에 대한 작전
   지휘권을 계속 행사한다는 단서를 달 수밖에 없는 '일부 환수'에 그치게 된다. 그러므로 한국
   의 작전지휘체계는 유엔군사령관과 한국군 사령관의 작전지휘권으로 이원화되는 '일부 환수'
   로 될 수밖에 없다. 안광찬, 앞의 논문, pp. 195-197 참조.

27) 한국은 1945년 독립 및 한국전쟁 이후 비교적 단기간 내 경제발전을 이루는 과정에서 12.7억
   원의 원조를 제공받았다. 이후 선진국으로부터 외자도입이 활성화되고 경제 성장이 이루어지
   면서 원조수혜가 점차 감소하기 시작하여 1995년 세계은행의 차관 대상국에서 졸업했다.
   2000년 개발원조위원회(DAC: Development Assistant Committee) 수원국 명단에서 제외됨으
   로써 공식적으로 수원국의 지위에서 벗어났다. 한국의 원조공여는 1963년부터 미국 국제개발
   청의 지원하에 개도국 연수생 초청사업을 시작으로 1977년에는 외교부의 9억 원 상당의 물
   자지원사업 등이 이루어졌고, 개발협력이 본격화된 것은 1987년 대외경제협력기금(EDCF:
   Economic Development Cooperation Fund)과 1991년 한국국제협력단(KOICA: Korea
   International Cooperation Agency)의 설립 이후이다. 외교통상부, 『한국외교 60년: 1948~2008』
   (서울: 외교통상부, 2008), pp. 206-208 참조.

극 기여하면서 국가 이미지를 제고시키고 있는 것이다. 그동안 국력의 성장과 국제사회에 대한 기여, 국제안보 면에서의 국제 평화유지활동 등을 바탕으로 국제사회에서도 인정받는 국가로 발돋움하게 되었으며, 2010년에는 G20 의장국, 2012년에는 핵안보정상회의 의장국의 역할을 수행하는 국가가 되었다.

한국군을 월남전에 파병할 당시에는 한반도에서 미군의 추가 감축을 방지하고 경제발전을 위해서 불가피한 선택이라는 측면이 있었지만, 이제 그로부터 40년이 지난 오늘은 국력의 성장과 함께 한국 방위의 자신감을 바탕으로 국제 안보에 기여함으로써, 역으로 한국의 안보에 순기능을 갖도록 노력하고 있다. 이 절에서는 한국군을 해외안보협력 현장에 파견하여 한국군의 위상을 과시하고 있는 현황을 논하고자 한다. 평화유지활동과 우리 군의 교류협력에 관한 사항이 그 대상이다. 이러한 국제적 안보협력은 그 자체가 자율성을 가진 군대 역량을 입증하는 것이기도 하다는 점에서 의의가 있다 하겠다. 국제 평화유지활동은 유엔을 중심으로 한 UN PKO 활동과 미국 등 중심국가의 주도하에 이루어지는 다국적군 활동이 있으며, 두 가지를 대별하여 기술한다.

1. 유엔 주도의 평화유지활동 참여

유엔 주도의 평화유지활동은 1948년 팔레스타인 지역 정전감시단(UNTSO)을 시작으로 지난 60여 년 동안 120여 개 국가에서 100만여 명이 분쟁지역에 파견되어 임무를 수행하였다.[28] 2012년

9월 현재 16개 임무단에서 12만여 명이 분쟁지역에 파견되어 정전
감시 및 재건 지원 등의 임무를 수행하고 있다.

1991년 유엔 회원국으로 가입한 대한민국은 1993년 7월 소말리
아 평화유지단(UNOSOM-Ⅱ)에 참여한 공병부대를 시작으로 지금
까지 17개국에 연인원 1만 1,000여 명을 파견하여 유엔 평화유지
활동에 참여하고 있다. 2012년 9월 현재 레바논 동명부대 348명,
아이티 단비부대 240명이 임무를 수행 중이다.[29]

<표 6-10> UN PKO 활동 현황(2012년 9월 기준)

구분		현재 인원	지역	최초 파병	교대 주기
부대 단위	레바논 동명부대	348	티르	2007.7.	6 개월
	아이티 단비부대	240	레오간	2010.2.	
개인 단위	인도·파키스탄 정전감시단(UNMOGIP)	7	스리나가	1994.11.	1년
	라이베리아 임무단(UNMIL)	2	몬로비아	2003.10.	
	남수단 임무단(UNMISS)	8	주바	2011.7.	
	수단 다푸르 임무단(UNAMID)	2	다푸르	2009.6.	
	레바논 평화유지군(UNFIL)	4	나쿠라	2007.1.	
	코트디부아르 임무단(UNOCI)	2	아비장	2009.7.	
	서부 사하라 선거감시단(MINURSO)	4	라윤	2009.7.	
	아이티 안정화 임무단	2	포르토 프랭스	2009.11.	
계		619			

출처: 국방부, 『2012 국방백서』, p. 310.

---

28) 1945년 10월 14일 채택된 UN 헌장 제6조에는 국제평화와 안보를 위태롭게 할 가능성이 있
는 분쟁의 평화적 해결을 위한 제반 절차와 방법을 규정하면서, 분쟁 당사자의 직접교섭, 국
제사법재판소에 의한 사법적 해결, 안보리 중재 등을 통한 평화적 분쟁해결 방법을 제시하고
있다. 또한, 제7장에는 침략행위가 발생할 때에 유엔 안전보장이사회가 무력사용을 포함한
평화강제(Peace enforcement)를 취할 수 있도록 하고 있다. 그러나 제6장은 구속력이 결여되었
고, 제7장은 안보리 상임이사국의 거부권행사로 새로운 분쟁해결방법이 모색되었다. 그 대안
으로 탄생한 것이 UN PKO이다. UN PKO 활동이 유엔헌장 6.5조(6장과 7장의 중간 형태라는
의미)에 근거하고 있다는 제4대 유엔 사무총장 함마슐드(D. Hammaskjöld)의 표현은 PKO의 성
격을 가장 함축적으로 시사한다고 할 수 있다. 육사, 『국가안보론』, 앞의 책, p. 257 참조.

29) 국방부, 『2012 국방백서』, 앞의 책, p. 92.

지난 20년간 한국군의 파병활동은 양적, 질적으로 괄목할 만한 성장을 하였다. 2009년에는 「국제연합 평화유지활동 참여에 관한 법률」을 제정하였고, 2010년 해외파병 상비부대를 운영하는 등 법적·제도적 기반체계를 정립하였다.

유엔 평화유지활동은 부대단위로 파견하여 도로 건설, 관개수로 개통, 기술학교 운영(소말리아 상록수 부대, 앙골라 공병부대), 의료지원 활동(서부 사하라 국군의료지원단), 지역재건 및 치안회복 지원(동티모르 상록수 부대, 레바논 동명부대), 지진피해 복구 및 의료지원(아이티 단비부대) 등 다양한 임무를 수행하였다.

부대단위 외에도 개인자격의 군 옵서버와 참모·협조 장교를 유엔 PKO 현장에 파견하였다. 이들은 현지 사령부의 통제하에 정전협정 위반 여부를 감시하고, 순찰, 조사, 보고, 중재 등의 임무를 수행하였다. 특히 2002년 1월 한국군 장성 최초로 황진하 중장이 사이프러스 평화유지군사령관으로 활동하였고, 1997년 안충준 소장, 2008년 김문화 소장, 그리고 2012년 최영범 소장이 인도·파키스탄 정전감시단장 임무를 수행하는 등 유엔의 고위 직위에 한국군 장성이 진출함으로써 국가위상을 높이고 있다. 이처럼 유엔 PKO 현장에서 입증된 한국군의 우수성은 유엔 PKO 정책부서인 평화유지활동국(DPKO: Department of Peace Keeping Operation)에 한국군 영관급 장교 6명이 진출하는 데 기여하기도 하였다.[30]

유엔 PKO 참여는 역대 정부별로 간단없이 지속하여 왔으며, 오히려 확대되고 있는 양상이다. 그만큼 유엔이나 접수국에서 호응이

---

30) 국방부, 『2012 국방백서』, 앞의 책, p. 278.

크다는 방증이기도 하다.

<표 6-11> 역대 정부별 파병 현황

구분	주요 내용
김영삼 정부 (1993~ 1998)	· 소말리아 상록수부대 파견(1993) · 서부 사하라 의료지원단 파견(1994) · 앙골라 공병부대 파견(1995)
김대중 정부 (1998~ 2003)	· 동티모르 상록수부대 파견(1999) · 아프가니스탄 해성/청마부대 파견(2001) · 아프가니스탄 동의부대 파견(2002)
노무현 정부 (2003~ 2008)	· 아프가니스탄 다산부대 파견(2003) · 이라크 서희/제마부대 파견(2003) · 이라크 자이툰부대 파견(2004) · 이라크 다이만부대 파견(2004) · 레바논 동명부대 파견(2007) · 유엔 PKO 임무단 참여: 라이베리아(2003), 부룬디(2004), 수단(2005), 네 팔(2007), 수단 다푸르(2007)
이명박 정부 (2008~ 2013)	· 소말리아 해역 청해부대 파견(2009) · 아이티 단비부대 파견(2010) · 아프가니스탄 오쉬노부대 파견(2010) · 해외파병 전담부대 '온누리부대' 창설(2010) · UAE 아크부대 파견(2011) · 유엔 PKO 임무단 참여: 코트디부아르(2009), 서부 사하라(2009), 아이티 (2009), 남수단(2011)

출처: 국방부, 『2012 국방백서』, p. 276.[31]

2. 다국적군 평화활동

냉전체제 종식 이후 국제테러가 세계평화와 안전을 위협하는 요인으로 등장하였다. 그러나 이해관계가 다른 국가들로 구성된 유엔

---

31) 박근혜 정부에서도 지속적인 파병이 이루어졌다. UN의 요청으로 신생독립국인 남수단의 조기안정과 재건을 위해 2013년 3월에 남수단 한빛부대를 파병하였으며, 극심한 태풍피해를 입었던 필리핀 타클로판에는 피해복구를 위해 아라우부대를 파견하여 2014년 6월 말 현재 각각 283명과 280명의 한국군이 국제사회의 평화에 기여하고 있다.

에서 이러한 위협을 제거하기 위한 합의는 거의 불가능하거나 지연되곤 하였다. 이것이 미국이나 호주(동티모르의 경우) 등 활동을 주도하는 특정 국가가 중심이 되어 다국적군을 편성하여 대테러 전쟁 등 활동을 하게 된 연유이다. 이는 평화강제(Peace Enforcement) 활동으로 평화를 조성하는 활동보다 적극적인 특징이 있다.

다국적군 평화활동 역시 유엔 안보리 결의 또는 국제사회의 지지와 결의에 근거하며, 분쟁 해결, 평화 정착, 재건 지원 등의 임무를 수행하고 있다. 유엔 PKO와 함께 분쟁지역의 안정화와 재건에 중요한 기능을 수행한다. 그러나 다국적군의 평화유지활동은 유엔 PKO와는 다음 표와 같이 성격을 달리한다.

<표 6-12> 유엔 PKO와 다국적군의 비교

구분	유엔 PKO	다국적군(Multi National Forces)
설치 근거	· 안보리 결정, 총회 의결로 파병 가능	· 안보리 결정으로 파병 가능, 핵심 이해 당사국의 주도로 창설
임무	· 적대행위가 종료된 지역 정전감시, 평화협정 이행 감시, 전후복구 등	· 침략행위발생 또는 평화가 교란된 지역에서 평화회복 임무수행
무력사용 범위	· 자위 목적으로만 무력사용	· 침략격퇴, 무력진압 등을 위한 적극적 무력사용 가능
유엔통제 장치	· 유엔사무총장이 사령관을 임명 · 안보리 지침을 통한 작전지휘	· 병력 공여국들 자체 통제체계 수립 · 안보리는 임무범위 및 기한 재검토 기능을 통해 형식적 통제
경비부담 주체	· 유엔회원국들이 분담	· 병력 파견국 자담
복장	· 청색 베레모, 유엔 마크	· 자국 복장

출처: 2007년 11월 국회보고서.

한국은 2012년 9월 말 현재 소말리아 해역에 청해부대 306명, 아프가니스탄에 오쉬노부대 350명을 파견하고 있다.

소말리아 해역은 소말리아가 1990년대 이후 내전으로 치안 불안과 경제난이 지속되자 2004년부터 토호 해적이 결성되어 소말리아 인근에서 해적행위가 급증하였다. 이에 따라 유엔은 2008년에 안보리 결의 제1816호를 통해 회원국 군함과 항공기 파견을 결정하고 참여를 요청하였다. 한국은 2009년 3월 13일 청해부대를 해역에 파견하여 미국·EU·NATO 등과 함께 연합해군사의 일원으로 작전에 참여하고 있다. 청해부대는 구축함(4,500톤급) 1척, 헬기 1대, 고속단정 3척으로 구성되어 있다. 특히 2011년 1월에는 해적에게 납치된 우리 선박과 선원을 구출하기 위한 '아덴만 여명작전' 성공으로 한국군의 위상을 국제무대에 부각시킨 바도 있었다.

아프가니스탄에서 2001년 탈레반 정권 붕괴 이후 탈레반의 무차별적인 테러로 아프가니스탄의 치안상황이 악화되자 유엔은 안보리 결의 제1383호를 통해 국제안보지원군(ISAF)을 설치하고 안정화 및 재건활동을 지원하도록 하였다. 2009년 10월에는 안보리 결의 제1890호로서 회원국들이 국제안보지원군에 인력, 장비 등 자원을 지원해줄 것을 촉구하였다.

유엔 안보리의 결의와 아프가니스탄 정부의 요청에 따라 한국은 2001년 '항구적 자유작전'(OEF: Operation Enduring Freedom)으로 알려진 아프가니스탄의 '테러와의 전쟁'에 동참하기 위하여 2001년 12월에 해·공군 수송지원단 해성·청마부대, 2002년 2월에 국군의료지원단 동의부대, 2003년 3월에 건설공병지원단 다산부대를 파견하였다. 2010년 2월에는 국회의 동의를 거쳐 지방재건팀(PRT: Provincial Reconstruction Team) 및 지원팀으로 구성된 오쉬노 부대를 파견하였다. 한국의 재건지원팀은 민간전문가 주도로 보건의료, 교육, 행정제도, 농촌개발 등 4개 분야에 대한 안정화 및 재건활동을 추진하였다.

<표 6-13> 다국적군 평화활동 참가현황(2012년 9월 기준)

구분		현재 인원	지역	최초 파병	교대주기
부대 단위	소말리아 해역 청해부대	306	소말리아 해역	2009.3.	6개월
	아프가니스탄 오쉬노부대	350	차리카	2010.7.	
개인 단위	바레인 연합해군사령부 참모장교	3	마나마	2008.1.	1년
	협조장교	1		2009.3.	
	지부티 연합합동기동부대 (CJTF-HOA) 협조장교	3	지부티		
	참모장교	1		2003.2.	
	아프가니스탄 치안전환사령부(CSTC-A) 참모장교	4	카불	2009.6.	6개월
	미국 중부사령부 협조단	2	플로리다	2001.11.	1년
	참모	1			
계		671			

출처: 국방부, 『2012 국방백서』, p. 310.

다국적군 평화활동에 한국이 참가한 사례 중 가장 큰 규모는 이라크 파병이었다. 한국은 미·영 연합군의 '이라크 자유작전'(OIF: Operation Iraqi Freedom)을 지원하기 위해 1차로 2003년 4월 공병·의료지원단인 서희·제마부대를 파견하였으며, 2차로 2004년 자이툰 사단을 파견하였다.[32] 서희·제마부대는 2004년까지 1년여 기간 동안 다국적군과 인도적 차원의 전후복구와 현지주민에

32) 미국의 파병요청으로 이루어진 자이툰 부대의 이라크 파병은 당시 훼손되었던 한미관계를 더 결속시키는 촉진제 역할을 하였고, 한 차원 높은 동맹으로 발전하는 계기가 되었다. 미국은 최초 사단급 전투부대를 요구하였으나 당시 국민의 정서와 시민단체의 반대 등을 고려하여 3,600명 규모의 재건부대 파병을 결정하였다. 정부에서는 철저한 준비를 하였지만, 파병 결정 후에도 일부 NGO 단체의 무분별한 행동과 정치권의 포퓰리즘으로 실제 파병하기까지는 1년이 걸렸다. 장삼열 외, 『지구촌에 남긴 평화의 발자취』(서울: 국방부 군사편찬연구소, 2011), p. 164 참조.

대해 의료지원을 하였고, 2004년 추가 파견된 자이툰 사단에 통합되어 임무를 수행하였다. 자이툰으로 명명된 평화·재건지원 부대는 한국군 최초로 파견된 민사지원부대였다. 2008년 철수 시까지 연인원 1만 7,700여 명의 병력으로 이라크 평화재건임무를 성공적으로 수행하여 동맹국들 사이에서 '민사작전의 모델'로 평가받았다.

자이툰 부대의 공중 재보급과 교대병력 수송임무를 수행하기 위해 파병된 공군 다이만 부대는 C-130 항공기 4대로 구성되어 자이툰 부대의 원활한 임무 수행을 효과적으로 지원하였다.

<표 6-14> 이라크전 파병일지

구 분	일자	주요 내용
1차	2002. 11.20.	- 미국 측 1차 요청(주한미국대사) • 인도적 지원 및 전후 복구 지원 • 수송, 장비, 전투근무지원병력(공병, 의료진 등), 지뢰제거 부대 등
	12.27.	- 미국 측에 검토결과 제시(외교부) - 이라크 난민지원, 주변국 지원, 전후 복구지원 - 군사분야 지원: 아프간전 전개병력 전환, 공병 1개 중대 추가 지원 가능
	2003. 3.13.	- 미국 측 2차 요청(주한미국대사) • 전쟁발발 직후 이라크의 안전 및 안정확보를 위해 단기적으로 필요한 사항 • 요청목록: ① 군사적 지원(보병, 공병 등), ② WMD, 폭발물처리 전문가, ③ 화생방공격 사후처리, ④ 인도적 지원, 의료지원 등
	3.20.	- 미국, 이라크 공격 개시(현지시각 3.20. 05:30)
	2003. 3.20.	- NSC 상임위 개최, 건설공병+의료지원단 파병 결정
	4.2.	- 국회 본회의 파견동의안 처리
	4.17.	- 선발대 파견(20명, 쿠웨이트 경유 나시리아)
	4.30.	- 1진 제1제대 파견(의료지원단+건설공병 300여 명, 쿠웨이트 경유 나시리아)
	5.14.	- 2진 제2제대 파견(공병 300여 명, 쿠웨이트 경유 나시리아)
	9.1.	- 나시리아 기지 폐쇄, 자이툰 부대 합류

	2003. 9.4.	- 미국, 한국군 추가파병 요청
2차	10.18.	- 파병방안 결정을 위한 현지조사/협의 　·정부 합동현지조사(2회) 및 국회조사단 현지조사 활동 　·대미협의(3회), 정치권 의견 수렴
	12.23.~12.24.	- 국무회의 의결 / 대통령 재가 / 국회제출
	2004.1.11. ~1.19.	- 군수지원 소요 현지 조사
	2.13.~2.19.	- 국회 국방위/본회의 안건 상정 및 의결
	6.18.	- NSC, 상임위, 파병지역(아르빌) 및 전개일정 확정
	8.3.	- 선발대 1제대 329명, 쿠웨이트 출발
	9.3.	- 본대 1제대 257명, 쿠웨이트 출발
	9.22.	- 자이툰부대 본대 2,884명 아르빌 전개 완료
	11.25.	- 후발대 1제대 312명 쿠웨이트 출발

출처: 국방부, 『2004 국방백서』, p. 286.

　이라크 파병에 있어서는 미국 측의 지원 요청에 대하여 국회와
언론, 국민설득을 위한 다각적인 노력을 하였으며, 범정부 파병지원
추진위원회를 편성하여 운영하였다. 파병 기본계획은 물론 철저한
파병 전(前) 교육을 시행하였다. 교육내용은 현지 적응 교육, 현지
습관 및 풍습이해, 임무수행 능력을 위해 6주간 훈련하였고, 아랍어
자원 확보를 위해 41명의 계약직 군무원을 채용하기도 하였다.

　특히 자이툰 부대의 아르빌 지역 전개는 7월 19일부터 9월 22일
까지 민항기, C-130 수송기 등 한국군 장비로 이동하였고, 장비 및
물자도 2만 5천 톤급 상선과 수송트레일러를 이용하여 수송하였다.
특히 파발마 작전을 수립하여 쿠웨이트로부터 작전지역까지 고온
과 모래 폭풍 등 악기상과 다양한 적대세력의 위협이 상존하는 악
조건 속에서 1,115km의 거리를 성공적으로 이동하였다.[33] 이는 우

---

33) 국방부, 『2004 국방백서』, 앞의 책, pp. 112-120.

리 군이 사단급 대부대를 자율적으로 해외에 투사할 수 있음을 입증한 첫 사례로 기록될 것이다.

한편 시각을 바꿔서 우리나라의 군인들과 군속들이 해외에 많이 진출해 있는 상황에서 이제는 우리가 관련 접수국 사이에서 체결하는 SOFA에 관해서도 관심을 가질 때이다. 이미 월남전 참전 시 1964년 10월 31일 주월한국대사와 월남 외무장관 사이에서 정부 간 맺은 지위협정에서는 한국군도 미국군이 월남에서 누리는 특권들과 동등한 대우를 받도록 하였음은 제4장 제1절에서 살펴보았다.

최근 유엔 PKO로 파병하는 인원에 대해서는 유엔에서 일정한 SOFA의 틀을 제시하여 한국군이 주둔군으로서의 불이익을 받지 않도록 보장하고 있다. 한국군이 다국적군의 일원으로 참전할 경우는 접수국과 양자 간 SOFA를 맺어 한국군의 위상을 확립하도록 배려하고 있다. 예를 들면, 9·11테러 이후 테러의 핵심세력인 오사마 빈 라덴과 공생관계에 있던 탈레반을 공격하기 위하여 다국적군을 구성하여 실시한 아프가니스탄에서의 '항구적 자유 작전'(Enduring Freedom)을 참고하여 보자. 당시 한국군은 육군 의료단을 아프가니스탄 인접국인 키르기스스탄에 보내어 지원했는데, 한국의 본진이 도착하기 하루 전(前)인 2002년 2월 26일에 「한-'키' 간 SOFA」를 잠정 발효시켰다.[34] 이듬해에는 이라크 전쟁 시 한국군의 쿠웨이트 주둔을 위한 SOFA도 체결하여 우리 군대를 보

---

34) 이 협정의 정식명칭은 「대한민국 정부와 키르기스공화국 정부 간의 키르기스 주둔 대한민국 군대의 시설 사용 및 그 지위에 관한 교환각서」이다. 2002년 4월 30일에 정식 발효되었다. 주요 내용은 ① 대사관 행정·기술 직원과 동등한 지위 부여, ② 형사관할권은 한국 측이 보유, ③ 과세 면제, 무기 소유 및 주둔국 시설 사용 허용 등이었다. 합동참모본부, 『아프간 전쟁 종합 분석(항구적 자유 작전)』(서울: 합동참모본부, 2002), p. 118 참조.

호하였다.35)

이 외에도 한국군은 다국적군 지원을 위해 바레인 등에 참모 및 협조 장교를 파견하고 있다. 아울러 2010년 4월부터 8월까지, 그리고 2012년 6월부터 9월까지 한국 해군 제독이 아덴만과 소말리아 동부해역에서 대(對)해적 작전을 수행하는 다국적 부대인 CTF-151의 지휘관 임무를 성공적으로 수행하기도 하였다.36)

다국적군 평화활동과는 별도로 한국은 아랍에미리트의 요청에 의거하여 2011년 1월부터 UAE 아크 부대(150명 규모, 6개월 교대 주기)를 파병하여 UAE의 특수전부대의 교육훈련을 지원하고 연합 훈련을 실시하고 있다. 기존의 파병과는 달리 비(非)분쟁지역에 파견된 최초의 부대로서 양국 간 국방교류협력 확대에 기여하고 있다. 이와 같은 양국 간 국방협력을 통하여 2011년 2월에는 UAE군과 연합으로 아덴만 여명작전 시 생포한 해적을 신속하게 국내로 이송할 수 있었다. 아크 부대는 이외에도 UAE와의 관계 강화를 통해 방산수출 증진, 경제협력 확대, 에너지 안보 등 국익 창출에 기여하고 있다.37)

---

35) 쿠웨이트 부총리 겸 국방부 장관과 주쿠웨이트대사 간에 체결된 각서 형식의 협정 명칭은 「대한민국 정부와 쿠웨이트 정부 간의 쿠웨이트 주둔 대한민국 군대의 지위에 관한 교환각서」이며 2003년 4월 29일에 체결되고 4월 30일에 발효되었다. 주요 내용은 ① 대상: 군대와 정부의 민간 피고용자, ② 한국의 군대 요원은 1961년 외교관계에 따른 빈 협약에 따라 행정기술 요원에게 부여되는 특권과 면세를 부여, ③ 공무수행 중 끼친 사망, 부상, 재산 손실에 대해 손해배상을 청구하지 않음, ④ 대한민국의 차량, 선박, 항공기 사용료 면제, ⑤ 정비, 보급품, 용역, 공공서비스 등에 대한 면세 제공이다. 인터넷 http://www.mofa.go.kr/incboard/faimsif/treaty_popu(검색일: 2013.9.4.)

36) 국방부, 『2012 국방백서』, pp. 97-98.

37) 국방부, 앞의 책, p. 280.

3. 국제평화유지활동 참여 확대

한국 정부는 지난 20년간의 국제평화유지활동 참여가 국제평화에 기여함은 물론 한국군의 자율성 제고에도 큰 역할을 하고 있음을 평가하여 국제평화유지활동에 확대 참여할 것을 추진 중이다.

한국 정부는 「국제연합 평화유지활동 참여에 관한 법률」을 제정하여 파병을 효과적으로 추진할 수 있는 법적 근거를 마련하였다. 또한, 해외파병 소요에 신속하게 대처하기 위하여 별도의 파병부대를 창설하는 등 해외파병 상비체제를 강화하였다.

2009년 12월부터 3천 명 규모의 한국군 해외파병 상비부대는 파병 전담부대, 예비 지정부대, 별도 지정부대를 운영했으며, 이중 파병 전담부대는 특수전사령부의 특수임무단을 지정하여 운영하다가 2010년 7월부터는 국제평화지원단(온누리부대)을 창설하여 운영하고 있다. 국제평화지원단은 해외파병 소요가 발생할 경우 신속한 파병이 가능하도록 평시에 파병 준비 및 훈련을 실시하며, 파병이 결정되면 이 부대의 일부를 모체로 하여 파병부대를 창설하여 국회의 동의를 받아 파병하게 된다.[38]

---

38) 국방부, 『2012 국방백서』, p. 100.

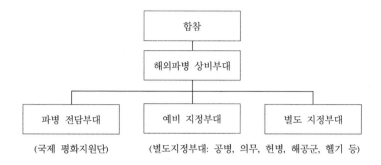

출처: 국방부, 『2012 국방백서』, p. 100.

<그림 6-4> 해외파병 상비부대 편성

PKO에 대한 교육의 출발은 1995년에 합동참모대학 내에 PKO 학처를 개설한 데서 출발하였지만, 2004년 PKO 센터로 조직이 개편되면서 파병요원에 대한 전담교육을 실시하였다. 한국 국방부는 2010년 1월 1일 PKO 센터를 합동참모본부에서 국방대학교로 변경한 데 이어 교관 및 연구 인력을 증원하여 교육과 연구 기능을 강화하였다. 2011년에는 PKO 교육에 한국보다 앞서 시작했던 스웨덴의 교환교수를 초빙하여 PKO 센터의 교육과정에 활용함으로써 교육수준 향상과 외국군 PKO 센터와의 교류도 강화하고 있다. 향후 민·관·군·경이 통합된 국가급 평화활동 센터의 창설을 준비해나가고 있다.[39] 이러한 구상이 실현될 경우 한국의 PKO 센터는 아시아지역의 PKO 교육센터로 자리매김해나갈 수 있으리라 판단된다.

---

39) 국방부, 『2012 국방백서』, p. 101.

4. 군사교류협력의 다변화

과거의 군사교류는 미국과의 군사교류가 전부(全部)인 때도 있었다. 그러나 이제는 주변국과의 군사교류도 일상적인 수준으로 발전하였다. 오히려 한국은 지역적 안보 균형을 위하여 적극적으로 대(對)주변국 군사교류를 지속적으로 확대해나가고 있다.

한·일 간에는 1994년부터 국방장관회담을 정례적으로 개최했다. 2009년에는 「한일 국방교류에 관한 의향서」를 체결하였고, 2011년부터는 교류협력의 제도적 틀을 연구하기 위한 실무급 논의를 시작하기로 합의하였다. 군 고위급 인사의 교류도 이루어졌다. 2008년 4월 한일정상회담을 계기로 마련된 '미래지향적 성숙한 동반자 관계'다. 다만 일본과는 일본의 독도 영유권 주장이나 과거 역사부정 등과 관련하여 미국의 한·미·일 안보협력요구가 더 이상 진전하지 못하는 아쉬움은 여전히 남아 있다.

한국과 중국은 체제와 국방정책에서 상충되는 점이 많음에도 불구하고 2008년 5월 양국 관계가 '전략적 협력동반자 관계'로 격상하면서 군사교류는 과거에 비해 활발히 진행되고 있다. 특히 중국은 북한과 「우호협력 및 상호원조 조약」을 체결하고 있고, 남북관계에서 여전히 북한에 기울어진 행태를 보이기도 하지만 역대 다자안보대화 등에서는 한국에게 호의적인 행동을 보여주기도 한다. 2011년 6월의 아시아안보회의에서 김관진 국방부 장관과 양광례(梁光烈) 중국국방장관이 한반도의 안보상황에 대한 의견교환과 이어서 7월에 가진 국방장관 회담에서 양측이 "역내 평화와 안정

을 해치는 어떠한 행위도 반대한다"는 인식을 함께하고, 한·중 차
관급 전략대화를 개설하기로 합의한 것들이 한 예(例)가 될 것이
다. 2012년 제2차 국방전략대화에서는 「국방교류 양해각서」를 체
결하고 양국 국방부 간 핫라인 설치합의 등 실질적인 협력을 모색
하는 조치가 이루어지는 성과도 있었다. 또한, 한·중 군수협력회
의에서는 「재난구호 시 상호지원 합의각서」 체결도 이루어졌고 각
종 고위인사의 교류, 해군함정 상호 방문, 군사 교육기관 교류 등이
이루어져 역내의 안보 질서 구축에도 기여가 기대되고 있다.[40]

한·러 관계 역시 1990년 수교 이래 2008년에는 양국이 '전략적
협력동반자 관계'로 외교 관계를 격상하는 데에서 보듯이 꾸준히
협력관계를 지속하고 있다. 한·러 양국은 국방·안보 분야에서도
고위급 인사교류, 방산·기술 협력 등 교류협력의 수준을 높여나가
고 있다. 특히 2012년 3월 한국의 국방부 정책실장과 러시아 국방
부 국제협력 차관 간의 전략대화에서는 국방전략대화를 정례화하
기로 합의하였다. 합참 본부장급 회의, 합동군사위원회 등을 통해
상호이해를 증진시키고 있으며, 한국군 장교들이 1994년부터 러시
아에서 위탁교육을 받는 등 실무자급 차원에서의 국방교류도 확대
해나가고 있다.[41]

---

40) 한중 군사교류에는 일정한 유형과 엄연한 한계를 지적할 수 있다는 연구가 있다. 김순수는
"한·중 군사교류는 '상징성'과 '초보형'에 가까운 수준의 교류로서, 중국은 경쟁상대인 미국
을 염두에 두고 한국과 군사외교를 전개했다고 볼 수 있다. 한·중 수교 이후 중국이 남북한
을 대상으로 전개한 군사외교의 유형을 종합해보면, 북한에 대해서는 '견인형'(牽引型)에 치
중하되 부분적으로 북한의 돌출행동을 '관리'·'통제'하기 위한 '견제형'(牽制型) 군사외교를
추진한 반면, 한국에 대해서는 상징적 수준의 '초보형' 관계를 유지하면서 부분적으로 미·일
을 겨냥한 '견제형' 군사외교를 추진했다"고 보았다. 김순수, 『중국의 한반도 안보전략과 군
사외교』(서울: 양서각, 2013), pp. 401-407.

41) 국방부, 『2012 국방백서』, p. 76-78.

이외에도 동남아시아나 호주 등 역외지역 국가들과의 국방 교류 협력도 활발히 전개해나가고 있다.

그런데 특히 한국 정부에서 역점을 두고 추진하는 것은 한반도 의 안보를 위하여 다자간 안보협력 기구 등을 적극적으로 활용하 는 것이다.

다자안보협력은 다수의 국가가 대화와 협력을 통하여 상호신뢰 구축, 분쟁의 사전 예방 등 안보문제의 해결을 모색하는 활동이라 할 수 있다. 특히 테러, 해적 행위, 대규모 자연재해 등 최근의 초 국가적·비군사적 안보위협은 개별국가 단독으로 대응하기에는 한 계가 있기 때문에 다자간의 안보협력 노력이 증대하고 있다.

아·태 지역에는 기존에는 국방 분야에서 다자간 안보협의체가 없었지만, 2010년 10월 아·태 지역 18개국이 참여하는 아세안 확 대국방장관회의(ADMM-Plus: ASEAN Defense Ministers' Meeting Plus)가 출범하였다.[42] 그리고 2011년에는 그 하위 협의체인 아세 안 확대국방고위관리회의(ADSOM-Plus: ASEAN Defense Senior Officials' Meeting- Plus)와 실무회의, 그리고 5개의 실무급 전문가 회의(EWGs: Experts' Working Group)가 발족하였다. 또한, 2011 년 11월에는 아세안 10개국과 한·중·일·인도·호주·뉴질랜드 가 참가하던 동아시아 정상회의에 미국과 러시아가 공식회원국으 로 참가하는 등 주요 국가들이 아·태 지역 다자안보협의체에 적

---

42) 아세안 10개국 및 대화상대국(한국, 미국, 일본, 중국, 러시아, 인도, 호주, 뉴질랜드)이 참석 하는 국방장관협의체로 3년 주기로 개최하기로 하였다. 2010년 10월의 베트남 하노이에서 열린 제1차 아세안 확대국방장관회의에서는 해양안보, 인도적 지원 및 재난구호, 평화유지활 동, 대테러, 군 의료 등 5개 분야에서 우선 협력하기로 하고 실무급 전문가회의를 설립하기로 하였다.

극적으로 참여하고 있다.

또한, 한국은 2012년에 국방부의 기존 국제군비통제 세미나 (Track 2)를 아·태 지역 차관급 국방관료 및 민간 전문가가 참여 (Track 1.5)하는 다자안보대화체로 확대하여 서울안보대화(SDD) 를 개최하였다. 이 회의체는 아태지역 15개국과 EU, NATO 등이 모여 '안보와 평화를 위한 협력'(Cooperation for Security & Peace) 의 슬로건을 걸고 초국가적·비전통적 안보위협 등 포괄적 안보문 제를 광범위하게 다루고 실질적 해결방안을 모색하는 자리였으며 한국 국방부는 주최국으로서 대화를 적극적으로 주도하였다.[43]

<표 6-15> 국방부 참여 아·태 지역 다자안보협의체

정부 차원(Track 1)	준정부 차원(Track 1.5)
· ADMM-PLUS 및 하위협의체 · 아세안 지역 안보포럼(ARF) · 동경방위포럼(TDF) · 6자회담 내 동북아 평화·안보체제 실무그룹회의	· 아시아안보회의(ASS)[44] · 자카르타 국제국방회의(JIDD) · 동북아협력대화(NEACD)[45]

출처: 국방부, 『2012 국방백서』, p. 84.

한국은 국제적인 대량살상무기의 양적, 질적인 확산에 가담하지 않는 비확산활동과 여기에서 한 걸음 나아가 비확산을 보완하여 적극적·공세적으로 대량살상무기의 확산을 방지하는 대(對)확산 활동에도 적극적으로 참여하고 있다.

---

43) 국방부, 『2012 국방백서』, pp. 83-87. 참조.

44) 한국은 2002년부터 이 회의에 참가하고 있고, 2004년부터는 국방부 장관이 수석대표로 참가 하여 본회의 연설, 주요 참가국과의 양자대담 등 국방외교활동을 활발히 전개하고 있다. 이 회의를 통해 북한의 장거리 미사일 발사나 핵 개발에 대한 반대 등 국제적 공감대를 이끌어 내고 있다.

45) NEACD: Northeast Asia Cooperation Dialogue.

한국은 1991년 유엔가입 이후 비확산·대확산 체제에 적극적으로 참여하고 있다. 국제 비확산 활동에는 핵확산금지조약(NPT), 화학무기금지협약(CWC) 의무를 충실하게 이행하고 있다. 아래 표는 한국이 참여하는 다양한 분야의 안보협력 레짐 현황이다.

<표 6-16> 한국의 국제 군비통제 레짐 참여 현황

구분	국제 군비통제 레짐	가입 시기
핵 군축· 비확산	국제원자력기구(IAEA: International Atomic Energy Agency)	1957.8.
	핵확산금지조약(NPT: Nuclear non-Proliferation Treaty)	1975.4.
	포괄적 핵실험금지조약(CTBT: Comprehensive Nuclear Test Ban Treaty)	1999.9.
생물· 화학무기 군축·비확산	생물무기금지협약(BWC: Biological Weapons Convention)	1987.6.
	화학무기금지협약(CWC: Chemical weapons Convention)	1997.4.
미사일 비확산	미사일기술통제체제(MTCR: Missile Technology Control Regime)	2001.3.
	탄도미사일 확산 방지를 위한 헤이그 행동규약(HCOC: Hague Code of Conduct Against Ballistic Missile Proliferation)	2002.11.
재래식 무기	유엔 재래식 무기 등록제도(UNRCA: UN REGISTER of Conventional Arms)	1993.3.
	특정 재래식 무기 금지협약(CCW: Convention on Certain CW)	2001.5.
다자수출 통제체제	핵 공급국 그룹(NSG: Nuclear Suppliers Group)	1995.10.
	쟁거위원회(ZC: Zangger Committee)	1995.10.
	바세나르체제(WA: Wassenaar Arrangement)	1996.7.
	호주그룹(AG: Austalia Group)	1996.10.
유엔 및 기타활동	유엔총회 제1위원회 / 군축위원회(UNDC: UN Disarmament Commission)	1991.9.
	제네바 군축회의(CD: Conference on Disarmament)	1996.9.
	대량살상무기 확산방지구상(PSI: Proliferation Security Initiative)	2009.5.

출처: 국방부, 『2012 국방백서』, p. 87.

국제 대(對)확산활동에는 2011년부터 「한미연합 생물방어연습」 (Able Response)을 매년 실시하고 있고, 이 연습을 통해 생물학전 위협에 대비한 국가통합대응시스템을 점검하고 미흡 분야에 대한 보완대책을 강구해 나가고 있다. 대량살상무기의 확산방지를 위한 국제적 노력에 적극적으로 참여하고 있는 한국 정부는 2009년 5월 PSI에 정식 참여하기로 하고, 이후 PSI 전문가그룹회의, 세미나 및 차단훈련에 군 요원과 관련 전문가를 참가시키고 있다.[46] 이러한 한국의 국제 안보협력의 외연 확대는 한국의 국가안보 역량의 확충이라는 측면에서 바람직한 활동이다.

5. 국제 군수협력 강화

현대전에서는 군수지원 문제가 작전계획에서 중요시된다. 전쟁에서 원활한 군수지원이 전쟁의 승패를 좌우하기 때문이다. 이러한 군수에는 큰 비용이 소요되므로 최근에는 이 문제를 국제협력으로 해결하는 추세다. 한·미 간에는 6·25 이후 미국에 전적으로 의존하는 관계였으나, 우리의 군수 능력이 향상됨에 따라 상호 지원하는 단계에까지 와 있다. 특히 한미 양국은 미 증원부대의 신속한 전개를 지원하여 한반도 방어능력을 높이기 위해 1991년에 한미 전시지원에 관한 일괄협정(WHNS: Wartime Host Nation Support)을 체결한 바 있다. 2011년 7월에는 「국지전 등 위기극복을 위한 부분동원에 관한 법률(안)」이 제정되어 부분동원하에서도

---

46) 국방부, 『2012 국방백서』, pp. 88-89.

WHNS가 적용될 수 있게 되었다.

한미 양국은 평시를 포함하여 신속한 상호 군수지원을 보장하기 위하여 「상호 군수지원 협정」(MLSA: Mutual Logistics Support Agreement)을 맺어 주요 연습 등에서 적용하고 있고, 2012년 1월에는 이에 따른 「표준시행 약정」을 체결하였다. 또한, SCM 분과의 하나인 한미군수협력위원회(LCC)를 매년 개최하여 수리부속, 탄약, 유류지원 등 다양한 군수 분야 현안 문제를 협의하고 있다. 또한, 최근 양국은 국내에서 발생하는 폐기 대상 탄약을 친환경적으로 처리하는 '탄약 비군사화' 사업까지 공동으로 추진하고 있다.

<표 6-17> 한미 탄약 비군사화 시설 현황

구분	소각시설	분해시설	용출시설
장비 제공	한국	한국	미국
처리 탄종	20mm 이하 소구경	20~100mm 중구경	100mm 이상 중·대구경
처리 방법	친환경 연소, 폐탄피 재활용	탄약 절단 및 분해 후 소각	화약 용출 회수 (재활용) 폐탄피 재활용
처리 능력	650톤/년	300톤/년	7,000~10,000톤/년
대상 물량(2012)	4,455톤	4,745톤	77,926톤

출처: 국방부, 『2012 국방백서』, p. 90.

한국은 유사시 한국을 지원하는 우방국의 원활한 임무수행 보장과 해외파병활동을 보장하기 위한 국제 군수협력으로 관련 각국과 「상호 군수지원협정」을 맺고 있다. 또한, 무기체계 현대화 과정에서 발생하는 불용 군수품을 우방국에 양도하여 군사협력을 증진하고, 방산수출 및 자원외교에도 기여하고 있다.

<표 6-18> 국제 군수 협력 현황

상호 군수지원 협정 체결 국가	불용 군수품 양여 국가
미국(1988), 태국(1991), 뉴질랜드(2007), 터키(2008), 필리핀(2009), 이스라엘(2010), 호주(2010), 캐나다(2010), 인도네시아(2011), 싱가포르(2011), 캄보디아(2012) ※ 교섭 중: 영국, 스페인, 독일, 말레이시아	· 필리핀 · 콜롬비아 · 방글라데시 · 카자 흐스탄 · 인도네시아 · 페루 · 가나 (함정 · 상륙장갑차 · 항공기 · 불도저) · 콜롬비아(불용 탄약) · 동티모르 (고속정 1척, 경비정 2척, 2011년) · 캄보디아 (트럭 · 굴삭기 · 컴퓨터, 2012년) · 몽골(트럭 · 승용차, 2012년)

제5절 한국 · 북한 · 미국의 갈등과 협력

남 · 북한과 미국은 전후 60년 동안 갈등과 협조관계를 지속하였
다. 남북대화와 관련하여 한반도에는 크게 보아 두 차례의 활발한
시기가 있었다고 본다.

즉 1970년대 전반과 1990년에서 2000년대에 걸친 시기가 그것
이다. 우선, 1960년대 후반기에서 1970년대 전반 한국은 5 · 16혁
명 후 경제개발을 계속하는 가운데 북한보다 경제적으로나 군사적
으로나 우위에 있다고 할 수 없었다. 북한은 김일성이 정치적 반대
세력을 제거하고 김일성의 유일 지배체제를 확립하고자 주체사상
을 사회지도 이념으로 내세우던 시기로 남한 내(內)의 혁명역량 확
충에 열을 올려 대남도발을 빈번히 자행하였다. 한국은 북한의 위
협에도 불구하고 월남전에 파병까지 하였지만, 닉슨 독트린이 선언
될 즈음에는 아직 한국방위에 자신할 수가 없었다. 유신체제로 중
화학공업입국(立國)을 지향한 데에는 박정희의 권력 욕구 외에도

북한을 따라 잡고 자주국방을 달성해야 한다는 절박감이 작용하고 있었다.[47] 1972년의 7·4공동성명은 남과 북의 두 정권이 진정한 의미에서 냉전을 종식하고자 하는 의도라기보다는 체제경쟁에서 자신감을 갖기 위하여 시간을 지연시키고자 하는 성격이 많이 감추어졌던 것으로 생각된다. 왜냐하면, 그 이후에도 진정한 대화 의지를 보이지는 않았기 때문이다.

1990년대는 소련이 러시아 중심의 독립 국가들로 탈바꿈하였으며, 동유럽의 공산주의 국가들이 자본주의 국가로 체제전환을 하는 등 냉전이 종식된 기간이었다. 이때 한국은 86아시안게임과 88올림픽 개최의 자신감을 바탕으로 노태우 정부의 북방외교가 결실을 거둬 동구권 국가와 한·소, 한·러 수교와 중국수교 등 국제무대가 북한에게는 조바심이 나게 할 상황이었으며 그들 나름대로 체제위기를 강하게 느꼈던 시기였다. 이러한 배경에서 한국의 대화 제의에 북한이 호응해서 만들어진 것이 「남북기본합의서」였다. 그리고 북한이 핵 개발에 나서고 미국과 대립각을 세운 것은 그들이 체제유지를 위해서는 남북대화보다는 미국과의 관계개선에 더 우선순위를 부여할 수밖에 없다는 계산이 작용하였을 것으로 보인다. 한국과의 남북관계 개선은 북한에 있어 북미관계 개선을 위한 요식행위이거나 경제적 지원을 이끌어내는 하나의 수단이었음이 이후의 북한의 여러 행적과 정황으로 보아 짐작이 가는 일이다.

1차 핵위기 시 한미공조에 대해서는 이미 다루었으므로 지금부터는 이를 제외한 1990년대에서 2000년대에 이르는 시기의 남북한

---

47) 김형아, 신명주 역, 『유신과 중화학 공업, 박정희의 양날의 선택』(서울: 일조각, 2005), pp. 278-314.

과 미국의 갈등과 협력관계에 대해서 주로 살펴보고자 한다.

1. 정전협정 관리와 한·미 공조

미국이 1989년 「넌-워너 수정안」의 촉구로 발표한 동아시아전략구상(EASI)에서 촉발된 '한국 방위에서 더 많은 부분을 한국군이 맡아줄 것을 요구'하는 내용에는 주한미군 철수와 함께 연합군사령부 내 한국군 부사령관을 지상군사령관에 임명하는 것과 유엔군사령부의 군사정전위원회 수석대표를 한국군 장성으로 임명하는 조치가 포함되어 있었다.

정전협정상 양측은 군사정전위원회는 5명으로 구성하되, 3명은 장(군)급으로, 나머지 2명은 대령 이상 장교로 임명하게 되어 있었고, 수석대표 임명은 각 측 사령관의 권한이었기 때문에 문제될 것이 아니었지만, 북한은 한국군이 정전협정에 서명하지 않았으므로 대표권을 가질 수 없다고 주장하였다.

1991년 3월 25일 유엔군사령부의 군정위 수석대표는 한국군 소장으로 임명되었고, 북한은 이를 핑계로 군정위 기능을 무력화시키기 위해 1994년 4월 28일 북측 인원을 철수시켰으며, 이를 대체하기 위해 1994년 5월 24일 임의대로 판문점대표부를 설치하였다. 이윽고 1995년 2월 28일에는 북측에 남아있던 중립국 감독위원회 폴란드 대표마저 철수시킴으로써 정전체제 자체를 무실화(無實化)하려 하였다. 또 하나의 대표기능을 수행하던 체코슬로바키아는 체코와 슬로바키아로 분리(1993.1.1. 연방분리)하였다 하여 1993년 4

월 3일부로 일방적으로 이미 철수시킨 바 있었다. 이후 1996년 4월 4일 MDL 및 DMZ 유지·관리 포기 선언이나 2003년 2월 17일 정전협정 의무이행 포기 표명 등은 같은 맥락에서 되풀이해오는 행동 들이다.

이와 같은 북한의 위협과 조치들은 정전협정체제가 가지는 법적인 문제에서 정당하지 않기 때문에 유엔군사령부(미국 정부)와 한국 정부는 일관되게 정전협정 체제의 준수를 약속하는 동시에 북한 측에도 이의 준수를 요구하였다.[48]

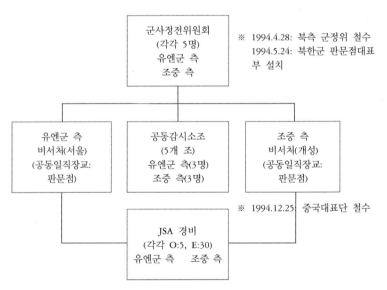

출처: 합동참모본부, 『군사정전위원회편람』(2010), p. 96.

<그림 6-5> 군사정전위원회 편성(정전협정 제2조 36항)

---

48) 정전협정 제5조 부칙 62항은 "본 정전협정의 각 조항은 쌍방이 공동으로 접수하는 수정 및 증보 또는 쌍방의 정치적 수준에서의 평화적 해결을 위한 적당한 협상 중의 규정에 의해서 교체될 때까지는 계속 효력을 가진다"고 규정하고 있다.

이러한 배경 속에 한국, 미국, 북한 측 모두에게 협상이 필요한 경우가 발생하였다. 북한은 판문점대표부를 설치한 이후 1994년 10월 13일 정전협정 문제는 유엔사가 아닌 미국과 북한 간의 3성급 장성 간에 이루어져야 한다고 제의를 하였다. 처음에는 미국 측에서도 정전체제의 존속을 고려하여 대표의 격을 낮춘 준장급으로 회담을 할 용의를 표명하였으나 북측과 합의를 보지는 못하였다. 그러나 1994년 12월 21일 미군 사고헬기(1994.12.17.) 조종사 송환 문제를 해결할 필요성에서 북측이 연합사 기참부장 스미스(Smith) 소장과 북한의 리찬복 중장(2성급) 간의 회담을 제의하자 이를 수용하고 판문각에서 회담하게 되었다. 이후 한국 측에서는 미국과 북한이 가진 회담의 성격과 관련하여 미국 측에 이의를 제기하였다. 그 내용은, ① 차후 미국 측과 북한이 회담을 할 때는 한국군 대표 및 유엔사 대표를 동반하고 유엔사 이름으로 만날 것, ② 대북 관련 유엔사 방침 및 전략 수립 시 반드시 군정위 수석대표를 참석시킬 것 등이었으며, 1995년 1월 4일 한국 합참의장과 유엔군사령관의 회동에서 한국 측의 의사를 분명히 전달하였다. 1995년 3월 2일 비서장급 회의 시 북한이 제시한 내용은 북·미 간의 2성급 장성 간에 회담을 갖는 안을 고수하고 있었다. 이를 전략적으로 수용할 뜻을 밝힌 것은 미국 측이었다. 1995년 5월 12일 유엔군사령관은 한국 국방부 장관에게 보낸 서신에서 "북측과의 대화 창구가 단절된 상태이므로 정전체제의 효율적 관리를 위하여 장성급 회담이 필요"하다는 의견을 보내왔고, 한국 측에서는 필요성을 인정하되 "군정위 틀 내(內)"에서 장성급 통신창구 유지가 필요함을 인정하였다.

이러한 배경에서 정전관리를 위한 유엔사·북한 간의 장성급 회담이 열리게 되었고, 안타깝게도 북한의 의도대로 미국대표가 발언권을 가지며 한국군 군정위 수석대표가 배제되고 준장급 한국대표만 참석하는 회담으로 합의가 되었다. 이후 몇 차례에 걸쳐 회담이 열리게 되었다.

<표 6-19> 유엔사-북한 간 장성급 회담 합의 내용(1995.6.5.~10.4.)

구분	유엔사 측 안	북한 측 안	절충안 (1998.6.8. 최종합의)
회담명칭	유엔군과 조선인민군 간 회담	미·북 장성급 회담	정전문제에 관한 유엔군과 조선인민군 장군들과 대화
회담의제	군사적 대결과 긴장방지 대책	새로운 평화체제	한반도에서 충돌방지 및 해 결을 위한 정전협정
참석인원	대표 4명과 필요수행 인 원(대표 1명만 회담 테이블 착석)	대표 1명만 회담 테이 블에 착석/ 발언, 기타인원은 후면 에 착석	쌍방 4명씩(미·한·영 순회 대표), 쌍방대표 전원과 통역 1명이 주 회의석에, 대표자 전원이 동등한 발언권
회담장소	최초, 군정위회의실 차후, 판문각과 군정위 위원 대기실 교대사용	최초, 군정위회의실 차후, 판문각	판문점 T-2회의실
회담형식	비공개 회담, 각방 대표만 발언	비공개 회담, 각방 대표만 발언	비공개, 회의결과 상대방과 사전협의 없이 각 자 공표 가능
사용언어 및 기록	한국어, 영어 공통용 필요시 발언문 교환	한국어, 영어 공통사용 필요시 발언문교환	한국어, 영어 사용, 발언문 두 언어로 작성, 발언문·문 서 동일효력

출처: 합동참모본부, 『군사정전위원회편람』(2010), p.96, pp. 169-170 종합.

유엔사·북한 간 장성급 회담은 이후 군정위 기능을 대신하는 기능까지는 아니지만 필요시 쌍방 간의 회의 및 선전의 장으로 활용되었다.[49]

---

49) 원래 군정위는 10개의 공동감시소조의 협조를 받아 정전협정체제를 감독하고 위반 사실이 있

제1차 회담(1998.6.23.)에서 제3차(1998.7.16.) 회담까지는 북한의 유고급 잠수함이 한국 영해를 침범함에 따른 항의와 사체 송환문제를 처리하기 위하여, 제6차(1999.6.15.)에서 제11차(1999.9.1.)까지는 NLL 상에서의 북한의 연평해전 관련 책임공방과 NLL 합법성 문제에 관한 갑론을박이 있었다. 제12차(2000.11.17.)에서 제14차(2002.9.12.)까지는 경의선과 동해선 철도 연결과 비무장 지대 일부 개방문제에 대한 유엔사-북한군 간 합의서 서명 등을 의제로 회담하였다.

이후 한동안 회담이 열리지 않다가 2009년도에 열린 제15차(2009.3.2.)와 제16차(2009.3.6.) 회담은 북측이 소위 인공위성(광명성 2호, 로켓으로는 은하 2호)이라 주장하는 장사거리 미사일을 쏘아 올리기에 앞서 평화적 이용권을 주장하고 아울러 우리 측의 키리졸브 및 독수리 연습을 중단하도록 요구하기 위함이었고, 유엔사 측에서는 이를 반박하기 위해서 열렸다.

<표 6-20> 역대 장성급 회담 주요 쟁점

차수	일자	제의 측	주요 쟁점
1차	1998.6.23.	쌍방합의	북 유고급 잠수함 한국영해 침범 항의
2차	1998.6.30.	북한	북 잠수정 및 탑승인원 사체 송환문제 논의
3차	1998.7.16.	UNC	북 잠수정 및 무장간첩 침투 관련 항의
4차	1999.2.11.	UNC	한반도 긴장완화 및 전쟁방지
5차	1999.3.9.	UNC	회담 정례화, 통신선 복원, Y2K 문제 해결
6차	1999.6.15.	UNC	NLL 긴장완화를 위한 4개 조치사항 제의 ※ 회담 중 연평해전 발생
7차	1999.6.22.	UNC	연평해전 관련 긴장완화 및 책임문제 토의

을 때는 중립국 감독위원회의 지원을 받아 조사하며 매일 회의를 열도록 규정하고 있다(정전협정 19~35항).

8차	1999.7.2.	UNC	연평해전 관련, NLL 합법성 및 책임론 공방
9차	1999.7.21.	북한	서해 해상경계선 설정 문제 관련 상호 입장 주장
10차	1999.8.17.	UNC	북측 해상경계선 설정을 위한 실무회담 제의/UNC 반박
11차	1999.9.1.	북한	서해 해상경계선 문제 및 선박 신호규정 필요성 토의
12차	2000.11.17.	북한	경의선 철도 연결/도로건설 관련 비무장지대 일부 구역 개방에 대한 유엔사-북한군 간 합의서 서명
13차	2002.8.6.	UNC	서해교전 관련 문제 토의
14차	2002.9.12.	UNC	동해선 철도 연결/도로건설 관련 비무장지대 일부 구역 개방에 대한 유엔사-북한군 간 합의서 서명
15차	2009.3.2.	북한	2009 KR/FE 연합연습 중지 요구
16차	2009.3.6.	UNC	15차 회담 후속회담 (긴장완화 및 신뢰구축 방안 제시)

출처: 합동참모본부, 『군사정전위원회편람』(2010), p. 171.

이와는 별도로 남·북 간에는 군사회담이 별도의 채널로 열렸다. 이전에도 남·북 군사회담은 1988년 12월 28일 한국 측의 총리급 회담 제의에 1990년 9월 4일부터 1992년 9월 18일까지 남·북한 사이에 8차례 열렸던 남·북 고위급 회담의 분과위원회의 하나의 기능으로 1992년까지 수차례 개최된 바 있다.[50] 2000년 6월 15일 김대중 대통령과 북한의 김정일 국방위원장과의 정상회담에서는 별도의 남·북 국방장관 회담과 남·북 군사 실무회담을 다시 열

---

50) 남북 고위급 회담에서는 「남북기본합의서」, 「비핵화 공동선언」, 「분과위원회 구성·운용에 관한 합의서」를 채택하고 발표하였다. 이 회담의 합의에 따라 군사분과위원회와 남북군사공동위원회를 운용한 바 있으며, 군사분과위원회는 1992년도 3월부터 9월까지 14회의 본회의 및 접촉 등 운영 실적이 있고, 남북군사공동위원회는 차관급을 위원장으로 하여 ① 불가침의 이행과 준수를 위한 실천계획 협의, ② 합의서 작성, ③ 군사적 대결상태 해소를 위한 합의사항 실천과 확인 감독을 표방하며, 2008년 10월까지 개최된 바 있다. 국방부, 『2008 국방백서』, p. 119 참조

도록 합의하였기 때문에 2000년 9월 이후 북한 발(發) 제2차 핵위기 기간을 포함하여 2008년까지 46차례의 남·북 군사회담이 열린 바 있다. 초기에는 비무장 지대의 일부 개방에 따라 유엔사의 승인에 따른 남·북 군사보장 문제가 주요 의제였고, 2004년도에 와서는 남·북 장성급 회담(2004.5.26. 금강산/6.3.~6.4. 설악산)을 열어 서해상의 우발적 충돌방지 문제와 비무장지대에서의 선전활동 중지 및 선전수단 제거에 대해 합의를 한 바 있었다. 이후에도 해상 경계선 문제나 공동어로 수역 문제, 열차 시험운행문제, 개성공단 운영 등에 따른 통행·통신·통관 문제 등을 협의하였다.51) 미국은 개성공단 설치 등에 대해서는 다소 우려하는 입장을 가진 것으로 알려졌으나 공개적인 입장표명은 자제하였고 남·북 간의 문제에 대해서는 한국의 입장을 공식적으로 지지하는 선에서 존중해주고 더 이상의 개입은 자제하였다고 생각된다.

<표 6-21> 역대 남·북 군사회담 일지

회차	구분	일자	장소	주요 협의/합의
1	1차 남북 국방장관 회담	2000. 9.24. ~9.26.	제주도	· 남북 국방장관회담 공동보도문

---

51) 제8차 남북군사실무회담(2002년 9월)에서는 「동해지구와 서해지구 남북관리구역 설정과 남과 북을 연결하는 철도, 도로작업의 군사적 보장을 위한 합의서」가 채택되었다. 이에 따라 비무장지대 일부를 개방하여 남북관리구역이 설정되었다. 2003년 6월에는 남·북 군사당국 간 남북관리구역 내 지뢰제거작업을 상호 검증하는 사례를 남기기도 하였다. 제35차 회담(2007년 12월)에서는 『문산-봉동 간 철도화물 수송의 군사보장합의서』를 체결하여 2007년 12월 11일부터 2008년 11월 28일까지 남·북 간 화물열차가 222회 운행되었고, 북한의 일방적 중단조치로 2008년 12월 1일부로 중단된 바 있었다. 국방부, 『2008 국방백서』, p. 121 참조.

2	1차 남북 군사실무 회담	2000.11.28.	통일각	· 주요 협의 내용: 「남북 군사보장 합의 서한」 · 남북관리구역 설정시기, 설정범위, 도로노선 위치, 관리구역 내 시설물 건설 · 비무장지대 공사를 위한 안전보장 문제 · 비무장지대 지뢰제거작업 동시착공 문제
6	5차 남북 군사실무 회담	2001.2.8.	통일각	· 「동해지구와 서해지구 남북관리구 역 설정과 남과 북을 연결하는 철 도와 도로 작업의 군사적 보장을 위한 합의서」 타결
9	8차 남북 군사실무 회담	2002.9.17.	평화의집	· 5차 실무회담 시 타결한 「합의서」 교환·발효
16	15차 남북 군사실무 회담	2003.1.27.	통일각	· 「동·서해지구 남북관리구역 임시 도로 통행의 군사적 보장을 위한 잠정 합의서」 채택·발효
21	20차 남북 군사실무 회담	2003.12.23.	평화의집	· 「동해지구와 서해지구 남북관리구 역 경비(차단)초소 설치 및 운영에 관한 합의서」 교환발효
22	1차 남북장성급 군사회담	2004.5.26.	금강산	· 서해상의 우발적 충돌방지조치와 군사 분계선 지역에서의 선전활동 중지 및 선전수단 제거 협의
23	2차 남북장성급 군사회담	2004.6.3. /6.4.	설악산	· 상기사항 합의서 채택·발효
27	24차 남북 군사실무 회담	2005.7.20.	판문점 평화의집	· 2단계 선전수단 제거 대상 관련 이 견 사항 협의 · 3단계 선전수단 제거 착수협의 (7.25.~8.13.) · 서해 통신연락소 설치·운영 합의 (8.13. 일부)
31	3차 남북장성급 군사회담	2006.3.2. /3.3.	판문점 통일각	· 한국 측, 서해해상 충돌방지, 공동 어로수역 설정, 「철도·도로 통행 군사 보장합의서」 체결 제의 · 북측, 서해 해상경계선 재설정 문제 를 제기
33	28차 남북 군사실무 회담	2006.10.2.	판문점 통일각	· 북측, 대북 전단살포문제/동·서해 지구 통행질서 위반 등에 대해 항 의, 재발 방지 촉구 · 한국 측, 경협사업의 군사적 보장조 치/신뢰구축 확대문제 등 제기

34	5차 남북장성급 군사회담	2007.5.8. ~5.11.	판문점 통일각	· 남북 장성급 군사회담 공동보도문 채택 · 「열차시험운행의 군사적 보장을 위 한 잠정 합의서」 채택
38	6차 남북장성급 군사회담	2007.7.24. ~7.26.	판문점 평화의집	· 서해 해상 충돌방지, 공동어로 실 현, 남북경협 군사보장조치 등 협 의, 합의 없이 종료
42	2차 남북 국방장관 회담	2007.11.27. ~11.29.	평양 송전각	※ 합의서 요지 ① 군사적 적대관계 종식 및 긴장완 화와 평화보장을 위한 실제적 조 치 추진 ② 전쟁 반대 및 불가침 의무 준수를 위한 군사적 조치 추진 ③ 서해 해상에서의 충돌방지와 평화 보장을 위한 대책 마련 ④ 항구적 평화체제구축을 위한 군사 적 상호협력 ⑤ 남북교류협력사업의 군사적 보장 을 위한 조치 추진 ⑥ 합의서 이행을 위한 협의 기구들 의 정상적 가동 ⑦ 발효 및 수정
44	7차 남북 장성 급 군사회담	2007.12.12. ~12.14.	판문점 평화의집	· 「동·서해지구 남북관리구역 통행· 통신·통관의 군사적 보장을 위한 합의서」 채택(2007.12.14. 발효) · 「공동어로구역과 평화수역 설정」을 협의하였으나 공동어로구역 위치 이견으로 합의 없이 종료
45	36차 남북 군사실무회담	2008.1.25.	판문점 평화의집	· 문산-봉동 간 철도화물 수송 관련, 매일 운행하되 짐을 실은 화차만 운행 합의
46	37차 남북 군사실무회담	2008.10.2.	판문점 평화의집	· 북측, 대북전단 살포 항의 및 엄중 한 후과 경고 · 남측, 대통령 비난 중지/금강산 사 망사건 해결/개성공단 통행불편 해 소 등 제기

출처: 합동참모본부, 『군사정전위원회편람』(2010), pp. 138-141에서 부분발췌.

2. 2차 북핵 위기와 한·미 공조

1994년 제네바 합의는 북한이 핵 동결을 약속하는 대신 미국의 대북관계 개선, 한·미·일·EU가 참여한 KEDO 중심의 에너지 제공 프로그램의 가동으로 이어졌다. 남·북한은 이러한 국제공조 분위기 속에서 남·북 간의 접촉으로 마침내 2000년 6월 15일 김대중-김정일 남북정상회담을 이끌어내었으며, 이후 군사회담 등을 통하여 개성공단지구 설치와 금강산 관광을 위해 비무장지대 출입을 위한 군사적 조치들을 해나갔다. 그러나 이와는 별도로 북한 내부에서 핵 개발을 진행하고 있었음이 감지되었다. 북한은 핵 동결 프로그램에 따라 IAEA의 안전조치협정을 이행한 후에 경수로 사업을 진행하기 위해서는 핵 사찰을 받아야 경수로 사업을 위한 핵심 부품을 인도받을 수가 있었다. 당시 경수로 건설 공정으로 볼 때 2002~2003년 사이에 IAEA 사찰이 개시되어야 했다. 그러나 북한은 새로 출발한 부시 행정부가 북한의 핵 개발 의혹을 제기하고 특별사찰을 요구하자 그동안의 전력손실 보상을 요구하면서 크게 반발하였다. 2002년 10월 3일에서 5일 사이 켈리(James A. Kelly) 미 국무부 동아태 차관보의 방북 시 북한의 제네바 합의의 불이행 의혹을 제기하고 북한이 UEP(Uranium Enriched Program) 의혹을 제기하자, 강석주 외교부 부장을 비롯한 북한관리들이 UEP의 존재를 시인하였다. 제2차 핵위기의 출발점이었다. 당시 한·미·일 3국은 1999년 10월 '페리(Perry) 보고서' 이후 대북정책 그룹 (TCOG: Trilateral Coordination and Oversight Group)을 구성하

여 북한 핵 문제에 대해 협조를 하면서 이를 바탕으로 북·미 양자
회담을 공조하고 있었던 상황이었다.[52] 미국은 2002년 10월 16일
국무부 대변인의 성명으로 '북한의 UEP는 제네바 기본 합의를 정
면 위반한 것'이라고 선언하고 핵 개발 포기를 촉구하였다. 북한은
10월 25일 외무성 대변인의 담화에서 미국의 요구를 거부하고, '북
-미 불가침 협정' 체결을 요구하고 나섰다.

  이어서 국제사회에서의 북한 핵 관련 의무 준수 촉구를 요구하
고, KEDO 집행위원회의 2002년 10월에 중유공급 중단 결정이 이
어졌다. 북한은 이에 반발하여 핵 동결 해제와 핵연료봉의 재처리
선언을 하였으며,[53] 이어 2003년 1월 10일에는 핵확산금지조약
(NPT) 탈퇴 선언을, 2월 24일과 3월 10일에는 미사일 발사를, 3월
2일에는 공해상에서의 정찰기 추격 등 도발적 상황을 계속 조성하
였다.

  당시 미국은 9·11테러 사태 이후 국제적인 테러조직 집단에 핵
물질이나 기술이 이전되거나 수출되는 것에 대하여 국가 이익 차
원에서 이를 저지해야만 하는 국가적 이해를 가지고 있었다. 부시
대통령은 제1차 핵위기 시의 북·미 간 제네바 합의가 무시된 상

---

52) 페리 보고서는 1999년 10월 12일 미 상원위원회에 배포한 미국의 대북정책 검토보고서
   (Review of United States Policy Toward North Korea; Findings and recommendations)를
   일컫는 것으로서 동 보고서는 한·미·일 3국의 이해와 북한, 중국의 이해가 합치하는 부분
   이 많다고 상황을 검토한 후 북한은 제네바 미·북 기본 합의를 준수할 의지가 있지만, 상황
   에 따라 도발적 행동도 할 수 있으므로 한·미·일 3국이 북한을 신중하게 다룰 필요가 있
   다는 입장을 제시하였다. 특히 핵 개발뿐만 아니라 장거리 미사일 발사 등에 대해 북한의 행
   동이 제네바 합의를 위반하지 않는 한 이 합의를 손상하지 않도록 한·미·일의 포괄적이고
   통합된 접근을 강조하였다.

53) 북한은 2002년 8,000여 개의 폐연료봉을 2003년 1월부터 6월까지 재처리 완료하였다고 주장
   하였다. 그리고 추가적인 플루토늄의 확보가 가능한 영변 5MWe 원자로를 가동했다. 국방부,
   『2004 국방백서』, p. 39.

황에서 양자 합의는 안전장치가 부족하다고 여기게 되었고, 다자의 틀 속에서 특히 북한에 영향을 줄 수 있는 중국의 협조를 끌어내기 위해서 6자회담(남·북한과 미·중·일·러)을 수용하게 되었다.

6자회담은 제1차(2003년 8월), 제2차(2004년 2월), 제3차(2004년 6월)는 핵 문제 타결을 위한 원칙적인 문제를 두고 논의를 한 기간이었고, 제4차(2005년, 9·19공동성명), 제5차(2005년 11월~2007년 2월, 2·13합의), 제6차(2007년 3월~10월, 10·3합의)는 합의를 이루고 그 합의의 이행문제를 논의한 기간이었다. 그러나 2008년 12월 수석대표회의를 끝으로 중단되어 오늘에 이르고 있다.

<표 6-22>는 이 과정을 요약하여 정리한 것이다.

<표 6-22> 6자 회담 과정 요약

차수	날짜	과정
제1차	2003.8.27.~8.29.	· 한국 정부는 북한 핵 문제 해결 3대 원칙으로 ① 북핵 불용, ② 외교적·평화적 해결, ③ 한국의 적극적 역할 제시 · 예비접촉(2003.4.23.~4.25. 베이징, 미·북·중, 미·북): 성과 없이 종료 · 합의: '한반도 비핵화', '북핵 문제의 대화를 통한 평화적 해결 원칙', '차기 회담을 위한 기본 원칙'
제2차	2004.2.25.~2.28.	· 북한, 1차 회담 종료 후 미국의 '선(先) 핵 포기' 주장이 철회되어야 한다며 연료봉 8,000개의 재처리를 완료했다고 발표 · APEC정상회담(2003.10.20. 방콕)에서 부시 대통령이 "북한이 핵 폐기에 진전을 보인다면 다자(多者) 틀 내에서 대북안전보장을 제공할 수 있다"고 천명 · 우방궈(吳邦國) 중국 전인대 상무위원장 방북 시 북한 6자회담 복귀 용의 표명 · 최초 서면합의(의장성명): ① 한반도 비핵화 및 대화를 통한 북한 문제의 평화적 해결 ② 북핵 문제 및 관련 관심사에서 상호 조율된 조치 ③ 차기 회담 일정 및 실무그룹(WG) 구성

제3차	2004. 6.23. ~6.26.	· 한·미·일 완전하고, 검증가능하며, 불가역적인 방식의 폐기원칙 제시(CVID: Complete, Verifiable, Irreversible Dismantlement) · 북한, '완전한'보다 '포괄적'(Comprehensive) 표현 고수 · 한·미·일, 국제적 검증하에 투명하고 철저한 핵 폐기 주장 · 북한, 미국이 적대시 정책을 포기할 경우 핵 프로그램을 투명하게 포기하는 것이 가능하다는 입장 표명, 그러나 UEP의 존재는 부인
제4차	2005. 7.26. ~8.7. (1단계) 2005. 9.13. ~9.19. (2단계)	· 북한, 3차 회담 후 미국 대선정국 계기로 소극적 자세, 4차 회담 지연 · 북한, 미 콘돌리자 라이스(Condoleezza Rice) 미 국무장관의 '폭정의 전초기지'(outposts of tyranny) 발언, 부시 대통령 취임연설에 '전 세계적인 자유의 확산과 폭정의 종식' 압박에 반발하여 2005년 2월' 핵 보유 및 6자회담 무기한 참가 중단' 선언 · 북한, 5MWe 원자로에서 폐연료봉 인출(2005.5.) 및 추가 재처리 확 보(2005.8.) · 한국 정부: 관련국들과 6자회담 재개를 위한 분위기 조성 노력 미국 정부: '폭정의 전초기지' 발언 자제, 쌀 5만 톤 제공 방침 발표 한국 정부: 남북관계 복원, 대북 비료 및 식량 지원 제안 · 1단계 회의: 6자회담 목표와 원칙(비핵화, 안전보장, 관계 정상화) · 2단계 회의: 마스터 플랜(9·19공동성명) 채택 → '행동 대 행동' 원칙, 각국의 단계적 조치사항 규정54)
제5차	2005. 11.9. ~11.11. (1단계) 2006.12. (2단계) 2007.2. (3단계)	· 제4차 회담 합의(9·19공동성명)는 방코 델타 아시아(BDA) 문제로 파행55) · 1단계 회의: 북한, BDA문제 해결 없이 6자 회담 불가 주장 · 북한, 장거리미사일(인공위성 주장, 은하 1호) 발사 (2006.7.5.), 핵 실험 강행(2006.10.9.)으로 한반도 상황 파행 거듭 · 국제사회, 유엔 안보리 결의 제1695호(2006.7.15.)로 탄도미사일 발 사 규탄, 제1718호(2006.10.14.)로 핵실험 규탄 · 2단계 회의: 북한 BDA 문제 선(先) 해결 주장, 차기 회담 논의 → 미·북 베를린 회동: BDA 해결 노력 약속 · 3단계 회의: '9·19공동성명 이행을 위한 초기조치(2·13합의)' 합 의56)
제6차	2007.3 (1단계) 2007.9. (2단계)	· 1단계 회의: BDA 문제로 진전 없음 · BDA 문제 미·러 간 협조로 해결(2007.7.) · 7~8월 6자회담 해결을 위한 조치 한국, 북한에 중유 5만 톤 제공 북한, 영변 핵시설 폐쇄, IAEA 감시·검증단 복귀(초기단계조치 완료) · 2단계 회의: 비핵화 2단계 조치를 구체화(10·3합의) 영변 핵시설 불능화 북한의 완전하고 정확한 신고를 위한 시한 설정 2·13합의상의 미·북 관계 정상화와 북·일 관계 정상화 대북 중유지원 이행 공약 재확인 · 2단계 조치의 지연 북한의 우라늄 농축프로그램 신고 이견 / 시리아 핵확산 의혹 → 북 한의 반발로 신고 지연 · 2단계 조치를 마무리 합의(2008.6.) 북한, 핵 신고서를 6자회담 의장국 중국에 제출 미 정부, 북한에 대한 테러지원국 해제 조치 개시

| 수석 대표 회의 | 2008.7. (1차 추가 회의) | · 1차 추가 수석대표 회의
비핵화 검증을 위한 검증체제 수립 합의
영변 핵시설 불능화 / 경제·에너지 지원을 위한 시간계획 작성
· 위기 상황 재연
북한, 검증거부 → 미국 테러지원국 해제 보류
→ 북한, 불능화 시설 복구(2008.9.) |
| | 2008.12. (2차 추가 회의) | · 검증 관련 잠정합의: 미국 측 수석대표 힐(Christoper R. Hill) 차관보 방북, 검증 관련 협의 결과(2008.10.)
· 2차 추가 수석대표 회의
검증의정서 도출을 위한 토의 → 북한, 시료채취 등 문제에서 비협조적 태도로 일관하여 합의 도출 실패 |

출처: 국방부 군사편찬연구소, 『한미동맹 60년』, pp. 339-350.
외교통상부, 『한국외교 60년: 1948~2008』, pp. 157-163.

---

54) 9·19공동성명의 요지는 제1조(북핵 폐기 및 대북 안전보장)에서 북한은 모든 핵무기와 현존 핵 프로그램 포기, NPT 및 IAEA 안전조치 조속 복귀를, 미국은 한반도 내 핵무기 부재 및 재래식 무기를 이용한 북한 공격·침공의사 불보유 확인을, 한국은 「한반도 비핵화에 관한 남·북 공동선언」의 준수와 이행을 하며, 북한의 평화적 핵에너지의 이용권을 존중하고, 적절한 시기에 대북 경수로 제공 문제를 논의하기로 하였다. 제2조(관계 정상화)에서는 북·미간 상호주권 존중과 평화적 공존 관계 정상화 조치, 「평양선언」에 따른 북·일 간 과거사·현안사항 해결을 합의하였다. 제3조(대북 에너지 지원)에서는 한·미·일·중·러 각국의 대북에너지 제공, 한국의 200만KWe 대북 전력공급(2005.7.12.)을 재확인하였다. 제4조(동북아 평화·안정 한반도 평화체제)는 직접 관련 당사국 간 적절한 별도 포럼에서의 한반도 평화체제 협상을 합의하였다. 제5조(이행 원칙)에서는 '공약 대 공약', '행동 대 행동' 원칙에 입각, 단계적 방식으로 상호 간 조율된 조치를 하기로 하였고, 제6조(차기 회담)에서는 11월 초 베이징에서 협의하여 일자를 확정하기로 하였다. 국방부 군사편찬연구소, 『한미동맹 60년사』, (2013), p. 343 참조.

55) 미 재무부가 2005년 9월 15일 마카오 소재 BDA은행을 통한 북한의 위폐 및 불법자금 거래 활동을 문제 삼아 미국 애국법(Patriot Act) 제311조를 적용, '돈세탁 주요 우려대상'으로 지정하자 BDA 도산을 우려한 예금자들의 대규모 인출사태가 발생하였고 이에 마카오 당국이 BDA계좌 인출을 중단하면서 북한 김정일의 통치자금으로 추정되던 북한 관련 계좌도 자동 동결되었다. 이 문제는 2007년 7월 미국·러시아의 협조로 해결되었고 북한의 타격이 컸던 것으로 알려졌다.

56) 2·13합의 주요 내용은 초기 단계로서, 30일 이내에 5개 실무그룹의 가동을 개시하고, 60일 이내에 북한은 '영변핵시설을 봉인', 'IAEA 사찰관 복귀 용인', '핵 포기 대상 모든 핵 프로그램 목록을 합의'하기로 하였으며, 나머지 5개국은, '중유 5만 톤'의 긴급에너지 대북지원, '미·북 양자대화 개시', '북·일 양자대화 개시'를 합의하였다. 또한, 다음 단계로 북한은 '모든 핵 프로그램의 완전 신고', 나머지 5개국은 '경제 에너지와 인도적 지원'을 하기로 합의하였다. 그리고 북한은 '모든 현존 핵시설의 불능화 조치'를 이행하며, 나머지 5개국은 추가로 중유 95만 톤 상당을 지원하기로 하고, 양측은 초기단계조치 이후 6자 장관급회담을 개최하고, 별도 포럼에서 '직접 관련 당사국 간 한반도 평화체제를 협의'해나가기로 하였다. 국방부군사편찬연구소, 앞의 책, p. 345 참조.

북한은 이후에 6자 회담의 합의와 제1차 핵실험 이후에 유엔에서 결의한 제1718호를 위배하고[57] 장거리 미사일 발사(2009.4.5.), 6자 회담의 거부, 핵연료봉 재처리 발표와 제2차 핵실험(2009.5.25.)을 실시하였다.

이에 따라 유엔 안보리에서는 2009년 6월 12일 대북제재 조치인 제1874호를 채택하여[58] 기존 결의 1718호의 이행을 철저히 할 뿐만 아니라 무기검수와 화물 검색, 금융제재를 더욱 강화하는 조치를 내놓았다.

그러나 북한은 이에 아랑곳하지 않고 영변 경수로 건설 현장과 우라늄 농축시설을 대외에 공개(2010.11.)함으로써 6자회담 진행 중에도 핵 개발을 꾸준히 추진해왔음이 드러났다.[59]

---

57) 유엔결의 제1718호에서는 ① 북한행(발) 화물검색, 리스트에 포함된 WMD와 미사일 관련 품목, 사치품의 수출을 통제하고, ② 제재대상 단체와 개인을 지정하였으며, ③ 북한의 핵, WMD, 탄도미사일 관련 프로그램을 지원하는 자국 내 자금과 기타 금융자산, 경제적 지원을 동결하는 내용을 담고 있다. 국방부군사편찬연구소, 앞의 책, p. 347 참조.

58) 유엔결의 제1874호에서는 제1718호에 비해서 ① 무기 금수대상을 소형무기 외에 북한의 모든 무기 관련 물자의 대외 수출과 회원국들의 북한 무기 수출과 이전을 금지, ② 재래식 무기까지 검색대상에 포함시켜 무기 금수 대상을 모든 무기로 확대하고, 북한에 대한 수출입품목을 싣고 있는 선박의 소속국가의 동의 시 공해에서 검색을 허용, ③ 무기 활동에 흘러들어 갈 수 있는 금융거래를 전면금지하고, 기존 제재 외 대북 금융지원, 무상원조, 차관 신규금지, 기존 계약 감축노력 등 전방위적인 제재를 포함하고 있다. 국방부군사편찬연구소, 앞의 책, p. 347 참조.

59) 북한의 의도가 무엇이든 간에 Stanford 대학의 핵 전문가인 Siegfried Hecker, John Lewis, Robert Carlin 교수 등이 북한에서 직접 목격한 바에 의하면, 2010년 당시 영변에는 그들이 주장하는 원심분리가 가능한 실험용 저농축우라늄(LEU) 시설을 완성했고, 건설규모는 25~30MWe급 경수로를 자체 능력으로 짓고 있음을 확인하였다. 플루토늄은 연료 확보나 재처리시설 문제로 더 생산이 어렵다 하더라도 우라늄 농축은 UEP로 전환이 가능하고 시간을 절약할 수 있기 때문에 국제사회에 그들의 능력을 과시한 것이다. 2010년의 원심분리 시설 공개는 이미 교착상태에 빠진 6자회담을 복잡하게 만들었는데, 미국과 남한 입장에서는 더욱 그러했다. 리비아에서 카다피가 핵을 포기한 이후에 권좌에서 물러나 비참한 최후를 맞았다는 것을 알고 있는 북한이 상당한 반대급부가 없이 핵을 포기하기는 더욱 어려워진 상황이라 하겠다. Siegfried S. Hecker, *Can the North Korean Nuclear Crisis be Resolved?*, Rethinking the North Korean Nuclear Crisis, 경남대 극동문제연구소 40주년 기념 국제학술회의, 2012.3.21. pp. 118-159; http://iis-db.stanford.edu/pubs/23035/HeckerYongbyon.pdf(검색일: 2013.9.11.) 함께 참조.

더구나 김정일 사후 김정은의 정권 공고화 과정에서 김정은은 김정일의 유훈임을 천명하며, 장거리 탄도미사일 개발 일환으로 볼 수밖에 없는 소위 인공위성 광명성 3호(은하 3호) 발사 (2012.4.13./ 2012.12.12.)와 3차 핵실험(2013.2.12.)을 감행하였고, 전과 같이 국제사회로 하여금 이전보다 더욱 강화된 대북 규제조치인 유엔 결의 제2094호[60]를 결의하게 하였다. 북한은 이제 공공연하게 대외에 핵보유국으로 인정할 것을 요구하며 대미(對美) 협상력 제고와 대내(對內) 정권안정에 이를 활용하고자 하는 상황에 이르렀다. 6자회담을 통해 중국 등 다자간 협력으로 핵 문제를 해결하고자 했던 그동안의 노력이 별다른 결실 없이 중단된 상황인 것이다.[61]

이러한 6자 회담 등의 진행 과정에서 한미 간에는 긴장관계가 계속된 것도 사실이다. 김대중 정부는 북한의 핵 위협, 각종 도발에도 불구하고 화해협력 정책을 계속 추진함으로써 대북 강경 정책의 입장을 고수한 당시 부시 대통령의 미국 정부와 갈등상황이 발생하기도 하였으며, 노무현 정부 시절에는 중국의 중요성을 고려하고 미국과 일정한 거리를 두고 새로운 균형점을 찾으려는 노력 속에서 한미 간에 많은 이견이 드러나기도 하였다. 그러나 한

---

60) 유엔 안보리 결의 제2094호는 기존 결의보다 더욱 강화된 조치로서 불법화물을 적재한 것으로 의심되는 선박의 검색을 의무화하고, 의심되는 항공기의 영공통과를 금지하며, 북한 외교관의 감시 및 제재대상을 추가하였다. 또한, 회원국들은 90일 이내에 안보리에 이행경과를 보고하도록 하고 '제재위원회'를 가동하여 규제 상황을 수시로 보고받도록 하고 있다. 국방부 군사편찬위원회, 앞의 책, p. 349 참조.

61) 물론 미국과 북한은 2012년 2월 29일(2·29합의)에 핵 문제에 일시 합의한 적도 있었다. 이 때 북한은 미국으로부터 식량을 받는 대가로 우라늄 농축시설을 포함하여 장거리 미사일 발사, 핵실험, 영변에서의 핵 활동에 대한 모라토리엄을 실행한다는 데 합의하였다고 발표했으나, 북한이 4월 13일 장거리로켓 광명성 3호를 발사하자 미국은 북한이 합의를 어겼다고 선언하였다.

국 정부가 6자 회담에서 적극적인 역할을 하기도 하였다. 즉, 미국의 대선정국 과정에서 '폭정의 전초기지' 발언을 빌미로 북한이 6자회담의 참가중단 선언과 폐연료봉 재처리를 선언하고 핵 프로그램을 다시 진행하면서 6자회담을 난항에 빠뜨리자 한국 정부가 앞에 나서서 대북 비료 및 식량 지원, 대북 전력 지원 등 의사를 표명하고 미국 등 다른 나라의 6자회담 참여를 주선함으로써 제4차 6자회담에서 9·19합의를 이끌어내는 성과를 달성하기도 하였던 것이다.

6자 회담을 통한 북한 핵 문제가 답보상태에 빠져 있기는 하지만, 회담 진행 중에 한국이 미국 등과 긴밀한 협의를 하면서 회담을 적극적으로 추진하려 했던 점은 한국이 자국민의 안보상 사활적 이익이 걸린 문제에 대해서 좀 더 자율적인 행보를 보인 것으로 평가할 수 있겠다.

제6절 2010년 전후의 한국 군사역량 평가

북한은 2013년 3월 31일 노동당중앙위원회 전원회의에서 '핵 무력, 경제건설 병진노선'을 발표했다. 할아버지 김일성의 '주체', 아버지 김정일의 '선군'에 이어 김정은 시대의 통치 기조로 '병진'을 선언한 것이다.[62] 핵과 경제를 함께한다는 생각은 그 결과가 순탄치 않으리라는 것은 남한사람들에게는 쉽게 이해되는 일이다. 반면

---

62) ≪조선일보≫, 2013년 11월 11일 자, "군과 당 사이 줄타기 … 타협의 산물 핵·경제 병진" 제하 기사 참조.

에 한국은 현시점에서 국방개혁을 통하여 다소나마 병력을 축소하고 첨단(尖端) 기술군(技術軍)을 지향하고 있다. 남북한의 2010년 전·후 군사역량을 평가해본다면, 남한의 재래식 군사력의 우위 속에 북한이 체제생존의 마지막 보루로 생각하는 핵, 화학전, 미사일과 사이버전 등 비대칭 전력 구축에 사활적 이해를 갖는 것은 일견 이해가 되는 일이다. 그들이 체제변화를 원하지 않고 있다는 상황 속에서 말이다.

북한군의 병력 규모는 중국, 미국, 인도에 이어 세계 4위 수준으로서 북한 인구 2,400만 명 중 약 5%가 현역 군인인 것으로 추정되며, 북한은 우주발사체 및 대륙간탄도미사일 등의 장거리 로켓을 쏘아 올렸으며 3차례의 핵실험을 실시하였다.[63] 2010년도 11월에는 전술한 바와 같이 우라늄 농축시설을 공개함으로써 핵 프로그램의 역량을 입증하였다.

북한군은 1991년 걸프전 당시 사막의 폭풍작전 등 이후 미국의 현대전에 대한 광범위한 연구를 통해 한미 연합전력에 대응하는 데 있어 비대칭 전력의 중요성을 강조한 전략적 선택을 한 것으로 보인다. 북한의 교리변화는 소형·기동군을 위한 작전구조, 장거리 로켓포, 탄도미사일, 예비군 전력, 전자 정보전, 그리고 특수작전부대를 강조함으로 이어졌다.

북한이 단행한 가장 중대한 변화는 전자정보전 역량과 북 특수작전부대의 확충이었다. 전자정보전은 컴퓨터 네트워크에 침투하

---

63) 북한은 장거리 로켓 발사 후 핵실험을 반복하였다. 2006년: 미사일 발사(7.5.), 핵실험(10.9.), 2009년: 미사일 발사(4.5.), 핵실험(5.25.), 2012~2013년: 미사일 발사(4.13/12.12.), 핵실험(2013.2.12.), 이와 같은 행보는 핵 개발 능력을 과시하고 운반수단을 확보하고 있음을 국제사회에 과시하고자 하는 의도를 드러내는 것으로 보인다. 각종 일간지 기사 참조.

여 지휘통제시스템을 마비시키는 것으로 해킹부대를 집중적으로 육성하고 있는 것으로 보인다.[64]

이에 대응하는 한국의 군사역량은 북한에 비해 상대적으로 나은 경제적 여건 속에서 방위력 개선 사업에 투자를 계속하였다. 2010년 한국의 국방예산은 전년 대비 3.6% 상승한 29조 6,000억 원(미화 254억 5,000만 달러)이었으며, 군 개선사업에 할당된 예산은 전년 대비 5.7% 상승한 9조 1,000억 원(미화 78억 2,000만 달러)이었다. 해당 사업의 일부로 탄도미사일, 조기경보 레이더, 이지스 구축함, F-15K 및 SAM-X 항공기, 차세대 다련장 로켓포, 그리고 K-21 보병 전투장갑차량을 구매하였다.[65]

그러나 2010년 북한의 연평도 포격 도발에 대처하는 과정에서는 작전 지휘에서 문제점을 드러내기도 하였다. 한·미 간에 설정하고 있는 교전수칙을 이유로 지휘계통에 혼선이 있었던 점은 한국군이 작전지휘를 자율적으로 행사하는 데 있어 전·평시 작전통제권을 가지고 평소에 훈련을 주도하지 못한 데서 나타난 문제점일 수도 있다고 생각된다.

---

64) IISS, *The Military Balance 2011*, 정보사령부 역, pp. 543-545.
65) 앞의 책, pp. 547-548.

<표 6-23> 2010년 전후의 남북한 주요 군사력 현황

구분	지상군	해군	공군
북한 국방예산: 43.8억 달러 (2009년) 총병력: 119만 명	**병력 102만 명** 전차 3,500대+ 경전차 560대+ 장갑차 2,500대+ 야포 21,100문 · 자주포 8,500문 · 방사포 5,100문 SSM: · FROG 24기 · 무수단 미상 · 노동 약 10기 · SCUD-B/C 30기+	**병력 6만 명** 공격잠수함 22척 연안잠수함 41척+ 프리킷함 3척 정찰/연안전투함 383척 · 초계함 18척 · 고속정 229척 기뢰함 24척 상륙함 257척 · 중형 10척 실크웜 M/L 미상	**병력 11만 명** 비행시간 기(機)당 20H 폭격기 80대 전투기 458대 · MIG-23 56대 · MIG-29 35대 수송기 217대 헬기 302대 · 공격 20대 · 다목적 80대 UAV 미상
남한 국방예산: 225억 달러 (2009년) 총병력: 65.5만 명	**병력 52.2만 명** 전차 2,414대 보병전투차량 100대+ 장갑차 2,780대 야포 11,038문 · 자주포 1,353문+ · 다련장 185문 헬기 422대 · 공격 60대 · 다목적 175대 SSM(현무) 30기	**병력 6.8만 명** 공격잠수함 12척 근해잠수함 11척 순양함(세종) 1척 구축함 6척 프리킷함 12척 정찰/연안전투함 111척 · 코르벳 30척 · 고속정 81척 지뢰함 10억 상륙함 48척 · 도크형(독도) 1척 대잠초계기 8대 헬기 29대 해병대 2개 사단, 1개 여단	**병력 6.5만 명** 전투기 701대 · F-15K 39대 · KF-16C/D 118대 · KF-16D 46대 정보감시정찰(ISR) 46대 헬기 56대 UAV 103대+ 전술미사일 수 미상

출처: ISS, *The Military Balance 2011*, 정보사령부 역, pp. 676-694.

IISS '군사력 균형'의 2010년도 현황을 보면 상기 현황에는 포함
되어 있지 않지만, 북한은 4~8개의 핵탄두(10개의 발사대)를 만들
수 있는 플루토늄을 보유하고 있는 것으로 추정하고 있다. 또한, 한
반도 주변 4강(强) 중에서 2010년 세계 10대 국방비 지출은 미국
(6,928억 달러)이 1위이고, 중국(764억 달러)이 2위, 일본(528억 달

러)이 4위이며, 북한에 대해서는 자료를 내놓지 못하고 있다. 북한은 2009년도 현황을 참고하면 대략 한국의 1/5수준의 국방비로 대군(大軍)을 유지하고 있는 것으로 추정해볼 수 있다. 이미 앞 장에서는 1990년대 이후 한국군의 재래식 전력의 군사역량이 북한을 크게 앞지르고 있음을 분석한 바 있다. 즉 군사운영비와 투자비를 종합한 군비지출 누계에서 볼 때 북한은 그들이 지향하는 현대화는 커녕 장비의 노후화와 함께 유류비가 소요되는 주요 부대 훈련에 치중할 수가 없었을 것임은 분명하다.66) 이러한 이유로 북한은 체제유지를 위해 비재래식 대량살상무기에 의한 억지력 증강이라는 전략적 선택으로 전환하여 한미연합전력에 맞서려 하였을 것이다.

제7절 소결론: 공생적 한·미 협력 시대의 출발

2000년대 초 한반도는 다소 긴장의 완화 조짐이 있었다. 2001년 초만 해도 미국의 부시 대통령은 대북정책을 검토하고 발표한 대한반도 정책을 통해 북한의 과거 핵 동결, 미사일 확산 방지뿐 아니라 재래식 무기의 감축을 위한 회담을 제안한 바가 있었다. 한반도 문제의 본질이 군사문제라는 점을 확인시켜 준 것이었다. 당시

---

66) 강성대국을 주창한 김정일 시대의 안보·군사정책을 분석한 함택영은 북한의 전투서열상 문제점으로 ① 과도한 군사력 보유로 평시에도 운영·유지하는 데 큰 제약이 있으며 탄약비축 기간·시설 낙후 등 제약요인은 불발탄 문제를 낳고, 에너지난은 유류비축에 한계를 보이며, ② 과도한 병력 유지는 수급 불균형을 가져올 것이며, ③ 경제난으로 현대화에 차질을 빚어 장비의 노후화가 심각하며, ④ 지상군 위주의 전력구조 불균형이 해공군력 전력에 차질을 초래하고 있음을 지적하였다. 함택영, "북한군사연구 서설: 국가안보와 조선인민군", 『북한군사 문제의 재조명』(서울: 한울아카데미, 2006), pp. 38-39.

김대중 대통령과 북한 김정일 국방위원장의 2000년 6월의 정상회담 이후 조성된 남북 간의 화해 분위기 속에서 한국을 지원하는 측면과 한편 한반도에 조성된 평화 분위기 속에서 자칫 군사 분야의 성과도 없이 평화선언 등 정치적 선언이 있을 경우를 대비해 대혼란과 한미 간 갈등이라는 파급효과를 미연에 방지하고자 하는 포석이 깔려 있었다.[67]

물론 이는 이후 전개된 제2차 핵위기의 발생과 미국 대선 과정에서 북한을 '악의 축'으로 지칭하면서 북미대화로 이어지지는 못하였지만 차후 6자회담을 통한 9·19 합의 등과 이후 북한의 핵실험과 장사거리 미사일 발사 등을 제재하는 유엔 결의 등에서 북한의 핵과 재래식 무기의 확산을 막고자 하는 국제사회의 노력은 계속되었다. 이런 와중에서도 김대중, 노무현 정부는 대북 유화정책을 채택하여, 한반도의 안정과 민족문제라는 시각에서 북한이 체제유지를 위해 '북미 핵 문제'와 '남북대화'를 분리하는 전략에 대응하여 남북대화를 지속하였다. 북한을 타자(他者)로, 또한 적(敵)으로만 인식할 수 없는 한국의 복잡한 형세를 북한은 실리적으로 교묘하게 이용하면서 NLL의 무실화 책동을 위한 대남도발도 계속하였다.

미국은 제6장 제1절에서 살펴보았듯이 신(新)군사전략을 평가하여 아시아 지역을 중요시하는 정책으로 전환하였다. 신성호는 이를 개념적으로 정리하여, "미국의 아시아 중시(pivot to Asia) 및 재(再)균형(revalancing) 정책은 중국의 부상(浮上)으로 대두되는 아시아의 정치, 군사, 경제적 중요성에 미국이 더욱 적극적으로 관여

---

67) 김창수, "한반도 정전체제의 진상과 허상", 『전략연구』, 통권 제58호(2013), pp. 32-33.

하고 대처하겠다는 의지의 표현이다. 그러나 한편으로 미국의 새로운 군사전략은 2008년 이후 진행되고 있는 경제위기 속에서 지금까지 테러와의 전쟁으로 과도하게 불어난 군사력과 그 비용을 절감하려는 의도 속에 추진되고 있다. … 결과적으로 미국의 아시아 재균형 군사전략이 동북아 지역의 경우 미군의 역할과 규모가 상대적으로 축소되거나 절대적으로 감축되는 방향으로 진행될 수 있다는 것을 암시한다"[68]고 요약하였다.

이러한 사정 속에서도 한미동맹의 역할이 급격히 약화되지는 않으리라고 본다. 그 이유는 미국은 한반도에 이미 상당한 군사적 기반 전력을 갖추어 놓고 있으며, 한국은 과거의 한국이 아니라 미군의 주둔을 안정적으로 보장할 수 있는 경제적 위상을 가진 국가로 성장하였다. 한국은 북한 위협이 해소되지 않는 한 미국을 동맹으로 계속 붙잡아놓아야 할 처지이며 한국에서 미군의 주둔을 더 원하는 상황인데다가 여론도 미국에 우호적인 편이다. 오히려 미국에게 한국은 그들이 원하는 대로 전략적 유연성만 확보된다면 미국 본토에서 동남아 등지로 전개할 경우 본토에서 전개하는 것에 비해 시간과 비용을 대폭 절감할 수 있는 전략적 가치가 있다.

이러한 양국의 이해는 2000년대에 들어와서 서로가 상대방을 더욱 필요로 하고 있으며, 보다 객관적으로 보고 느끼고 대화하며 각국의 국가이익에 입각하여 협상파트너로서 인정할 수밖에 없게 만들었다. 이제 미국에게 있어 한국은 무조건적으로 그들의 이해관계에 따라 유도하던 나라에서 자국의 이익을 위하여 설득하고 이해

---

68) 신성호, "미국의 대(對)중국 외교안보전략", 『전략연구』, 제20권 통권 제59호(2013), pp. 55-56.

를 구하는 상대가 되었다. 한국 역시 미국은 안보문제에 있어서도 반대급부를 제시하고 자국의 이해관계 속에서 win-win 정신으로 협상을 해나가야 할 대상이 된 것이다. 한국의 자율성이 상대적으로 확대된 것이다. 이러한 부분은 아직도 우리가 미국을 더 많이 필요로 한다는 점에서 '비대칭동맹하에서의 안보와 자율성의 교환'이라는 특성을 완전히 벗어났다고 볼 수는 없으나, 국제적인 안보지원문제 등에서 미국 또는 이해 당사국과 활발하게 협력을 해나가고 있는 현실을 인정한다면 한국은 과거 어느 때보다도 군사적 자율성을 회복하였다고 생각된다.

미국의 신(新)군사전략을 구현함에 있어 미국이 필요에 의해 1992년부터 한국 국방부 정책실과 미 국방부 정책차관실을 중심으로 추진하고 있는 한미동맹 발전 공동협의 추진은 기존 SCM이 단기적으로 세부적인 대화를 하기 어려운 점을 극복하기 위하여 시도된 대화 창구였다. 이 협의 채널은 시기마다 이름은 달리하였지만, SCM에 보고를 전제로 양국의 관심 속에 지속적으로 상설 운용되었다. 이는 한미동맹의 각종 현안에 대하여 양국의 이해를 반영하면서 공조하는 합리적인 장(場)을 제공하였다. 2000년대 한미동맹의 거의 모든 현안이 이 회의를 통해 제안되고 협의되고 조정되었다. 이렇게 미국과 동등한 입장에서 협의체를 가동하게 된 것만 해도 이제 한국은 안보현안에 대하여 자국의 이해를 반영할 수 있는 채널을 갖게 되었다는 점에서 상당한 자율성을 확보한 셈이었다.

용산기지 이전사업(YRP)과 연합토지관리계획(LPP)의 추진은 한국 국민에게는 주한미군기지의 축소란 면에서 삶의 질을 향상시킨다는 측면도 있지만, 미국에게는 큰 차원의 전략적 유연성 확보라는 장기적 비전과 미군들의 복지향상이라는 다방면의 이해가 합치된 결과였다.

이제 주한미군은 한국군이 그들이 주도하던 작전을 한국군에게 전환해주고 임무를 단순화시키고 있으며, 동아시아의 전략적 군대로서 작용할 준비를 해나가고 있는 것으로 생각된다. 따라서 한국군의 작전주도-미국군의 작전지원이라는 구도는 지속해서 탄력을 받을 것으로 생각된다. '한반도 방위의 한국화'는 전시 작전권의 한국군 환수문제와 더불어 대세가 되어가고 있다. 다만 한국이 우려하고 있는 전략적 유연성 문제에서 주한미군이 중국과 직접적인 대립을 이루는 상황은 피하는 것이 필요하며, 이 문제는 2006년도 SCM에서 미국과 합의한 대로 원칙을 지켜나가도록 해야 할 것이다.

전시 작전권을 환수하기 위한 「전략동맹 2015」 추진은 한국군의 자율성을 확보하기 위한 주요 조치이므로 어떤 변수가 있더라도 구애됨이 없이 강력한 추진을 요한다.

한국군의 해외안보협력 외연 확장 문제는 한국군이 해외에서 인정받고 국제 안보에 기여한다는 측면에서 한국의 군사적 자율성이 급신장하는 무대를 제공하고 있다고 본다. 유엔 주도하의 평화유지활동의 활발한 참여와 한국인인 반기문 유엔사무총장의 선임, 유엔의 각 지역 사령관 직책수행, 참모들의 작전활동 참여 등은 한국군(인)도 해외에서 통할 수 있음을 입증한 사례라 하겠다. 특히 미국의 요청으로 참여한 다국적군 활동경험은 한국군의 자체 작전수행 능력 향상은 물론 국위선양에도 큰 기여를 하였다. 특히 이라크 자이툰 사단의 해외전개 과정에서 해외 물자의 수송과 군대의 성공적인 기동 경험은 한국군의 해외투사 능력을 한 차원 향상시켰다.

또한, '아덴만 여명작전'은 한국군의 해적퇴치 능력을 전 세계에 과시하였다. 한국군은 최근 해외에서 다국적군들이 참여하는 해군의 환태평양훈련(림팩: Rimpac) 참가[69]나 공군 F-15K의 레드 플래그 알래스카 훈련 참가[70] 등에서도 연합작전을 성공적으로 수행하여 작전수행 능력의 우수성을 입증하고 있기도 하다. 한국군은 PKO 교육에서도 한국 차원을 넘어 아시아의 Hub 기지기 되기 위한 준비를 차질 없이 진행해나가고 있어 앞으로 이 분야에서도 국제 안보에 큰 기여가 기대되고 있다.

다만 한국과 미국은 북한의 핵 위협문제 대처과정에서 갈등과 협조를 반복하였다. 북한을 적으로, 국제사회의 불량국가로 제거해야 하는 적(敵)으로만 보는 미국에 반하여 한국에게 있어 북한 문제는 동포라는 정서가 있고, 북한에 대한 공격 시는 전쟁이라는 상황에 직면하게 되는 복합 상황 속에서 특히 유연하게 북한을 다루고자 하던 김대중-노무현 정부와는 갈등과 협조적 상황을 반복하였던 것이다. 이 문제는 앞으로도 정체성 문제로 한미동맹의 주요 현안이 될 것이다.

어차피 한미동맹은 그동안 60년을 지내오면서 자산의 특수성과 정서가 합치하는 담론성 때문에 영구화의 길로 나아가고 있는 것

---

69) 환태평양훈련은 미 해군이 주관하여 하와이 근해에서 20여 개국의 함정이 참가하는 대해상안전로 확보 및 대테러 훈련으로 한국은 다양한 함정을 교대로 파견하여 훈련에 참여하고 있다. 최근에는 잠수함인 장보고함이 단독으로 태평양을 횡단하여 참가하였으며, 한국은 매 훈련 시 세계 1위의 사격명중률을 기록하는 등 우수한 기량을 과시하고 있다.
http://www.bobaedream.co.kr/ board/bulletin/view.pt(검색일: 2013.9.5.)

70) 2013년의 훈련은 미국을 중심으로 한국, 일본, 호주 등 4개국의 항공기 90여 대가 적군 역할을 하는 미 공군 적기대대와 실무장 투하훈련을 포함한 실전적 훈련을 하였다. 한국은 F-15K 전투기 4대가 미 공군 공중급유기의 공중급유를 받으면서 기동을 하여 참가하였으며, 연합작전을 통해 한국 공군의 임무영역을 확대하였다는 데에 의미를 부여할 수 있다.
http:/afnews.kr/47(검색일: 2013.9.5.)

으로 보이기 때문에 더욱 그러하다.

그러면 현시점에서 한미동맹에서 한국의 군사적 자율성을 평가해보자. 앞 절의 군사역량 평가를 감안하고, 이 장에서 전반적으로 다루었던 군사 운용상의 능력 향상을 고려해본다면 다음과 같이 판단할 수 있다.

우선 한국의 전쟁수행 능력을 살펴본다면, 한국은 이미 한국군 나름의 중장기 계획을 세워서 군사력을 건설하고 있으며, 그 재원 (財源) 역시 국민의 세금에서 염출하고 있다. 한국군은 이미 지역방위를 위한 군단급 이상 제대의 훈련을 자체적으로 계획하여 시행하고 있고 자체의 군사력을 운용할 국가적 동원능력과 작전지휘 역량을 구비한 것으로 평가할 수 있다. CODA로 특징지을 수 있는 군 차원의 군사 운용 능력은 2012년 전작권 환수를 위한 「전략적 전환계획」(STP)을 실천한 바 있었고, 기한이 2015년으로 연장됨에 따라 새롭게 「전략동맹(SA) 2015」를 꾸준히 시행하고 있어 상당수준의 역량을 축적한 것으로 평가해도 될 것이다. 북한의 비대칭 전력에 대한 대응에 있어서는 kill-chain이나 미국과의 맞춤형 억제전략을 구축해나가고 있어 현재로서는 최선의 선택으로 보인다.[71]

이제 한국군은 전시 작통권을 환수받을 때를 대비하여 준비를 차질 없이 진행 중이며, 더욱 유리한 안보환경을 조성하기 위하여 조건을 설정하여 그 시기를 저울질하고 있다고 할 수 있다. 그리고

---

71) 제45차 한미 SCM 발표문 6.에서는 "미국의 핵우산, 재래식 타격 능력, 미사일 방어 능력을 포함한 모든 범주의 군사능력을 운용해 한국에 확장억제를 제공·강화할 것이라는 지속적 공약을 재확인했다. 양 장관은 '북한 핵·WMD 위협에 대비한 **맞춤형 억제전략**을 공식 승인했다. 동 전략은 전·평시 북한의 주요 위협 시나리오에 대한 억제의 맞춤화를 위해 동맹의 전략적 틀을 확립하고 억제효과를 극대화하기 위한 동맹 능력의 통합을 강화할 것이다'라고 하여 북한의 위협에 대한 우려 해소를 공약하고 있다. ≪국방일보≫, "제45차 SCM 공동성명 요지", 2013년 10월 4일 자 기사 참조.

미국과의 미사일 협정 개정으로 다소의 융통성을 확보한 한국은 사거리 1,000㎞의 순항미사일을 개발하였고, 이지스함을 주축으로 한 기동함대의 창설, AWACS 지휘통제기 운용, 공중급유기 운용 능력 확보 등 작전영역 확장에서도 성장하고 있어 잠재적국에 대한 대응적 차원의 제한적인 전략적 작전운용 능력도 갖추어가고 있다. 이상을 반영하여 평가한다면 다음의 표와 같다.

<표 6-24> 2010년 전후 한국의 군사적 자율성 평가

○: 충족(우세) △: 보통(대등) ×: 미흡(열세)

구분	요소	평가
자율적 군사 운용 의지/능력 구비	자주국방에 대한 비전과 군사전략의 수립 (자주국방 의지의 결집과 자율적인 군사정책의 실현)	△+
	국가 차원의 군사적 리더십 구비 (자율적인 군사지휘권 확립)	△+
	국가적 위기관리시스템의 작동, 전시기능발휘 (전시 동원 및 군사능력 발휘 보장)	○
	자국민의 권익보호 및 이해 반영 (군사외교 주도권발휘, 자국민 권익 보호)	△+
군사역량 구비	대북한 방위 전력 확보 여부?(재래식 전력)	○
	대북한 방위 전력 확보 여부? (재래식/비재래식 비대칭 전력)	○-
	대(對)잠재적국 방위충분전력 확보 여부? (대(對)잠재적국 공격 거부전력)	△

한국군의 군사 역량은 현재의 한미동맹에서 한 부분을 차지하고 있는 미국군의 공군력이나 해군력 등의 증원전력을 운용하는 문제에서는 미국의 전략적 전개계획의 미공개 등으로 앞으로도 여전히 미국의 지원이 관건이다. 그러나 지상군을 중심으로 한 한국군의 해·공군 합동전력 운용은 실제로 운용에 큰 무리가 없는 수준에

이르렀다고 생각된다.

이제 한국의 군사적 자율성은 상당 수준에 이르렀다고 생각된다. 다만 미국의 국가이익에 따라 유동성이 있는 미국의 지원 문제에 관해서 만큼은 국익에 입각하여 유연하게 대처해나가야 하며, 포괄적 동맹을 선언한 이상 군사 외적인 문제까지 폭넓게 사고하고, 필요하다면 당당하게 주고받을 수 있는 국민 여론의 형성에도 관심을 두어야 하는 시점이라 하겠다.

▨ ▪ ▨ 제7장 한국의 군사적 자율성과
미래 한미동맹

제1절 한국군의 자율적 역량 확대 및 인식의 문제

　1945년 해방 이후 한국군의 창설로부터 1960년대 말까지는 한국이 미국에 의존하여 경제부흥을 하고 안보를 의존하였던 기간이다. 한국은 외세에 의해 주어진 해방을 맞는 바람에 미국군의 군정 통치를 받아야 했다. 한국에는 미군에 의해서 경비대로 시작한 군이 창설되었고 기간 시설이나 경험이 없는 한국군의 성장은 당연히 미국식으로 일관할 수밖에 없었다.

　6·25전쟁은 한반도의 통일문제를 소련과 중공을 끌어들여 해결하려던 김일성·박헌영의 전쟁 상황 조성에서 시작되었고, 미국은 소련의 세계 공산화 저지라는 명분을 가지고 유엔을 개입시켰다. 이후 정전협정에서 유엔군사령부가 공산 측과 맞선 당사자로서 서명함으로써 한국의 방위에는 유엔군사령부와 미국이라는 주체가 자리 잡게 되는 결과를 가져왔다.

　그런데 전후 폐허 속에서 안보와 경제를 위해서 이승만 정권이 선택할 수 있는 대안은 한미동맹과 미국의 원조였다. 5·16혁명으로 집권한 박정희 정권 역시 당시 한국의 상황에서 한미동맹은 가장 중요한 한 축을 이룰 수밖에 없었다. 미국은 미국의 정책에 호락호락하지 않은 한국의 두 지도자를 달가워하지 않았지만, 국제적인 냉전체제 속에서 한국을 지원할 수밖에 없다고 판단하여 지원을 계속하였다.

5·16혁명과 1960년대 말 북한의 일련의 도발에서 한·미 간에 갈등이 있었지만, 결과적으로 유엔군사령부는 정전협정 유지와 북한 위협에 대비하여 대응 차원에서만 작전통제권을 갖도록 합의하였다. 한국군의 증강과 함께 일부 한국군 부대의 독자적인 작전지휘 및 대간첩작전에서 한국군은 자율적인 지휘를 인정받게 되었다.

이 기간에 한국군은 20개 사단으로 증강하였고, 한국에 대한 미국의 군원과 소련·중국의 대북한 지원을 고려하여 비교한 군사력은 한국군이 1960년대 중반까지 앞서 있었으며, 김일성이 '4대 군사로선'을 주창하면서 군사력 증강을 외친 1962년 이후 북한의 군비 집중 투입은 1960년대 후반부터 이후 약 10년간 북한의 군사력이 한국을 앞선 상황으로 귀결되었다. 그러나 남북의 객관적 군사적 대치상황은 주한미군의 전력이 있었기 때문에 한·미 측의 군사력이 북한의 전력보다 열세에 있었다고 말할 수는 없다. 다만 한국은 민간 경제발전까지 군원에 의지하는 상황이었고 군사 운용에 있어서도 미국에 전적으로 의존할 수밖에 없었기 때문에 군사적 자율성만큼은 거론할 형편이 못되었다. 특히 전쟁 직후 이승만이 취하였던 북진정책노선에 대해서 미국은 우려하였으며, 한미상호방위조약을 체결하였으나 군 작전통제권을 미국 장성인 유엔군사령관에게 계속 부여할 수밖에 없었다. 모로우의 '비대칭동맹하에서 안보와 자율성은 교환'한다는 가설이 딱 들어맞는 기간이었다고 할 수 있다.

1960년대 말부터 1980년대 말까지의 기간은 한국이 어려운 대내외적 여건을 극복하고 군사적 자율성 면에서 많은 진전이 있었다. 한국군은 일방적으로 미국의 지원과 유엔군사령관의 지휘를 받는 중에도 월남파병 시에는 그들의 지휘권 통합요구에 대응하여 협상으로 한국군의 자율적인 지휘를 성립시킴으로써 결과적으로 한국의 국가이익을 견지할 수 있었다. 1970년대 초 미국에서는 월남전 패배와 국방예산 감축요구로 해외주둔 미군의 축소가 불가피하였고, 미국은 닉슨 독트린을 통하여 아시아 각국의 방위는 자국이 책임지도록 하며, 미 지상군의 투입을 중단할 것을 천명하였다. 한국도 예외일 수는 없었다. 닉슨 행정부는 1970~1971년 미 제7사단을 철수하였던 것이다. 이어 대통령으로 취임한 카터는 한국의 유신체제하의 인권상황 개선을 촉구하는 한편 주한미군의 전면적인 철수를 발표하였다. 이러한 정책은 여러 저항을 받았으며, 결국 한반도 상황을 재평가하여 상당 부분 후퇴하였다. 또한, 유엔총회에서 중국 등 공산권의 요구로 유엔군 철수 결의가 나오자 한미 양국은 한국에 주한미군의 지속적인 주둔이 필요하다는 판단에 따라 1978년에 한미연합군사령부의 창설을 합의하였다. 한국은 미국에 현대화에 따른 차관 제공과 국방기술 지원을 요청하였으며, 이 시기부터 미국은 연례 국방각료회담을 외무부 고위관료를 참석시켜 SCM으로 확대하였다. 이렇게 한미연합군사령부의 창설과 SCM이나 MCM 등 협의 채널이 가동된 것은 미국이 한국을 이전에 비해 어느 정도 안보 파트너로서 인정하기 시작하였다고 볼 수 있다. 한미연합군사령부는 연합군사령관이 한·미 통수권자와 국방부 장관의 지휘를 받고 양국에서 합의한 전략지시를 받으며 한·미 공동으로 참모진을 편성하여 공동작전을 수행하게 됨으로써 외형적으로 미국과 한국이 공동으로 한반도 작전을 수행하는 체제였다. 그러나 한미연합군사령부는 미 합참의 지휘계선 상에 있는 유엔군사령관과 태평양사령관의 통제하에 있는 주한미군사령관을 겸직하는 미국군 4성장군이 임명됨으로써 한국군의 동등한 작전지휘권 행사에 제약을 주는 한계를 보여주기도 하였다. 그리고 1994년도에 환수한 평시(정전 시) 작전통제권의 행사 역시 전시를 대비하는 연합권한위임사항(CODA)은 연합사령관이 행사하게 되어 있어 완벽한 자율성은 보장받지 못하는 것도 현실이었다.

또한, 이 시기에 한미동맹에서 중요한 문제는 한국의 경제 성장에 따라 미국은 1986년 부로 군원을 종식하였으며, 한국군의 현대화를 지원하던 방위산업기술자료(TDP)의 제공을 제한하는 조치를 취하였다. 전자에 대해서는 한국의 경제가 방위분담금을 충분히 부담할 수 있을 만큼 성장하였다는 미국의 평가를 받아들인 결과였고, 후자에 대해서는 미국의 방위산업 업체에 한국이 경쟁자로 인식되기 시작되었다는 점 때문이었다. 주한미군의 방위분담금은 여러 가지 형태로 이전부터 조금씩 확대해서 지원하고 있었으나, 미국은 1991년에「한-미 방위분담금 특별협정」을 요구하여 체결함으로써「한·미 SOFA」체결 당시 '한국은 미군이 사용하는 시설 및 구역에 대하여 무상지원을 하는 대신 미국은 자신들의 주둔에 소요되는 비용을 스스로 부담한다'는 약정을 깨고 말았다. 이는 한국의 방위분담금 부담은 일본이나 NATO의 예에 비추어 볼 때에 불가피한 면을 인정한다고 하더라도, 한국이 요구하고 있는 「한·미 SOFA」의 전면개정에는 미국이 소극적인 행보를 보인 것과 대조된다. 어쨌든 미국에 대하여 부담하는 방위분담금이나 훈련분담금은 한국군의 협상력을 키워주는 측면도 있었던 만큼, 한국의 군사적 자율성이 확대되는 계기로 작용하는 면도 있었다고 할 수 있다.[1]

1980년대 말의 북한군에 대한 한국의 군사역량은 한국의 우세가 분명하였다. 국방부의 '율곡사업' 종료 시점에 추계한 국방부의 군사력 평가에서 한국이 북한 전력의 71%라고 판단한 것은 '단순 개수비교'(bean count)로서 미국의 군원을 고려하고 각종 운영비 및 투자비 누계라는 군비계측 결과를 비교해보면 지나치게 한국 측에 불리한 판단이라는 점은 앞에서 밝힌 바 있다.

1990년대는 동부 유럽 공산주의가 체제변환을 가져와 국제적으로 냉전체제가 해체되는 기간이었다. 그러나 한반도에서는 국제적 기류와는 상반되게 북한의 체제유지를 위한 자구책의 결과로 신(新)냉전의 분위기를 탈피하지 못하는 기간이기도 하였다. 이 시기에 치러졌던 한국의 86아시안게임과 88올림픽 개최는 국제무대에서 한국의 자신감을 높여주었고, 이는 북방외교로 표현되었다. 북한은 이에 대한 돌파구로 미국에는 핵 개발을 전략적인 카드로 하여 체제보장을 받으려 하였고, 한국에는 남북대화를 통하여 교류함으로써 경제적인 반대급부를 얻고자 하였다. 이러한 북한의 이중적인 전략은 한미 간에 정책추진을 놓고 여러 차례 긴장과 갈등을 초

---

1) 연합사 한국 측의 내부 자료에 의하면 1997년에 미국은 한국군에 대하여 연습비용으로 335.3만 달러를 요구하였는데 한국 측에서는 75.6%인 253.4만 달러를 부담하였고, 2012년에는 미국 측의 390만 달러 요구 전액을 100% 지급하였다.

래하게 하였으며, 한미동맹 관리에 있어서 한국으로 하여금 연루의 두려움이나 포기의 두려움을 갖게 하였다. 이러한 위기에서 한미 양국은 기존 수십 년간의 동맹의 신뢰관계에 입각하여 북한의 정체성에 대하여 합의하였고 이를 통해 동맹 관리상의 어려움을 극복하였다.

이 기간에 한국군은 군사적 자율성 확보를 위하여 많은 노력을 기울였다. 그 결과 평시(정전 시) 작전통제권을 환수하는 등 군사 운용상 자율성이 신장되었다. 그러나 북한의 핵 개발 등 위협 요소는 미국의 필요성을 강화시키는 방향으로 작용하여 한미동맹은 더욱 결속되었고, 이 때문에 실질적으로 성장한 한국군의 방위역량이 저평가 받게 되었으며 한국의 군사적 자율성을 발휘할 여지는 그만큼 줄어들었다. 이 부분은 서재정의 연구에서 지적한 대로 '한미 동맹의 영구화'가 틀을 잡아가는 기간이기도 하였다.

2000년대 이후에는 미국의 정책이 중국의 부상과 미국 국내의 경제력 악화로 새로운 전략평가에 따라 아시아 중시 정책으로 변환하게 된다. 이러한 상황 속에서 한미동맹관계 역시 좀 더 대등한 안보 파트너로서의 위상을 확립해가고 있고, 각종 현안에서도 한국의 국익에 입각하여 대처해나가게 되었다. 2010년 미 국방성이 발표한 QDR(Qurenniel Defense Review)은 미 국방부가 힘의 재균형(rebalancing)을 위해 6개의 관건이 되는 임무영역을 제시하였다.[2]

---

2) 미 국방부가 제시하고 있는 힘의 재(再)균형을 달성하기 위한 6개 key가 되는 임무로는 ① 미 본토 방위와 민간 정부의 지원, ② 대반란 및 대테러 작전에서의 승리, ③ 파트너 국가의 방위 역량 구축, ④ 반접근 환경에서의 공격을 억제하고 패퇴, ⑤ WMD의 반확산과 비확산, ⑥ 사이버 공간에서의 효과적인 작전 등을 포함하고 있다. http://www.defense.gov/qdr/images/QDR_as_of_12Feb10_1000.pdf(검색일: 2013.9.5.)

이 가운데는 중국의 견제와 북한 등의 위협에 대비하여 이를 중시하는 정책이 포함되어 있었다. 이에 따라서 미국은 전체적인 군대 규모를 축소해야 하지만 동아시아에서의 전력은 이전과 거의 대등한 수준을 유지하였다. 그러나 미국은 기존의 전투력을 효율적으로 운용하여 그들의 전략을 달성해야만 하였다. 아시아의 경우만 하더라도 호주, 필리핀 등 동맹국이나 안보 파트너를 지원하기 위한 전력을 확대 운용해야 하고, 또 세계적인 대테러전, 대량 살상무기 확산 방지 등에 현재의 전력만으로 그들의 임무를 달성해야 한다고 밝혔다. 따라서 미군의 전략적 유연성의 확보는 미국으로서는 필연적인 것이었다.

이러한 미국의 전략구현을 위해서 미국은 한국을 안보 파트너로 명확히 인식하고 주한미군의 성격을 재정의하기 위한 움직임을 가시화하기 시작하였다. 이러한 움직임의 일환으로 SCM에 앞서 주기적인 한미동맹 발전 공동연구를 한국 국방부 정책실과 미 국방부 정책차관실을 중심으로 지속적으로 해왔으며, 이 협의체를 중심으로 자국의 전략변화를 설명하고 한국의 이해를 구하는 장(場)으로 삼았다. 한국 역시 한국의 국력 상승과 민주화에 따른 국민의 요구, 참여정부의 정책변화 등을 반영하기 위한 노력이 증대되었다. 이에 따라 이 협의체에서는 한미 동맹의 현안으로 부상하였던 주한미군기지 이전, 전시 작전통제권 환수, 전략적 유연성 등 대부분의 의제를 상호 토론하고 합의하였다. 이러한 일련의 협상의제와 논의는 한국으로 하여금 미국이 추구하는 '한국방위의 한국화'라는 상황 국면을 이해하고, 한편으로는 '한국의 군사적 자율성 확보'라는 측면에서 그 대응문제를 고심하였다.

앞에서 살펴보았듯이 이제 재래식 전력에서는 한국이 북한군을 능가하였다는 점은 분명하다. 이에 대한 종합적인 판단은 함택영의 연구에서 확인할 수 있다. <그림 7-1>에서 보면 남북한의 투자비와 운영유지비를 일목요연하게 보여주고 있는데 여기에 포함된 북한 1~3은 불확실성을 배제하기 위한 여러 추정방법을 사용한 결과이므로 여기서는 그 추세에만 유의하도록 하자.[3] 그림을 보면 1981년도 이후에는 한국의 군비(軍費)가 북한을 크게 앞지르고 있음을 확인할 수 있다. 즉 한국은 투자비와 운영유지비의 누계에서 북한을 현격한 차이로 앞서게 되는 시기에 접어들었던 것이다.

이상과 같은 6·25 전후부터 2010년도까지의 상황을 정리해보면 북한군사력에 대한 대비 면에서는 한국이 북한의 위협에 대해서 충분한 방위전력을 확보하였고, 한미동맹 관계에서도 미국 측으로부터 군사적 자율성을 상당 부분 인정받고 있는 상황이라 하겠다.

---

[3] 함택영의 연구방법론에서 나타나는 차이 때문에 북한의 추정치가 세 가지로 다르게 표현되었다. 즉, 1961~1971년은 북한의 공식 발표치를 사용하였으며, 나머지는 국방비와 해외군사 원조액, 국가예산의 추정치를 사용한 결과이다. 예를 들어, 시계열 1은 1972~1990년은 국방비＋해외군사 의존액이며, 해외군사 의존액이 불확실한 1991년 이후는 국방비의 1.5배로 반영되어 있으며, 시계열 2, 3 역시 추정부분에 대해서는 상당 부분을 할애한 논리근거를 가지고 국방비에 국가예산의 일정한 추정치 등을 가산한 차이를 반영하여 산출하였다. 자세한 내용에 대해서는 함택영, 앞의 책, pp. 201-250를 참조.

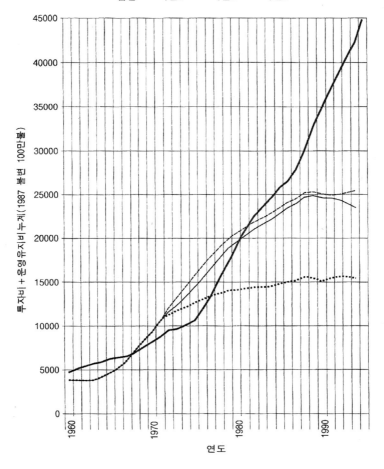

출처: 함택영, 앞의 책, p. 241.

<그림 7-1> 남북한의 투자비 + 운영유지비 누계

그런데 이제는 또 다른 국면, 즉 북한의 비대칭 전력의 대비문제
가 새로운 현안으로 등장하였다. 북한은 국제사회의 거듭된 제재에
도 불구하고 핵 개발 의지를 포기하지 않았으며, 3차례에 걸친 핵

실험 등에서 추정할 수 있듯이 핵무기의 소형화를 위한 행보를 멈추지 않고 대륙간탄도탄에 응용할 수 있는 인공위성 우주발사체에서 상당한 기술을 축적했을 것으로 판단됨에 따라 한반도 안보환경이 낙관적이지 않다는 데 한국의 또 다른 고민이 있다. 한 미국 측 전문가는 북한 핵무기의 심각성에 대하여 "사실상 미국, 한국, 북한 간 미래 재래식 전쟁은 핵무기를 사용할 강한 유인을 갖는다. 다른 약소국들이 새래식 진쟁 중에 비참한 결과를 맞게 되는 것처럼 북한도 군사적으로 우세한 적들을 교착시키기 위해서는 핵위기 고조(nuclear escalation)가 핵심적인 옵션이다"[4]라고 강조하고, 북한이 앞으로 있을지도 모르는 한반도 전쟁에서 핵을 자제하기보다는 사용할 것이라는 우려를 표명하였다.

이제 한반도에서는 재래식 전쟁을 넘어 핵무기를 사용할 수도 있다는 전제하에서 핵전쟁에 입각한 전략적 차원의 논의가 불가피한 상황이 조성되고 있다. 그러나 북한이 핵을 보유한다고 해서 한국이 핵을 보유해야 한다는 논리는 받아들이기가 곤란하다. 경제입국에 성공한 한국은 이미 세계화되어 있고 한국의 경제체제는 세계 15위 내의 무역국가로 성장하였다. 주변 4강의 국력은 미국, 중국, 러시아가 기존 3대 핵 강국에 속하고 있으며, 일본은 잠재 핵 보유 군(群)에 속하여 있다. 한국은 이러한 상황을 인식하고 1991년도에 비핵화선언을 한 바 있다. 더 이상 실익이 없는 핵 개발보다는 핵의 평화적 이용을 위한 제약요인을 제거하는 것이 우선이라 하겠다. 그러나 어쨌든 한국에서는 북핵 문제에 관한 kill-chain

---

4) Daryl G. Press, "How to Respond to North Korea's Nuclear Weapons", 2013 KRIS International Symposium, June 11~13, 2013, Seoul, Korea/ 『전략연구』, 통권 제58호(2013), pp. 47-75.

구축이나 맞춤형 억제전략을 마련하고 있는 상황이 전개되고 있어 이 문제가 좀 더 명확한 대안이 마련될 때까지는 전시 작통권 환수를 지연하려는 움직임을 보이고 있는 것이 현실이다. 이 문제는 군사적인 관점에서만 해결할 수 없는 문제이므로 정치·외교를 포함하는 포괄적인 안보문제로 접근해야 하는 상황이 조성되었다고 할 수 있다.

그러면 여기에서 앞의 각 소결론들에서 평가하였던 한국의 군사적 자율성의 확보를 지수화해서 보면 어떻게 나타날까? 항목별 자율성을 만족 시 10점을 기준(미평가: 0~1점, 미흡(열세): 2~4점, 보통(대등): 5~6점, 충족(우세): 7~10점)으로 설정하고 시대별로 합산하여 평가하면 다음과 같다. 다소 논자의 주관이 있음에도 불구하고 그 추세를 보기에는 유효한 표라고 할 수 있다.

<표 7-1> 한국의 군사적 자율성 추세

구분	1960년대 말	1980년대 말	1990년대	2010년 전·후
자율적 군사 운용 의지/능력 구비	5	5	6	7
	1	6	6	7
	1	5	5	8
	1	5	6	7
평균	2.0	5.25	5.75	7.25
군사역량 구비	5	6	8	9
	0	5	5	7
	0	1	2	6
군사역량 평균	1.67	4.0	5.0	7.33
평균(거부전력 제외 시)	2.5	5.5	6.5	8.0

이를 다시 그래프로 그려보면 다음과 같은 그림을 얻을 수 있으며 좀 더 유의한 추세를 확인할 수 있다.

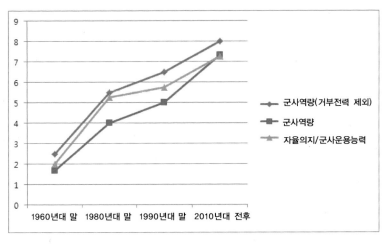

<그림 7-2> 한국의 군사적 자율성 추세

위 표와 그림에서 확인할 수 있는 것은 한국군이 한미동맹을 맺고 군사적 역량을 키워오는 동안 적어도 한국의 군사적 자율성은 지속해서 확대되었다는 사실이다. 1980년대 말에 이르러서는 군사역량 면에서 급성장하였으며, 2000년대에는 한국의 군사적 자율성은 '한국방위의 한국화'를 충족하는 수준(7점 이상)까지 향상했다고 할 수 있다. 대잠재적국 거부전력을 고려하지 않고 한미동맹 성립 당시의 취지대로 대북한 군사역량 면만을 고려한다면 한국은 분명 대북한 우위 전력을 구축하고 있다. 그렇다면 이러한 한국의 군사적 자율성의 성장에 대해서 한국은 대(對)내외적으로 인정받고 있는가? 이 문제에 대해서는 이미 고찰한 바와 같이 1990년대 이후

북한의 핵 위협이 부각되면서 한국의 여론 주도 계층 스스로가 이를 인정하는 데 인색했고, 미국 역시 여기에 동조한 면이 있었다. <그림 7-2>에서도 확인되듯이 자율적인 군사 운용 능력이나 자율 의지는 군사역량의 상승에 상당하는 만큼 반영이 되지 못하고 있는 것으로 보인다. 이 부분은 북한의 비재래식 비대칭 전력인 핵 및 미사일 분야의 지속적인 개발추구와 이에 대한 국내의 불안, 미국 측의 한국의 군사적 자율성에 대한 우려 상황을 나타낸 것으로 볼 수 있을 것이다. 또한, 현재 대잠재적국에 대한 대처에 있어서도 한국의 방공구역작전이나 독도 영해 수호 등에서 충분한 전력 구축에는 다소 못 미치는 부분도 있다. 한국의 군사적 자율성의 추가적인 향상은 북한의 핵 등 비재래식 전력에 대한 정부의 kill-chain 구축과 맞춤형 억제전략 적용에서의 자신감 축적, 국제사회의 대북한 핵 억제 노력 등 복합적인 자신감의 구비가 중요하다고 하겠다. 이미 대북한 재래식 전력 분야에서 C4ISR + PGM 전력의 우위는 확실한 만큼 한국 국민의 자율의지 여하가 '한국방위의 한국화'에 가장 중요한 요소가 되고 있다 하겠다.

제2절 한미동맹 재구축에 대한 시사점

이제는 지금까지 논의하였던 한반도 주변 정세와 주변국의 전략에 따라 한국이 향후 직면할 안보상황에 비추어 한미동맹이 나아가야 할 방향에 대한 논의가 필요한 시점이다.

신욱희는 비대칭적 동맹관계에서 강대국에 대한 약소국의 행동 양식을 순응(compliance), 협상(negotiation), 구성(construction), 저항 (resistance)으로 분류하고, 한미동맹에서 한국의 양식은 주로 순응과 협상을 위주로 하였다고 보았다.[5] 이 이론을 이 책의 논리에 적용 하여 본다면 한미동맹 초반에는 자의 반 타의 반으로 '순응'의 양식 을 따랐었고, 1970년대 이후에는 '순응'과 '협상'의 양식이 적용되었 다고 할 수 있겠다. 2000년대 이후에는 한미동맹에서 한국이 국가 이익을 지켜내기 위하여 강대국 미국과는 '협상' 양식에서 한 걸음 나아가 미국과의 상호 작용을 통한 '구성'의 상대적인 전환을 모색 하는 단계까지 나아갔다고 볼 수 있겠다. 만일 이를 부정한다면 앞 으로의 한미관계는 그렇게 해나가야 한다는 말이기도 하다. 이제 한미동맹은 미국과 주변 정세를 함께 평가하고 새롭게 구성해야 하는 단계에 와 있다고 할 수 있다.

그렇다면 한미동맹은 어떻게 변화해야 하고 한국인이 한국의 안 보를 스스로 생각하고 '구성'해나갈 방향은 무엇인가? 여기에는 한 국의 지정·지경학적인 환경과 시·공간적인 혜안이 필요하다 하 겠다. 즉 반도국가로서 주변 4강의 전략적 이해가 교차되며, 과거 4강으로부터 시달렸던 역사적 이해관계를 피할 수 없다는 말이다. 복합적으로 보면 주변 4강이 현재 한반도에 대해 갖는 이해가 무엇 이며 앞으로 장·단기적으로 어떻게 변화해갈 것인가에 주목해야 한다는 뜻이다.

우선, 미국은 6.25전쟁에서 한국을 적극 지원하였으며, 이후 한

---

5) 신욱희, 『순응과 저항을 넘어서』(서울대학교 출판문화원, 2011), pp. 17-29.

미동맹을 채결하여 한국 방위에 직접 개입하고 있는 나라이다. 한
반도에서 이격되어 있어 영토적 이해는 없으나, 그렇기 때문에 미
국에게는 MOB(주요 작전기지)로 고려할 만한 가치가 있다. 미국은
6·25전쟁 전·후 한국의 전략적 가치를 높게 보지 않았다. 그리
고 이후 대(對)공산권 봉쇄전략의 필요에 의해서 전략적 가치가 부
여되었지만, 일본의 부차적 위치에 머물렀다.[6] 따라서 전후 지속적
으로 주한미군 철수 문제가 거론되었고, 한국은 그때마다 안보공약
을 다짐받아야 했다. 미국은 과거 태프트-가쓰라 밀약(1905년)으로
일본과 타협하여 필리핀·한국을 맞교환하기도 한 역사가 있다. 미
국 역시 국가이익에 따라 움직이므로 한국이 미국의 국가이익에
중요한 나라로 남아야 하는 이유이다. 최근 미국은 아·태 지역으
로 미국의 능력과 자산을 전환하는 '전략적 재조정'을 표방하고 있
다. '아시아로의 회귀'(pivot to Asia)로도 불리는 이 재균형정책은
중국의 오랜 포위심리를 자극하고 있다. 한국은 미국의 전략적 유
연성 전략을 동의해주었기 때문에 주한미군 전력이 중국 문제에
투입되지 않도록 주의를 기울여야 하는 문제를 가지고 있다.

중국은 급신장하고 있는 국력과 군사력 때문에 미·일 동맹의
제1경계대상이다. 중국의 해양력 강화와 태평양으로의 진출 의도
는 미국으로 하여금 '공해합동전'(ASB: Air-Sea Battle)에 의한
A2/AD(Anti Access/AREA Denial) 전략을 채택하게 하였다. 중국은

---

6) 이춘근은 미국 내의 주한미군 철수 주장을 소개하면서, '한국은 미국의 사활적 국가이익의 대
상이 아니다', '미국의 안보에 사활적 이익이라 판단되는 독일, 일본 지역에서 미군철수가 제기
되지 않았다', '아시아에서 미국의 사활적 이익은 일본이다. 즉 한국의 공산화 그 자체를 우려
하기보다 한국의 공산화는 일본의 공산화를 초래할지도 모른다는 우려가 미국의 한국에 대한
이익 인식이었다'고 주장하였다. 이춘근, 앞의 논문, p. 46.

북한의 핵·미사일 개발이 내심 불만이지만 상당기간 북한을 혈맹
국가 내지 완충지대국가로 인식할 가능성이 높다.[7] 중국으로서는
북한의 비핵화보다 북한의 붕괴 방지가 훨씬 중요하다. 북한으로부
터 수만 혹은 수십만의 난민이 중국의 동북부로 진입하여 노동시
장을 교란하고 사회안정을 해치는 경우뿐 아니라, 한국군과 미군이
북한의 핵무기 수색·확보를 위해 북한으로 진입하고자 할 때 발
생할 수 있는 무력충돌·확산 가능성, 나아가 미국과 군사동맹을
유지하게 될 통일한국이 중국에 대해 군사적·정치적 압박을 의도
적 또는 무의식적으로 가하게 될 상황 등은 중국의 전략계산이 어
떻게 돌아갈 것인지를 분명히 일러주는 상수(常數)적 요소이다.[8]
다만 한국과는 경제적인 상호필요성 때문에 '전략적 협력 동반자'
관계를 유지하고 있다.

일본은 중국의 군사력 성장과 북한의 비대칭위협을 현실적 위협
으로 부각시키면서 헌법 9조를 개정하거나 확대 해석하여 집단적
자위권 행사를 기정사실로 하려고 하고 있다. 최근 집단적 자위권
헌법조항 해석에서 보통국가를 지향하는 일본을 미국이 지지하는
배경이기도 하다. 이미 2013년 10월 3일 '미일 외교·국방회담'에
서 미국 정부는 일본의 군사력 증강 및 군사 역할 강화 노력에 적
극적인 지지와 협력을 약속한 바 있다. 일본은 최근 미국의 지지를

---

7) 윤정원은 중국의 북한에 대한 시각을 ① 과거의 역사와 이념의 시각에서 북한을 혈맹국가로
   인식, ② 전략적 이해의 차원에서 완충지대 국가로 보는 것, ③ 북한이 중국의 국가이익을 심
   각히 위협할 수 있는 위협국가로 보는 것 등 세 가지로 제시하고, 최근 북한의 행보로 중국의
   불만이 증대하였지만, 북한체제의 안정 우선 정책이 아직 유효하다고 보았다. 윤정원, "북·중
   관계의 변화 전망과 대책", 『국가안보전략』, 11월호(2013).

8) 박건영, "오바마의 주판(珠板)과 긴 파장(波長)?: 재균형과 한반도에 대한 함의", 『한국과 국제
   정치』, 제29권 제3호(2013), p. 28.

등에 업고 중국과 센카쿠 열도(중국명: 댜오위다오)에서 수시로 대치하고 있다. 이제 일본은 '보통국가화'라는 우경화 행보를 미국의 대(對)중국 견제전략에서 찾고 있는 셈이다. 이러한 일본의 행보는 이미 영국, 호주, 아세안 국가들의 지지를 받고 있어 동북아에서 한국과 중국만이 이에 대한 거부감을 표하는 형국이 조성되었다.9)

러시아는 중국과 상하이협력기구를 통해 군사협력을 강화하고 있는 한편 동북아시아에 대해서는 북방 4개 도서 문제에 지대한 관심이 있다. 오히려 러시아는 시베리아와 인접한 한반도를 가스 파이프라인이나 시베리아 횡단철도(TSR) 등 경제적 이해의 관점에서 접근하고 있다. 북핵 문제 등에서는 비교적 국제사회의 객관적 시각에서 접근하고 있다.10)

이제 한국 국민은 선택의 갈림길에 서 있다. 한미동맹도 다른 동맹과 마찬가지로 '친구와의 우정 관계'와 같은 정서적으로만 접근할 수 없는 엄연한 현실적 선택의 문제라는 속성을 가졌기 때문이다. 서재정은 '한미동맹은 영구화하고 있다'고 주장하면서도 한미동맹의 지속 여부는 정체성에 대한 합의, 즉 정치적 담론의 일치가 중요할 것이라고 언급하고 있다.

한미동맹은 강해져야 하는가? 현재 많은 한국 사람들이 주장하는 논리이다. 북한이 핵을 가졌고 비대칭 전력을 강화하고 있는 한 현재의 동맹구조는 계속 유지되어야 한다는 주장에 힘이 실린다.

---

9) 아베 신조 내각은 2004년 7월 1일 역대 정부의 헌법해석을 변경하여 '집단자위권 행사가 헌법상 허용된다'는 내용을 골자로 한 헌법해석 변경안을 담은 안전보장법제정비 최종안을 내각 결의하였다. 일본의 전쟁할 권리를 선포한 셈이었다. ≪조선일보≫, 2014년 7월 1일 자, "일, 패전 69년 만에 미 후원하에 지역 군사강국의 길로" 제하 기사 참조.

10) ≪조선일보≫, 2013년 11월 14일 자, "한러 정상회담" 제하 기사 참조.

그러나 미국은 앞에서도 다루었듯이 한국의 군사적 자율성이 한국의 방위를 책임질 수 있을 만큼 성장하였다고 평가하고 있다. 핵 등 비핵화전력의 위협에 대해서는 핵우산 제공이나 정치·외교적으로 풀어야 할 것으로 믿는 분위기이다. 더구나 미국은 전략적 유연성 전략을 채택하여 한국방위에 관한 한 한국에 맡기고 자국의 이해가 걸린 문제에 대해 개입하기를 원하고 있다.

또 한편으로는 한미동맹이 더욱 유언해질 필요가 있다는 주장도 있다. 이삼성은 한스 모겐소가 지적하고 있는 '약소국이 독립성을 유지하는 국제적 환경'으로 ① 세력균형, ② 패권적 국가와 보호관계 구축, ③ 제국주의적 야심을 가진 국가들에게 매력이 없는 경우를 들고 한미동맹을 두 번째의 경우로 분류하였다. 또한, 한미동맹은 한국 역대 집권세력의 자발적인 대미 종속성을 내포하고 있고, 그러한 종속성이 여러 제도적 장치로 구체화되어 있다고 보며, 미국과의 동맹을 어떤 가치보다 우선시하는 한국 정부와 언론, 지식인 및 사회일반의 사유방식에 근거하고 있다고 보았다. 따라서 한국이 이데올로기적인 시대 정서의 포로로 남음으로써 미래를 준비하는 능력과 기회를 상실할 수도 있음을 우려하였다. 한미동맹은 종속적 군사관계 중심으로부터 탈피하여 양국 간의 정치·전략적 정책조율에 중심을 두는 가운데, 한반도와 그 주변의 전쟁과 평화의 문제에 대한 한국 자신의 정치적 책임과 역할이 중요성을 갖는 체제로 변환해야 하며, 한미동맹이 더욱 유연해져야 한다고 주장하고 있다.[11]

---

11) 이삼성, "한미동맹의 유연화를 위한 제언", 『국가전략』, 제9권 3호(2003), pp. 7-26.

이제 한반도 상황으로 되돌아가 보자. 한반도의 미래와 관련해서 한반도 주변 상황 중에서 가장 유의할 점은 북한과 미국 변수이고 다음이 중국과의 관계 설정이다. 현재로서는 북한의 변화 가능성이 적으므로 우선 북한을 중심으로 생각해보자. 북한의 위협이 현재처럼 지속되는 한 한미동맹은 현상유지론이 힘을 받을 것이다. 그러나 이때는 미국의 동북아전략이 변화하고 있는 것이 다음의 변수이다. 미국의 전략적 유연성 확보전략과 어떻게 조화시켜나가야 할 것인가가 핵심이다. 한미동맹을 유지하기 위해서는 미국에게 한국이 주는 전략적 이익이 계속 유지되어야 한다. 미국은 한·미·일 3각 구도 속에서 중국의 패권국으로의 성장을 견제하고자 한다. 미국에 있어 2015년 이후 전개할 평택 인근의 입지는 공항, 항구, 병력의 집결로 인하여 전략적 유연성 전략을 발휘하기에 좋다고 생각된다. 한국이 동의만 해준다면 필요시 이해가 걸려 있는 아시아 지역의 전개에 유리하다. 그러나 한국은 중국의 이해도 고려해야 한다. 중국은 한·미·일이 동맹하여 중국을 견제하는 것을 원하지 않는다. 한편 중국에 있어 한미동맹은 한국의 전략적 가치를 높여주는 측면도 있다. 따라서 이 경우 한미동맹의 방향은 한국의 안보이해가 북한의 억제에 있음을 분명히 하여야 한다.

미국의 '재균형'과 동북아의 불안정하고 역동적인 안보동학(끊임없이 요동치는 안보환경을 일컬음: 저자 주석)이 한반도에 대해 갖는 함의 중에는 동맹의 연루와 동맹의 방기(포기)문제에 대한 우려가 있다. '전략적 유연성'으로 인해 한국방어를 위해 주둔하던 주한미군이 원정군화 하여 대만 문제나 센카쿠 무력갈등 발생 시「대만관계법」과「미일 상호방위조약」에 의해 개입하는 경우, 중국이 주한미군기지를 공격하게 될 경우도 상정해 볼 수 있는 문제다. 이 경우 한국은 정당방위 차원에서 중국과 원하지 않는 전쟁에 휘말릴 수도 있다. 또한, 주한미군이 북한의 공격을 받았을 때 일본이 집단적 방위권을 작동하여 미군을 지원하고자 할 경우 한국은 수수방관할 것인가 하는 문제도 있을 수 있다. 만약에 주한미군이 이러한 분쟁상황에 처해서 일본의 지원이 절실할 경우 한국이 반대하는 상황으로 일관할 경우 한국은 미국으로부터 포기(방기)될 수 있는 위험성도 배제할 수 없다.12) 물론 미국과는 전략적 유연성 문제 합의 시 이 문제에 대한 양해를 구해놓은 상황이고, 일본의 집단적 방위권 행사에서도 일본이 한국 문제에 개입할 소지를 갖지 않으려 하는 것이 현재 취하고 있는 관계 당국의 입장이기는 하다. 어쨌든 이러한 문제에 대해서는 한국의 지속적인 관리가 필요한 부분이다.

전시 작전통제권에 관해서는 한국도 자신감을 가질 때가 되었다. 앞의 한국의 군사적 자율성 신장 도표에서 분석하였듯이 한국의 전시 작통권 행사 의지는 분명히 밝힐 필요가 있다. 조건을 따진다는 것은 당연한 수순이다. 그러나 잠재적국에 대한 자율적 능력까지를 고려해야 할 것인가? 한국도 주권을 가진 독립국가로서 한국 방위에 대한 자신감을 가져야 한다. 전시 작전통제권을 가져오는 순간 한국 국민의 자국방위에 대한 책임감은 급상승할 것이다. 물론 방위비의 증액도 따라야 한다. 그렇다고 해서 미국 전력의 공백을 고려하여 미국군에 꼭 필적하는 전력을 구축해야만 한국의 방

---

12) 박건영, 앞의 논문, pp. 32-35.

위를 달성할 수 있는가? 그럴 필요는 없다고 본다. 북한의 비재래
식 비대칭 전력에 대비하고, 주변 잠재적국에 대한 거부전력의 구
축에 목표를 두면 된다. 그리고 이제껏 잘 해왔듯이 당분간은 한미
동맹을 잘 활용하여 한국이 부족한 부분을 보완하면 될 것이다. 그
리고 한편으로는 미국이 전시 작전통제권을 돌려주기를 원하고 있
다는 점을 인식해야 한다. 이에 따라 '한국방위의 한국화'는 대세가
되고 있는 상황인데 한국이 이 상황을 잘 관리해야만 하는 시점인
것이다. 이 경우 미군 전력의 한국 지원에 관한 사항은 군사적 협
력차원과 정치력을 발휘해야 할 것이다.

　다음은 북한이 유연하게 나와 남북 간에 신뢰구축이 가능한 경
우를 상정해볼 수 있다. 물론 낙관적인 경우를 상정해본 것이다. 이
때는 북한과 한반도의 평화문제를 직접 당사자로서 합의하고 주변
강대국의 동의를 얻어 정전체제를 평화협정체제로 변화시킬 수 있
을 것이다. 이 경우에는 한반도의 안정은 남북 간의 문제로 남겨놓
고, 미국은 지역 안정자로서 역할을 변환시켜 상징적인 수준으로
주둔을 허용하며, 한미동맹은 정치동맹 또는 정치·경제 등을 포괄
하는 복합동맹으로의 전환이 가능할 것이다. 물론 이때는 유엔군사
령부의 해체 수순도 밟을 수밖에 없을 것이다. 물론 이 과정은 부
단히 어려운 과정이 될 것이다. 가장 염려되는 부분은 중국 변수이
다. 중국은 최근 북한 핵실험과 미사일 발사 등에서 북한을 일방적
으로 두둔하지 않고 국제사회의 제재결의를 존중하고 있다. 그러나
중국은 북한의 갑작스러운 통일로 한미연합군과 국경에서 대치하
는 상황은 바라지 않는다. 중국은 북한체제의 안정이 우선이고 그
이후에는 북한의 비핵화를 강하게 요구할 것으로 보인다. 이 경우

가 한국의 정치력이 실험무대가 될 것이다. 한국은 중국과 공식·비공식 라인을 총동원하여 통일 한국이 중국의 위협세력이 되지 않을 것임을 주지시키는 한편, 한미동맹 역시 지역 안정자로서 상징적인 수준의 주한미군 전력만을 한수 이남에 주둔하는 수준으로 양해받도록 할 수 있을 것이다. 미국을 한반도에 남겨놓아 중국으로 하여금 한국의 전략적 가치가 하락하지 않도록 하는 점을 염두에 두어야 한다.

마지막으로 북한이 체제경쟁을 포기하거나 붕괴하거나 하여 한반도가 통일되는 경우이다. 이때의 가장 큰 저항요소 역시 중국이다. 이때도 물론 중국에는 한국이 위협세력이 되지 않을 것임을 설득해야 할 것이다. 이 경우는 한국이 구한말(舊韓末)과 같이 주권을 지킬 수 없는 약소국 상황은 아닐 것이므로 주변 4강에 대하여 한국이 균형전략을 취할 수 있을 것이다. 이 경우의 한미동맹은 상징적인 수준에서 가장 느슨한 형태로 정치·경제·문화적인 복합동맹으로 전환하고 동북아 지역안보협의체의 창설을 주도하여 한반도가 아시아 속의 스위스와 같은 역할로 새로운 돌파구를 찾아나갈 수 있을 것이다.

어느 경우에도 한국의 선택이 한·미·일 대(對) 북·중·러의 대립구도를 만든다면 그것은 우리의 국가이익에 부합하지 않는다. 우리에게 요구되는 것은 견고한 한미동맹으로 중국을 억지할 것이냐, 아니면 한미동맹을 이완시켜 대중접근을 강화할 것이냐의 양자택일적 상황에서 벗어날 수 있는 전략을 어떻게든 마련해야 할 것이다. 한반도의 안전을 담보할 수 있는 억지력을 확보하기 위해서는 한미안보체제가 절대 양보할 수 없는 우리의 생존전략이다. 이

것을 중국이 이해하도록 하는 작업이 필요하다.[13] 이 경우 한국이 취해야 할 정책적 대안은 무엇인가? 이미 북한은 체제를 유지할 수 없는 상황이므로 한국이 주도하여 북한 문제에 개입해야 한다. 협상 테이블에서 미·중 양자구도가 되어 이해가 대립하는 경우 우리에게는 득보다 실이 많을 것임을 명심해야 한다. 앞에서 언급하였듯이 한국은 평소에 중국을 염두에 두고 관리해나가며, 유사시에는 공식·비공식 라인을 총동원하여 한국이 미·중 대립구도로 상황을 악화시키지 않고 중국과 선린관계를 잘 유지할 수 있을 것임을 중국에 확신시켜야 할 것이다.

그렇다면 현시점에서 미래 한미동맹이 나아갈 길은 무엇인가? 한미동맹의 유연화를 주장하고 있는 이삼성의 제안을 다시 살펴보자. 그는 동아시아에서 한국외교의 미래에 대한 거시적 방향으로 유연한 동맹의 정치와 동아시아 공동안보의 추구를 주문하고 있다. 한미동맹이 내포한 군사중심적 경직성을 극복하고, 유연한 정치전략적 동맹의 형태로 변화할 것을 주장한다. 또한, 공동안보를 추구할 것을 제안하고 있다.[14] 한미동맹은 현재의 평화유지(peace-keeping)에서 평화조성(peace-making)의 단계로 나아가야 한다. 그러나 여기에는 조건이 있다. 한반도의 안정과 북한 지배연합의 진정성 있는 유연화 조치 역시 진전이 있어야 할 것이다. 현시점에서의 한미동맹은 양국 정상에 의해서 '포괄적 전략적 동반자 관계'라고 선언하였어도 여전히 핵심은 군사동맹이다. 북한의 핵 문제가 대두되어 있는 현 상황에서 미국의 안전보장 지원이 없는 전략적 유연성 확

---

13) 장달중, "동아시아 시대의 도래와 한국의 외교·안보 전략", NEAR재단, 앞의 책, p. 340.
14) 이삼성, 앞의 논문, pp. 27-35.

보만을 위한 일방적인 '한국방위의 한국화'는 한국이 수용하기 힘든 선택이기 때문이다.

또 하나의 문제는 한반도의 정전체제 유지의 문제이다. 정전체제는 공산 측과 유엔이 주체이고 정치협상에 의해서 평화체제로 전환하지 않는 한 유엔군사령관이 주체가 될 수밖에 없는 법적 문제가 있어 관련 당사국의 합의가 없는 한 한국군이 대행할 수 없는 한계가 있다.

서재정은 한미동맹이 영구화하고 있으나 그 지속 여부는 군사력 균형이 아니라 정체성의 균형이 요체라고 지적하였다. 이제 한국에게 있어 현실적으로 선택할 수 있는 정책의 폭은 절대 넓지 않아 보인다. 현 상황은 한국이 핵 문제를 제외하고 자율성 면에서 상당한 자율성을 확보한 상황이지만 미국이 전략적 유연성을 전략으로 선택한 이상 한미동맹 구조의 전환은 피할 수 없는 상황으로 보인다. 그러나 한국에게는 한미동맹의 형태는 변화하더라도 동맹 자체는 지속하는 것이 보다 국가이익에 부합한다. 남은 과제는 미국의 지속적인 핵 억지력 보장과 함께 한국에 지원세력으로 남아 있도록 신욱희의 지적처럼 '협상'과 '구성'이란 측면에서 '구조'를 만드는 일이 될 것이다.

중국과는 공통이익에 착목한 양국관계의 확대 심화 발전인 동시에 중국이 한반도 문제에 건설적인 역할을 할 수 있게 하는 다자적 협조체제의 구축을 모색해나가야 한다.15) 물론 이 과정에서 한국이 공동안보 또는 협력안보 개념에 기초한 동북아의 다자안보체제

---

15) 장달중, 앞의 책, p. 347.

에서 역할을 해야 한다. 지역 패권을 놓고 극도의 거리를 유지하는 중국과 일본보다는 비교적 문화적 교류나 체제의 공유가 자유로운 한국이 주도할 수 있는 유리한 위치에 있다고 보이기 때문이다. 이 과정에서는 북핵 문제를 해결하기 위한 6자회담에서 조성되었던 양자 또는 3자 협상을 통하여 이해를 합치해나가는 방법도 좋은 방법으로 생각된다.

즉 우선 한·미·중, 한·미·일, 한·중·일 동북아 '소다자(小多者) 3각 안보협력' 체제 구축을 생각해볼 수 있다. 특히 한·미·중 3자 전략대화는 한미동맹 강화에 대한 중국의 의구심과 한중협력 강화에 대한 미국의 의구심을 동시에 해소하는 데 유용할 것이다.16) 미국과 중국은 이미 연례적인 2+2 형태의 전략대화를 진행 중이다. 사실 미·중의 사이에 한국이 개입하는 것은 대화의 의제나 자신들의 위상과 관련하여 어려운 면이 있다. 그러나 6자회담 등에서 경험하였듯이 한반도 문제가 핵심의제가 되는 상황에서는 우리가 이를 강력하게 요구하고 관철해나가야만 우리의 국익을 지킬 수 있다. 이렇게 해서 논의가 합의에 접근하면 한·미·중·일이 4자 대화로 발전시키는 것이다. 동북아 3국은 역사적으로 불행한 과거가 있기 때문에 경제협력 분야부터 기능적으로 접근하여 지금의 여러 대화채널, 협조기구들을 안보 문제로 확대해나가는 방법 등이 지속적으로 장기적인 시각에서 강구되어야 할 것으로 보인다.

이렇게 미국, 중국과 일본을 함께 생각해본 이후에는 다시 미국

---

16) 국방부 군사편찬연구소, 앞의 책, pp. 374-375.

과 중국에 대한 한국 안보 면에서의 비중(比重) 문제가 남는다. 학자들에 따라 한국이 취할 방안을 제시하지만, 과거의 친미(親美) 일변도보다는 연미화중(聯美和中)이 현재로서는 최선으로 생각된다.17) 한국군이 전시 작통권을 환수하여 자율적으로 군사적 운용을 하게 되더라도 당분간은 한미동맹의 틀을 유지하면서 한·미·중의 이해가 상충하지 않도록 전략적인 사고를 견지해나가야 한다. 한국으로서는 북한의 재래식 및 비재래식 군사위협에 대하여 기존의 견고한 한미동맹을 토대로 대처하면서, 중국이 갖는 북한에 대한 영향력을 적절히 활용하여 북한을 개혁·개방으로 유도하거나 북핵 비핵화를 진전시킬 수 있도록 한중관계를 개선해나가고, 북·중 관계의 균열을 야기할 수 있는 요인을 발굴하여 이를 확대시킬 수 있는 전략적 사고를 추구해나가는 것이 바람직하다.18)

---

17) 현실적으로 등거리외교인 연미연중(聯美聯中) 전략은 천안함·연평도 사건의 처리 과정에서 보는 바와 같이 국제적 이슈가 되었을 때 중국이 취한 태도를 보면 한국이 취할 전략으로서는 아직 시기상조인 것으로 보인다.

18) 윤정원, 앞의 글, 『국가안보전략』, 앞의 논문, p. 23.

▪■▫ 제8장 결론

  한국이 위치한 한반도 주변에는 국가안보를 어렵게 하는 기류가
있고 파고가 높아 안전한 항해를 위해서는 늘 노심초사할 수밖에
없는 것이 한국의 현실이다. 지정학적으로 대륙세력과 해양세력이
각축을 벌이고, 지경학적으로도 강국들의 이해가 첨예하게 대립하
는 중심에 서 있기 때문이다.

  한국은 6·25전쟁을 계기로 북한의 위협에 대응하여 미국과 상
호방위조약을 체결하여 60년이 넘도록 한미동맹을 중심으로 국가
안보를 지켜왔으며, 이를 바탕으로 세계 제15위 이내의 경제적 성
장도 이룩하였다. 한미동맹을 체결할 당시는 전형적인 불균등 동맹
이었지만 이러한 비대칭성에 대하여 시비할 처지가 못 되었다. 미
국 역시 당시에는 세계 공산세력의 확장을 저지한다는 국가이익의
판단하에 한미동맹에 임하였었다.

  이제 세계는 공산주의의 몰락에 따라 미·소 냉전구조가 종식되
었고, 중국이 새롭게 동북아의 지역 패권을 넘어 소위 G2의 위상
으로 부상함에 따라 미국의 전략 축이 '아시아 중시(重視)'로 변화
하였다. 그러나 한반도에서는 북한이 체제유지를 위하여 핵과 장거
리 미사일로 국제적인 위협을 계속함에 따라 여전히 냉전구조를

벗어나지 못하고 있다.

그런데 이렇게 변화하는 국내외 환경 속에서도 한미동맹 체제는 비교적 안정적으로 유지되고 있다. 한국은 이러한 대내외 환경의 변화 속에서 지금의 한미동맹에 만족해야 할까? 한미동맹은 결국 군사적 동맹이라는 성격이 본질인데 한국은 이 동맹 속에서 군사적으로 얼마나 자율성을 가지는가? 비대칭 구조 속에서 출발하였지만, 한국의 국가역량이 신장되어 상당 부분의 주한미군 수눈비용을 부담하고 있는 지금 한국은 그에 걸맞은 자율성을 확보하고 있는 것일까? 한미동맹에서 미군 위주의 군사지휘체제로 출발한 지금 한국군이 행사하는 군사지휘권은 어느 정도 자율성을 확보하고 있는가? 이러한 의문을 가지고 이 책은 애초에 출발하였다.

이에 따라 본문에서는 한국군이 대내외 시련 속에서도 꾸준히 군사적 자율역량을 구축했음을 살펴보았다. 6·25전쟁 이후에는 1986년 미국 군원이 종식될 때까지 미국의 지원을 받아서 군사 운용 능력을 향상시켰으며, 닉슨 독트린 이후 자주국방의 필요성을 인식하고 율곡사업을 시작한 이후 방위력 개선사업은 국방비의 30% 정도를 꾸준히 투입하여 상당한 성공을 거두었다. 이제 재래식 전력에 관한 한 군사역량에서는 북한을 능가할 만한 위치를 점하였다고 평가할 수 있다. 한국군의 군사역량이 이제는 북한의 위협에 대하여 독자적인 대응이 가능한 수준을 넘어섰으며, C4ISR + PGM이라는 면에서 조기경보기의 운용, 이지스함을 중심으로 한 기동함대의 편성, 독도함과 원해 작전을 위한 공중급유기의 운용 능력 확보 등 재래식 전력 분야에서는 대북 우위 전력을 확보하고 있다. 다만 북한이 체제유지의 방편으로 경제상황의 악화를 감안하여 재래식 전력의 확충보다는 핵과 장거리 미사일 등 비재래식 분야의 전력개발에 전력을 다하고 있는 점이 한국의 입지를 어렵게 하고 있는 측면이다. 이 문제에 관한 한 핵무장을 한다든가 미국의 전술적 핵을 반입하도록 해야 한다는 항간의 주장은 한국에게 실효성이 없다는 점은 앞에서 이미 지적하였다.

미국은 6·25 전쟁 이후 지속적으로 한국에서의 병력을 감축하려 하였으며, 시대의 변화에 따라 새로운 전략을 수립하여 주한미군을 줄이거나 연기를 하였지만, 감축 기조는 계속 유지했다. 또한, 1990년대에 샘-년 의원이 발효한 법안에 따른 동아시아의 전략평가에 따라 군 지휘권의 한국군 전환에 대한 계획도 북한 발(發) 핵 위기나 주한미군의 반대가 없었더라면 당시 한국의 여론과 합의하에 시행될 수도 있었다. 즉 한미동맹은 끊임없이 변화하고 있었던 셈이다.

이제 미국은 전략적 유연성 확보를 통해 세계의 안보질서를 재편 중이며, 일본의 '집단적 방위권에 대한 지지' 역시 방위비 삭감에도 불구하고 동아시아에서 패권을 유지하기 위하여 일본의 능력을 활용하려는 의도를 엿보이게 한다. 다시 말하면 '한국방위의 한국화'는 한국의 의지 여하에 따라 조기에 추진될 수도 있고 당분간 연기하더라도 피할 수 없는 현실이 되고 있다 하겠다. 한국은 지금까지 국력의 성장과 한국군의 자율역량의 확보 추세에 맞춰 군사운용에 있어서도 자율성을 상당 부분 확보했다. 이제는 한국이 스스로 전시 작전통제권을 행사할 수 있는 기반을 만들어가야 하고 또 이를 행사해야 할 시점에 와 있는 것이다. 다시 말해 한국은 최초에는 일방적으로 미국의 정책에 순응하였으나 이제는 그들과 국익에 입각하여 협상하고 미래의 동맹을 공동연구하며 그 구조를 만들어가는 단계에 와 있다고 할 수 있다. 양국은 이제 한반도의 문제만이 아니라 아덴만의 소말리아 해적 퇴치와 같은 국제 안보 분야에서도 협력을 계속하고 있다. 이러한 국제협력은 한미동맹에서의 우리의 입지를 넓혀주며, 공동보조를 통해 국제 평화에 기여한다는 측면에서 고무적이다.

그런데 격랑이 높은 한반도에서의 한미동맹에 관해서는 이제 그 방향성을 잘 판단하여야 할 시점이기도 하다. 미국이 주변 4강국 중에서 격리된 지리적 위치 때문에 영토적 욕심을 가지지는 않을 것이며 역사적으로 비교적 한국에 유리한 입장을 취했다는 점은 미국을 우리의 주요 안보 협력국으로 하는 데 있어서 대부분 학자가 고무적으로 인식하는 부분이다. 미국과의 안보관계 유지는 중국으로 하여금 한반도의 전략적 가치를 높이는 측면도 있음은 주지의 사실인 것이다. 그러나 한국은 이전과 같이 수동적인 입장으로 미국의 정책에 순응하는 것만이 능사는 아니라는 사실을 늘 염두에 두어야 한다. 주변 4강 중 중국은 증대되는 국력과 주변국과의 위상을 고려할 때 언제든지 한국과 여러 면에서 이해가 상충할 수도 있는 안보이해의 당사국임을 간과할 수 없다. 일본 역시 미일동맹을 유지하고 있고 당장 유사시에는 유엔이 사용할 7개의 유엔 후방기지가 일본 내에 위치하고 있음을 생각할 때 적당한 관계와 거리를 유지할 필요가 있는 이해 당사국이다. 어쨌든 한국으로서는 북한·중·러의 3각 구도와 한국·미·일의 3각 구도가 대립하는 상황이 조성되지 않도록 늘 유의할 필요가 있다.

한국은 북한을 동북아 다자대화의 틀에 끌어들여 유연하게 변할 수 있도록 유도하고, 이렇게 해서 북한이 더 유연해진다면 북한의 핵이나 비대칭 전력 위협을 감소하는 방향으로 공동안보의 길을 모색해나갈 수 있을 것이다. 쉽지는 않겠지만 이렇게 하여 북한을 동북아에서 협력안보의 길로 유도할 수 있다면 통일로의 여정도 좀 더 수월하게 열어나갈 수 있을 것이다. 이러한 정세를 조성할 수만 있다면 그다음은 한미동맹도 관련국의 동의하에 지역의 안정 자 역할을 할 수 있는 상징적 규모로 축소하는 등 정치동맹 등 복합동맹으로 나아갈 수도 있을 것이다.

그러나 현재 동북아에서 전개되는 4대 강국의 각축 상황과 대립을 계속할 수밖에 없는 남북관계는 한국이 당분간 연미화중(聯美和中)의 전략으로 나아갈 수밖에 없도록 할 것 같다. 이 문제는 앞에서 언급하였으므로 사족을 달 필요는 없을 것이다.

이상과 같이 이 책은 한미동맹에서 한국의 군사적 자율성 문제에 대해서 중점적으로 다루어 보았다. 이제 한국의 군사역량이 확대됨에 따라 한국의 군사적 자율성도 많은 우여곡절에도 불구하고 대내외적으로 상당 부분 인정받고 있다고 할 수 있다. 그러나 북한의 끊임없는 군사적 위협은 한미동맹을 '영구화'라는 경향을 띠게 하는 측면이 있다. 그리고 어떠한 이유로든 북한의 위협이 종식되고 북한을 적으로 보지 않는 정체성의 변화(통일한국)가 있기 전까지는 한미동맹은 지속될 운명으로 보인다. 그 이후의 한미동맹은 상징적인 수준에서 정치동맹 등 복합동맹으로 남는 대안이 강구될지 지금으로서는 예측하기 힘들다. 한미동맹의 유연화와 공동안보의 추구가 대안으로 제시되기도 하지만 북한 정치체제의 유연화역시 전제되지 않으면 안 되기 때문이다.

이 책은 한미동맹의 초기에서 현재까지를 분석하여 한국의 군사적 자율성 문제의 향방에 집중하였기에 분명히 문제의식으로 제기될 수 있는 한미동맹의 미래에 대해서는 시사점에 국한하였고 더 깊이 나아가지 못한 한계를 가지고 있다. 이 문제에 대해서는 좀 더 깊은 인식으로 후학들이 연구할 소지로 남겨놓고자 한다.

■■■ 참고문헌

국문 문헌

1차 자료(정부 간행물)

국방부, 『1999 국방백서』(서울: 국방부 정책기획관실, 1999).
_____, 『2000 국방백서』(서울: 국방부 정책기획관실, 2000).
_____, 『2004 국방백서』(서울: 국방부 정책기획관실, 2004).
_____, 『2006 국방백서』(서울: 국방부 정책기획관실, 2006).
_____, 『2008 국방백서』(서울: 국방부 정책기획관실, 2008).
_____, 『2010 국방백서』(서울: 국방부 정책기획관실. 2010).
_____, 『2012 국방백서』(서울: 국방부 정책기획관실, 2012).
_____, 『국방조약집』 제1집 (서울: 국방군사연구소, 1991).
_____, 『국방조약집』 제2집 (서울: 국방군사연구소, 1993).
_____, 『방위비분담』(서울: 국방부, 1989).
_____, 『한미동맹 60년사』(서울: 국방부 군사편찬연구소, 2013).
외교부, 『한미주둔군지위협정(SOFA) 개정보고』(외교부, 1991).
외교통상부, 『주한미군지위협정(SOFA)』(서울: 외교통상부, 2001).
_____, 『1990년도 외교백서』(서울: 외교통상부, 1990)
_____, 『1991년도 외교백서』(서울: 외교통상부, 1991).

_____, 『1999년도 외교백서』(서울: 외교통상부, 1999).

_____, 『한국외교 60년: 1948~2008』(서울: 외교통상부, 2008).

합동참모본부, 『군사정전위원회편람』, 제8집(서울: 합동참모본부, 2010).

논문

고상두·남창희, "일본과 독일의 주둔군 비용분담", 『국가전략』, 5권 1호(1999).

구갑우, "동아시아 시대와 한국의 동맹전략", NEAR 재단 엮음, 『미·중 사이에서 고뇌하는 한국의 외교·안보 연미화중으로 푼 다』(서울: 매경출판, 2011).

국방부 군비통제관실, "한반도 정전체제와 UNC 위상", 『한반도 군비통제』, 제34집(2003).

길병옥, "전통적 국가안보 개념의 형성과 전개: 연구경향 및 과제", 함택영·박영준 편, 『안전보장의 국제정치학』(서울: 사회평론, 2010).

김갑식, "동아시아 시대, 북한 변화와 한반도 통일", NEAR 재단 엮음, 『미·중 사이에서 고뇌하는 한국의 외교·안보 연미화중으로 푼다』(서울: 매경출판, 2011).

김강녕, "한미 군사협력", 『국제정치논총』, 제38집 3호(1998).

김계동, "한국의 안보전략 구상", 『국가전략』, 3권 1호(1977).

_____, "미국의 대한반도 군사정책 변화: 1948~1950", 『군사』, 20호(1990).

김근식, "서해 북방한계선(NLL)과 한반도 평화에의 접근: '서해 평화협력 특별지대' 구상을 중심으로", 『동북아연구』, 제15권(2010).

김기정, "북한 붕괴 시 다국적군 파병 가능성과 한국의 외교적 대응", 『전략연구』, 17(1999).

김동한, "국방정책레짐 전환과 군 균형발전: 818계획의 정책적 함의를 중심으로", 『정책연구』, 통권 167호(2010).

김명기, "동티모르 다국적군의 법적 성격에 관한 고찰", 『외교』, 52
    (2000).

김병렬, "SOFA 협정의 형사재판권에 관한 소고", 『국방연구』, 제36
    권 1호(1993).

김성한, "주둔군지위협정(SOFA)의 개선방향과 한미관계", 『외교』,
    제35집(1995).

김영원, "주한미군 지위협정", 『외교』, 제57호(2001).

김일석, "한·미동맹의 미래발전", 차영구·황병무 공편, 『국방정책
    의 이론과 실제』(서울: 도서출판 오름, 2002).

김일영, "이승만 정부에서의 외교정책과 국내 정치: 북진·반일정책
    과 국내정치·경제 연관성", 『국제정치논총』, 제39집 3호
    (1999).

김창수, "한미상호방위조약과 한미행정협정", 『역사비평』, 54호(2001).

_____, "한반도 정전체제의 진상과 허상", 『전략연구』, 제2호(한국
    전략문제연구소·화정평화재단 공동심포지엄발표 논문, 2013.6.11.).

김홍길, "탈냉전기 한미군사동맹 재편의 주요 쟁점: 미국의 한반도전
    략과 주한미군지위협정", 『한국동북아논총』, 제7권 제3호(2002).

남창희, "일본과 한국의 방위비분담 정책체계의 연구: 현지 고용원
    인건비 지원사례를 중심으로", 『국제지역연구』, 제6권 제2호
    (2002).

류제갑, "'전시 작전통제권 단독행사' 서두를 이유 없다", 한국국방안
    보포럼 편, 『전시 작전통제권 오해와 진실』(서울: 한국국방안
    보포럼, 2006).

_____, "한미연합사와 한미연합 억제전략체제", 『군사논단』, 10
    (1997).

박건영, "탈냉전기 동북아 역학관계와 한·미동맹의 바람직한 미래",
    『한·미동맹 50년: 분석과 정책』(서울: 세종연구소, 2003).

_____, "오바마의 주판(珠板)과 긴 파장(波長)?: 재균형과 한반도에
    대한 함의", 『한국과 국제정치』, 제29권 제3호(2013).

박기주, "주한미군기지의 환경피해에 관한 고찰: 불평등한 SOFA 환

경조항개정중심", 『한국부패학회보』, 제14권 제1호(2009).

박동찬, "주한미군사고문단(KMAG)의 조직과 활동(1948~1953)", 한양대학교 박사학위논문(2011).

박성민, "한미주둔군지위협정(SOFA) 제22조 형사재판권의 형사법적 문제와 개선방안", 『형사정책연구』, 제22권 제4호(2011).

박주홍, "이라크 다국적군사령부의 효과중심작전체계 연구", 『군사평론』, 제384호(2006).

백종천, "한미 연합지휘체제의 발전 방향", 백종천 지음, 『한미군사협력: 현재와 미래』(성남: 세종연구소, 1998).

백창제, "오바마 행정부의 동남아 정책", 『동북아연구』, 제16권 (2011).

서재정, "주한미군 재배치와 한미동맹의 성격변화", 강청구 외, 『전환기 한미관계의 새판짜기』(서울: 한울, 2005).

서헌주, "케네디 행정부와 박정희 정권의 주둔군지위협정(SOFA) 협상개시를 둘러싼 갈등 분석, 1961~1962", 『한국정치외교사논총』, 제27집 제1호(2005).

서헌주, "한미 SOFA 豫備協商에 관한 硏究: 이승만, 장면 및 박정희 정부의 對美 SOFA 예비협상 비교연구", 고려대학교 대학원 정치외교학과 박사 학위논문(2004).

손봉선, "한미 행정협정 형사재판권에 관한 연구", 『경찰법연구논집』, 제1호(2007).

송대성, "주한미군 재배치와 한미군사관계 현안과제", 한국국방안보포럼 편, 『전시 작전통제권 오해와 진실』(서울: 한국국방안보포럼, 2006).

신성호, "미국의 신동북아전략과 군사정책적 함의", 『전략연구』, 통권 제57호(2013).

_____, "미국의 대(對)중국 외교안보전략", 『전략연구』, 통권 제59호 (2013).

신욱희, "구성주의", 우철구 · 박건영 편, 『현대 국제관계이론과 한국』 (서울: 사회 평론, 2009).

안광찬, "헌법상 군사제도에 관한 연구: 한반도 작전지휘권을 중심으로", 동국대학교 대학원 법학과 박사학위논문(2002).

엄정식, "1960년대 한미 주둔군지위협정 체결협상과 성과", 『군사』, 제73호(2009).

윤정원, "동맹과 세력균형", 함택영·박영준 편, 『안전보장의 국제정치학』(서울: 사회평론, 2010).

윤형호, "안보파트너십과 한미 안보동맹의 제도화: 한미연합군사령부 창설 과정을 중심으로(1953~1978)", 국민대학교 대학원 박사학위논문(2010).

이근욱, "자유주의 이론과 안보: 모순된 조합인가 새로운 가능성인가?", 함택영·박영준 편, 『안전보장의 국제정치학』(서울: 사회평론, 2010).

이삼성, "한미동맹의 유연화(柔軟化)를 위한 제언", 『국가전략』, 제9권 3호(2003).

이상철, "1950년대의 산업정책과 경제발전", 문정인·김세중 편, 『1950년대 한국사의 재조명』(서울: 선인 중, 2004).

_____, "행정협정에 관한 연구", 『육사논문집』, 제60집 3권(2004).

이상현, "개정 SOFA 협정의 의의와 평가: SOFA 재개정 방향을 위한 고찰", 홍현익·송대성·이상현, 『남북화해시대의 주한미군』(서울: 세종연구소, 2003).

이수형, "냉전 시대의 NATO의 안보딜레마: 포기-연루 모델을 중심으로", 『국제정치논총』, 제38집 1호(1998).

이장희, "한미 주둔군지위협정의 개정협상에 관한 정책적 제언", 이장희 외 지음, 『한미주둔군지위협정연구』(아시아사회과학연구원, 2000).

_____, "한미 SOFA와 타국 SOFA의 비교: 형사관할권과 시설, 구역의 불평등성을 중심으로", 『외법논집』, 제13집(2002).

이종철, "북한 급변사태 시 미국의 개입 전략 고찰: 개입 유인과 한미연합사 계획을 중심으로", 『新亞細亞』, 제18권 제1호(2011).

이춘근, "한미동맹의 문제점 진단과 한미동맹 강화의 논리", 『국가전략』, 제3권 3호(2003).

이현우, "안보동맹에서 약소국의 자주성에 관한 연구: 비대칭 한·
미 동맹을 중심으로", 명지대학교 대학원 정치외교학과 정치
학 박사학위논문(2007).

장노순, "'교환동맹모델'의 비교환성: 비대칭적 한미안보동맹", 『국제
정치논총』, 36권 1호(1996).

장달중, "동아시아 시대의 도래와 한국의 외교·안보전략", NEAR
재단 엮음, 『미·중 사이에서 고뇌하는 한국의 외교·안보
연미화중으로 푼다』(서울: 매경출판, 2011).

장영달·문정인·이부영·노회찬·고진화 외, "전시 작통권 환수와
한미동맹", 한국국방안보포럼 편, 『전시 작전통제권 오해와
진실』(서울: 한국국방안보포럼, 2006).

전재성·박건영, "국제관계이론의 한국적 수용과 대안적 접근", 우
철구·박건영 편, 『현대 국제관계이론과 한국』(서울: 사회평
론, 2009).

정춘일, "한미동맹체제의 과거·현재·미래: 갈등의 생성과 미래 발
전", 『국방논집』, 제34호(1996).

조동근, "주한미군의 경제적 가치 추정: 국방비 증액의 경제 성장에
의 영향 분석", 『재정정책논집』, 제6집(2004).

조진구, "한국군의 베트남 파병과 박정희 정부의 외교적 이니셔티브:
한미행정협정, ASPAC, 베트남 참전국 정상회담", 『해외파병
사 연구총서』, 제2집(서울: 국방부 군사편찬연구소, 2007).

최영종, "국제제도론", 우철구·박건영 편, 『현대 국제관계이론과 한
국』(서울: 사회평론, 2009).

최완규·최봉대, "사회주의 체제전환방식의 비교연구", 윤대규 편, 『
사회주의 체제전환에 대한 비교연구』(서울: 한울, 2008).

최종철, "주한미군의 전략적 유연성과 한국의 전략적 대응구상", 『조
정기의 한미동맹: 2003~2008)』(서울: 경남대학교 극동문제
연구소, 2009).

한명기, "再造之銀과 조선 후기 정치사: 임진왜란~정조대 시기를

중심으로", 『대동문화연구』, 59집(2007).

한미안보연구회, "한반도 분단 극복과 한미동맹의 미래", 『정전 60 주년 평가와 과제 세미나 논문집』, 한국프레스센터(2013).

한용섭, "전시 작전통제권 환수문제", 『한미동맹 50년: 법적 쟁점과 미래의 전망』(서울: 백산서당, 2004).

_____, "한국의 자주국방과 한미동맹: 역사적 고찰과 양립 가능성에 관한 연구", 국방부 군사편찬위원회 『군사사 연구총서』, 제4 집(2004).

함택영, "남북한 군비경쟁 및 군사력 경쟁의 고찰", 함택영 외, 『남 북한 군비경쟁과 군축』(서울: 경남대학교 극동문제연구소, 1992).

_____, "북한군사연구 서설: 국가안보와 조선인민군", 경남대학교 북한대학원 엮음, 『북한군사문제의 재조명』(서울: 한울아카데 미, 2006).

_____, "주체사상과 북한의 국방정책", 양재인 외, 『북한의 정치이 념: 주체사상』(서울: 경남대 극동문제연구소, 1990).

허남성, "평시 작전통제권 환수경과와 향후의 대책", 『외교』, 제33호 (1995).

단행본

고영자, 『청일전쟁과 대한제국』(서울: 탱자출판사, 2006)

구본학·신범철, 『전환기의 안보상황과 자주국방의 비전』(서울: KIDA 출판부, 2003).

구상회, 『한국의 방위산업 전망과 대책』(서울: 세종연구소, 1998).

구영록, 『한국의 국가이익』(서울: 법문사, 1995).

구영록·배영수, 『한·미 관계, 1882~1982』(서울: 서울대학교 미국 학연구소, 1982).

국군정보사령부, 『세계의 군사력(The Military Balance 1998~1999)』

(서울: 국군정보사령부, 1999).

_____, 『2011 세계의 군사력(2011 The Military Balance)』(서울: 국군정보사령부, 2012).

국방군사연구소, 『국방정책변천사, 1945~1994』(서울: 국방군사연구소, 1995).

국방부 군사편찬연구소, 『한미 군사 관계사, 1871~2002』(서울: 국방부 군사 편찬연구소, 2003).

국방대학교 안보문제연구소, 『변화하는 한반도 안보전략환경과 도전 요인들』(서울: 국방대학교, 2006).

국방부, 『율곡사업의 어제와 오늘 그리고 내일』(서울: 국방부, 1994).

국방부 정책실, 『한미동맹과 주한미군』(서울: 국방부, 2002).

국정홍보처 편, 『2012년 4월 17일 전작권 이양 및 연합사 해체』(서울: 국정홍보처, 2007).

김계동 외, 『현대 외교정책론』(서울: 명인문화사, 2007).

김계동 편, 『한미관계론』(서울: 명인문화사, 2012).

김동욱, 『한반도 안보와 국제법』(서울: 한국학술정보, 2010).

김성철 편, 『미중일관계와 동북아질서』(서울: 세종연구소, 2003).

김순수, 『중국의 한반도 안보전략과 군사외교』(서울: 양서각, 2013).

김우상 외, 『국제관계론 강의 1, 2』(서울: 한울 아카데미, 1997).

김일영, 『건국과 부국: 현대 한국정치와 강의』(서울: 생각의 나무, 2004).

김일영·조성렬, 『주한미군: 역사, 쟁점, 전망』(서울: 한울, 2003).

김창규, 『국방사건사』(서울: 국방부 군사편찬연구소, 2012).

김태효, 『주한미군 재배치와 한미동맹의 발전 방향』(서울: 외교안보연구원, 2005).

김형아, 신명주 역, 『박정희의 양날의 선택』(서울: 일조각, 2005).

남정옥, 『한미군사관계사, 1871~2002』(서울: 국방부 군사편찬연구소, 2003).

노태우, 『노태우 회고록: 하권, 전환기의 대전략』(서울: 조선뉴스프레스, 2011).

니어(NEAR)재단 엮음, 『미·중 사이에서 고뇌하는 한국의 외교·안보』(서울: 매경출판, 2003).

돈 오버더퍼(Don Oberdorfer), 이종길 역, 『두 개의 한국』(서울: 도서출판 길산, 2002).

로버트 달(Robert A. Dahl), 김왕식·장동진·정상화·이기호 옮김, 『민주주의』(서울: 동명사, 1999).

류병현, 『한미동맹과 작전통제권』(서울: 대한민국재향군인회 안보복지대학, 2007).

리차드 A. 클라크(Richard A. Clark), 황해선 옮김, 『모든 적들에 맞서: 이라크전쟁의 숨겨진 진실』(서울: Human & Books, 2004).

도널드(Donald S. Mcdonald), 한국역사연구회 역, 『한미관계 20년사, 1945~1965』(서울: 한울아카데미, 2001).

미국방부의회최종보고서, 국방군사연구소 역, 『걸프전쟁』(서울: 국방군사연구소, 1992).

_____, 국방군사연구소 역, 『걸프전쟁 부록』(서울: 국방군사연구소, 1993).

박건영, 『한반도의 국제정치: 평화와 통일을 위한 새로운 접근』(서울: 도서출판 오름, 1999).

박동찬, 『통계로 본 6·25전쟁』(서울: 국방부 군사편찬연구소, 2014).

박종철 외, 『한국의 동북아시대 구상』(서울: 오름, 2006).

백선엽, 『군과 나: 6·25 한국전쟁 회고록』(서울: 도서출판 시대정신, 2009).

백종천, 『한·미동맹 50년』, 세종정책총서 2003-5(성남: 세종연구소 정책총서, 2003).

빅터 차, 김일영·문순보 역, 『적대적 제휴: 한미일의 삼각안보체제』(서울: 문학과 지성사, 2004).

서울신문사, 『주한미군 30년』(서울: 행림출판사, 1979).

서인한, 『대한제국의 군사제도』(서울: 도서출판 혜안, 2000).

_____, 『한국연합작전사』(서울: 국방부 군사편찬연구소, 2009).

서재정, 이종삼 역, 『한미동맹은 영구화하는가: 군사동맹에서의 군사력, 이해관계 그리고 정체성』(서울: 한울, 2009).

성채기・박주현・백재옥・권오봉, 『북한 경제위기 10년과 군비증강 능력』(서울: 한국국방연구원, 2003).

세종연구소, 『한・미동맹 50년: 분석과 정책』(성남: 세종정책총서, 2003).

신욱희, 『순응과 저항을 넘어서: 이승만과 박정희의 대미정책』(서울: 서울대학교 출판문화원, 2011).

심지연, 『한국 정당 정치사』(서울: 백산서당, 2009).

심지연・김일영, 『한미동맹 50년: 법적 쟁점과 미래의 전망』(서울: 한국정치외교사학회, 2004).

심헌용, 『한러군사관계사』(서울: 국방부 군사편찬연구소, 2007).

아서 브라이언트(Arthur Bryant), 황규만 역, 『워 다이어리』(서울: 도서출판 플래닛미디어, 2010).

왕현종 외, 『청일전쟁기 한・중・일 삼국의 상호전략』(서울: 동북아 역사재단, 2009).

외교부 외교안보연구원, 『주둔군지위협정(SOFA)과 한미관계의 바람 직한 방향』(서울: 외교부 외교안보연구원, 1995).

오관치・차영구・황동준, 『한미군사협력관계의 발전과 전망』(서울: 세경사, 1990).

오미영, 『외국군의 법적 지위』(서울: 법원사, 2003).

오연호, 『더 이상 우리를 슬프게 하지 말라』(서울: 백산서당, 1990).

우철구・박건영 편, 『현대 국제관계이론과 한국』(서울: 사회평론, 2009).

윌리엄 페리(William J. Perry)・애쉬튼 카터(Ashton B. Carter), 박 건영・이성봉・권영진 옮김, 『예방적 방위전략: 페리 구상과 러시아, 중국, 그리고 북한』(서울: 프레스 21, 2000).

유재성, 『한민족전쟁통사: 조선 시대 전(前)편』(서울: 국방부군사편 찬연구소, 1996).

육군교육사, 『지상작전』, 육군 야전교범 100-1(대전: 육군교육사,

1999).

육군본부, 『지상전 세부개념서 Ⅰ·Ⅱ』(대전: 육군교육사, 2008).

이상우, 『한반도 안보환경론』(서울: 서강대학교, 1986).

_____, 『박정희 시대: 5·16과 한미관계』(서울: 도서출판 중원문화, 2012).

이상철, 『안보와 자주성의 딜레마: 비대칭 동맹이론과 한미동맹』(서울: 연경문화사, 2004).

이상훈, 『21세기 한반도 안보환경과 주한미군의 역할』(서울: 세종연구소, 2001).

이세호, 『서한문집-별책』(서울: 대양미디어, 2009).

이수훈 편, 『조정기의 한미동맹』(서울: 경남대학교 극동문제연구소, 2009).

이장희, 『평화통일을 위한 한미군사관계의 법적 조명: 한미행정협정 개정을 재촉구하면서』(서울: 아시아사회과학연구원, 1998).

이장희·권정호·이정희·여영학·박태균 외, 『한반도 안보 관련 조약의 법적 재조명: 주한미군지위협정, 한미상호방위조약 및 정전협정의 위헌성』, 민주주의사회연구소 발간(서울: 백산서당, 2004).

이장희·장주영·최승환, 『한-미 주둔군지위협정 연구』(서울: 도서출판 아사연, 2000).

이재범 외, 『한반도의 외국군 주둔사』(서울: 중심, 2001).

이호재, 『한국외교정책의 이상과 현실』(서울: 법문사, 1969).

장학근, 『조선 시대 군사전략』(국방부 군사편찬연구소, 2006).

전경만·황재호 공저, 『이라크주둔 다국적군의 유엔평화유지군 전환 가능성과 대비방안』(서울: 한국국방연구원, 2004).

정경영 외, 『오바마 행정부와 한미전략동맹』(서울: 한울 아카데미, 2009).

정두희·이경순, 『임진왜란 동아시아 삼국전쟁』(서울: 휴머니스트, 2007).

정옥임, 『한반도 평화와 주한미군: 동맹 재정립의 방향』(성남: 세종연구소, 2001).

정해은, 『조선 후기 국토방위전략 』(국방부 군사편찬연구소, 2002).

조엘 위트(Joel S. Wit) · 다니엘 폰먼(Daniel L. Poneman) · 로버트
갈루치(Robert L. Galluchi), 김태현 역, 『북핵 위기의 전말:
벼랑 끝의 북미협상』(서울: 모음북스, 2005).

차상철, 『한미동맹 50년』(서울: 생각의 나무, 2004).

찰스 틸리(Charles Tilly), 이향순 옮김, 『국민국가의 형성과 계보』
(서울: 학문과 사상사, 1994).

채명신, 『베트남전쟁과 나』(서울: 팔복원, 2006).

최영종, 『동아시아 지역통합과 한국의 선택』(서울: 고려대 아연출판
부, 2003).

최용호, 『베트남전쟁과 한국군』(서울: 국방부 군사편찬연구소, 2004).

한국전략문제연구소, 『2013 한미 양국의 리더십 교체에 따른 한미동
맹관계 발전 방향』(서울: 한국전략문제연구소, 2013).

한명기, 『임진왜란과 한중관계』(서울: 역사비평사, 1999).

한표욱, 『이승만과 한미외교』(서울: 중앙일보사, 1996).

함택영, 『국가안보의 정치경제학: 남북한의 경제력 · 국가역량 · 군사
력』(서울: 법문사, 1998).

함택영 · 박영준 편, 『안전보장의 국제정치학』(서울: 사회평론, 2010).

합동참모본부, 『아프간 전쟁 종합분석(항구적 자유 작전)』(서울: 합
동참모본부, 2002).

홍현익 · 송대성 · 이상현, 『남북화해시대의 주한미군』(성남: 세종연
구소, 2003).

기타

1. 연구 보고서 및 국가기관 정책연구 과제

국방부, "미군기지 이전사업, 사실은 이렇습니다", 주한미군기지 이
전사업단(2006).

국정홍보처 편, "2012년 4월 17일 전작권 이양 및 연합사 해체"(서울: 국정홍보처, 2007).

국무총리실, "주한미군재배치사업백서", 용산공원건립추진단(2007).

김병렬, "SOFA 발전방안에 관한 연구: 시설과 구역을 중심으로", 국방대학교 안보문제연구소(2000).

김용구, "한미 군사지휘관계의 어제와 오늘: 작전통제권 변천 과정을 중심으로", 합동참모본부 전략기획본부(1993).

김일영·서주석·조성렬, "주한미군의 향후 위상에 관한 연구: 통일 과정과 통일 이후를 중심으로", 국회국방위원회 정책연구용역과제보고서(2002).

김재우, "미국업체와의 기술협력 경험과 교훈", 『국방과 기술』(1991).

김창곤, "한미 주둔군지위협정에 관한 연구: 형사재판권 및 환경문제를 중심으로"(서울: 국방대학교, 2001).

김희상, "전시 작전권 전환에 따른 한미연합사 해체", 『월간조선』, 통권 358호 (2010).

백영훈, "한미방산협력: 성과와 과제", 『국방과 기술』(1990).

법무부, "미군인 범죄사건 발생 및 재판권 행사 현황 보고자료", 박주선 의원실(2011).

서주석, "한·미 안보협력 50년의 재조명", 한국국방연구원 연구보고서(1996).

연합사, "훈련 비용 분담 내부문서"(2013).

육군본부 편, "한미동맹의 상징, 한미연합사", 『육군』, 제300호(2009).

오동룡, "무너지는 한미동맹", 『월간조선』, 통권 351호(2009).

우정훈, "연합사 전구작전 수행체계: 현행작전, 정차작전, 장차계획을 중심으로", 『합참』, 제50호(2012).

유호열, "전작권과 한미연합사, 어떻게 해야 하나", 『NEXT』, 통권 36호(2006).

이필재, "주한미군 반환기지 환경오염 치유 협상의 문제점과 발전 방향"(서울: 국방대학교, 2007).

장수근, "한미연합사 해체되는 '작통권' 단독행사는 시기상조, 국익에
　　도움 안 된다", 한국자유총연맹 편, 『자유공론』, 통권 474호
　　(2006).
정해천, "동티모르 다국적군 및 유엔 평화유지군 운용 고찰", 『합참』,
　　제22호(2004).
차영구 외, "21세기 한미 안보협력 방향", 한국국방연구원 연구보고
　　서(1994).
황동준, "한미 방산협력: 안보증진을 위한 새로운 단계", 『국방과 기
　　술』(1988).
_____, "1990년대로 진입하는 우리나라 방위산업의 진로", 『국방과
　　기술』(1990).

2. 신문 및 잡지

≪국방일보≫
『국방과 기술』
≪동아일보≫
『월간조선』
『육군』
『자유공론』
≪조선일보≫
≪한겨레신문≫
≪한국일보≫
『합참』

3. 인터넷

http://www.mofa.go.kr/inkboard/faimsif/treaty_popu(검색일:
　　2013.9.4.)

http://www.mofa.go.kr/trade/treatylaw/treatyinformation/bilateral/
index.jsp?mofat=001&menu=m_30_50_40(검색일: 2013.9.20.)
http://www.mofa.go.kr/trade/treatylaw/treatyinformation/bilateral/
index.jsp?menu=m_30_50_40(검색일: 2013.9.20.)
http://www.mofa.go.kr/trade/treatylaw/treatyinformation/bilateral/
index.jsp?mofat=001&menu=m_30_50_40(검색일: 2013.9.20.)
http://www.mofa.go.kr/trade/treatylaw/treatyinformation/bilateral/
index.jsp?menu=m_30_50_40&tabmenu=t_1(검색일: 2013.9.20.)
http://www.bobaedream.co.kr/board/bulletin/view.pt(검색일:
2013.9.5.)
http://www.afnews.kr/47(검색일: 2013.9.5.)

영문

정부 간행물

U.S. Department of States, *Foreign Relations of United States{FRUS}*,
1948, Vol. 6: The Far East and Australia (Washington D.C.,
1974).

_____, *FRUS, 1949, Vol. 7: The Far East and Australia, pt. 2*.
1976.

_____, *FRUS, 1950, Vol. 7, Korea*, 1976.

_____, *FRUS, 1951, V*ol. 7, *Korea and China*, 1983.

_____, *FRUS, 1952~1954, V*ol. 15, *Korea*, 1984.

U.S. National Security Council, NSC-8(1948.4.2.), NSC-8/1 (1949.3.16.),
NSC-8/2(1949.3.22.), NSC-48(1949.6.10.), NSC-48/1 (1949.12.23.),
NSC-48/2(1949.12.30.), NSC-48/3(1951.4.26.), NSC-48/4(1951.5.4.),

NSC-48/5(1951.5.17.).

논문

Berry, William E. "The Political and Military Roles of U.S. Forces in Korea: Past, Present and Future", in Tae-Hwan Kwak and Thomas L. Wilborn(eds.), *The U.S.-ROK Alliance in Transition* (Seoul: Kyungnam University Press, 1996)

Burmudez, Joseph S. and Seth Carus, "The North Korean Scud B Programme", *Jane's Soviet Intelligence Review*, Vol. 2, No. 4 (April 1989).

Chang, Parris H. "Beijing's Policy toward Korea and PRC-ROK Normalization of Relations", Manwoo Lee and Richard W. Mansbach (eds.), *The Changing Order in Northeast Asia and the Korean Peninsula* (Seoul: The Institute for Far Eastern Studies, 1993).

Ha, Young-Sun, "American-Korean Military Relations: Continuity and Change", in Youngok Koo and Dae-Sook Suh, eds. *Korea and the United States: A Century of Cooperation* (Honolulu: University of Hawaii Press, 1984).

Harrison, Selig, "American Policy and the Future of Korea", *KFP on Record,* No.4. (December 1996).

Hecker, Siegfried S., "Can the North Korean Nuclear Crisis be Resolved?", Rethinking the North Korean Nuclear Crisis, International Conference Commemorating the 40th Anniversary of the Institute for far Eastern Studies, Kyungnam University, (Seoul, Korea, March 21, 2012).

Jian Cai, "The Korea Nuclear Crisis and the Changing SINO-DPRK Relationship", *Asian Perspective*, Vol. 34, No. 1 (2010), pp.

137-158.

Kelly, James A. "U.S. Security Politics in East Asia: Fighting Erosion and Finding a New Balance", *The Washington Quarterly*, Vol. 18, No. 3 (Summer 1995).

Keohane, Robert O., "International Institutions: Two Approaches", *Internationl Studies Quarterly,* Vol. 32, No. 3 (1988).

Krasner, Stephan D., "Sovereignty: An Institutional Perspective", *Comparative Political Studies*, Vol. 21, No. 6 (1988).

Millett, Allan R., Williamson Murray, and Kenneth H. Watman, "The Effectiveness of Military Organization", in Allan R. Millett and Williamson Murray, eds., *Military Effectiveness, Volume I : The First World War* (Boston: Allan & Unwin, 1988).

Moon, Chung-In, "The North Korean Problem and the Role of South Korea", in Thomas Henriksen and Jongryn Mo. eds., *North Korea after Kim Il Sung; Continuity or Change?* (Stanford: Hoover Institute Press, 1997).

Morrow, James D., "Alliances and Asymmetry: An Alternative to the Capability Aggression Model of Alliances", *American Journal of Political Science*, Vol. 35, No.4 (Nov. 1991).

Myung-kyu Park and Philo Kim, "Inter-Korean Relations in Nuclear Politics", *Asian Perspective*, Vol. 34, No. 1 (2010), pp. 111-135.

Panetta, Leon, "The US Revalance Towards the Asia-Pacific", 11th IISS Asia Security Summit: The Shangri-La Dialogue (June 2. 2012).

Park, Kyung-Ae, "North Koreans Strategies in the Asymmetric Nuclear Conflict with the United States", *Asian Perspective*, Vol. 34, No. 1 (2010). pp. 11-47

Schroeder, Paul W., "Historical Reality vs. Neo-realist Theory", *International Security*, Vol. 19, No. 1 (Summer 1994).

Segal, Gerald, "Understanding East Asian International Relations", *Review of International Studies,* 23 (1997).

Sigal, Leon V., "An Assessment of the Obama Doctrine", Rethinking the North Korean Nuclear Crisis, International Conference Commemorating the 40th Anniversary of the Institute for far Eastern Studies, Kyungnam University (Seoul, Korea, March 21, 2012).

Suh Dae-Sook, "North Korean Foreign Policy of 1990s", in Sung Chul Yang(ed.), *Democracy and Communism* (Seoul: Korean Association for International Studies, 1995).

Whang, Jin-Hwoan, "The Politics of Conflict and Arms Control between Small States: the Case of the Two Koreas", Ph.D. Dissertation, the University of Southern California (May 1994).

단행본

Bermudez, Joseph S., Jr. *North Korean Special Forces* (Couldson, Surrey: Jane's, 1988).

Bandow, Douglas, *Tripwire: Korea and U.S. Foreign Policy in a Changed World* (Washington D.C.: Cato Institute, 1996).

Bora, Bijit, *Regional Integration and Asia-Pacific* (Oxford: Oxford Univ. Press, 1996).

Bush, Jeorge W., *Decision Point* (New York; Crown Publishers, 2010).

Buzan, Barry and Ole Waever, *Regions and Powers* (Cambridge: Cambridge Univ. Press, 2004).

Chae-Jin, Lee and Hideo Sato, *U.S. Policy Toward Japan and Korea: A Changing Influence Relationship.* (New York: Prager, 1982).

Clough, Ralph N., *Deterrence and Defense in Korea: The Role of U.S. Forces* (Washington D.C.: Brookings Institute, 1976).

Cumings, Bruce, *The Origins of the Korean War II* (Princeton: Princeton Univ. Press, 1990).

_____, *The Two Koreas; On the Road to Reunification?* (New York: Foreign Policy Association, 1990).

_____, *The Korean War* (New York: Random House, 2010).

Hayes, Peter, *Pacific Powderkeg: American Nuclear Dilemmas in Korea* (Lexington, Mass.: Lexington Books, 1991).

International Institute of Strategic Studirs(IISS), *The Military Balance 1978~1979.*

_____, *The Military Balance 1988~1989.*

Jae-Jung, Suh, *Power, Interest, and Identity in Military Alliance.* (New York: Palgrave Macmillan, 2007).

Joo-Hong, Nam, *America's Commitment to South Korea: The First Decade of Nixon Doctrine* (New York: Cambridge University Press, 1986).

Kennedy, Paul, *The Rise and Fall of the Great Power: Economic Change and Military Conflict from 1500 to 2000* (New York: Random House, 1987).

Korea Research Institute for strategy(KRIS), *The Strategic Balance in Northeast Asia, 2007* (Seoul: KRIS, 2007).

Mazarr, Michael J., Blodgett, John Q., Cha, Young-koo, and Taylor, Jr. Willwam J., *Korea 1991: The Road to Peace* (Boulder: Westview Press, 1991).

Manwoo, Lee, McLaurin, Ronald D., and Moon, Jung-in, *Alliance Under Tension: The Evolution of South Korea - U.S Relations.* (Boulder: Westview Press, 1988).

Morgenthau, Hans J., *Politics Among Nations: The Straggle for Power and Peace,* 5th ed., (New York: Alfred A. Knopf, 1973).

Mullen, Michael Glenn, *The National Military Strategy of the United States of America; Redefining America's Military Leadership,* Joint Chiefs of Staff, February 2011.

Oberdofer, Don, *Two Koreas: A Contemporary History* (Indianapolis: Basic Books, 2001).

O'Hanlon, Michael E., *Defense Options for the Bush Administration 2001~2005* (Washington D.C.: Brookings Institution Press, 2001).

Pollack, Jonathan D. and Cha, Young Koo, *A New Alliance for the Next Century: The Future of U.S.-Korean Security Cooperation* (Santa Monica: Rand, 1995).

Pollack, Jonathan D., *The North Korean Nuclear and Missile Threat and Future U.S.-ROK Relations,* KRIS-Brookings Conference (Seoul, Korea, January 24, 2013).

Press, Daryl G., *How to Respond to North Korea's Nuclear Weapons*, 2013 KRIS International Symposium (Seoul, Korea, June 11~13, 2013).

Ruggie, John G., *Constructing the World Polity: Essays on International Institutionalization* (London/New York: Routledge, 1988).

Rumsfeld, Donald, *Known and Unknown: A Memoir* (New York: Sentinel, 2011).

Sawyer, Robert K., *Military Advisers in Korea: KMAG in Peace and War* (Washington, D.C.: US Army/GPO, 1962).

Saxonberg, Steven, *The Fall: A Comparative Study of the End of Communism in Czechoslovakia, East Germany, Hungary and Poland* (New York: Routledge, 2005).

Se-Jin, Kim, *Documents on Korean-American Relations 1943~1976* (Seoul: Research Center for Peace and Unification, 1976).

Tilly, Charles, *Coercion, Capital and European States, A.D. 990~1990* (Oxford: Blackwell, 1992).

Truman, Harry S., *Memoirs: Years of Decisions, Vol. II.* (New York: Doubleday & Co., 1958).

Tae-Hwan, Kwak, and Lee, Seong-Hyong, *The Korean-American Community: Present and Future* (Seoul: Kyungnam University Press, 1991).

Tae-Hwan, Kwak and Wilborn, Thomas L., *The U.S- ROK Alliance in*

Transition (Seoul: Kyungnam University Press, 1996).

Taek-Hyung, Rhee, *ROK-US Combined Operations: A Korean Perspective* (Washington D.C.: National Defense University Press, 1986).

U.S. Department of Defense, *United States Security Strategy for the East Asia-Pacific Region* (Washington D.C.: USGPO, February 1995).

_____, *Quadrennial Defense Review Report* (February, 2010).

_____, *Sustaining U.S. Global Leadership; Priorities for the 21st Century Defense* (January, 2012).

_____, *Annual Report to Congress; Military and Security Developments Involving the People's Republic of China 2012* (Washington D.C.; Office of the Secretary of Defense, 2012).

Walt, Stephen M., *The Origins of Alliance* (Ithaca: Cornell University Press, 1987).

Waltz, Kenneth M., *Theory of International Politics* (Reading, MA: Addison-Wesley, 1979).

기타

인터넷

http://www.defense.gov/qdr/images/QDR_as_of_12Feb10_1000.pdf (검색일: 2013.9.5.)

http://iis-db.stanford.edu/pubs/23035/HeckerYongbyon.pdf (검색일: 2013.9.11.)

■ ■ ■ 부록

1. 한미동맹 연표

연 월 일	주요 내용
1941.12.9.	· 대한민국 임시정부, 대일 선전포고
1945.2.24.	· 한국광복군, 미 OSS의 한미군사합작계획 독수리 작전 계획
4.17.	· 김구 주석과 주중(駐中) 미군총사령관 간에 미 OSS의 한미합작에 관한 협정 체결
8.15.	· 미·소의 남북 분할 점령을 규정한 일반명령 제1호 채택
9.7.	· 맥아더 원수, 포고령 제1호, 남한에 대한 미 군정 실시 발표
11.13.	· 미 군정청에 국방사령부 설치
12.5.	· 군사영어학교 설치
1946.1.15.	· 남조선 국방경비대 창설
3.29.	· 국방사령부를 국방부로 개칭
5.1.	· 남조선 국방경비사관학교 창설
1947.10.30.	· 유엔, 유엔한국위원단 절차/정부수립 후 미·소군 철수 결의
1948.4.8.	· 미 국가안전보장회의, 주한미군 철수 정책 결정(NSC 8)
8.15.	· 대한민국 정부수립, 미 군정 종결
8.24.	· 한·미 잠정적 군사안전에 관한 행정협정 체결
12.10.	· 한·미 원조협정 체결
1949.1.1.	· 미국 정부, 대한민국 정부를 공식 승인
6.29.	· 주한미군 철수 완료
7.1.	· 주한미군사고문단(KMAG) 발족
1950.1.12.	· 애치슨 미국 국무장관, 극동의 전략방위선에 대해 언급
1.26.	· 한·미 간 주한미군사고문단 설치협정 및 한미상호방위 원조협정 체결
6.25.	· 6·25전쟁 발발
6.27.	· 트루먼 미국 대통령, 해·공군에 한국 출격 명령
6.30.	· 트루먼 미국 대통령, 맥아더 원수에게 지상군 한국출동지시
7.1.	· 한미연합작전 합의(정일권 장군과 처치 장군)

7.4.	·주한미군사령부 대전에 설치
7.7.	·UN 안보리, 미군지휘下 유엔군통합사령부 설치안 가결
7.9.	·미 제8군사령부 대구에 설치
7.11.	·한국 해군, 미 극동해군에 편입
7.12.	·주한미군의 관할권에 관한 협정(대전협정) 체결
7.14.	·이승만 대통령, 맥아더 원수에게 한국군 작전지휘권 위임
7.24.	·유엔군사령부 일본 도쿄에 설치
8.16.	·카투사 제도 시행
11.30.	·트루먼 미 대통령, 한국 불포기 엄명, 필요시 원폭사용 발언
1951.5.17.	·미 NSC, 한국전쟁의 휴전협정 종결방침 확정(NSC 48/5)
1951.7.10.	·휴전회담 개시
1952.5.24.	·대한민국, 통합사령부와 MEYER 협정 체결
1953.6.6.	·미 아이젠하워 대통령, 한·미 상호방위조약 체결용의 친서
1953.6.18.	·반공포로석방
7.27.	·정전협정 체결
8.5.	·한미 서울회담 개최 / 판문점에서 포로 교환
10.1.	·한·미 상호방위조약 체결
12.1.	·제1야전군사령부 창설
1954.3.21.	·제1군사, 미 제10군단으로부터 제1·2·3군단 작전지휘권 인수
8.12.	·한미군사회담, 국군증강 및 예비군의 구식장비 대체 합의
8.18.	·미 국방부, 주한미군 6개 사단 중 4개 사단 철수 방침 발표
10.20.	·한국군 제6군단 작전지휘권 인수
10.31.	·제2군사령부 창설
11.18.	·한미 합의의사록 조인, 한국군의 작전통제권을 계속 유엔군사령관에게 위임
11.20.	·미 제8군사령부, 한국에서 일본 자마기지로 이동
1954.9.21.	·국군의 날을 10월 1일로 제정 공포
1957.5.22.	·군사정전위 유엔 측 대표, 한국군 장비 현대화 통보(정전협정 13조 D 항 폐기)
7.1.	·유엔군사령부, 도쿄에서 한국 서울로 이동 주한미군 구성군사령부 설치(육·해·공 구성군사령부)
1958.1.28.	·유엔사, 한국에 대한 원자무기 도입 사실을 공식 발표
2.19.	·미 국무부, 주한미군 불철수 발표
1959.5.5.	·한미연합상륙작전, 거북훈련 실시
1960.12.29.	·한미 합의의사록에 의거, 한국군 정원 책정(60만 명)
1961.5.16.	·5·16 군사혁명
5.26.	·최고회의·유엔사, 혁명군의 작전지휘권 유엔사 복귀 발표
10.13.	·한미연합 지휘관 회의 개최(서울 미 8군사령부)
11.24.	·박정희 최고회의 의장, 케네디 대통령과 정상회담(워싱턴)
1962.3.17.	·한미군사고위회담, 군원계획 등 합의
5.1.	·한미군사고위회담, 추가 국방비 재원 문제 합의
1963.6.1.	·한국 합동참모본부 설치
12.14.	·국가안전보장회의법 제정
1964.7.15.	·월남 정부, 한국에 공식 군사지원 요청

12.19.	· 존슨 미국 대통령, 한국군 월남파병요청 친서 전달
1965.1.26.	· 한국 국회, 월남파병안 통과
5.17.	· 한·미 정상회담에서 월남지원 협조, 대한 차관 제공 등 합의
6.1.	· 한국군 최초로 나이키 유도탄 부대 창설
7.11.	· 미 제1기병사단, 미국으로 복귀, 제2보병사단으로 대체
1966.3.14.	· 미국, 한국군의 월남 증파 조건 합의록인 브라운 각서 서명
6.22.	· 한미국방장관 회의, 한국군 현대화 계획 협의
1966.7.9.	· 한·미 SOFA 체결
1968.1.21.	· 북한 무장공비, 청와대 습격 기도
1.23.	· 미 해군 푸에블로호 납북, 주한미군 비상령 선포
4.1.	· 한·미 정상회담, 북한 침략 시 미군 지원, 군원 증대 합의
5.27.	· 제1차 한미국방삭료회담-북한도발 주시, 군수공장 설립키로
7.9.	· 유엔사 교전규칙 변경, 북한의 DMZ 침범 시 한국군 자체 대처 가능
10.13.	· 제1차 포커스렌즈 훈련 실시
10.15.	· 한·미 작전기획참모단 조직 (한국 방위작전기획에 한국군이 참여)
1969.3.16.	· 포커스 레티나 한미연합공수훈련 실시
4.15.	· 미 해군 E-121 정찰기, 동해 상에서 북한에 피격 추락
7.25.	· 닉슨 미국 대통령, '괌 독트린' 발표
1970.5.26.	· 미국 정부, 대한 무상군원 최종분 공여 (무상군원 25년 종식)
7.11.	· 한·미 고위군사회담, 주한미군 감축과 한국군 현대화 논의
1971.3.4.	· 프리덤 볼트 훈련, 한미연합공수기동훈련 실시
3.27.	· 미 제7보병사단 철수
4.1.	· 미군사고문단(KMAG) → 주한미합동군사지원단(JUSMAGIK) 통합발족
4.22.	· 한·미 M16소총 생산 사업에 관한 양해각서 체결
7.1.	· 한·미 제1군단 창설(미 육군 제1군단 해체)
7.12.	· 제4차 한·미연례안보협의회의(국방각료회담을 개칭) 개최
1972.8.11.	· 주월한국군 철수를 위한 한미군사실무자 회담 개최
10.17.	· 10월 유신
1973.3.23.	· 주월한국군 철수 완료
9.13.	· 제6차 SCM, 한반도에서 긴장완화 추구(7·4공동성명)
1974.1.21.	· 한미 군수협조단 설치
11.11.	· 유엔사, 북한의 남침용 땅굴(제1땅굴) 발견 발표
11.22.	· 한미정상회담, 미국의 대한(對韓) 방위공약 재확인
11.25.	· 한·미 간 한국 내 재래식 탄약 보급에 관한 합의 각서 체결
12.12.	· 유엔사, 작전명령권이 유엔→미 합참으로 귀속되었다 발표
1975.3.17.	· 1961년 이래 소규모로 실시된 연습을 독수리 연습으로 명칭하여 실시
3.24.	· 제2땅굴(철원) 발견
5.5.	· 을지연습(한국), 포커스렌즈 연습(한미) 통합
7.24.	· 단일 탄약보급체계(SALS-K) 시행 실시
1976.6.7.	· 제1차 팀스피릿 연습 실시
8.18.	· 판문점 도끼만행 사건 발생, 한미군 경계태세 격상
1977.3.9.	· 카터 미 대통령, 향후 4~5년간 주한미지상군 철수 발표
1978.4, 1.	· 카터 미 대통령, 주한미군 철수병력 6천→3천4백 명 발표

7.6.	· 한미 간 한국형 전차에 관한 기본 양해각서 체결
7.7.	· 제11차 SCM에서 MCM 및 연합군사령부 설치 합의
7.8.	· 한미 군사위, 전략지시 1호 시달
7.27.	· 한미군사위원회 및 연합사 권한 위임사항 체결
10.17.	· 제3땅굴(판문점) 발견
11.7.	· 한미연합사 창설(사령관 베시 대장, 부사령관 류병현 대장)
1979.2.15.	· 한미 연합연습 양해각서(MOU) 체결
7.1.	· 한미 정상회담, 주한미군 계속 주둔 문제 토의
1979.7.20.	· 카터 대통령, "주한미지상군 철수문제를 1981년에 재검토"
10.26.	· 박정희 대통령 피격 서거, 전국(제주도 제외) 계엄령 선포
1980.3.14.	· 한·미 제1군단을 한미 연합야전사(CFA)로 개편
1981.2.3.	· 한·미 정상회담, 주한미군 철수 백지화 14개 항 공동성명
4.7.	· 미 국방부, F-16 전투기 36대에 대한 판매계획 발표
1982.1.3.	· 군정위 유엔군 측 수석대표, 북한에 T/S 연습 참관 초청
3.31.	· 한·미 '전시중요방위물자'(WRSA) 이양 제1차 MOA 체결
1983.9.1.	· 대한항공 007기, 소련에 의해 피격 추락, 269명 사망
10.9.	· 북한의 테러에 의한 랑군 사태, 고위관료 18명 순직
12.8.	· 한·미 간 155밀리 자주포 공동생산 양해각서 체결
1984.3.27.	· 한·미 '전시중요방위물자'(WRSA) 이양 제2차 MOA 체결
6.25.	· 한·미 간 WRSA 이외 비축물자 한국 판매 합의각서 체결
1986.12.16.	· 미 국무부, 1987년부터 대한 군사판매차관(FMS)공여 종결
1987.11.29.	· 대한항공 727기, 북한 공작원 테러-탑승자 115명 사망
1988.1.20.	· 미 국무부, 북한을 테러국가로 규정, 3개 항 대북 제재 조치
5.11.	· 미국, 한국의 방위비분담 및 미 해군기 정비 지원 요구
6.8.	· 한미상호군수지원 협정 / 한미방산기술협력 양해각서 체결
1989.8.2.	· 미 의회, 넌-워너 수정안 채택
9.7.	· 미 태평양사, 태평양 해역에서 연합훈련(PACEX)
1990.2.15.	· 한미 국방장관, 1990년부터 3단계 미군감축/역할변경 합의
3.3.	· 제4땅굴(양구) 발견
3.24.	· 한국해군, 환태평양(RIMPAC)훈련 최초로 구축함 2척 참가
4.19.	· 미 국방부, 미국의 동아시아 안보구상(EASI) 발표
6.25.	· 한·미 간 용산기지 이전 합의각서 체결
9.30.	· 한·소련 수교
10.1.	· 합동군제 합동참모본부 창설
11.13.	· 제22차 SCM, 방위비분담, 주한미군의 역할분담 합의
1991.1.25.	· 한·미 간 주한미합동군사업무단(JYSMAG-K)설치 협정체결
2.1.	· 한·미 간 상호군수지원 협정 체결
2.5.	· 한미 SOFA 1차 개정
3.25.	· 군정위 유엔군 측 수석대표에 최초로 한국군 장성 임명
3.28.	· 한, FX사업 기종을 미 F-16으로 결정, 120대 도입 발표
5.19.	· 미, 주한미군 감축계획에 따라 1단계 7천 명 철수 발표
10.1.	· 판문점 DMZ 지역의 주한미군 경계 임무, 한국군에 이양
11.21.	· 제23차 SCM, 북한 핵 개발 종식까지 주한미군 감축 연기
12.18.	· 노태우 대통령, 한국 내 핵무기 부재 선언

1992.2.19.	· 남·북 간 화해·불가침·교류협력 기본합의서, 비핵화 공동선언 비준교환
3.4.	· 미국, 북한 핵 문제 해결 시까지 주한미군 철수 보류
6.26.	· 한미 연합야전사(CFA) 해체식, 작전통제권은 3군에 이양(7월 1일부)
1992.8.20.	· 주한미공군, 미 패트리엇 미사일 한국 첫 배치
8.24.	· 한·중 수교
10.2.	· 권한 위임사항 및 전략지시 제1호 수정 합의
10.8.	· 제24차 SCM, 북한의 핵사찰 수용 재촉구
12.31.	· 주한미군 6,987명 철수(지상군 5,000명, 공군 1,987명)
1993.7.30.	· 소말리아에 PKO(공병대대) 파견
11.3.	· 제25차 SCM, 평시 작전통제권 이양 합의
11.23.	· 한미 방위비분담 특별협정 체결
1994.8.18.	· 한·미 간 전시에 미 해군 제7함대를 연합사에 배속 합의
9.6.	· 서부 사하라에 PKO(의료지원단) 파견
10.6.	· 제26차 SCM, 평시작통권 환수, 신속 억지 전력 전개 합의
10.21.	· 북·미 간 제네바 기본합의서 체결
12.1.	· 한·미 연합군사령관, 평시 작통권 한국 합참의장에게 이양
1995.1.20.	· 미국, 대북 경제제재 1단계 완화조치 발표
2.27.	· 미 국방부, 동아·태 전략보고(EASR) 발표
2.28.	· 폴란드, 북한 측 압력으로 중립국 감독위원회에서 철수
3.9.	· KEDO(한반도 에너지개발기구) 발족
3.23.	· 유엔사/연합사와 한국 합참 간 평시 작전통제권 전환에 따른 합의각서 체결
10.5.	· 앙골라에 PKO(공병대대) 파견
11.3.	· 제27차 SCM, 방위비분담 年증가율-향후 3년간 10%↑ 조정
11.24.	· 한미 정부 간 방위비분담 특별협정 체결
1996.3.28.	· 한국 군단급 훈련인 호국훈련 최초 실시
4.17.	· 연합 전시증원(RSOI) 연습 최초 실시
9.18.	· 강릉 안인진리 북한 잠수함 좌초, 무장공비 섬멸 작전
10.31.	· 제28차 SCM, T/S 연습 계속하기로 합의
1997.6.30.	· 한미 국방부 간 1994년의 연합방위증강사업 부록 "가" 수정 1호 체결
10.27.	· 국산 지대공 미사일 '천마' 시험사격 성공
11.17.	· 한·독일 간 방산협력에 관한 양해각서 체결
12.9.	· 제29차 SCM, 미 증원전력 조기 전개 합의/4자회담 1차 본회의 개최
1998.2.11.	· 한미연합사 연습 시 상호군수지원에 관한 MLSA-IA 체결
6.19.	· 한미 정부 간 방위비분담 특별협정(개정)
6.22.	· 속초, 북한 잠수함 침투사건 발생
6.23.	· 제1차 판문점 유엔사-북한 간 장성급 회담 개최
8.31.	· 북한 대포동 미사일 1호 발사
12.29.	· 제14차 MCM 상설회의 각서(연합심리전사령부 창설) 체결
12.31.	· ADD, 국내 최초 군용항공기(KT-1) 개발 성공
1999.1.15.	· 제30차 SCM, SOFA 조속 타결 노력
6.15.	· 남·북 간 서해 교전 발생
11.23.	· 제31차 SCM, 21세기 한미안보관계 발전 노력을 위한 실무회의를 실시하기로 합의

2000.3.23.	· 북한, 서해 5도 통항질서 발표
6.2.	· 군수분야 방위분담금 시행합의서 별지 체결
6.13.	· 김대중 · 김정일 남북정상회담(~6.15.)
9.21.	· 제32차 SCM, 21세기 한미안보관계 발전 노력 재확인
9.24	· 남북 국방장관 회담(~9.26.)
2001.1.18..	· SOFA 2차 개정
9.11.	· 오사마 빈 라덴의 지시를 받는 회교원리주의 테러집단 워싱턴 무역센터 및 국방부 공격
12월	· 해 · 공군 수송지원단 '항구적 자유작전' 파견
2002년 2월	· 항구적 자유작전에 국군의료지원단 동의부대 파견
3.29.	· 한 · 미 연합토지관리 계획(LPP) 협정 체결
4.11.	· 도라산역 개통식
4.30.	· 한-키르기스스탄 SOFA 발효
6.13.	· 훈련 중인 미군 장갑차에 여중생 효순, 미선 사망
6.29.	· 북한 경비정 제2연평해전 촉발
10.16.	· 미 국방부, 북한 UEP가 제네바 합의를 어겼다고 발표
12.6.	· 제34차 SCM, 미래지향적 한미동맹관계 발전 방향 합의
2003.1.10.	· 북한, NPT 탈퇴 선언
2.24.	· 북한, 미사일 발사 위협
4.15.	· 이라크 파병 공병단 '서희부대' 창설
4.30.	· 한-쿠웨이트 SOFA 발효
7.17	· 이라크 의료지원단 '제마부대' 나시리아에 야전병원 개원
12.3.	· 국내 최초 4,000톤급 구축함 '충무공 이순신함' 취역
2004.4.17.	· 자이툰부대 선발대 파견(9.1. 서희, 제마 자이툰부대 통합)
5.26.	· 금강산에서 제1차 남북 장성급 회담(제2차는 설악산에서, 6.3./6.4.)
10.1.	· JSA 경비 및 지원 임무 한국군에 전환
12.17.	· 용산기지 이전 협정 및 LPP수정합의서 발효
2005.9.19.	· 6자 회담 제4차 회담, 9 · 19합의
10.1.	· 대(對)화력전 수행본부 임무 한국군에 전환
2006.7.5.	· 북한, 대포동 포함 미사일 총 7발 발사
7.15.	· 유엔, 안보리 대북결의안 제1695호 만장일치로 통과
10.9.	· 북한, 조중통, '핵실험 성공적 실시(제1차)' 발표
10.14.	· 유엔, 안보리대북결의안 제1718호 채택
2007.2.13.	· 6자 회담 제5차 회담, 2 · 13합의
6.28.	· 한미 상설군사위원회에서 전시 작전권 전환 합의(2012.4.17.부)
7.12.	· 6자회담 초기 단계 이행 관련 중유 제공, 한국 측 대북 중유 5만 톤 제공(~8.2.)
7월	· 레바논 동명부대 파견
10.2.	· 노무현 대통령-김정일 국방위원장 정상회담(평양, ~4)
10.3.	· 6자 회담 제6차 회담, 10 · 3합의
11.27.	· 평양 송전각, 제2차 남북 국방장관 회담, 6개 항 합의(~29)
2009.3.2.	· 북한 제의, 유엔사-북한 제15차 및 16차(3.6.) 장성급 회담
3.13.	· 소말리아 해적퇴치 위한 청해부대 파견
4.5.	· 북한, 장사거리 미사일(소위 광명성 2호 인공위성) 발사

5.25.	・북한, 2차 핵실험
6.12.	・유엔, 안보리 결의 1874호
11.10.	・북한 경비정 대청해전 촉발
2010.1.1.	・국방대학교에 PKO센터를 통합
2.12.	・오바마 미국 대통령, QDR발표
2월	・아프가니스탄, 지방재건팀(PRT 건설공병부대)'오쉬노'파견
3.26.	・북한, 잠수정 어뢰로 천안함 폭침
6.26.	・한미 정상회담, 전시 작전권 전환 연기(2015.12.1.부)
10월	・아세안 확대국방장관회의 출범
11.11.	・G20 정상회담(서울)(~12)
11.23.	・북한, 연평도 포격 도발
2011.1.21.	・아덴만 여명작전
6.15.	・서북도서방위사령부 창설
2012.1.25.	・한・미 합참의장, '북 국지도발 공동대비계획 전략기획지침'(SPD) 서명
2.29.	・북한・미국 2・29합의 (미국: 식량지원, 북한: 미사일 발사・핵실험 중지)
4.13.	・북한, 광명성 3호(은하 3호) 1호기 발사(2・29합의 파기)
10.7.	・한미 미사일 지침 개정 합의
12.12.	・북한, 장거리 미사일 광명성 3호(은하 3호) 2호기 발사, 미국이 성공으로 평가
2013.1.23.	・유엔, 안보리 대북제재 결의안 2087호
2.12.	・북한, 제3차 핵실험
3.7.	・유엔, 안보리 대북제재 결의안 2094호
12.12.	・북한, 장성택 처형
2014.3.26.	・박근혜 대통령, 통일구상 드레스텐 선언 발표
3.31.	・북한, 백령도 해상에서 사격훈련, 100여 발 NLL 남방에 포격
4.2.	・북한, 일련의 무인기를 이용한 남한 영공 정찰도발 무인기 백령도 추락으로 발각
9.4.	・국방부, 2015년 초까지 한미연합사단 편성계획 발표
10.23.	・한국과 미국, 제46차 SCM에서 '조건에 기초한 전시 작전통제권 전환' 합의

장용구

한밭중학교, 서울고등학교, 육군사관학교를 졸업했으며, 포병여단장, 사단장, 한미연합군사령부 부참모장 겸 유엔군사령부 군사정전위원회 수석대표를 거쳐 육군소장으로 예편했다. 또한, 서울대학교와 서강대학교 공공정책대학원을 졸업하였고, 경남대학교 대학원에서 『한미동맹과 한국의 군사적 자율성』으로 박사학위를 받았다. 세종연구소, 중부대학교 등에서 객원연구원 및 교수로 재직하였으며, 현재는 삼성SDS 전문위원 및 전후방 각지에서 국방 관련 컨설턴트·강연자로서 활동하고 있다. 주요 저서 및 논문으로는 『중국의 안보정책과 우리의 대응』, 『북한 체제의 내구력 변수가 개혁·개방에 미치는 영향 분석』 등이 있다. 주요 상훈으로는 정부에서 보국훈장 삼일장과 천수장을 받았으며, 미국 정부에서 Meritorious Service Medal, Legion of Merit를 받았다.

한미동맹과
한국의
군사적 자율성

초판인쇄   2014년 12월 12일
초판발행   2014년 12월 12일

지은이   장용구
펴낸이   채종준
펴낸곳   한국학술정보㈜
주소   경기도 파주시 회동길 230(문발동)
전화   031) 908-3181(대표)
팩스   031) 908-3189
홈페이지   http://ebook.kstudy.com
전자우편   출판사업부   publish@kstudy.com
등록   제일산-115호(2000. 6. 19)

ISBN   978-89-268-6741-9   93340